pris emporté par
Timoléon Durant.

DICTIONNAIRE
PHILOSOPHIQUE.

DICTIONNAIRE PHILOSOPHIQUE,

OU

INTRODUCTION A LA CONNOISSANCE DE L'HOMME.

NOUVELLE ÉDITION
revue, corrigée, & augmentée considérablement.

Felix, qui potuit rerum cognoscere causas !

A PARIS,

Chez { DURAND, rue du Foin, au Griffon;
GUILLYN, quai des Augustins, au Lys-d'or.

M. DCC. LXII.

AVEC APPROBATION ET PRIVILEGE DU ROI.

AVIS
DE L'EDITEUR.

LORSQU'EN 1751 on donna la première édition de ce petit dictionnaire, tout informe qu'il étoit, il parut de quelque utilité. C'est ce qui a engagé l'auteur de le corriger en 1756, & enfin de donner cette nouvelle édition, qu'il a retouchée & augmentée de plus de la moitié ; de sorte qu'on peut dire que c'est un ouvrage nouveau. Les avertissemens qui sont à la tête des deux premières éditions renferment une espèce d'introduction : on n'a pas cru devoir les supprimer.

Un des plus beaux & des plus profonds génie du siècle, auteur modeste & citoyen estimable, a bien voulu nous communiquer quelques articles. Nous avons aussi profité des secours que nous ont fournis des écrivains distingués. Qu'importe au public, si l'ouvrage est bon, de sçavoir qui est-ce qui l'a fait? L'auteur du *Dictionnaire philosophique*, à qui des devoirs à remplir n'ont pas permis d'y mettre la dernière main, n'ayant eu dans son entreprise d'autre objet que de la rendre utile, nous avons cru que c'étoit entrer dans ses vues, que d'ajouter, à ce qui lui est échappé, ce que l'esprit philosophique a fait de nouvelles découvertes dans la morale. Il est glorieux & satis-

DE L'EDITEUR.

faisant sans doute de contribuer au bonheur de la société, par ses actions ou par ses lumières; mais, après cette satisfaction, le plaisir de voir les autres y concourir, est le plaisir le plus grand pour une ame honnête & sensible.

AVERTISSEMENT
DE LA PREMIERE ÉDITION.

CE petit dictionnaire n'est qu'une introduction à un ouvrage que j'annonce au public sous le titre d'*Essai sur les moyens de se rendre heureux.* * J'y ramène à un même principe, au desir de se rendre heureux, toutes les maximes de la morale & de la politique : mais j'ai cru que, pour être mieux entendu, je devois auparavant expliquer ce que j'entends par *vices, vertus, plaisirs,*

---

* Le projet de cet ouvrage, que l'auteur avoit exécuté en partie, & qu'il a abandonné depuis, est l'entreprise d'un jeune homme sans expérience. Il est si naturel de chercher à se rendre heureux, qu'on s'imagine sans peine qu'on y réussira ; mais, plus on avance en âge, plus on est convaincu que le bonheur dépend de tant de circonstances & d'objets étrangers, qu'il est impossible de se le procurer. Il ne connoît d'autre moyen de parvenir à l'espèce de bonheur qui dépend de l'homme, qu'en restraignant ses besoins, en contribuant de tout son pouvoir au bien de la société, & en s'accoutumant de bonne heure à n'estimer les choses que ce qu'elles valent ; c'est-à-dire, fort peu. Ce n'est pas la peine de faire un livre pour prouver une vérité reconnue.

AVERTISSEMENT.

passions, qualités du cœur, & de l'esprit, & généralement de tout ce qui contribue & de tout ce qui s'oppose à notre bonheur. Combien y a-t-il de personnes pour qui ces mots n'ont qu'un sens vague & indéterminé, & qui par-là n'apperçoivent pas le rapport que les choses ont entre elles ? Je suis très-persuadé que l'ignorance & les préjugés sont la cause de tous nos maux, & que nous ne pouvons parvenir à la connoissance de la vérité, source de tout bien, qu'autant que nous aurons, des choses qu'il nous importe le plus de sçavoir, une idée claire, exacte & précise.

C'est le sentiment du plus grand philosophe qui ait jamais été, du célèbre Locke, qui prétend qu'on peut prouver les maximes de la morale aussi solidement qu'on démontre les propositions de géométrie. Voici ses propres mots, d'après la traduction de M. Coste :

Un moyen, par où l'on peut beaucoup

remédier à une partie des inconvéniens qui se rencontrent dans les idées morales, & qui les ont fait regarder comme incapables de demonstration, c'est d'exposer, par des définitions, la collection d'idées simples que chaque terme doit signifier, & ensuite de faire servir les termes à désigner précisément & constamment cette collection d'idées. Je suis assuré du moins que, si les hommes vouloient s'appliquer à la recherche de la vérité selon cette méthode, & avec la même indifférence qu'ils cherchent les verités mathématiques, ils trouveroient que ces premières ont une plus étroite liaison l'une avec l'autre, qu'elles découlent de nos idées claires & distinctes par des conséquences plus nécessaires, & qu'elles peuvent être démontrées d'une manière plus parfaite qu'on ne croit communément.

Le titre de *Dictionnaire philosophique*, que je donne à cet ouvrage, semble exiger une définition de tous les termes propres de cette science : mais on

AVERTISSEMENT.

doit se souvenir que mon principal objet, comme je l'annonce par mon second titre, est de faire connoître l'homme ; ainsi, je me suis plus attaché à le peindre qu'à embarrasser l'esprit de choses étrangères à mon objet. Toutes ces sublimes spéculations de la métaphysique sont plus satisfaisantes pour l'esprit, qu'utiles pour les mœurs.

Pour parvenir plus sûrement à connoître l'ame, j'ai cru qu'auparavant il falloit examiner le corps, qui a avec elle un rapport si intime, que toutes les opérations de l'une sont dépendantes de l'autre : c'est pourquoi j'ai examiné avec soin les différens tempéramens qui distinguent les hommes les uns des autres, & qui sont la source des diverses qualités de leur cœur & de leur esprit. Qu'on ne croie pas, au reste, que je veuille insinuer par-là que nous ne devons nos vices ou nos vertus qu'au tempérament. Je fais voir quel est le pouvoir de la raison & de la coutume pour déterminer notre volonté & nos actions.

J'ai eu soin de nommer les auteurs, quand je les ai connus : ce sera une preuve que j'aurai bien pensé, quand je serai d'accord avec ceux dont les ouvrages sont le plus estimés, & dont j'ai rapporté des extraits sur la même matière. On trouvera que je rapporte quelquefois sur le même objet des opinions diverses de différens auteurs : Cela prouve ce que j'ai dit en plusieurs endroits de cet ouvrage, & ce qu'on ne peut trop répéter ; que chaque objet a différentes faces sous lesquelles on peut le considérer ; & que ce qui est souvent un mal pour un particulier devient un bien relativement à l'ordre général.

AVERTISSEMENT
DE LA SECONDE EDITION.

MON objet, en travaillant à ce dictionnaire, a toujours été de faire un livre utile, plutôt qu'un ouvrage agréable : c'est pourquoi je n'ai pas dédaigné les secours que m'ont offert des auteurs célèbres qui ont écrit sur la même matière, mais dont les lambeaux épars en différens volumes, n'ont pas assez de liaison pour former un corps complet de philosophie morale : par la même raison j'ai peut-être un peu négligé la forme pour pouvoir m'occuper un peu plus du fonds ; & j'ai préféré le titre obscur de bon citoyen, au titre si séduisant d'auteur bel-esprit. Trop heureux, si quelqu'un, en lisant cet ouvrage, est tenté de se connoître & de devenir meilleur !

S'il faut étudier, dit Montaigne, étudions une étude sortable à notre condition, afin que nous puissions répondre comme celui à qui on demanda : A quoi bon ces études en sa décrépitude ? A me rendre meilleur & plus à mon aise, répondit-il.

APPROBATION.

J'AI lu, par ordre de monseigneur le chancelier, un manuscrit, intitulé *Dictionnaire philosophique portatif*, &c. Et je n'y ai rien trouvé qui m'ait paru devoir en empêcher l'impression. à Paris, ce 10 février 1761. *Signé*, SAURIN.

PRIVILEGE GENERAL.

LOUIS, PAR LA GRACE DE DIEU, ROI DE FRANCE ET DE NAVARRE : A nos amés & féaux conseillers les gens tenants nos cours de parlement, maîtres des requêtes ordinaires de notre hôtel, grand-conseil, prévôt de Paris, baillifs, sénéchaux, leurs lieutenants civils & autres nos justiciers qu'il appartiendra : SALUT. Notre amé PIERRE GUILLYN, libraire à Paris, Nous a fait exposer qu'il desireroit faire imprimer & donner au public un ouvrage qui a pour titre *Dictionnaire philosophique portatif*, s'il nous plaisoit lui accorder nos lettres de privilège pour ce nécessaires. A CES CAUSES, voulant favorablement traiter l'exposant, Nous lui avons permis & permettons par ces présentes de faire imprimer ledit ouvrage autant de fois que bon lui semblera, & de le vendre, faire vendre & debiter par tout notre royaume, pendant le temps de six années consécutives, à compter du jour de la date des présentes. Faisons défenses à tous imprimeurs, libraires & autres personnes, de quelque qualité & condition qu'elles soient, d'en introduire d'impression étrangère dans aucun lieu de notre obéissance ; comme aussi, d'imprimer ou faire imprimer, vendre, faire vendre, débiter ni contrefaire ledit ouvrage, ni d'en faire aucun extrait, sous quelque prétexte que ce puisse être, sans la permission expresse & par écrit dudit exposant, ou de ceux qui auront droit de lui : à peine de confiscation des exemplaires contrefaits, de trois mille livres d'amende contre chacun des contrevenans, dont un tiers à nous, un tiers à l'hôtel-dieu de Paris, & l'autre tiers audit exposant ou à celui qui aura droit de lui, & de tous dépens, dommages & intérêts. A la charge que ces présentes seront enregistrées tout au long sur le registre de la communauté des imprimeurs & libraires de Paris, dans trois mois de la date d'icelles : que l'impression dudit ouvrage sera faite dans notre royaume & non ailleurs, en bon papier & beaux caractères, conformément à la feuille imprimée attachée pour modèle sous le contrescel des présentes : que l'impétrant se conformera en tout aux règlemens de la librairie, & notamment à celui du 10 avril 1725 : qu'avant de l'exposer en vente, le manuscrit qui aura servi de copie à l'impression dudit ouvrage sera remis, dans le même état où l'approbation y aura été donnée, ès mains de notre très-cher & féal chevalier, chancelier de France, le sieur De Lamoignon ; & qu'il en sera ensuite remis deux exemplaires dans notre bibliothèque publique, un dans celle de notre château du Louvre, un dans celle de notredit très-cher & féal chevalier, chancelier de France, le sieur De Lamoignon, & un dans celle de notre très-cher & féal chevalier, garde des sceaux de France, le sieur Berryer : le tout à peine de nullité des présentes. Du contenu desquelles vous mandons & enjoignons de faire jouir ledit exposant & ses ayant causes, pleinement & paisiblement, sans souffrir qu'il leur soit fait aucun trouble ou empêchement. Voulons que la copie des présentes, qui sera imprimée tout au long au commencement ou à la fin dudit ouvrage, soit tenue pour duement signifiée ; & qu'aux copies collationnées par l'un de nos amés & féaux conseillers secrétaires, foi soit ajoutée comme à l'original. Commandons au premier notre huissier ou sergent sur ce requis, de faire, pour l'exécution d'icelles, tous actes requis & nécessaires, sans demander autre permission, & nonobstant clameur de haro, chartre normande & lettres à ce contraires : Car tel est notre plaisir. Donné à Paris, le dix-septième jour du mois de février, l'an de grace mil sept cent soixante-deux, & de notre règne le quarante-septième. Par le roi en son conseil, LE BEGUE.

Je reconnois, que M. Durand l'aîné est propriétaire des trois quarts du livre énoncé dans le présent privilège, l'autre quart appartenant à moi soussigné. Fait à Paris, le 2 mai 1761,   GUILLYN.

Regiſtré le préſent privilège, enſemble la ceſſion, ſur le regiſtre XV de la chambre royale & ſyndicale des libraires & imprimeurs de Paris, n°. 282, fol. 265, conformément au règlement de 1723. A Paris, ce 5 mars 1762.

VINCENT, adjoint.

DICTIONNAIRE PHILOSOPHIQUE.

A.

ABSTRACTION.

ABSTRAIRE; c'est séparer. Ainsi l'abstraction est une opération de l'esprit, par laquelle nous ne considérons, dans un objet, qu'un de ses attributs, sans faire attention aux autres propriétés qu'il renferme. Par exemple, il entre dans la notion de l'or plusieurs idées, telles que la couleur, l'étendue, la pesanteur, la solidité; & je peux ne le considérer que sous l'une de ces qualités : alors je le sépare des autres idées qui entrent dans sa composition. Cette opération se nomme ABSTRACTION.

On voit par-là, dit M. l'abbé de Condillac, que les idées abstraites naissent nécessairement de l'usage que nous voulons faire de nos organes : que par conséquent elles ne sont pas aussi éloignées de l'intelligence des hommes qu'on paroît le croire; & que leur génération n'est pas assez difficile à comprendre, pour supposer que nous ne puissions les tenir que de l'auteur de la nature.

On voit, par l'exemple que j'ai rapporté, que la notion de l'*or* est composée de plusieurs idées, qui, toutes séparément, conviennent à plusieurs choses; & que chacune de ces idées se trouve dans plusieurs collections, dans plusieurs notions composées.

Ces idées ainsi généralisées, lorsqu'elles se trouvent séparées par l'abstraction, induisent à erreur par les fausses conséquences qu'on peut tirer d'une maxime générale; comme on le voit dans cette proposition générale où je fais abstraction de l'espèce.

Tout être animé a, dans lui-même, un instinct qui veille à sa propre conservation.

On concluroit mal, si, de ce que tout être animé a dans lui-même un instinct qui veille à sa propre conservation, on concluoit que l'homme, qui est une espèce de ces êtres, peut abandonner sa conduite au hasard.

On appelle les idées généralisées, ABSTRACTIONS; telles sont les idées de *pesanteur*, *laideur*, *beauté*, &c.: elles sont d'une nécessité indispensable dans la métaphysique, quand on ne les emploie que comme signes de nos concepts; mais elles occasionnent le plus grand nombre de nos erreurs, quand nous les prenons pour des êtres réels des choses existantes, comme s'il y avoit un être qui s'appellât *beauté*, &c.

ABSTRAIT.

Un homme abstrait est un homme concentré en lui-même, qui s'occupe à méditer sur des idées métaphysiques, & dont l'attention à ces mêmes idées est si forte, que les objets extérieurs ne font point d'impression sur lui.

Cette sorte d'esprit est propre au cabinet, & insipide dans le commerce de la société.

Cette qualité vient du tempéramment, qui change selon les qualités des humeurs, qui varie suivant le climat, l'âge & les saisons. Tel, qui est né vif, enjoué, gai jusqu'à l'étourderie, devient sombre, abstrait, mélancolique, par le chagrin & les excès, qui épaississent les humeurs, rallentissent le mouvement du sang, & produisent d'autres sensations, & conséquemment d'autres idées. Le physique influe plus que l'on ne croit sur le moral.

On dit des idées qu'elles sont abstraites, quand les objets qu'elles représentent ne sont pas sensibles : tels sont les êtres moraux & métaphysiques.

ACCABLEMENT, ABBATTEMENT, DÉCOURAGEMENT.

L'accablement vient du corps ou de l'esprit : l'accablement du corps vient de la maladie ou de la fatigue ; l'accablement de l'esprit est un état de l'ame qui succombe sous le poids de ses peines.

Cet état dégrade l'homme, & laisse voir sa foiblesse. Il n'est point de maux ni de situations dans la vie auxquels il n'y ait du remède ; &, quand même il n'y en auroit pas, ce seroit toujours une folie de s'en affliger, puisque cela ne serviroit à rien.

L'abbattement, qui n'est qu'une langueur que l'ame éprouve à la vue d'un mal qui lui arrive, nous conduit quelquefois jusqu'à l'accablement, qui produit toujours le découragement.

Le découragement est une foiblesse de l'ame qui cède aux difficultés, & qui nous fait abandonner une entreprise commencée, en nous ôtant le courage nécessaire pour la finir.

ACTIF, PRINCIPE ACTIF.

Les anciens philosophes regardoient les élémens comme principes de toutes choses. Les uns, tels qu'Anaximénès, prétendoient que rien ne fermente, ne végète, ne se corrompt sans l'air, qui est la cause productrice de tout ce qui existe ; n'y ayant aucune drogue salutaire ou venimeuse dont les vertus ne se répandent dans l'air ; ce qui en fait une masse active, composée de principes innombrables, la source générale de la génération & de la corruption ; qui, d'un côté, divise, entraîne les particules des corps, les corrompt, les dissout, en produit de nouveaux en détruisant les formes & en reproduisant sans fin. D'autres, tels que les Platoniciens, les Pythagoriciens, & les Stoïciens, assurent que l'éther, ce feu pur, invisible, le plus subtil & le plus élastique de tous les corps, semble pénétrer & se répandre dans toute l'étendue de l'univers. Si, dans la nature, l'air est l'agent immédiat ou l'instrument, le feu invisible est le premier mobile, le premier ressort naturel, qui communique à l'air toute sa vertu : si preste dans ses mouvemens, si subtil & si pénétrant de sa nature, si varié dans l'étendue de ses effets, il paroît n'être autre chose que l'ame végétative ou l'esprit vital de l'univers. Ainsi les vertus qu'on attribue à l'air doivent, selon eux, s'attribuer au feu, comme à ce qui communique à l'air même son activité.

Je ne finirois point, si je voulois rapporter toutes les absurdités que les philosophes anciens & modernes ont imaginées & données comme premier principe : J'ai choisi les deux opinions les plus probables. Ayons recours à la religion. Elle nous découvre un nouvel ordre de choses, l'*esprit* & *ses opérations* ; un être permanent, qui ne dépend point des choses corporelles, qui n'en résulte point, qui n'y est point attaché, qui n'y est point contenu ; mais qui au contraire contient, enchaîne, vivifie tout ce qui existe, communiquant les formes, les qualités, l'ordre, la symmétrie à ces phénomènes passagers que nous appellons le cours de la nature.

Il y a, dit M. l'abbé de Condillac, un principe de nos actions que nous sentons, mais que nous ne pouvons définir : on l'appelle *force*. Nous sommes également actifs par rapport à tout ce que cette force produit en nous ou au dehors. Nous le sommes, par exemple, lorsque nous réfléchissons, ou lorsque nous faisons mouvoir un corps : par analogie, nous supposons, dans tous les objets qui produisent quelque changement, une force que nous connoissons encore moins; & nous sommes passifs par rapport aux impressions qu'ils font sur nous. Ainsi un être est actif ou passif, suivant que la cause de l'effet produit est en lui ou hors de lui.

Ce principe de nos actions, cette force qui nous fait mouvoir, est excitée par les besoins, source de toutes nos connoissances.

On dit, d'un corps physique, qu'il agit sur un autre, quand il produit quelque changement : l'eau agit sur les productions de la terre, en développant les sels & les particules actives qui sont renfermées dans les semences. A l'égard de l'homme, agir, c'est produire un effet. Il y a trois choses à considérer dans l'action : la cause occasionnelle, qui est l'ame; la cause instrumentale, qui est le corps; & l'effet, qu'on appelle acte ou produit de l'action. Mais, qui est-ce qui détermine l'ame à agir? c'est le besoin. Imaginez un être à qui rien ne manque, & qui soit content de sa situation ou manière d'être, il restera dans un perpétuel repos. Les nations méridionales, qui ont moins de besoins que les peuples du nord, sont plus paresseux. Dieu, qui n'en a point, n'est sans doute porté à l'action, que par l'amour qu'il a pour les créatures qu'il a formées.

On dit communément qu'il ne faut pas juger les hommes sur leurs discours, mais sur leurs actions. Cette maxime a besoin d'extension : ce n'est pas sur quelques actions indiscrettes qu'on peut porter un jugement certain ; c'est sur une suite d'actions, c'est sur la conduite de la vie.

ADMIRATION.

L'admiration est une longue surprise, mêlée de respect & souvent d'amour.

Elle diffère du simple étonnement, par l'importance de l'objet, qui est grand ou merveilleux. Un homme d'esprit voit peu de choses dignes d'admiration, un stupide n'admire rien, & un sot trouve tout admirable.

ADOLESCENCE, *voyez* AGE.

ADORATION.

L'adoration est l'hommage que l'on doit à la divinité. Il y en a de deux sortes : la première est une élévation de l'ame vers son auteur ; la seconde, que l'on nomme culte, consiste dans la façon dont il faut adorer Dieu.

Les déistes prétendent que la première suffit, & n'admettent point de culte quel qu'il soit.

ADRESSE, SOUPLESSE, FINESSE, RUSE, ARTIFICE.

L'adresse est l'art de conduire ses entreprises d'une manière propre à y réussir ; la souplesse est une disposition à s'accommoder aux conjonctures & aux événemens imprévus ; la finesse est une façon d'agir, secrette & cachée ; la ruse est une voie déguisée pour aller à ses fins ; l'artifice est un moyen recherché &

peu naturel pour l'exécution de ses desseins. Les trois premiers de ces mots se prennent plus souvent en bonne part que les deux autres.

L'adresse emploie les moyens, & demande de l'intelligence; la souplesse évite les obstacles, elle veut de la solidité; la finesse insinue d'une manière insensible, elle suppose de la pénétration; la ruse trompe, elle a besoin d'une imagination ingénieuse; l'artifice surprend, il se sert d'une dissimulation préparée.

ADROIT, HABILE, ENTENDU.

Habile se dit de la conduite; entendu, des lumières de l'esprit; & adroit, des graces de l'action.

ADVERSITÉ.

Les adversités sont des accidens malheureux; l'adversité est l'effet de tous ces accidens. Les accidens sont passagers; l'adversité est un état constant de malheurs.

Les adversités sont si fort inséparables de notre condition, qu'en quelque état que nous soyons, nous devons toujours nous y attendre; c'est le moyen de les rendre moins sensibles.

L'adversité n'est point un mal réel, ce n'est que la privation de quelques biens : elle est souvent devenue la source de nos vertus & conséquemment de notre bonheur.

> Ainsi que le cours des années
> Se forme des jours & des nuits,
> Le cercle de nos destinées
> Est marqué de joie & d'ennuis,
> Le ciel, par un ordre équitable
> Rend l'un à l'autre profitable;
> Et, dans ses inégalités,

> Souvent la sagesse suprême
> Sçait tirer notre bonheur même
> Du sein de nos calamités.
>
> *Le grand Rousseau.*

Ez affaires du monde, dit Montaigne, si quelque revers ne trompe l'esprit de l'homme par un tempéramment d'afflictions, la prospérité l'ennivréroit à la longue.

AFFABILITÉ.

L'affabilité est une manière douce & affectueuse de recevoir & d'écouter les personnes que le hasard ou la nécessité des affaires nous présente : c'est une vertu de société, fondée sur l'amour des hommes, & le desir de leur plaire; elle nous montre attentifs, prévenans, prêts à tout entreprendre pour rendre service. Elle doit plus à la réflexion qu'au tempéramment.

AFFECTATION.

L'affectation est une manière empressée d'étaler des qualités qu'on sent qui nous manquent, & que nous voudrions avoir. On n'est jamais si ridicule, dit M. de la Rochefoucault, par les qualités que l'on a, que par celles que l'on affecte d'avoir.

Toute affectation, dit M. Duclos, finit par se déceler, & l'on retombe alors au-dessous de sa valeur réelle. On ne se venge point à demi d'avoir été dupe. Soyons donc ce que nous sommes; n'ajoutons rien à notre caractère; tâchons seulement d'en retrancher ce qui peut être incommode pour les autres & dangereux pour nous-mêmes; ayons le courage de nous soustraire à la servitude de la mode, sans passer les bornes de la raison.

L'affectation est donc, comme nous avons dit, une manière d'imiter & de montrer des qualités qu'on n'a pas, ou des qualités qu'on voudroit avoir ; ce qui établit deux espèces d'affectations. La première se nomme hypocrisie. *Voyez* Hypocrisie.

L'affectation dans le langage, dit M. le duc de Richelieu, une certaine recherche d'expressions singulières, est un aveu de la stérilité des pensées : c'est une espèce de fausse monnoie à laquelle on n'a recours que dans l'indigence.

L'affectation est la source du ridicule. (*a*)

(*a*) Les imitateurs, dit M. *Duclos*, ne saisissent ordinairement que les ridicules de leur mode. Dorimond se tourmente à chercher tous les moyens de plaire ; malheureusement, plus on les cherche, & moins on les trouve : il veut imiter les agréables de la cour ; mais tout ce qui ne les rend que ridicules, le fait paroître maussade. Il y a des ridicules qui ne vont pas à toute sorte de figures, il y en a même d'incompatibles avec les graces ; & Dorimond ne brille pas par ceux-là : plus il veut faire le fat, plus il prouve qu'il n'est qu'un sot.

AFFECTION.

L'affection est la manière dont l'ame est affectée des choses dépendantes de la morale. L'homme du monde est affecté de tout ce qui a rapport à la gloire ; le philosophe, de tout ce qui tend au bonheur : l'un préfère la réputation à la vertu, & l'autre la vertu à la réputation. Cette expression se prend en bonne & en mauvaise part : on dit également d'un homme, qu'il est bien ou mal affecté : cependant il est plus ordinaire de la voir employée en bonne part ; &, pour lors, affection signifie amour.

AGE.

L'âge est le temps de la durée d'une chose. La vie de l'homme est partagée en plusieurs âges. L'enfance va jusqu'à quatorze ans ; c'est le temps de l'éducation, qu'on ne peut trop tôt commencer. L'adolescence commence à quatorze ans, & finit à vingt-cinq; c'est l'âge le plus critique, parce que les passions y sont vives, & que la raison n'est pas assez formée pour les contenir dans de justes bornes. La jeunesse est depuis vingt-cinq jusqu'à quarante; c'est le règne de l'ambition & du travail. L'âge mûr est depuis quarante jusqu'à soixante; c'est l'âge de la raison, & le temps de la récolte. La vieillesse est depuis soixante jusqu'à quatrevingt-dix; c'est le temps de la retraite & du repos, le temps fait pour jouir des fruits du travail & de l'expérience. Après, viennent la caducité & la décrépitude, qui entraînent à leur suite les infirmités & la mort (a).

(a) Le père Brumoi, que j'aurai occasion de citer plus d'une fois, fait ainsi le portrait des quatre âges dans son poëme des passions: ouvrage aussi profond & utile qu'agréable.

L'homme commence-t-il d'articuler des sons, & de former des pas assurés? ses petites passions ont le brillant des éclairs, & la vivacité d'une flamme qui s'élance des cendres sous lesquelles le feu sembloit assoupi; sa colère étincelle & se calme tout-à-coup; il brûle s'il n'obtient à l'instant ce qu'il desire; il l'obtient, il le quitte; il tremble dans les ténèbres; il rougit & pleure si on lui fait sentir sa faute; souvent la honte étouffe ses paroles; il est sensible à l'émulation de surpasser ses pareils; toujours en mouvement, il court & saute dans la maison paternelle; il construit de petits châteaux; il aime à imiter les quadrupèdes en marchant, ou les cavaliers en traînant un bâton; il passe à son gré des ris aux larmes, & le passage est court; il varie, en un mot, & change selon le caprice qui le guide.

Est-il arrivé à l'adolescence? ses passions se sont accrues comme ses formes; son mobile cœur est agité des flots de l'erreur & du vice: prompt à secouer le joug & à rire des conseils sensés d'un père vieilli, il se plaît dans les festins & dans les assemblées de plaisir: prodigue & peu inquiet sur l'avenir, il consume les biens paternels, & ne connoît d'autres loix que celle que lui dicte une impétueuse passion: incapable de se tenir en place, ardent à chercher des querelles & à se venger, hardi jusqu'à mépriser les glaives, plein de folles chimères, courageux jusqu'à la témérité, il semble puiser une grande ame du jeune sang qui bout dans ses veines.

Les années, qui s'envolent, lui enlèvent, avec la fleur de la jeunesse, le feu des passions étourdies. L'âge mûr fait succéder le sérieux à la bagatelle, & le devoir aux folâtres plaisirs. L'homme dans sa maturité prévoit les événemens & leurs conséquences; il s'étudie à plaire, à s'insinuer dans la faveur, à se faire une route aux grands emplois, à suivre la fortune & l'ambition ; il se reproduit lui-même dans une famille nombreuse, dont il devient le chef & l'appui.

Mais, tandis que ces tendres soins le tiennent en haleine, il court à grands pas dans le chemin facile qui mène à la triste vieillesse. Arrivé à ce terme, son esprit & son corps commencent à se glacer ; sa tête & ses joues se couvrent de neige : il se hâte lentement : superstitieux & ridicule à l'excès, il craint tout sans raison ; un essaim de soucis l'assiège, soit quand il se cantonne dans le rempart de ses trésors, pauvre, hélas! au milieu des monceaux d'or qu'il a accumulés pour d'autres que pour lui ; soit quand un long espoir lui fait porter au loin ses regards dans des années qu'il ne verra pas, ou qu'une envie secrette lui fait blâmer les doux momens dont abuse la jeunesse. Tant il est vrai que les passions, issues du corps humain, en suivent la naissance, le progrès, la décadence & la destinée.

Nous arrivons tout nouveaux aux divers âges de la vie, dit M. de la Rochefoucault ; & nous y manquons souvent d'expérience, malgré le nombre des années.

AIMABLE.

Voici de quelle façon M. Duclos peint ce que l'on appelle des aimables. L'homme aimable, du moins celui à qui l'on donne aujourd'hui ce titre, est fort indifférent sur le bien public : ardent à plaire à toutes les sociétés où son goût & le hasard le jettent, & prêt à en sacrifier chaque particulier, il n'aime personne, n'est aimé de qui que ce soit ; plaît à tous, & souvent est méprisé & recherché par les mêmes gens.

Par un contraste assez bizarre, toujours occupé des autres, il n'est satisfait que de lui, & n'attend son bonheur que de son opinion ; sans songer précisément à leur estime, qu'il suppose apparemment, ou dont il ignore la nature, le désir immodéré d'amuser l'engage à immoler l'objet qu'il estime le plus, à la malignité de ceux dont il fait le moins de cas : tel est enfin dans ce caractère l'assemblage de vice, de frivolité & d'inconvéniens, que l'homme aimable est souvent l'homme le moins digne d'être aimé.

AIRS, MANIERES.

L'air, dit M. l'abbé Girard, semble être né avec nous, il frappe à la première vue ; les manières viennent de l'éducation, elles se développent successivement dans le commerce de la vie.

Il y a un bon air à toute chose, qui est nécessaire pour plaire ; ce sont les belles manières, qui distinguent l'honnête-homme.

L'air dit quelque chose de plus fin, il prévient ; les manières disent quelque chose de plus solide, elles engagent : tel qui déplaît d'abord par son air, plaît ensuite par ses manières.

Les airs de grandeur, que nous nous donnons, ne servent qu'à faire remarquer notre petitesse, dont on ne s'appercevroit peut-être pas sans cela. Les mêmes manières, qui conviennent quand elles sont naturelles, rendent ridicule quand elles sont affectées.

Il est assez ordinaire de se laisser prévenir par l'air des personnes, ou en leur faveur ou à leur désavantage ; & c'est presque toujours les manières, plutôt que les qualités essentielles, qui font qu'on est goûté dans le monde, ou qu'on ne l'est pas. *Voyez* MANIERES.

Tous les différens airs des personnes de différente condition, dit le père Mallebranche, sont des suites naturelles de l'estime que chacun a de soi-même par rapport aux autres, comme il est facile de le reconnoître si on y fait un peu de réflexion. Ainsi, l'air de fierté est l'air d'un homme qui s'estime beaucoup, & qui paroît faire peu de cas de l'estime des autres. L'air modeste est l'air d'un homme qui s'estime peu, & qui estime assez les autres. L'air grave est l'air d'un homme qui, quelquefois, s'estime beaucoup, & qui desire d'être estimé. Et l'air simple, ce lui d'un homme qui ne s'occupe guère de foi ni des autres. Ainſi tous les différens airs, qui ſont preſque infinis, ne ſont que des effets, que les différens dégrés d'eſtime que l'on a de ſoi & de ceux avec qui l'on converſe, produiſent naturellement ſur notre viſage, & ſur toutes les parties extérieures de notre corps.

AISANCE.

L'aiſance, dans les manières, eſt un agrément qui accompagne toutes nos actions, & qui conſiſte ſurtout dans la facilité, la promptitude & la grace des mouvemens du corps. L'aiſance dans la fortune eſt cet heureux état de médiocrité qui fait le bonheur de l'homme & l'ambition du ſage : elle eſt entre le néceſſaire & le ſuperflu.

AMBITION.

L'ambition eſt un deſir violent de parvenir aux honneurs & aux dignités. Elle eſt aiſée à reconnoître pour un ouvrage de l'imagination, dit M. de Fontenelle ; elle en a le caractère : inquiète, pleine de projets chimériques, elle va au-delà de ſes ſouhaits ; dès qu'ils ſont remplis, elle a un terme qu'elle n'attrape jamais. C'eſt la maladie de l'eſprit la plus incurable. Les autres paſſions ſe calment par l'acquiſition du bien qu'elles pourſuivent ; mais la ſoif de l'ambitieux reſſemble à celle de l'hydropique, elle s'irrite & s'accroît à meſure qu'on cherche à la ſatisfaire.

Le ſage, dit M. de la Bruyere, guérit de l'ambition par l'ambition même : il tend à de ſi grandes choſes, qu'il ne peut ſe borner à ce qu'on appelle des tréſors, des poſtes, la fortune & la faveur. Il ne voit rien dans de ſi foibles avantages, qui ſoit aſſez bon & aſſez ſolide pour remplir ſon cœur, & pour mériter ses soins & ses desirs ; il a même besoin d'efforts pour ne les pas trop dédaigner. Le seul bien capable de le tenter, est cette sorte de gloire qui devroit naître de la vertu toute pure & toute simple ; mais les hommes ne l'accordent guère, & il s'en passe.

L'ambition modérée, qui n'emploie que des moyens légitimes pour parvenir, est ce qu'on nomme émulation ; & c'est pour lors une vertu qui concourt au bien de la société, & conséquemment au bonheur de celui qui l'exerce. *Voyez* ÉMULATION.

La fortune, le pouvoir, l'autorité sont des biens du second ordre, & qui, comme utiles, méritent d'être recherchés, ou comme des moyens de conserver le bonheur soit à nous-même, soit aux autres : négliger de les acquérir, c'est s'exposer aux tentations de la pauvreté, risquer son indépendance, & par-là nous rendre inutiles & méprisables dans la société. C'est une chose louable d'aspirer à une plus grande considération pour conserver la plus noble des facultés, le pouvoir de faire du bien.

AME.

L'ame est cette partie de nous-même qui sent, qui pense & qui commande au corps. L'ame, considérée par sa faculté de sentir, s'appelle cœur ; l'ame, considérée par la faculté de penser, se nomme esprit.

Le rapport intime que l'ame a avec le corps, dont elle est dépendante pour ses opérations, a fait croire à quelques philosophes, & entre autres à Aristoxenus, que l'ame n'étoit qu'une harmonie résultante des opérations du corps ; ce qui pourroit se concevoir de l'ame sensitive : mais cette opinion est insoutenable, lorsqu'il est question de l'ame intelligente ; car comment concilier, dans ce système, les oppositions senfibles qui se trouvent tous les jours entre ces deux agents ? L'effet n'est jamais contraire à sa cause. Platon & Zénon croyoient que l'ame étoit une flamme céleste, une portion de la divinité, qui cherchoit sans cesse à se réunir à son tout. Platon prétendoit qu'elle étoit indivisible, & par conséquent immortelle. Au reste toutes ces disputes des philosophes sur l'immortalité, l'indivisibilité, l'immatérialité de l'ame, ne font rien à la morale. Quand on pourroit prouver que l'ame est mortelle, ce qui n'arrivera jamais, on n'en feroit pas moins voir la nécessité d'être vertueux, pour jouir du bonheur, au moins dans cette vie.

La preuve de l'immortalité de l'ame peut se prendre dans la matière qui ne périt pas, & qui change seulement de modifications. *V.* Homme *&* Corps.

L'auteur de la nature, dit Saint Evremont, n'a pas voulu que nous puissions bien connoître ce que nous sommes. Après y avoir rêvé inutilement, on trouve que c'est sagesse de n'y rêver pas davantage, & de se soumettre aux ordres de la providence.

Les deux grands objets, dit M. de Formey, vers lesquels notre ame se porte invinciblement, sont la vérité & le bonheur. Notre tâche, ici-bas, consiste à les bien démêler parmi les apparences & les illusions dont nous sommes environnés. On sçait quelle est la conduite du gros des hommes à cet égard : ils se paient de tout ce qui s'annonce à eux sur le pied du vrai & du bon; ils adoptent l'un, ils s'efforcent de jouir de l'autre. Ils se croient arrivés au but pour lequel ils ont été formés, lorsque leur esprit est rempli d'un certain nombre de notions confuses, & que leur corps est successivement affecté par des sensations agréables. Personne n'ignore quelle est l'issue de cet état; il suffit de renvoyer à l'expérience.

La vérité & le bonheur sont deux choses unies d'un lien indissoluble. L'ouvrage de notre perfection est un tout composé de ces deux parties assujetties, dont l'une ne sçauroit exister sans l'autre. La vérité est même le principe du bonheur ; c'est la première idée de notre perfection, par laquelle la seconde est déterminée. C'est la réflexion en effet qui fait tout le prix du bonheur, ou plutôt qui en fait l'essence même. Plus donc cette réflexion devient distincte & épurée, plus notre félicité s'accroît. Les gens du monde ont raison de dire qu'il ne faut pas creuser, approfondir, s'appesantir en quelque sorte sur les plaisirs de la vie ; que tous les rafinemens ne servent qu'à les gâter & à les faire évanouir. Rien de plus vrai ; mais ils prononcent par-là leur propre condamnation. Ils font un aveu autentique que leur bonheur n'est qu'une ombre vuide de réalité, & qu'ils ne font qu'effleurer la surface des objets dans lesquels ils placent leur félicité. Au contraire, les biens réels & les plaisirs solides ne demandent que la pierre de touche de l'examen & de la réflexion. A leur égard, chaque pas vers la vérité est nécessairement vers le bonheur. *Formey. Voyez* EXISTENCE DE DIEU.

AMITIÉ.

L'amitié est un sentiment d'affection, qui nous porte à aimer quelqu'un par l'attrait du plaisir que nous nous promettons dans son commerce. Ce besoin du cœur, fondé sur l'égalité, naît du rapport de l'humeur, des goûts, des esprits : il augmente par l'estime, s'entretient par des attentions réciproques & une confiance sans réserve, & finit ordinairement par le peu de ménagements que nous avons pour l'amour-propre de nos amis.

L'amitié est un des plus grands biens dont l'homme puisse

puisse jouir. Il est bien doux d'avoir quelqu'un à qui l'on communique toutes ses pensées & tous ses sentimens, & qui ressente nos plaisirs & nos peines. Le partage des biens nous en procure une jouissance plus sensible, & l'intérêt que l'on prend à nos afflictions, les rend plus légères.

Nous ne pouvons rien aimer que par rapport à nous ; & nous ne faisons que suivre notre goût & notre plaisir, quand nous préférons nos amis à nous-même, dit M. de la Rochefoucault. On se lie pour le plaisir, pour l'utilité, ou pour s'exciter à la vertu par la communication des sentimens vertueux, seul motif qui puisse faire de l'amitié un commerce délicieux & une affection constante.

Voici comme Montaigne peint, dans son vieux & énergique langage, cette tendre & vive amitié qu'il conserva toute sa vie pour M. de la Boétie. A notre premier rencontre, nous nous trouvâmes si pris, si cognus, si obligés entre nous, que rien dès-lors ne nous fut si proche que l'un à l'autre. Si je compare tout le reste de ma vie (quoiqu'avec la grâce de Dieu je l'aye passée douce, aisée, & sauf la perte d'un tel ami exempte d'affliction poisante); si je la compare, dis-je, toute aux quatre années qu'il m'a été donné de jouir de la douce compagnie & société de ce personnage, ce n'est que fumée, ce n'est qu'une nuit obscure & ennuyeuse. Depuis le jour que je le perdis, je ne fais que traîner languissant ; & les plaisirs mêmes qui s'offrent à moi, au lieu de me consoler, me redoublent le regret de sa perte. Nous étions à moitié de tout, il me semble que je lui dérobe sa part ; j'étois déjà si fait & accoutumé à être deuxième partout, qu'il me semble n'être plus qu'à demi.

C'est une rare fortune, mais de soulagement inestimable, d'avoir un honnête homme d'entendement ferme, & de mœurs conformes aux vôtres, qui aime à vous suivre.

Les amitiés communes, on les peut départir. On peut aimer en cettui-ci la beauté, en cet autre la facilité de ses mœurs, en l'autre la libéralité; en celui-là la paternité, en cet autre la fraternité; ainsi du reste: mais cette amitié qui possède l'ame, & la régente en toute souveraineté, il est impossible qu'elle soit double.

Comparer à l'amitié l'affection envers les femmes, quoiqu'elle naisse de notre choix, on ne peut, ni la loger en ce rôle. Son feu, je le confesse, est plus actif, plus cuisant, plus aspre; mais c'est un feu téméraire & volage, ondoyant & divers; feu de fièvre, sujet à ses accès & remises, & qui ne nous tient qu'à un coing. En l'amitié c'est une chaleur générale & universelle, tempérée au demeurant & égale; une chaleur constante & rassise, toute douceur & polissure, qui n'a rien d'aspre & de poignant.

On peut conclure de tout cela, que l'amitié est très-rare. Peu d'hommes sont capables de la sentir, très-peu sont dignes de l'inspirer.

AMOUR.

L'amour, pris en général pour tout penchant du cœur qui nous entraîne vers un objet plutôt que vers un autre, est une affection de l'ame qui cherche à s'unir à tout objet qui excite en lui un sentiment de plaisir, ou qui se complaît dans la jouissance de ce même objet: ainsi l'on peut voir, selon cette définition, que le desir n'est pas essentiel à l'amour.

Car l'amour de nous-même, qui possède son objet, ne le desire pas, mais se complaît dans sa possession: ainsi le desir ne se joint à l'amour, que lorsqu'il n'a pas l'objet qui excite en lui un sentiment de plaisir. La complaisance dans l'objet en fait le fondement & l'essence.

Le sentiment du plaisir s'excite dans l'ame, ou par sensation, ou par réflexion : par sensation, lorsqu'il nous vient immédiatement des objets extérieurs qui frappent nos sens ; par réflexion, lorsque l'esprit a jugé que tel objet est propre à contribuer à notre bonheur. Je vais tâcher de rendre tout cela sensible par un exemple pris de cette espèce d'*amour* qu'un sexe a pour un autre, & que je définirai après.

Je me trouve dans un cercle; j'y vois plusieurs dames : l'une attire mes regards par l'éclat de son tein & la régularité de ses traits, voilà le premier effet de la sensation agréable : je l'examine plus attentivement ; &, selon le caractère que sa physionomie exprimera, & le rapport qu'il aura avec le mien propre, je la trouverai belle ou non : car, qu'on y fasse bien attention, c'est une erreur de dire que la beauté ne plaît pas toujours. Dès qu'un objet ne nous plaît pas, dès-lors nous ne le trouvons pas beau. Il peut l'être pour un autre ; la beauté des physionomies est très-arbitraire ; mais on ne nous persuadera jamais qu'il le soit pour nous, quand on pourroit même nous démontrer que cette personne est belle ; ce qui ne se peut pas, puisque la beauté n'est faite que pour être sentie : elle va au cœur & non pas à l'esprit.

Dès que je trouve donc une personne belle, dès-lors je l'aime, & voilà l'effet de la sensation qui excite en moi l'amour. Si cette même personne joint, à ces dehors prévenants, les qualités du cœur & de l'esprit que je prise le plus ; car, encore une fois, on n'aime dans les autres leurs qualités, que par le rapport qu'elles ont avec les nôtres ; que cette personne ait donc ces qualités, & dès-lors je me livre tout entier à l'effet de la première sensation : mais, si la réflexion vient à découvrir des défauts que l'illusion de l'amour entretient quelquefois longtemps, je cherche à m'opposer à l'effet de ma sensation ; &, en m'éloignant de l'objet qui l'a causée, & qui la renouvelle sans cesse par sa présence, je parviens à l'effacer de mon cœur ; au lieu que, tant que je le vois, il m'est aussi impossible d'en empêcher l'effet, qu'il dépend peu de moi de trouver mauvaise une liqueur qui flatte mon goût ; ce n'est qu'en m'abstenant d'en boire, que je puis empêcher l'effet du poison qu'elle renferme.

On m'objectera peut-être qu'on n'a de l'*amour* que pour la beauté ; j'en conviendrai. On ajoutera qu'il arrive souvent que, de plusieurs personnes qui paroîtront dans un cercle, ce ne sera pas toujours celle qui nous paroîtra la plus belle que nous aimerons le plus ; & je le nierai absolument. Ce ne sera peut-être pas celle dont les traits me paroîtront les plus réguliers, j'en conviens : mais les autres qualités que la physionomie exprime, suppléeront les agrémens de la figure qui lui manqueront, ou du moins me paroîtront préférables ; & alors la beauté morale des sentimens l'emportera sur cet assemblage de traits que la multitude, qui n'a que des yeux, met au-dessus de tout autre mérite.

Celui, dit Pascal, qui aime une personne pour sa beauté, l'aime-t-il ? Non : car la petite-vérole, qui lui ôtera la beauté sans tuer la personne, fera qu'il ne l'aimera plus. Si l'on m'aime pour mon jugement ou pour ma mémoire, m'aime-t-on moi ? Non ; car je puis perdre ces qualités sans cesser d'être : on n'aime donc que les qualités, ou la personne comme représentant les qualités.

Il n'y a point d'amour sans estime, dit M. Duclos. La raison en est claire. L'amour étant une complaisance dans l'objet aimé, & les hommes ne pouvant se défendre de trouver un prix aux choses qui leur plaisent, leur cœur en grossit le mérite; ce qui fait qu'ils se préfèrent les uns aux autres, parce que rien ne leur plaît tant qu'eux-mêmes. Ainsi, non seulement on s'estime avant tout, mais on estime encore toutes les choses qu'on aime, comme la chasse, la musique, les chevaux, &c. Ceux qui méprisent leurs propres passions, ne le font que par réflexion & par un effort de raison; car l'instinct les porte au contraire: par une suite naturelle du même principe, la haine rabaisse ceux qui en sont l'objet avec le même soin que l'amour les relève. Il est impossible aux hommes de se persuader que ce qui les blesse n'ait pas de grands défauts: c'est un jugement confus que l'esprit porte en lui-même.

Si la réflexion contrarie cet instinct, car il y a des qualités qu'on est convenu d'estimer & d'autres de mépriser, alors cette contradiction ne fait qu'irriter la passion; &, plutôt que de céder aux traits de la vérité, elle en détourne les yeux. Ainsi elle dépouille son objet des qualités naturelles pour lui en donner de conformes à son intérêt dominant; ensuite elle se livre témérairement & sans scrupule à ses préventions insensées.

En réfléchissant sur ce que je viens de dire, on cessera de s'étonner pourquoi des gens qui sont disproportionnés d'âge, ressentent quelquefois de l'amour l'un pour l'autre; pourquoi une femme qui méprise un homme qu'elle voit tous les jours, ne peut cependant s'empêcher de l'aimer.

L'on verra aussi que la nature de l'amour & les effets qu'il produit doivent nécessairement être aussi différens que ses causes, & qu'une même personne peut réunir plusieurs espèces d'*amour* ; tels que l'*amour-propre*, l'*amour de la gloire*, l'*amour des plaisirs*, l'*amour des richesses*, &c. Mais ces amours seront subordonnés les uns aux autres ; & il y en aura toujours un dominant, & qui effacera presque les autres. Au reste, plus un homme aura de ces espèces d'amour, qu'on pourroit quelquefois appeler des goûts tant ils sont légers, moins il aura de l'amour-passion.

Je ne me suis tant étendu sur cet article, que parce que l'*amour* est inséparable de l'existence ; c'est, à le bien examiner, *la vie des ames*. Et, en effet, on ne peut concevoir un être sensible ou pensant sans affection ; la haine même, qui lui est opposée, prend sa source dans l'amour-propre, & ne peut être le partage que des êtres imparfaits & bornés, tels que nous le sommes : Dieu & les anges, qui n'ont point de besoins, ne peuvent ressentir que l'amour.

Ce feu pur & céleste est la source, non seulement de la haine, mais généralement de toutes nos passions. Il me semble que, quoiqu'on en ait beaucoup écrit, on ne l'a guère peint que par ses effets. Je continue à définir ses différentes espèces, & je commence par l'amour qu'un sexe ressent pour un autre.

AMOUR D'UN SEXE POUR UN AUTRE.

Cet amour est différent, suivant sa cause & son objet. Quand il n'est produit que par le besoin que la nature fait sentir à un certain âge, plus ou moins, suivant le tempéramment, c'est un penchant aveugle qui nous entraîne vers un objet : c'est une fureur de jouir qui reçoit toute sa force & sa vivacité d'une violente fermentation qui se fait dans le sang. Semblable au feu, il ne peut subsister sans un mouvement continuel; & il cesse de vivre, dès qu'il cesse d'espérer ou de craindre.

Cet amour est une espèce de maladie qu'on ne peut empêcher, à moins qu'elle ne soit le fruit de l'intempérance, ou des desirs d'une imagination déréglée; ennemis beaucoup plus redoutables pour notre bonheur, que tous les besoins de la nature, si faciles à satisfaire.

Dans cette espèce, il en est une autre sorte. C'est la seule qui mérite ce nom consacré de tout temps à exprimer le plus grand des plaisirs, & qui par-là devroit être respectable à l'humanité. C'est cette heureuse sympathie (*voyez ce mot*) de deux ames qui s'attirent, qui s'unissent & se confondent dans une. Cet amour est fondé sur cette secrette intelligence des cœurs, par laquelle deux amants s'entendent sans le secours de la voix, & sur le rapport intime qui se trouve entre leur façon de penser & de sentir: rapport heureux, qui est la véritable cause qui le fait naître; union délicieuse, qui fait le charme de la vie! Un geste, un coup d'œil, un simple regard, le silence même est pour de tels amants un langage qui ne trompe jamais, & qui est mille fois plus expressif que celui de la parole. Mais ce n'est pas mon dessein de le peindre en stile d'orateur: je ne dois, dans cet ouvrage, en parler qu'en philosophe; &, comme tel, je dirai que l'amour est un bien; mais qu'il devient souvent un mal par l'abus qu'on en fait, & relativement aux personnes & aux préjugés. Il n'y a point de liqueur, quelque pure & salutaire qu'elle soit, qu'un vase infecté de venin n'empoisonne.

PORTRAIT DE L'AMOUR VÉRITABLE.
Projets flatteurs de séduire une belle,

Soins concertés de lui faire la cour,
Tendres écrits, fermens d'être fidèle,
Airs empreſſés, vous n'êtes point l'amour.
Mais ſe donner ſans eſpoir de retour,
Par ſon déſordre annoncer que l'on aime,
Reſpect timide avec ardeur extrême,
Perſévérance au comble du malheur ;
Voilà l'amour ; mais il n'eſt qu'en mon cœur.

Ce ſentiment délicieux, qu'on confond ſouvent avec cette fureur de jouir qui ne vient que du beſoin & de la fermentation du ſang ; ces tranſports, cette ivreſſe de l'ame que nous inſpire la ſeule idée de l'objet aimé, ne peuvent être produits que par des qualités eſtimables. L'innocence & la ſimplicité des mœurs, la candeur, la ſenſibilité, heureux partage de la jeuneſſe, ſentimens naturels que le commerce de la ſociété ne tarde pas à corrompre, ſont les plus puiſſans attraits de l'amour. Nous adorons cette heureuſe diſpoſition qui nous fait aimer & rechercher le beau, l'agréable, l'honnête ; cette bienfaiſante humanité, qui nous porte à rendre nos ſemblables heureux eſt le lien des cœurs vertueux : deux ames douées de ces qualités s'entendent, ſe devinent, s'uniſſent à la première vue. De-là naît cette confiance mutuelle, auſſi ſolidement établie dès le commencement d'une liaiſon, qu'après vingt ans d'épreuve. C'eſt le commerce de goûts, de penſées, de ſentimens, qui forme & entretient l'amour & l'amitié, avec cette différence ſeulement que les ſens qui ſe mêlent à l'amour n'entrent pour rien dans l'amitié ; mais ils ne ſont qu'accidentels à l'amour & n'en forment pas l'eſſence, ou ce n'eſt plus alors qu'un commerce de beſoin.

L'amour de ſympathie a donc pour but la jouiſſance des ſentimens du cœur ; il s'entretient par le commerce de ces mêmes sentimens, & par une confiance mutuelle. Je ne nie pas que le plaisir des sens ne se mêle quelquefois à des sentimens plus délicats; mais ce n'est que d'une manière accessoire, & point du tout essentielle. Cela est si vrai, que l'amour naît souvent dans l'enfance qui ne connoît pas le besoin du tempéramment. Réunissez donc deux personnes qui n'en aient point, ce qui n'est pas impossible ; & vous aurez cet *amour Platonique* qu'on regarde comme une chimère, & qui est néanmoins existant.

Cet amour, dit Platon, est un entrepreneur de grandes choses. Madame de Lambert ajoute : L'esprit qu'il donne est vif & lumineux ; rien ne peut plaire à l'esprit, qu'il n'ait passé par le cœur. La différence de cet amour aux autres plaisirs est aisée à faire à ceux qui en ont été touchés. La plupart des plaisirs ont besoin, pour être sentis, de la présence de l'objet : la musique, la bonne chère, les spectacles en ont besoin pour faire leur impression, pour rappeller l'ame à eux & la tenir attentive. Nous avons en nous une disposition à les goûter ; mais ils sont hors de nous, ils viennent du dehors. Il n'en est pas de même de l'amour : il est chez nous, il est une portion de nous-même ; il ne tient pas seulement à l'objet, nous en jouissons sans lui. Cette joie de l'ame que donne la certitude d'être aimé, ces sentimens tendres & profonds, cette émotion du cœur vive & touchante que nous donnent l'idée & le nom de la personne que nous aimons ; tous ces plaisirs sont en nous, & tiennent à notre propre sentiment. Quand un cœur est bien touché, & qu'on est sûr d'être aimé, tous les plus grands plaisirs sont dans l'amour ; & l'on peut être heureux par ce seul sentiment, & associer ensemble le bonheur & l'innocence.

Cette sorte d'amour a aussi une marque certaine qui le distingue de l'autre de la même espèce. Bien loin de perdre de la vivacité par la jouissance, il acquiert encore un nouveau degré de force par le sentiment de reconnoissance qui s'y joint ; au lieu que l'autre amour, qui n'a point d'autre objet, s'éteint avec cette fermentation du sang qui l'a fait naître : plus l'objet de l'amour est parfait, & plus ce sentiment est profond & durable.

Voici le portrait de ces deux amours dont je viens de parler :

> Certain enfant qu'avec crainte on caresse ;
> Et qu'on connoît à son malin souris,
> Court en tous lieux précédé par les ris,
> Mais trop souvent suivi de la tristesse:
> Dans le cœur des humains il entre avec souplesse,
> Habite avec fierté, s'envole avec mépris.
>
> Il est un autre Amour, fils craintif de l'estime,
> Soumis dans ses chagrins, constant dans ses desirs,
> Que la vertu soutient, que la candeur anime ;
> Qui résiste aux rigueurs, & croît par les plaisirs.
> De cet Amour le flambeau peut paroître
> Moins éclatant, mais ses feux sont plus doux.
> Voilà le Dieu que mon cœur veut pour maître ;
> Et je ne veux le servir que pour vous.
>
> *Voltaire.*

L'amour perd par l'habitude cette vivacité de sentiments qu'il a dans sa nouveauté ; mais, en se calmant, il procure à l'ame cette satisfaction intérieure qui naît de la vertu unie au sentiment : & ses plaisirs, sans être si piquants, ne se font que mieux sentir : leur ivresse empêche presque toujours d'en jouir.

On peut, dit Saint Evremont, rapporter à trois mouvements tout ce que nous fait sentir l'amour.

Aimer, brûler, languir. Aimer, est le premier état de notre ame, lorsqu'elle se meut par l'impression de quelque objet agréable; là, il se forme un sentiment secret de complaisance en celui qui aime, & cette complaisance devient ensuite un attachement à la personne qui est aimée. Brûler, est un état violent, sujet aux inquiétudes, aux peines, aux tourments, quelquefois aux troubles, aux transports, au désespoir; en un mot, à tout ce qui nous inquiète ou qui nous agite. Languir, est le plus beau des mouvements de l'amour, c'est l'effet délicat d'une flamme pure, qui nous consume doucement; c'est une maladie chère & tendre, qui nous fait haïr la pensée de notre guérison : on l'entretient secrettement au fond de son cœur; &, si elle vient à se découvrir, les yeux, le silence, un soupir qui nous échappe, une larme qui coule malgré nous, l'expriment mieux que ne pourroit faire toute l'éloquence du discours.

AMOUR CONJUGAL.

Cet espèce d'amour est composé de différentes affections. C'est un sentiment, qui a plus de vivacité que les amitiés ordinaires, & moins de transports que l'amour naissant. Il est fondé sur l'estime, la reconnoissance & la tendresse que la nature nous inspire pour nos enfans : l'amour du devoir & de la propriété s'y joint, & en augmente encore les charmes.

> Qu'il est doux de trouver, dans un amant qu'on aime,
> Un époux que l'on doit aimer !
> *Quinault.*

Quoique les sens entrent pour quelque chose dans l'amour conjugal, cependant ils n'en font pas l'es-

ssence : on peut aimer sa femme sans beauté, &
même sans desirs. Mais ce qui est indispensable dans
l'union de deux époux, c'est le rapport des *caractères*,
des *esprits*, des *sentimens* ; l'opposition de ces choses mine insensiblement les unions les plus vives
dans leur commencement.

L'amour conjugal s'entretient, comme toutes les
liaisons, par les soins & les prévenances ; il s'éteint
dans la langueur, & périt par les apparences même
de l'indifférence. *Voyez* Mariage.

AMOUR PATERNEL.

Quoi qu'en disent la plupart des philosophes, ils
ne pourront nous persuader que l'amour paternel ne
soit qu'une branche de l'amour-propre : les bêtes,
qui ne connoissent point ce sentiment composé de
tant d'autres, ressentent comme nous, & peut-être
mieux que nous, cette espèce d'instinct de la nature
plus fondé sur le physique de l'homme que sur ses opinions. La différence qu'il y a à cet égard entre l'homme & la brute, c'est qu'à l'instinct, qui nous est commun avec elle, nous joignons les sentimens qu'excitent en nous le desir de perpétuer notre être & la
satisfaction de nous voir renaître dans nos enfans ;
comme si cette partie de nous-même pouvoit toujours
se soustraire à la mort, qui, tôt ou tard, engloutit
dans son sein les générations les plus nombreuses.

L'amour paternel est donc une affection naturelle, que l'être suprême a gravée dans nos cœurs
pour perpétuer les espèces qu'il a répandues sur la
terre. Cultiver ce sentiment, c'est répondre aux vues
de la providence ; chercher à l'anéantir, c'est se rendre coupable envers le créateur.

AMOUR FILIAL ET FRATERNEL.

Ces deux sentimens sont fondés sur la reconnoiſſance & ſur l'habitude ; la nature y a moins de part que la réflexion & le devoir : auſſi ſont-ils moins forts que l'affection paternelle.

La reconnoiſſance, dans les enfans bien-nés, prévient ce que le devoir leur impoſe. Il eſt dans la ſaine nature d'aimer ceux qui nous aiment & nous protègent ; & l'habitude d'une juſte dépendance fait perdre le ſentiment de la dépendance même : mais il ſuffit d'être homme pour être bon père ; &, ſi l'on n'eſt homme de bien, il eſt rare qu'on ſoit bon fils.

Voyons maintenant quel eſt le nœud de l'amitié des frères ? Une fortune, un nom commun, même naiſſance & même éducation, quelquefois même caractère ; enfin, l'habitude de ſe regarder comme appartenant les uns aux autres & comme n'ayant qu'un ſeul être. Voilà ce qui fait que les frères s'aiment. Mais ſéparez-les d'intérêt ; l'amitié lui ſurvit à peine : l'amour-propre, qui étoit le fondement de cette affection, ſe porte vers d'autres objets.

AMOUR-PROPRE.

L'amour-propre eſt cet amour de nous-même, qui veille continuellement à notre conſervation & aux ſoins de nous rendre heureux. Cet amour-propre bien entendu eſt la ſource de toutes nos vertus ; mais, s'il eſt mal placé, il devient auſſi la cauſe des plus grands vices. Les philoſophes l'appellent amour de nous-même, pour le diſtinguer de cet amour-propre aveugle qui fait tout pour ſoi, & qui produit les vices & les forfaits qui règnent ſur la terre. Ainſi l'amour-propre étant le principe de toutes nos actions, & faiſant conſéquemment notre bonheur ou notre malheur, il eſt très-important de le bien règler : ce qui ne ſe peut faire que par la connoiſſance de nous-même & de nos devoirs.

AMOUR-PROPRE.

Les trois grands mobiles de toutes les actions des hommes, *l'amour de la gloire*, *l'amour des plaisirs*, *l'amour des richesses*, sont les différens moyens que l'amour-propre emploie pour parvenir au bonheur : l'amour de Dieu & du prochain sont les seuls qui puissent nous y conduire.

Deux puissances dans l'homme exercent leur empire ;
L'une est pour l'exciter, l'autre pour le conduire.
L'amour-propre dans l'ame enfante le desir,
Lui fait fuir la douleur & chercher le plaisir ;
La raison le retient, le guide, le modère ;
Calme des passions la fougue téméraire.
L'un & l'autre d'accord nous donne le moyen,
Et d'éviter le mal, & d'arriver au bien.
Bannissez l'amour-propre, écartez ce mobile,
L'homme est enseveli dans un repos stérile.
Otez-lui la raison, tout son effort est vain ;
Il se conduit sans règle, il agit sans dessein ;
Il est tel qu'à la terre une plante attachée,
Qui végète, produit & périt desséchée ;
Ou tel qu'un météore enflammé dans la nuit,
Qui, courant au hasard, par lui-même est détruit.
L'amour-propre en secret nous remue & nous presse,
Et toujours agité nous agite sans cesse.
La balance à la main, la raison pèse tout,
Compare, réfléchit, délibère & résout.
Par l'objet éloigné la raison peu frappée,
Est d'un bien à venir foiblement occupée :
Par le plaisir présent l'amour-propre excité
Le desire, & s'y porte avec vivacité.
Tandis que la raison conjecture, examine,
L'amour-propre plus prompt veut & se détermine.
Du penchant naturel les secrets mouvemens
Sont plus fréquens, plus forts que des raisonnemens.
La raison dans sa marche est prudente & timide ;
Le vol de l'amour-propre est ardent & rapide.
Mais, pour en modérer la vive impulsion,

La raison le combat par la réflexion :
L'habitude, le temps, les soins, l'expérience
Répriment l'amour-propre & règlent sa puissance.
Essai sur l'homme, de Pope, trad. de l'abbé du Resnel.

L'amour-propre bien entendu suppose la connoissance & la pratique de nos devoirs. *Voyez* Devoirs. *Voyez aussi, dans l'Encyclopédie, l'article* Amour - propre, *article excellent, quoique fort étendu.*

AMOUR DE L'ORDRE ou DU DEVOIR. AMOUR DE LA GLOIRE.

Ces deux espèces d'amour sont des modifications de l'amour-propre : l'une nous excite aux grandes actions, l'autre nous anime à la vertu ; la gloire a plus d'éclat, mais elle est sujette aux revers. Le devoir se suffit à lui-même, & n'attend rien des hommes ; il est rare que la gloire nous rende heureux, on ne peut être bien malheureux avec la vertu. La première est soumise aux caprices des hommes ; la seconde ne se soumet qu'à Dieu : c'est à nous à choisir entre ces deux mobiles de nos actions. Mais souvenons-nous que l'esclave de la gloire respecte la vertu ; & que la gloire est bien petite aux yeux de l'homme vertueux. *Voyez* Devoir, Gloire, *&* Vertu.

AMOUR DES LETTRES & DES SCIENCES.

L'homme en naissant, environné d'objets étrangers qu'il ne connoît pas ; excité par les besoins, à sortir de lui-même & à rechercher les moyens de les satisfaire ; connoissant facilement par ses premières tentatives le rapport qu'ont avec lui les choses qui l'approchent le plus ; cherche bientôt, encouragé par la réussite, à découvrir des objets plus éloignés, espérant toujours retirer de cette connoissance des moyens d'augmenter ses plaisirs ou de diminuer ses peines : telle est l'origine des arts & des sciences. De foibles succès & de grandes espérances nous soutiennent & nous animent dans cette pénible recherche ; nous acquérons insensiblement l'habitude de réfléchir & de comparer ; & nous parvenons, enfin, au point d'aimer les arts & les sciences, qui ne servent souvent qu'à nous égarer & à nous éloigner des devoirs attachés à notre condition. Plus faits pour agir que pour connoître, nous éprouvons fréquemment un dégoût qui nous ramène à notre première destination ; mais, plus vains que raisonnables, nous retournons bientôt à des spéculations qui nous ont procuré quelques instans d'un plaisir passager, & nous consumons ainsi notre vie à poursuivre une ombre fugitive, la vérité, ou à chercher dans l'étude un remède à cette inquiétude si naturelle à l'homme.

On peut conclurre par cet exposé, qui n'est que l'histoire de chacun de nous, que les sciences sont utiles par quelques découvertes qu'elles nous ont procurées ; qu'elles éloignent quelquefois la considération de notre misérable condition ; qu'elles peuvent nous enseigner la vertu, quand nous ne nous en servons que pour connoître & remplir les devoirs de notre état ; qu'il n'est permis qu'à ceux qui peuvent les communiquer, d'en faire leur unique occupation ; & qu'enfin nous ne devons les aimer & les cultiver que pour le bonheur de la société.

AMOUR DE LA PATRIE.

L'amour de la patrie, qui paroît d'abord si noble dans son principe, n'est souvent qu'un amour-propre déguisé. On tient à une femme, à des enfans, à des parens, à des amis, à des biens : voilà ce qui attache

attache la plupart des hommes à la patrie. Le souvenir des premières années de l'enfance, & des plaisirs dont cet heureux âge est accompagné, la vue des lieux où l'on en a joui, la rendent chère à beaucoup d'autres. Il en bien peu qui chérissent la patrie par devoir.

  Soit instinct, soit reconnoissance,
  L'homme, par un penchant secret,
  Chérit le lieu de sa naissance,
  Et ne le quitte qu'à regret.
  Les cavernes hyperborées,
  Les plus odieuses contrées
  Sçavent plaire à leurs habitans ;
  Sur nos délicieux rivages
  Transplantez ces peuples sauvages,
  Vous les y verrez moins contens.

  Sans ce penchant qui nous domine
  Par un invincible ressort,
  Le laboureur en sa chaumine
  Vivroit-il content de son sort ?
  Hélas ! au foyer de ses pères,
  Triste héritier de leurs misères,
  Que pourroit-il trouver d'attraits,
  Si la naissance & l'habitude
  Ne lui rendoient sa solitude
  Plus charmante que les palais.
        Gresset.

ANALOGIE.

Ce terme abstrait signifie le rapport & la ressemblance que des choses différentes par d'autres qualités ont entre elles : on peut dire, de tous les êtres créés, qu'ils ont entre eux de l'analogie, quelque ressemblance. On fait souvent des raisonnemens par *analogie* : cette manière de raisonner est très-fautive en morale & en métaphysique ; mais elle est plus sûre en physique. Il est plus que probable que tout est gouverné par des loix générales & constantes, & que les corps qui nous paroissent semblables ont les mêmes propriétés; par exemple, que les fruits d'un même arbre, également mûrs, ont le même goût, &c.

ANALYSE.

Il y a deux sortes d'analyse : l'analyse physique, l'analyse métaphysique ou morale.

L'analyse physique est la décomposition des parties d'une chose. L'analyse métaphysique ou morale est l'examen d'une proposition ou d'une maxime. Elle consiste à remonter à l'origine de nos idées, à en développer la génération, & à en faire différentes compositions ou décompositions, pour les comparer par tous les côtés qui peuvent en montrer les rapports. Elle fait l'office du lapidaire qui veut connoître la beauté d'un diamant taillé à facettes; il les examine chacune séparément : de même l'analyse, en séparant chaque terme d'une proposition, en les éloignant, en les rapprochant, les compare, & découvre enfin le rapport qu'ils ont ensemble, & la vérité qui résulte de l'assemblage de toutes ces parties.

Il me semble, dit M. l'abbé de Condillac, que, si l'on saisissoit bien le progrès des vérités, il seroit inutile de chercher des raisonnemens pour les démontrer, & que ce seroit assez de les énoncer; car elles se suivroient dans un tel ordre, que ce que l'une ajouteroit à celle qui l'auroit immédiatement précédée, seroit trop simple pour avoir besoin de preuve; de la sorte, on ariveroit aux plus compliquées, & l'on s'en assureroit mieux que par toute autre voie. On établiroit même une si grande subordination entre toutes les connoissances qu'on auroit acquises, qu'on pourroit à son gré aller des plus composées aux plus simples, ou des plus simples aux plus composées : à peine pourroit-on les oublier ; ou du moins, si cela arrivoit, la liaison, qui seroit entre elles, faciliteroit les moyens de les trouver.

Si l'analyse est la méthode qu'on doit suivre dans la recherche de la vérité, elle est aussi la méthode dont on doit se servir pour exposer les découvertes qu'on a faites. N'est-il pas singulier que les philosophes, qui sentent combien l'analyse est utile pour faire de nouvelles découvertes dans la vérité, n'aient pas recours à ce même moyen pour la faire entrer plus facilement dans l'esprit des autres ? Il semble que la meilleure manière d'instruire les hommes, c'est de les conduire par la route qu'on a dû tenir pour s'instruire soi-même. En effet, par ce moyen, on ne paroîtroit pas tant démontrer des vérités déjà découvertes, que faire chercher & trouver de nouvelles vérités. On ne convaincroit pas seulement le lecteur, mais on l'éclaireroit ; &, en lui apprenant à faire de nouvelles découvertes par lui-même, on lui présenteroit la vérité sous les jours les plus intéressans ; enfin, on le mettroit en état de se rendre raison de toutes ses démarches ; il sçauroit toujours où il est, d'où il vient, où il va. Il pourroit donc juger par lui-même de la route que son guide lui traceroit, & en prendre une plus sûre toutes les fois qu'il verroit du danger à le suivre.

ANTIPATHIE.

L'antiphatie est une forte haine que la nature nous inspire pour certains objets : haine fondée sur le peu de rapport que les choses ont avec nous, & sur le mal qu'elles peuvent nous faire, ou enfin sur l'idée que nous en avons conçue. L'antipathie est un sentiment qui prévient toute réflexion : c'est une espèce d'inſtinct, qu'on remarque dans les animaux.

APATHIE.

L'apathie eſt un état de tranquillité qu'aucune paſſion ne peut troubler. Cet état, s'il en eſt, eſt plutôt inſenſibilité, effet du tempéramment, que le fruit des efforts de la raiſon ; c'eſt *la pierre philoſophale* de la morale : & c'eſt un grand bonheur pour la ſociété ; car, ſi l'homme pouvoit ſe rendre heureux lui-même, il s'inquiéteroit fort peu du bonheur des autres : il eſt fait pour l'action, & non pour la contemplation.

ARISTOCRATIE.

L'ariſtocratie eſt une eſpèce de gouvernement dans lequel le pouvoir ſouverain eſt exercé par un certain nombre de perſonnes conſidérables par leur rang & leur naiſſance, comme le gouvernement des Vénitiens & des Génois. Ce gouvernement eſt ſujet à pluſieurs inconvéniens. Les principaux ſont la diviſion entre les chefs, les brigues, la ſéduction, la lenteur dans les délibérations & l'exécution, &c. La plus parfaite ariſtocratie eſt celle qui s'éloigne le plus du gouvernement monarchique, & qui approche le plus de la démocratie.

ARROGANCE.

L'arrogance eſt une manière hautaine d'agir, ou de parler, qui annonce des prétentions. Il eſt ſans doute des gens à qui toutes ſortes d'égards ſont dus : mais les prétentions, qui les demandent comme une dette, n'en ſont pas moins ridicules. L'homme, né libre & indépendant dans ſes volontés, ſe plaît à refuſer ce qu'on exige de lui, & ce qu'il auroit accordé ſans peine, de ſon propre mouvement.

ARTIFICE, *voyez* ADRESSE.

L'artifice & le menfonge, dit M. le duc de la Rochefoucault, font de grandes marques de la foibleffe & de la petiteffe de l'efprit humain.

ATHÉISME.

L'athéifme eft un fyftême qui nie la divinité, & qui attribue tout ce qui exifte aux différentes modifications de la matière, qui eft exiftente de toute éternité, qui ne périra pas, qui change de forme continuellement; & qui, par ces continuels changemens, produit tous ces événemens qui arrivent tous les jours, & que nous attribuons à une intelligence fuprême.

La plupart de ceux qui ont embraffé cette malheureufe & infoutenable erreur, ont été féduits par des paffions & par des fophifmes captieux. Il ne fçauroit affurément y avoir d'athée convaincu de fon fyftême; car il faudroit pour cela qu'il eût une démonftration de la non-exiftence de Dieu, ce qui eft abfolument impoffible.

Quelque efprit que le fameux Bayle ait employé pour prouver que l'athéifme ne tend pas à la deftruction de la fociété, fes raifonnemens ne font pas plus convaincans que les exemples qu'il rapporte de plufieurs athées célèbres qui ont eu de très-bonnes mœurs. La conduite de quelques particuliers ne décide pas de celle des hommes en général : & il fera toujours vrai de dire que les hommes en général, qui ne reconnoiffent point de Dieu, fe livreront à leurs penchans, s'ils font furs de l'impunité de la part des hommes, & s'ils peuvent leur cacher une mauvaife action; & qu'enfin l'athéifme publiquement profeffé eft puniffable fuivant le droit naturel.

ATTENTION.

L'attention est la réunion de toutes les facultés de notre ame, qui s'attache fortement à un objet pour le considérer dans les rapports qu'il a avec les choses qui nous intéressent. C'est la passion qui la donne : c'est l'habitude qui en rend l'exercice facile.

L'attention, dans les tempérammens mélancoliques, est la source des grandes passions; elle peut même devenir si forte par l'exercice, qu'elle ira jusqu'à la folie. Les personnes qui vivent seules, & qui sont fortement occupées d'une passion, sont exposées à cet accident : le seul moyen de l'éviter est de rechercher tout ce qui peut nous distraire : l'attention partagée s'affoiblit, & de nouvelles sensations effacent insensiblement une impression trop vive.

Il n'est rien, comme l'a très-bien observé un auteur malheureusement trop célèbre, dont tout homme ne puisse devenir capable avec de l'attention. L'esprit le plus borné, excité par une passion, peut produire & produit tous les jours, par l'attention qu'elle réveille, des raisons qui étonnent & confondent l'homme de sang-froid le plus exercé à la méditation. Comme toute passion est fondée sur un besoin, la force active qu'elle imprime est bien plus grande que l'amour de la vérité, qui excite l'attention du philosophe.

L'attention est quelquefois si forte, l'homme est tellement concentré dans son objet, que les objets extérieurs ne peuvent l'en détourner: un *Archimède*, un *Montmort*, un *Wallis*, en sont des preuves.

ATTRAIT, *voyez* PENCHANT.

ATTRIBUT.

L'attribut est ce qui est propre à chaque chose, & ce

qui sert à la distinguer des autres. C'est un terme de philosophie.

AVARICE.

L'avarice est un amour excessif des richesses. L'avare est un fripon qui détourne un effet qui doit circuler dans le commerce, & qui, par cette circulation, porte la fertilité & l'abondance dans la société; semblables à ces vapeurs que le soleil attire à lui pour les répandre sur toute la terre. Les richesses nous sont données pour les distribuer à ceux qui n'en ont point. C'est un dépôt que la providence a confié aux riches. Combien en est-il qui en sachent faire un bon usage ? (a)

(a) Jettez les yeux sur un génie abhorré, c'est celui de l'insatiable avarice. Ses joues creusées & livides décèlent son éternelle soif : les soucis cuisans y sont tracés. Il ne s'occupe qu'à chercher un lieu sûr pour y déposer son trésor : il ne se fie pas à lui-même. Voyez-le parcourir les forêts d'un œil attentif ; voyez sa crainte pour son fardeau chéri. Une ombre l'épouvante, un souffle le fait trembler. Il craint que sa pensée ne le trahisse. Il est toujours sa victime & son bourreau. *Brumoy.*

Voici le portrait que Théophraste nous a laissé de l'*avarice* & de l'*effronterie causée par l'avarice.*

DE L'AVARICE.

Ce vice est, dans l'homme, un oubli de l'honneur & de la gloire, quand il s'agit d'éviter la moindre dépense. Si un tel homme a remporté le prix de la tragédie, il consacre à Bacchus des guirlandes ou des bandelettes faites d'écorce de bois, & il fait graver son nom sur un présent si magnifique. Quelquefois, dans les temps difficiles, le peuple est obligé de s'assembler pour règler une contribution capable de subvenir aux besoins de la république ; alors il se lève & garde le silence, ou le plus souvent il fend la presse & se retire. Lorsqu'il marie sa fille, & qu'il sacrifie selon la coutume, il n'abandonne de la victime que les parties seules qui doivent être brûlées sur l'autel, il réserve les autres pour les vendre : &, comme il manque de domestiques pour servir à table & être chargés du soin des noces, il loue des gens pour tout le temps de la fête, qui se nourrissent à leurs dépens, & à qui il donne une certaine somme. S'il est capitaine de galère, voulant ménager son lit, il se contente de coucher indifféremment avec les autres sur de la natte qu'il emprunte

C iv

de son pilote. Vous verrez une autre fois cet homme sordide acheter en plein marché des viandes cuites, toutes sortes d'herbes, & les porter hardiment dans son sein & sous sa robe : s'il l'a un jour envoyée chez le teinturier pour la détacher, comme il n'en a pas une seconde pour sortir, il est obligé de garder sa chambre. Il sçait éviter, dans la rencontre, un ami pauvre qui pourroit lui demander, comme aux autres, quelques secours; il se détourne de lui, il reprend le chemin de sa maison, il ne donne point de servantes à sa femme, content de lui en louer quelques-unes pour l'accompagner à la ville toutes les fois qu'elle sort. Enfin ne pensez pas que ce soit un autre que lui qui balaie le matin sa chambre, qui fasse son lit & le nétoie. Il faut ajouter qu'il porte un manteau usé, sale & tout couvert de taches ; qu'en ayant honte lui-même, il le retourne quand il est obligé d'aller tenir sa place dans quelque assemblée.

DE L'EFFRONTERIE
causée par l'avarice.

Pour faire connoître ce vice, il faut dire que c'est un mépris de l'honneur dans la vue d'un vil intérêt. Un homme, que l'avarice rend effronté, ose emprunter une somme d'argent à celui à qui il en doit déjà, & qu'il lui retient avec injustice. Le jour même qu'il aura sacrifié aux dieux, au lieu de manger religieusement chez soi une partie des viandes consacrées, il les fait saler pour lui servir à plusieurs repas, & va souper chez l'un de ses amis; & là à table, à la vue de tout le monde, il appelle son valet qu'il veut encore nourrir aux dépens de son hôte; &, lui coupant un morceau de viande qu'il met sur un quartier de pain, Tenez, mon ami, lui dit-il, faites bonne chère. Il va lui-même au marché acheter des viandes cuites; &, avant que de convenir du prix, pour avoir une meilleure composition du marchand, il le fait ressouvenir qu'il lui a autrefois rendu service. Il fait ensuite peser ces viandes, & il entasse le plus qu'il peut, s'il n'en est empêché par celui qui les lui vend; il jette du moins quelques os dans la balance : si elle peut tout contenir, il est satisfait ; sinon il ramasse sur la table des morceaux de rebut comme pour se dédommager, sourit & s'en va. Une autre fois, sur l'argent qu'il aura reçu de quelques étrangers pour leur louer des places au théâtre, il trouve le secret d'avoir sa place franche du spectacle, & d'y envoyer le lendemain ses enfans & leur précepteur. Tout lui fait envie. Il veut profiter des bons marchés, & demande hardiment au premier venu une chose qu'il ne vient que d'acheter. Se trouve-t-il dans une maison étrangère ? il emprunte jusqu'à l'orge & à la paille ; encore faut-il que celui qui les lui prête fasse les frais de les faire porter jusques chez lui. Cet effronté, en un mot, entre sans payer dans un bain public; & là, en présence du baigneur qui crie inutilement contre lui, prenant le premier vase qu'il rencontre, il se plonge dans une cuve d'airain qui est remplie d'eau, se la répand sur tout le corps : Me voilà lavé, ajoute-t-il, autant que j'en ai besoin, & sans avoir obligation à personne. Il remet sa robe, & disparoît.

AVENIR.

L'avenir est le temps futur. Le desir de connoître l'avenir est la plus commune & la plus folle des maladies de l'esprit : car je suppose qu'on puisse parvenir à cette connoissance, quel en sera le fruit? Ou l'on peut détourner les événemens fâcheux, ou on ne le peut pas : si on ne le peut pas, à quoi bon troubler la jouissance du présent? si au contraire on le peut, ce n'est que par une bonne conduite & des moyens que la prévoyance doit toujours employer. Que l'homme soit prudent, juste, tempérant, courageux dans l'adversité, bienfaisant dans la prospérité; &, sans être astrologue, je lui prédis un heureux avenir.

Nous ne sommes jamais chez nous, nous sommes toujours au-delà, dit Montaigne. La crainte, le desir, l'espérance nous élancent vers l'avenir, & nous dérobent le sentiment & la considération de ce qui est, pour nous amuser à ce qui sera, voire quand nous ne serons plus.

De la fin de nos jours ne soyons point en peine :
C'est un secret, Philis, qui n'est que pour les Dieux.
Méprisez ces devins dont la science vaine
Se vante follement de lire dans les cieux.
Attendons en repos l'ordre des destinées,
Prêts à leur obéir à toute heure, en tout temps,
Soit qu'il nous reste encore un grand nombre d'années,
Ou qu'enfin nous touchions à nos derniers momens.
Ne songez qu'aux plaisirs que donne la jeunesse ;
Nos jours durent trop peu pour de plus grands desseins.
Ce temps, cet heureux temps se dérobe sans cesse,
Et fuit bien loin de moi, tandis que je m'en plains.

Profitez en ce jour des douceurs de la vie :
Songez bien qu'il s'en va pour ne plus revenir;
Et qu'après tout, Philis, c'eſt faire une folie
De perdre le préſent à chercher l'avenir.
Valincourt.

AUDACE, TÉMÉRITÉ.

L'audace eſt un courage intrépide qu'inſpire le mépris du danger : la témérité eſt une fureur brutale qui s'y précipite, parce qu'elle ne le voit pas, & ſouvent même parce qu'elle le craint ; l'audace au contraire voit le péril, le brave, & vole au devant de lui. Le poltron, que la fureur & la honte aiguillonnent, devient quelquefois téméraire ; l'homme courageux, que l'honneur ou la vertu anime, reſſent, dans le péril le plus preſſant, des mouvemens d'audace qui le portent aux grandes actions. Enfin, la témérité n'eſt qu'un mouvement aveugle & paſſager ; l'audace eſt l'effet d'un courage éclairé. L'audace ſe dit encore de ces diſcours inſolens, de ces matières hautaines qu'un inférieur a vis-à-vis de ſes ſupérieurs.

AVERSION.

L'averſion eſt un éloignement que la nature nous inſpire pour les perſonnes & pour les choſes qui n'ont point de rapport avec nos inclinations, nos goûts, nos ſentimens. *Voyez* HAINE *&* ANTIPATHIE.

L'averſion n'eſt qu'un ſentiment paſſager, plus foible que la haine & plus raiſonnable que l'antipathie, dont les effets ſont très-ſouvent inexplicables. On rend raiſon de ſon averſion & de ſa haine ; & l'on n'en peut donner de ſes antipathies.

AUSTÉRITÉ.

L'auſtérité eſt une rigidité, une inflexibilité de mœurs, qui inſpire de l'éloignement pour les plaifirs. Elle prend sa source dans le tempéramment mélancolique, ou dans une dévotion outrée qu'on pourroit appeller superstition : pour lors, elle est la marque d'un esprit foible & peu éclairé. La vertu ne consiste pas seulement dans des pratiques austères qui ne font ni bien ni mal à la société, mais dans *l'amour de Dieu* & *du prochain*. La plus aimable est la moins suspecte.

AUTORITÉ.

L'autorité est le pouvoir légitime que les supérieurs exercent sur ceux qui leur sont soumis.

L'autorité des souverains est le plus ferme appui des états. Leur devoir est de faire exécuter les loix, pour maintenir l'ordre civil & procurer le bien public : toute autorité qui s'éloigne de ce but est une tyrannie. La nature n'a point créé de souverains ; c'est la convention des peuples qui les fait : or toute convention suppose une obligation réciproque.

Le premier caractère de la souveraine autorité, quand elle est pure & qu'elle n'a point dégénéré ni de son origine ni de sa fin, est de gouverner par les loix, de régler sur elles ses volontés, & de se croire interdit tout ce qu'elles défendent. Ainsi le prince & les loix commandent la même chose : ce qui est fort différent du pouvoir arbitraire. Ici le prince donne ses volontés pour loix, & sa conduite pour règle ; il sépare son autorité de celle du droit public. Un autre caractère qui distingue la souveraine autorité, du pouvoir arbitraire ; c'est que, dans la première, le prince conserve un sage milieu entre un gouvernement foible qui seroit pernicieux, parce qu'il sçait que le peuple est incapable d'une entière liberté, & un gouvernement injuste, qui l'opprimeroit, parce qu'il sçait qu'il ne mérite pas une entière servitude : ainsi il ne lui ôte d'autre liberté que celle dont il abuseroit, & il lui conserve toute celle qui est nécessaire à son bonheur. Au contraire, le pouvoir arbitraire ignore cette modération : il ôte toute la liberté, parce qu'il a droit sur une partie : il ne voit que des esclaves, parce qu'il ne voit que son autorité ; & il regarde comme une bassesse de donner d'autres motifs de ses actions que sa volonté. *Inst. d'un Prince.*

B.

BASSESSE.

La bassesse des sentimens est un défaut d'élévation dans l'ame ; défaut qui vient d'une éducation négligée, & quelquefois aussi d'un vice de constitution. Les indolens n'ont pas ordinairement beaucoup d'élévation dans les sentimens, & se plongent dans un état de bassesse, qu'on nomme abjection, dès qu'elle est volontaire.

BEAU.

On appelle beau, dit M. l'abbé de Condillac, tout ce qui plaît à la vue, à l'ouïe, au toucher ; d'où l'on peut conclure qu'il n'est point absolu, & qu'il est relatif au caractère de celui qui en juge, & à la manière dont il est organisé.

Le beau peut se réduire à quatre genres.

Le beau visible, qui affecte le sens de la vue.

Le beau moral, qui est du ressort du cœur.

Le beau dans les ouvrages d'esprit, qui lui appartient.

Le beau musical, qui flatte l'oreille.

Le beau visible est un accord qui résulte des proportions que la nature ou l'art a mises dans ses productions : il consiste dans la variété réduite à l'unité.

Le beau moral est le rapport des actions de l'homme avec la fin pour laquelle il est né : il consiste dans l'amour du bien public & de l'ordre civil.

Le beau dans les ouvrages d'esprit se divise en beau essentiel, en beau naturel, en beau arbitraire.

Le beau essentiel consiste dans l'honnêteté & la vérité unies à la clarté.

Le beau naturel consiste dans les images, dans les sentimens, dans les mouvemens. Les images doivent renfermer le grand & le gracieux, ou du moins l'un des deux : les sentimens, le noble, le fin, le délicat : les mouvemens, le fort & le tendre ; c'est aussi ce qu'on appelle le pathétique.

Le beau arbitraire consiste dans le goût propre à chaque nation.

Le beau musical consiste dans la mélodie ou l'harmonie.

Tel est le rapport étonnant qui se trouve entre les arts, les sciences & les mœurs : le goût du beau conduit au goût du bon & de l'honnête.

BEAUTÉ.

La beauté du corps consiste dans l'exactitude des proportions de toutes ses parties ; celle du visage consiste dans la régularité & la finesse des traits, dans la fraîcheur & l'éclat du teint.

La beauté est le plus brillant des dons que nous recevons de la nature ; elle prévient en notre faveur, elle fait valoir les qualités solides, elle donne de l'éclat aux vertus : mais, sans elle, elle ne sert qu'à exposer nos défauts à un plus grand jour.

Je cesse de m'étonner que les hommes la mettent

à un si haut prix, lorsque je considère les avantages qu'elle procure à ceux qui en jouissent. La beauté attire l'amour & la vénération des hommes ; elle force, elle entraîne les cœurs par une douce violence ; elle adoucit les mœurs, elle désarme la valeur brutale & féroce : sa vue nous remplit d'une satisfaction qui tient de l'enchantement ; & le désir de lui plaire est le plus vif aiguillon de la vertu ; il élève l'ame & la porte aux grandes actions. Mais, d'un côté, lorsqu'on envisage les dangers auxquels elle expose, on est tenté de la regarder comme le plus grand des maux. Elle excite l'envie, les persécutions, les folles amours ; elle bannit la raison, absorbe l'ame, & la remplit de trouble & d'agitation. D'ailleurs, elle dure peu ; & sa perte cause des regrets plus douloureux, plus sensibles que sa jouissance n'a procuré de plaisirs.

Que conclure de tout ce que je viens de dire ? que la beauté n'est pas un bien réel & indépendant ; qu'elle ne mérite pas notre attachement ; & que nous ne devons l'estimer qu'autant qu'elle sert d'ornement à la vertu.

BESOIN.

Le besoin est un sentiment désagréable, un avertissement de la nature, qui nous fait sentir la privation de ce qui nous manque, & nous porte à en rechercher la jouissance.

Toutes les fois, dit M. l'abbé de Condillac, que l'ame est mal ou moins bien, elle se rappelle ses sensations passées, elle les compare avec ce qu'elle est ; & elle sent qu'il lui est important de redevenir ce qu'elle a été. De-là naît le besoin ou la connoissance d'un bien, dont elle juge que la jouissance lui est nécessaire : ce qui constitue trois espèces de besoins ;

Les besoins du cœur, tels que l'amour de nos semblables, de la vérité, de la vertu, du devoir. *Les besoins de l'esprit*, tel que la curiosité, qui fait naître le desir de s'instruire & de connoître. *Les besoins du corps*, tels que ceux de boire, de manger, de dormir, &c.

Le besoin qu'on satisfait devient un plaisir : le besoin qu'on ne peut satisfaire est une peine : les besoins auxquels on accorde plus qu'ils ne demandent, font naître les dégoûts & la satiété. Il faut bien peu de choses pour satisfaire les besoins de la nature qui se bornent à boire, à manger, & à réparer par le sommeil la perte des esprits qu'on a dissipés par l'exercice, & procurer aux sens par ce moyen un repos qui les délasse, en relâchant la tension des fibres.

Le besoin ne s'entend pas seulement du nécessaire, il s'entend aussi du superflu : tout ce que la cupidité desire avec passion, est un besoin.

Le grand art de faire servir les besoins à notre bonheur, est de leur laisser toujours quelque chose à desirer : celui qui en a le moins est le plus heureux, le plus libre, le plus indépendant des hommes.

Mais, si les besoins trop multipliés nuisent au bonheur, il faut convenir qu'ils sont la source de toutes nos connoissances ; & conséquemment que l'homme, qui a le plus de besoins, doit avoir le plus d'esprit, si l'organisation ou la constitution ne s'oppose point aux progrès qu'il peut faire.

BIENS.

Nous ne devrions regarder comme bien réel & indépendant, que ce qui peut contribuer à notre bonheur ; &, pour lors, il n'y auroit de véritable bien que la vertu, puisqu'elle seule peut nous rendre heureux, tous les autres étant relatifs & ne devenant bien ou mal que par l'usage qu'on en fait : mais nous entendons, par ce terme, tout ce qui nous est convenable, & ce qui sert à augmenter nos plaisirs & à diminuer nos peines. Parmi ces biens, il y en a qui dépendent de nous, & d'autres qui n'en dépendent pas. Nous devons nous efforcer d'acquérir les uns & les autres, mais ne pas trop compter sur les derniers.

Les biens qui dépendent de nous sont nos opinions, d'où naissent nos inclinations & nos aversions ; source de nos passions, de nos vices & de nos vertus.

Ceux qui ne dépendent pas de nous, sont la santé, les richesses, la réputation, les talens, les dignités, les honneurs, la beauté, &c. Le sage ne les estime que ce qu'ils valent, sçait en jouir & s'en passer quand il lui en coûte trop pour les obtenir : il les recherche, comme pouvant contribuer à son bonheur ; il se console de les avoir perdus, parce qu'il en connoît de supérieurs, qui ne sont pas sujets au changement.

Nous nous attribuons, dit Montaigne, des biens imaginaires & fantastiques, des biens futurs & absens ; desquels l'humaine capacité ne se peut d'elle-même répondre ; ou des biens que nous nous attribuons faussement par la licence de notre opinion, comme la raison, la science & l'honneur : & nous laissons en partage aux bêtes des biens essentiels, maniables & palpables, la paix, le repos, la sécurité, l'innocence & la santé ; la santé, dis-je, le plus beau & le plus riche présent que nature nous sçache faire.

Comparez la vie d'un homme asservi à telles imaginations, à celle d'un laboureur, se laissant aller après son appétit naturel, mesurant les choses au seul sentiment présent, sans science & sans pronostique,

tique, qui n'a du mal que lorſqu'il l'a : où l'autre a ſouvent la pierre en l'ame, avant qu'il l'ait aux reins : comme s'il n'étoit point aſſez à temps pour ſouffrir le mal lorſqu'il y ſera, il l'anticipe par fantaiſie & lui court devant.

Voici les ſentimens des anciens philoſophes ſur le *ſouverain bien*.

Epicure le faiſoit conſiſter dans le ſentiment du plaiſir, & le ſouverain mal dans le ſentiment de la douleur. Son ſyſtême a toujours été mal expliqué par tous ceux qui ſe ſont mêlés de parler de ſa doctrine. Il me ſemble que, pour bien l'entendre & pour pouvoir l'expliquer, il falloit examiner la conduite d'Epicure, qui vivoit ſelon ſes principes. On auroit vu, en ſuivant toutes ſes actions, qu'il ne bornoit pas ſes plaiſirs à ceux des ſens. Il en diſtinguoit de trois ſortes, les *plaiſirs du cœur*, les *plaiſirs de l'eſprit*, & les *plaiſirs des ſens*; & il poſoit pour principe fondamental de ſa doctrine, que tout plaiſir qui eſt ſuivi de peines, de regrets, de repentir, eſt un plaiſir faux; & qu'enfin, dans le choix des plaiſirs, il falloit plutôt conſulter la raiſon, qu'écouter le témoignage des ſens, qui pouvoient nous tromper quelquefois; ſurtout dans le cas de la maladie. A l'égard de la douleur, il ne la regardoit comme le ſouverain mal, que lorſqu'elle étoit ſans eſpérance; encore prétendoit-il qu'on pouvoit l'adoucir par les ſentimens du cœur & les ſatisfactions de l'eſprit. C'eſt ce qui arriva à ce philoſophe, qui ſoutint la mort avec une tranquillité & un courage qui étonnèrent l'ambitieuſe fermeté des Stoïciens.

Les diſciples de *Zénon*, oppoſés aux Epicuriens, le faiſoient conſiſter dans la vertu, & nioient que la douleur fût un mal. Ils n'accordoient rien aux besoins de la nature, & ne faisoient pas assez attention que nous sommes composés d'un corps, aussi bien que d'une ame. La vertu est sans doute nécessaire au bonheur ; elle nous procure une satisfaction constante, préférable à tout : mais elle ne suffit pas. Sans la santé & le goût des autres plaisirs, nous ne pouvons être parfaitement heureux.

Les *Péripatéticiens*, plus raisonnables que les Stoïciens, concevoient qu'il falloit accorder quelque chose aux besoins du corps. Ils regardoient comme des biens réels, la santé, les richesses, la réputation ; & comme des maux réels, la maladie, la pauvreté, l'ignominie ; & en cela ils se trompoient : les richesses & la réputation ne sont que des biens d'opinion ; il n'y a que la santé de bien réel, & que la maladie de mal effectif. Au reste, le bien & le mal sont relatifs.

Dieu seul est le souverain bien, & doit être l'objet de tous nos vœux, & la fin de toutes nos actions.

C'est une folie de chercher ici bas le souverain bien. Toutes les idées qu'en ont donné les anciens philosophes n'étoient que des images confuses de celui qui peut remplir la vaste capacité de nos desirs ; & l'incertitude de leurs sentimens, qui varioient si souvent sur cette matière, fait bien voir combien étoit douteuse cette félicité, qu'ils promettoient néanmoins avec tant de faste & d'ostentation. En effet, le mouvement perpétuel des choses du monde, les révolutions continuelles de notre esprit, & l'inconstance de nos passions, ne nous laissent pas dans une assiette assez ferme, pour que nous y puissions établir le repos & la tranquillité de notre vie. Quand je considère (dit Saint - Evremont) l'impuissance des objets à nous satisfaire, & la foiblesse de nos propres sens à recevoir leur impression, alors je renonce aux vaines poursuites de ce faux bonheur : Car, quelle douceur y a-t-il au monde qui ne soit mêlée d'amertume ? nos sens ne sont-ils pas souvent troublés dans leurs fonctions par le désordre de nos organes ? & notre esprit n'a-t-il pas ses inégalités causées par le dérèglement des sens ? Une maladie, un hiver, un mauvais jour, souvent même quelque chose de moins que cela, nous change, & change toutes choses à notre égard. Et, quand il ne se feroit aucun changement en nous, ni en tout ce qui nous environne, dans la plus heureuse situation où puisse être notre ame & avec la meilleure constitution que puisse avoir notre corps, il est constant que nous sommes incapables de goûter une pure & véritable douceur. *Saint-Evremont.*

BIENFAISANCE, BIENVEILLANCE.

La bienveillance est le desir de faire du bien; la bienfaisance en est l'accomplissement, ou plutôt c'est l'action même. Ce sont deux vertus qui naissent de l'amour de l'humanité, & qui devroient être inséparables : mais, par malheur, elles sont souvent désunies. Combien voit-on de personnes qui pensent beaucoup faire, lorsqu'elles s'en tiennent à la bienveillance ! C'est sans doute un sentiment que tout homme doit être flatté d'inspirer : mais il coûte si peu, qu'il n'est pas bien méritoire. C'est de la difficulté que la vertu tire son éclat; & c'est par les efforts qu'elle fait, qu'elle mérite des récompenses.

Rien ne dispose davantage à la bienveillance, que de placer la nature humaine dans un jour favorable, d'envisager les hommes & leurs actions du plus beau côté, de donner à leur conduite une interprétation avantageuse, & de considérer enfin leurs défauts comme l'effet de leurs erreurs plutôt que de leurs vices.

BIENSÉANCE.

La bienséance est la convenance des discours, ou des actions, avec le rapport qu'ils ont aux personnes, à l'âge, au sexe, aux temps & aux lieux, suivant les usages & les égards établis dans la société.

La bienséance n'est souvent que le masque de la vertu ; elle fait parade des sentimens qu'elle n'a pas, & cache avec soin ses défauts réels.

BIZARRERIE.

La bizarrerie est le goût des choses singulières : elle est la marque d'un esprit faux. Elle prend aussi quelquefois sa source dans l'amour-propre, dans le desir de se distinguer à quelque prix que ce soit.

BON.

Le bon est ce qui plaît à l'odorat ou au goût.

L'utilité, la nouveauté & la rareté contribuent à la bonté des choses, par le plaisir que procure la difficulté d'en jouir.

On dit des mœurs qu'elles sont bonnes, quand elles tendent au bien public : on en dit autant des choses, lorsqu'elles sont commodes & utiles.

Le bon renferme de plus une idée de perfection & de beauté.

BONHEUR.

Le bonheur est un état de sensations agréables,

exempt de peines & de douleurs. Un état constant de plaisirs est un phantôme après lequel tous les hommes courent en vain : les plus heureux sont ceux qui ont le moins de peines & le plus de plaisirs. Par la foiblesse de notre constitution, nous ne pourrions supporter des plaisirs continuels ; nos organes se lassent, & le plaisir continu dégénère en douleur. Par notre condition, exposés à des besoins que nous ne pouvons pas toujours satisfaire, il est presque impossible que nous ne ressentions quelques peines. Le bonheur consiste dans la santé, la paix du cœur, & la tranquillité de l'esprit. La paix du cœur & la tranquillité de l'esprit s'acquièrent & se conservent par l'exercice de la vertu : la santé s'entretient par la tempérance. Ainsi le bonheur est en nous, & dépend de nous en partie : car, quoique la santé n'en dépende pas absolument, il faut cependant convenir qu'elle en dépend à certains égards : d'ailleurs, elle n'est pas essentiellement nécessaire au bonheur, puisqu'on voit tous les jours des gens qui sont privés de ce bien, & qui cependant sont heureux ; mais beaucoup moins, sans doute, que ceux qui, à la même quantité de bonheur, réuniroient encore cet avantage, qui rend la jouissance des autres biens plus sensible.

Ce ne sont pas les raisonnements, dit Marc-Aurèle, *ce ne sont pas les richesses, la gloire, ni les plaisirs, qui rendent l'homme heureux ; ce sont ses actions. Pour les faire bonnes, il faut connoître le bien & le mal ; il faut sçavoir pourquoi l'homme est né, & quels sont ses devoirs : ainsi,* ajoute-t-il, *le moyen de parvenir au bonheur est un bon esprit. Que fais-tu donc ici, Imagination ? Va-t-en, au nom des dieux ! je n'ai nul besoin de toi. Tu es venue selon ton ancienne coutume, je ne m'en fâche point : va-t-en seulement,* je t'en conjure ! Et, dans un autre endroit, il ajoute : *A quelque heure que la mort vienne, elle me trouvera toujours heureux. Etre heureux, c'est se faire une bonne fortune à soi-même : & la bonne fortune, ce sont les bonnes dispositions de l'ame, les bons mouvements, les bonnes actions.*

Ainsi, une vie où les vertus s'enchaînent les unes avec les autres, où toutes les actions sont autant d'actes de vertus, une telle vie ne peut être que très-heureuse.

Le bonheur est donc inséparable de la vertu. On peut, à la vérité, avoir sans elle des plaisirs passagers; si la dissipation & des amusemens frivoles, qui traînent à leur suite l'ennui, le dégoût & le repentir, méritent un si beau nom. Au reste, *la poursuite du bonheur,* dit le Spectateur Anglois, *est toujours accompagnée de quelque inquiétude, dont un homme, qui se borne à des repas modérés, qui jouit de la conversation de ses amis, & d'un sommeil doux & paisible, ne s'embarrasse guère. Pendant que les esprits sublimes parlent du bonheur & de la tranquillité, c'est lui seul qui les posède.*

Le bonheur est entre l'indifférence & la passion.

Il y a, dit-on, des personnes que la nature a faites pour être heureuses : bornées au présent, sans regret du passé, sans inquiétude pour l'avenir, elles sont inaccessibles aux chagrins, & passent leur vie dans l'indifférence de toutes choses. Quel bonheur que celui d'un stupide, qui n'est affecté de rien ? c'est-là la félicité des brutes. Le bonheur, digne de l'homme, est dans le sentiment, dans la satisfaction intérieure d'une ame qui jouit d'elle-même sans trouble & sans langueur. Qui ne connoît pas les peines, n'a jamais connu le plaisir, n'a jamais joui du bonheur.

BONHEUR.

Le bonheur se présente aux hommes sous différens aspects, & comme il plaît à la passion dominante. Il y en a qui le font consister dans ce qui lui est directement opposé; mais cela n'empêche pas qu'il ne soit l'objet & la fin de toutes nos actions.

Le premier pas qu'on doit faire pour arriver au bonheur, est de chercher à se connoître, & à apprécier au juste tout ce qui fait l'objet des desirs, les biens & les maux & la liberté. *Voyez, au mot* SAGESSE, *le portrait du sage & de l'homme heureux.*

L'homme le plus heureux est celui qui a le moins de besoins, & le plus de moyens pour les satisfaire.

Voici quelle est la vie heureuse.
Ne se point livrer à l'accès
D'une passion amoureuse.
N'avoir ni femme, ni procès;
Dans l'indépendance flatteuse
Jouir d'un bien très-assuré,
Sans apparence fastueuse;
Partager ses jours, à son gré,
Entre le séjour de la ville
Et quelque retraite tranquille;
Avoir des amis, du moins un,
D'esprit au-dessus du commun,
D'une humeur facile, ingénue,
D'une probité bien connue;
Sur les affaires & les soins,
Peu de desirs & peu de soins
Etre content de sa fortune;
D'une table saine & commune
Satisfaire son appétit;
Dormir sept heures dans son lit,
Sans trouble & sans inquiétude;

Ne se faire aucune habitude
Dont on puisse se repentir ;
Ni n'acheter, ni ne bâtir ;
Des sots abjurer le commerce ;
Contre la fortune perverse
Avoir un cœur bien affermi ;
Ne se faire aucun ennemi,
Et ne pouvoir haïr personne ;
Voir tout, sans que rien nous étonne ;
Se faire une suprême loi
D'être toujours maître de soi ;
Mais n'outrer rien dans sa morale ;
Parler, agir tout uniment ;
Conserver une humeur égale ;
Devoir à son tempérament
Une santé très-vigoureuse,
Que l'on ménage prudemment ;
Loin de croire la mort affreuse,
Y penser, la voir s'approcher,
Sans la craindre, ni la chercher :
Voilà quelle est la vie heureuse.

Imitation de Martial, par M. le P. Bouhier.

Le bonheur peut se trouver dans tous les états, & n'est pas plutôt dans une condition que dans une autre : il dépend uniquement de l'accord heureux de notre caractère avec l'état & les circonstances dans lesquelles la fortune nous place. Il en est des hommes comme des nations ; les plus heureuses ne sont pas toujours celles qui jouent le plus grand rôle dans l'univers. Quelle nation plus fortunée que la Suisse ! A l'exemple de ce peuple sage, l'homme heureux ne bouleverse point le monde par ses intrigues : content de lui, il ne s'occupe des autres que pour les aider & les secourir ; &, s'il vit peu connu, l'obscurité fait la sûreté de son bonheur.

Au reste, quand on considère l'impuissance des

objets à nous satisfaire, & la foiblesse de nos propres sens à recevoir leur impression, on renonce aux vaines poursuites du bonheur : Car, quelle douceur y a-t-il au monde, qui ne soit mêlée d'amertume ? nos sens ne sont-ils pas souvent troublés par le désordre de nos organes ? & notre esprit n'a-t-il pas ses inégalités, causées par le dérèglement des sens ? Une maladie, un hiver, un mauvais jour, souvent même quelque chose de moins que cela, nous change, & change toutes choses à notre égard.

Nous vivons au milieu d'une infinité de biens & de maux, avec des sens capables d'être touchés des uns & blessés des autres. Sans tant de philosophie, un peu de raison nous fera goûter les biens aussi doucement qu'il est possible, & nous accommoder aux maux aussi patiemment que nous le pourrons.

BONNE FOI.

La bonne foi est une fidélité sans défiance & sans artifice.

BON-SENS.

Le bon-sens est la manière d'envisager les choses par le rapport qu'elles ont à notre utilité. Cette qualité demande de la justesse dans l'esprit, & une certaine modération dans l'ame, qui annonce ordinairement la médiocrité de l'esprit & des talens. On fait assez peu de cas du bon-sens, parce qu'il n'est utile qu'à celui qui le possède ; & que les hommes préfèrent des défauts brillans, dont ils tirent avantage, à des qualités solides qui ne leur sont d'aucune utilité.

Le bon-sens, dit M. l'abbé Girard, est droit & sûr ; son objet ne va pas au-delà des choses communes : il empêche d'être la dupe des charlatans & des frippons: & il ne donne ni dans le ridicule du langage affecté, ni dans le travers de la conduite capricieuse.

BONTÉ.

La bonté du cœur est une disposition qui nous porte à faire du bien, & à en rechercher l'occasion. Elle diffère de la bienveillance, en ce qu'elle est d'une signification plus générale, & que la bienveillance a un objet particulier : l'une est la cause, & l'autre l'effet.

Rien n'est plus rare, dit M. de la Rochefoucault, que la véritable bonté : ceux mêmes qui croient en avoir, n'ont d'ordinaire que de la complaisance ou de la foiblesse. Nul ne mérite le titre de bon, s'il n'a pas la hardiesse de devenir méchant. Toute autre bonté n'est le plus souvent qu'une paresse ou une impuissance de la volonté.

La vraie bonté consiste dans l'inclination qu'on a à aimer les hommes, à excuser leurs défauts, à leur pardonner leurs vices, à interpréter ce qu'ils font de la manière la moins défavorable, à les supporter, à leur faire du bien, lors même qu'il n'y a aucun retour à en attendre. Voilà ce qui rend les hommes bons. Quelque esprit, quelques talens qu'aient un homme ou une femme, on ne peut s'attacher à eux, s'ils ne sont, outre cela, un homme bon, une femme bonne. Pour déprimer la qualité de bon, les méchans ont imaginé d'appeler un bon-homme, une bonne-femme, les foibles & les imbécilles. Cette mauvaise façon de s'exprimer a été adoptée par grand nombre de gens qui ne réfléchissent point.

BRAVOURE.

La bravoure est une fermeté d'ame, qui s'expose

au danger par honneur ou par devoir, plutôt que par cette ardeur impatiente qu'on nomme courage. Elle diffère de ce dernier, en ce que l'une est le fruit de la réflexion, & l'autre l'effet du tempérament. On devient brave, on naît courageux.

La bravoure est plus éclairée que le courage : le courage, plus impétueux, craint moins le péril & les obstacles.

BRUTALITÉ.

La brutalité est une ardeur aveugle & impétueuse, qui trouble le jugement, & rend l'homme semblable aux bêtes féroces. C'est un vice du tempérament, qui vient de la quantité & de la mauvaise qualité des humeurs. Elle renferme l'idée de la force, jointe à la méchanceté. L'homme brutal n'agit que par un premier mouvement, & jamais par réflexion.

Cette malheureuse disposition se corrige un peu par l'éducation & l'habitude de raisonner, qui affoiblissent insensiblement les passions contraires au bonheur.

Voici de quelle manière Théophraste peint la brutalité. C'est, dit-il, une certaine dureté, &, j'ose dire, une férocité qui se rencontre dans nos manières d'agir, & qui passe même jusqu'à nos paroles. Si vous demandez à un brutal, Qu'est devenu un tel? il vous répond durement, Ne me rompez pas la tête. Si vous le saluez, il ne vous fait pas l'honneur de vous rendre le salut. S'il met en vente une chose qui lui appartient, il est inutile de lui en demander le prix; il ne vous écoute pas : mais il dit fièrement à celui qui la marchande, Qu'y trouvez-vous à dire?

BUT.

Le but est le terme où nous voulons arriver.

De la façon dont les hommes se conduisent la plupart du temps, on croiroit que tout leur est indifférent. Guidés par le caprice ou par l'humeur, ils agissent sans but & sans dessein. On peut les comparer à des voyageurs égarés, qui vont toujours sans sçavoir où ils arriveront. Ils errent çà & là ; &, après bien des courses, ils se retrouvent au point d'où ils étoient partis. Mais le sage ne fait pas un pas qui puisse le détourner du but qu'il s'est proposé, & sans avoir auparavant examiné les moyens qui peuvent l'y conduire.

L'honnête-homme doit avoir pour but, dans le commerce de la vie, de se faire aimer & estimer. On se fait aimer par les qualités aimables ; on se fait estimer par le mérite réel & les procédés essentiels.

C.

CALOMNIE.

La calomnie est une médisance injuste qui n'est fondée que sur de fausses apparences. Elle doit sa naissance à la haine, à l'envie, ou à la méchanceté.

CANDEUR.

La candeur est une disposition à la franchise. Elle naît de l'amour de la vérité ; & se peint dans les discours, dans le silence même, dans les actions, sur le front, dans les yeux, dans le ton de voix, & enfin jusques dans les gestes qui échappent.

Cette disposition, qui rend la jeunesse si séduisante, s'efface par le commerce du monde, qui rend quelquefois la dissimulation nécessaire.

CAPRICES, *voyez* INÉGALITÉ.

PORTRAIT DU CAPRICIEUX.

Ne connoissez-vous plus son esprit haut & bas,
Sans cesse possédé de nouvelles pensées,
Qui sont, au même instant, par d'autres effacées?
En moins d'un tour de main, passant du blanc au noir;
Le matin raisonnable, impertinent le soir;
Tantôt faisant le fou, tantôt le politique;
Aujourd'hui querelleur, & demain pacifique;
Sans raison satisfait, sans sujet irrité;
Contrariant, bourru, chimérique, éventé;
Homme dont la cervelle incessamment voltige;
Enfin persécuté d'un éternel vertige.
Combien d'états divers, si les gens en sont crus,
Depuis qu'on le connoît, n'a-t-il pas parcourus?
Campagnard, citadin, voyageur, solitaire,
Courtisan, financier, magistrat, mousquetaire;
Enfin, que vous dirai-je ? Il m'a vingt fois semblé,
Aux combats différens de son esprit troublé,
De voir un bataillon d'ames de toute espèce,
Se chamaillant sans cesse & le jour & la nuit,
Et dont l'une défait ce que l'autre a construit.

Le grand Rousseau.

CARACTERE.

Le caractère est la marque qui distingue les hommes les uns des autres. Il est composé du mélange des qualités du cœur, de l'esprit, & de l'humeur dominante qui constitue le tempérament.

Ces trois choses sont susceptibles d'une infinité de combinaisons; ce qui fait que les caractères sont aussi différens que les physionomies, qui ne sont que l'assemblage de certains traits.

Les hommes sans caractère sont des visages sans physionomie, de ces visages communs qu'on ne prend pas la peine de distinguer.

Le caractère, dit M. Duclos, influe plus que l'es-

prit dans la conduite des hommes, parce qu'ils agiſſent plus par ſentiment que par réflexion.

La dépendance mutuelle de l'eſprit & du caractère peut être enviſagée ſous trois aſpects. On n'a
pas le caractère de ſon eſprit, ou l'eſprit de ſon caractère; on n'a pas aſſez d'eſprit pour ſon caractère;
ou l'on n'a pas aſſez de caractère pour ſon eſprit.

PORTRAIT D'UNE FEMME SANS CARACTERE.

Tour-à-tour je l'ai vue,
Ou folle ou de bon ſens, ſauvage ou répandue;
Six mois dans la morale, & ſix dans les romans,
Selon l'amant du jour & la couleur du temps;
Ne penſant, ne voulant, n'étant rien d'elle-même;
Et n'ayant d'ame, enfin, que par celui qu'elle aime.

Greſſet.

Rien n'eſt plus dangereux, dans la ſociété,
qu'un homme ſans caractère, c'eſt-à-dire, dont
l'ame n'a aucune diſpoſition plus habituelle qu'une
autre. On ſe fie à l'homme vertueux; on ſe défie du
frippon : l'homme ſans caractère eſt alternativement l'un & l'autre, ſans qu'on puiſſe le deviner,
& ne peut être regardé ni comme ami ni comme
ennemi. On peut, à cette occaſion, rappeller une
loi de Solon, qui déclaroit infâmes tous ceux qui ne
prenoient point de parti dans les ſéditions : il ſen-
toit que rien n'étoit plus à craindre que les gens ſans
caractère & les homme indécis.

Dans les nations qui ſubſiſtent depuis long-temps,
on remarque un fonds de caractère qui n'a point
changé. Ainſi les Athéniens, du temps de Démoſ-
thène, étoient grands amateurs de nouvelles; ils
l'étoient du temps de ſaint Paul, & ils le ſont encore
aujourd'hui. On voit auſſi, dans le livre admirable
de Tacite ſur les *mœurs des Germains*, des choſes

qui font encore vraies aujourd'hui de leurs defcendans. Il y a grande apparence que le climat influe beaucoup fur le caractère général; car on ne fçauroit l'attribuer à la forme du gouvernement, qui change ordinairement au bout d'un certain temps: cependant il ne faut pas croire que la forme du gouvernement, lorfqu'elle fubfifte long-temps, n'influe auffi, à la longue, fur le caractère d'une nation. Dans un état defpotique, par exemple, le peuple doit devenir bientôt pareffeux, vain & amateur de la frivolité: le goût du vrai & du beau doivent s'y perdre: on ne doit ni faire ni penfer de grandes chofes.

CERTITUDE.

On admet, en philofophie, trois fortes de certitudes; fçavoir, la certitude phyfique, la certitude métaphyfique, & la certitude morale.

La certitude phyfique eft un ferme confentement que l'efprit donne à une propofition qui ne peut être autrement qu'on la conçoit.

La certitude métaphyfique eft un ferme confentement que l'efprit donne à une propofition qui peut n'être pas telle qu'on la conçoit, mais qui cependant paroît évidente.

La certitude morale eft un ferme confentement que l'efprit donne à une propofition, de laquelle on ne peut pas douter felon les mœurs, quoiqu'elle puiffe être autrement qu'on la conçoit: par exemple, on doit croire ce qui eft affuré par plufieurs perfonnes.

Toutes ces efpèces de certitudes ont différens dégrés de force fur l'efprit. La certitude phyfique eft plus forte que la certitude morale; & la certitude métaphyfique l'eft plus que la certitude morale. Je suis plus assuré de l'existence d'une chose que je vois, que de celle que plusieurs personnes me racontent ; je crois plus fermement que j'ai un corps qu'une ame, &c.

CHAGRIN.

Le chagrin est l'effet de la tristesse. *Voyez* Tristesse.

L'esprit chagrin, dit Théophraste, fait que l'on n'est jamais content de personne (pas même de soi, pouvoit-il ajouter), & que l'on se plaint sans cesse sans aucun fondement. Si quelqu'un fait un festin, & qu'il se souvienne d'envoyer un plat à un homme de cette humeur, il ne reçoit de lui, pour tout remerciment, que le reproche d'avoir été oublié. Je n'étois pas digne, dit cet esprit querelleur, de boire de son vin, ni de manger à sa table. Tout lui est suspect, jusqu'aux caresses que lui fait sa maîtresse. Après une grande sécheresse, venant à pleuvoir, comme il ne peut se plaindre de la pluie, il s'en prend au ciel de ce qu'elle n'a pas commencé plutôt. Une autre fois, ayant envie d'un esclave, il prie instamment celui à qui il appartient d'y mettre le prix ; &, dès que celui-ci, vaincu par ses importunités, le lui a vendu, il se repent de l'avoir acheté. Ne suis-je pas trompé ? demande-t-il ; & exigeroit-on si peu d'une chose qui seroit sans défauts ? A ceux qui lui font les complimens ordinaires sur la naissance d'un fils, Ajoutez, leur dit-il, sur ce que mon bien est diminué de la moitié. Si ses amis font ensemble une certaine somme pour le secourir dans un besoin pressant, si quelqu'un l'en félicite & le convie à mieux espérer de la fortune, Comment. lui répond-il, puis-je être sensible à la moindre joie, quand je pense que je dois rendre cet argent à chacun

cun de ceux qui me l'ont prêté, & n'être pas encore quitte, envers eux, de la reconnoissance de leur bienfait ?

CHANGEANT, *voyez* LÉGER.

CHASTETÉ.

La chasteté est une vertu morale, qui consiste à ne rien dire & à ne rien faire qui puisse blesser la pudeur & la fidélité conjugale.

La chasteté, dit M. Diderot, est une vertu morale, par laquelle nous modérons les desirs déréglés de la chair. Parmi les appétits que nous avons reçus de la nature, un des plus violens est celui qui porte un sexe vers l'autre : appétit qui nous est commun avec les animaux, de quelque espèce qu'ils soient; car la nature n'a pas moins veillé à la conservation des animaux, qu'à celle de l'homme ; & à la conservation des animaux malfaisans, qu'à celle des animaux que nous appellons bienfaisans. Mais il est arrivé parmi les hommes, cet animal par excellence, ce qu'on n'a jamais remarqué parmi les autres animaux ; c'est de tromper la nature, en jouissant du plaisir qu'elle a attaché à la propagation de l'espèce humaine, & en négligeant le but de cet attrait ; c'est là précisément ce qui constitue l'essence de l'impureté : &, par conséquent, l'essence de la vertu opposée consistera à mettre sagement à profit ce qu'on aura reçu de la nature, & à ne jamais séparer la fin des moyens. La chasteté aura donc lieu hors le mariage & dans le mariage : dans le mariage, en satisfaisant à tout ce que la nature exige de nous, & que la religion & les loix de l'état ont autorisé; dans le célibat, en résistant à l'impulsion de la nature qui, nous pressant, sans égard pour les temps, les lieux, les circonstances, les usages, le culte, les coutumes, les loix, nous entraîneroit à des actions proscrites.

Il ne faut pas confondre la chasteté avec la continence. Tel est chaste qui n'est pas continent ; &, réciproquement, tel est continent qui n'est pas chaste. La chasteté est de tous les temps, de tous les âges, & de tous les états : la continence n'est que du célibat ; & il s'en manque beaucoup que le célibat soit un état d'obligation. L'âge rend les vieillards nécessairement continens ; il est rare qu'il les rende chastes.

Voilà tout ce que la philosophie semble nous dicter sur la chasteté : mais les loix de la religion chrétienne sont beaucoup plus étroites ; un mot, un regard, une parole, un geste, mal intentionnés, flétrissent la chasteté chrétienne. Le chrétien n'est parvenu à la vraie chasteté, que quand il a sçu se conserver dans un état de pureté angélique, malgré les suggestions perpétuelles du démon de la chair. Tout ce qui peut favoriser les efforts de cet ennemi de notre innocence, passe dans son esprit pour autant d'obstacles à la chasteté ; tels que les excès dans le boire & le manger, la fréquentation de personnes déréglées ou même d'un autre sexe, la vue d'un objet indécent, un discours équivoque, une lecture deshonnête, une pensée libre, &c.

CIRCONSPECTION.

La circonspection est une retenue que nous apportons dans le jugement que nous portons des actions des hommes. Pour en bien juger, il faudroit en connoître le motif ; & c'est ce dont nous ne pouvons jamais nous flatter : c'est pourquoi nous ne pouvons être trop circonspects, lorsqu'il s'agit de louer ou de blâmer quelqu'un sur de simples apparences. La circonspection a une signification plus étendue. *Voyez* Devoirs.

CIVILITÉ.

La civilité est une vertu de société, qui rend à chacun ce qui lui est dû. Elle consiste dans les égards mutuels que l'usage & la différence des rangs & des conditions a établis. La civilité est aussi la démonstration de nos sentimens, obligeans pour nos semblables, par nos gestes & par notre maintien.

CIVILITÉ, POLITESSES, AFFABILITÉ.

Manières honnêtes d'agir & de converser avec les autres hommes dans la société. Mais l'affabilité, qui consiste dans cette insinuation de bienveillance avec laquelle un supérieur reçoit son inférieur, se dit rarement d'égal à égal, & jamais d'inférieur à supérieur. Elle n'est souvent dans les grands qu'une vertu artificieuse qui sert à leurs projets d'ambition ; une bassesse d'ame qui sert à se faire des créatures, (car c'est un signe de bassesse). J'ignore pourquoi le mot affabilité ne plaisoit pas à M. Patru ; ce seroit dommage de le bannir de notre langue, puisqu'il est unique pour exprimer ce qu'on ne peut dire autrement que par périphrase.

La civilité & la politesse sont une certaine bienséance dans les manières & dans les paroles, tendantes à plaire & à marquer les égards qu'on a les uns pour les autres.

Sans émaner nécessairement du cœur, elles en donnent les apparences, & font paroître l'homme au dehors comme il devroit être intérieurement. C'est, dit la Bruyère, une certaine attention à faire que, par nos paroles & nos manières, les autres soient contens de nous.

E ij

La civilité ne dit pas autant que la politesse, & elle n'en fait qu'une portion : c'est une espèce de crainte, en y manquant, d'être regardé comme grossier. C'est un pas pour être estimé poli. C'est pourquoi la politesse semble, dans l'usage de ce terme, réservée aux gens de la cour & de qualité ; & la civilité, aux personnes d'une condition inférieure, au plus grand nombre des citoyens.

J'ai lû des livres sur la civilité, si chargés de maximes & de préceptes pour en remplir les devoirs, qu'ils m'auroient fait préférer la rudesse & la grossièreté à la pratique de cette civilité importune dont ils font tant d'éloges. Qui ne penseroit comme Montaigne ? » J'aime bien, dit cet auteur, à en suivre
» les loix (de la civilité), mais non pas si couarde-
» ment que ma vie en demeure contrainte. Elles
» ont quelques formes pénibles, lesquelles, pourvu
» qu'on oublie par discrétion, non par erreur, on
» n'en a pas moins de grace. J'ai vu souvent des
» hommes incivils par trop de civilité, & impor-
» tuns de courtoisie. C'est au demeurant une très-
» utile science que la science de l'entregent : elle
» est, comme la grace & la beauté, conciliatrice des
» premiers abords de la société & familiarité, &
» par conséquent nous ouvre la porte à nous ins-
» truire par les exemples d'autrui, & à exploiter &
» produire notre exemple, s'il a quelque chose d'ins-
» truisant & communicable «.

Mais la civilité cérémonieuse est également fatiguante & inutile, aussi est-elle hors d'usage parmi les gens du monde. Ceux de la cour, accablés d'affaires, ont élevé sur ses ruines un édifice qu'on nomme la politesse, qui fait à présent la base, la morale de la belle éducation, & qui mérite par conséquent un article à part. Nous nous contenterons feulement de dire ici, qu'elle n'eft d'ordinaire que l'art de fe paffer des vertus qu'elle imite.

La civilité, prife dans le fens qu'on doit lui donner, a un prix réel : regardée comme un empreffement de porter du refpect & des égards aux autres, par un fentiment intérieur conforme à la raifon, c'eft une pratique de droit naturel d'autant plus louable qu'elle eft libre & bien fondée.

Quelques légiflateurs même ont voulu que les manières repréfentaffent les mœurs, & en ont fait un article de leurs loix civiles. Il eft vrai que Lycurgue, en formant les manières, n'a point eu la civilité pour objet : mais c'eft que des gens corrigeans ou toujours corrigés, comme dit M. de Montefquieu, également fimples & rigides, n'avoient pas befoin de dehors : ils exerçoient plutôt entr'eux des vertus, qu'ils n'avoient des égards.

Les Chinois, qui ont fait des rits de tout & des plus petites actions de la vie, qui ont formé leur empire fur l'idée du gouvernement d'une famille, ont voulu que les hommes fentiffent qu'ils dépendoient les uns des autres ; &, en conféquence, leurs légiflateurs ont donné aux règles de la civilité la plus grande étendue. On peut lire là-deffus le père Duhalde.

Ainfi, pour finir cet article par la réflexion de l'auteur de l'*Efprit des loix* : " On voit à la Chine
" les gens de village obferver entre eux des céré-
" monies comme des gens d'une condition relevée ;
" moyens très-propres à maintenir parmi le peuple
" la paix & le bon ordre, & à ôter tous les vices
" qui viennent d'un efprit dur, vain & orgueilleux.
" Ces règles de la civilité valent bien mieux que
" celles de la politeffe : celle-ci flatte les vices des
" autres ; & la civilité nous empêche de mettre les

» nôtres au jour ; c'est une barrière que les hommes
» mettent entre eux pour s'empêcher de se cor-
» rompre.

CLÉMENCE.

La clémence, qui porte à l'oubli des offenses &
au pardon des crimes, est la vertu des rois. Elle
prend sa source dans l'amour de l'humanité.

C'est la plus brillante des vertus, & celle qui
rend l'homme le plus semblable à la divinité. Heureuses les puissances de la terre qui la chérissent &
qui la pratiquent !

Une clémence aveugle & sans bornes est aussi
dangereuse dans un état, qu'une trop grande sévérité. Si elle fait l'éloge du cœur, elle fait en même-
temps la censure de l'esprit.

» La clémence, dit le présid. de Montesquieu, est
» la qualité distinctive des monarques. Dans la ré-
» publique, où l'on a pour principe la vertu, elle est
» moins nécessaire. Dans l'état despotique, où règne
» la crainte, elle est moins en usage, parce qu'il
» faut soutenir les grands de l'état par des exem-
» ples de sévérité. Dans les monarchies, où l'on est
» gouverné par l'honneur, qui souvent exige ce que
» la loi défend, elle est plus nécessaire. La disgrâce
» y est équivalente à la peine ; les formalités même
» des jugemens y sont des punitions.

» C'est là que la honte vient de tous côtés pour
» former des genres particuliers de peines.

» Les grands y sont si fort punis par la disgrâce,
» par la perte souvent imaginaire de leur fortune,
» de leur crédit, de leurs habitudes, de leurs plai-
» sirs, que la rigueur à leur égard est inutile ; elle
» ne peut servir qu'à ôter aux sujets l'amour qu'ils
» ont pour la personne du prince, & le respect qu'ils
» doivent avoir pour les places.

» On disputera peut-être aux monarques quelque
» branche de l'autorité, presque jamais l'autorité
» entière; &, si quelquefois ils combattent pour la
» couronne, ils ne combattent point pour la vie.

» Ils ont tant à gagner par la clémence, elle est
» suivie de tant d'amour, ils en tirent tant de gloire,
» que c'est presque toujours un bonheur pour eux
» d'avoir occasion de l'exercer; & ils le peuvent
» presque toujours dans nos contrées. «

C'est une heureuse prérogative dont ils jouissent, & le caractère d'une belle ame quand ils en font usage. Cette prérogative leur est utile & honorable, sans énerver leur autorité. Je ne connois point de plus beau trait dans l'oraison de Cicéron pour Ligarius, que celui où il dit à César, pour le porter à la clémence : » Vous n'avez reçu rien de plus grand
» de la fortune, que le pouvoir de conserver la
» vie; ni rien de meilleur de la nature, que la vo-
» lonté de le faire. »

Les anciens avoient fait une divinité de la Clémence; elle tenoit une branche de laurier d'une main, & une lance de l'autre. Le pied de sa statue fut un asyle dans Athènes. On lui dédia dans Rome un temple & des autels après la mort de Jules César. Sa figure se voit sur les monnoies de Tibère & de Vitellus : elle est là bien mal placée.

CLERGÉ.

Le clergé est le premier ordre d'un état. Comme ministres & dépositaires de la religion, les ecclésiastiques méritent le respect du peuple, & les égards des souverains; comme sujets, ils doivent contribuer aux besoins de l'état, qui leur procure, comme aux autres citoyens, la tranquillité & la sureté.

CLIMAT.

Le climat est l'étendue renfermée entre deux cercles parallèles à l'équateur. Il sert a marquer la différence des saisons & de la température de l'air.

Il est étonnant combien le climat influe sur les mœurs : c'est une des premières causes de la diversité prodigieuse que nous remarquons dans les nations.

Les influences du climat sur les esprits sont avouées de tous les grands historiens, physiciens & médecins. Prenons pour exemple l'Italie moderne : l'imagination, le génie de la musique, le goût de l'allégorie, commun à tous les pays chauds, domine dans la littérature Italienne. Cette souplesse de corps & d'esprit est si particulière à l'Italien, qu'on l'accuse d'avoir fourni les cours de l'Europe de pantomimes & de flatteurs. Toutes ces choses s'expliqueroient peu philosophiquement par les causes morales ; il faut les rapporter au naturel : le nouveau climat de l'Italie a donc renouvellé les esprits, & produit la différence des anciens & des nouveaux Romains. Mais il y en a encore une entre les deux derniers siècles de l'Italie & celui-ci ; & cette dernière décadence est due aux causes morales. *Esprit des nations.*

Il faut convenir que la nature du climat produit les hommes plus ou moins propres à soutenir les fatigues de la guerre. Les uns seront courageux, & n'auront point de tenue ; d'autres ne seront point dociles à l'assujettissement de la discipline militaire ; d'autres ne seront point patiens dans les momens de peine & de tristesse, & seront toujours prêts à la révolte & au murmure : toutes ces différentes observations doivent trouver place dans les délibérations politiques.

Si quelques circonstances particulières ; si l'habitude des exercices, qui fortifie le corps ; si l'art d'exciter les passions a quelquefois changé les dispositions naturelles d'un peuple, comme les Arabes dont parle M. Helvétius, il n'en sera pas moins vrai, par une expérience qu'on peut aisément se procurer, que généralement les peuples septentrionaux sont plus forts que les peuples du midi ; & que, les causes morales venant à cesser, tout peuple reprendra bientôt son caractère primitif.

COEUR.

Le cœur est l'ame, considérée par sa faculté de sentir.

L'empire du cœur s'étend sur l'honneur, ou l'amour d'une bonne réputation ; sur la fortune, ou les besoins & les commodités de la vie ; sur les objets de la charité, qui renferment la compassion, la bienveillance & la bienfaisance ; sur les droits de la parenté ; sur ceux de l'amitié, qui nous fait partager la peine ou le plaisir d'un ami ; & enfin sur tous nos devoirs. *Voyez* DEVOIRS.

Les qualités du cœur sont infiniment préférables à celles de l'esprit.

L'esprit frappe, étonne, éblouit, & fatigue à la fin ses propres admirateurs ; mais le cœur attache, touche, intéresse par le charme du sentiment, & nous concilie l'estime & l'amitié des hommes. *Voyez* QUALITÉS.

COLERE.

La colère est un vif sentiment de haine, auquel se joint un desir de vengeance ; c'est un effort que l'ame fait pour repousser, par la force, un mal présent qui nous attaque. C'est une passion qui naît souvent du tempérament, & toujours de l'amour-propre offensé.

Elle n'éclate pas toujours par l'emportement & les menaces ; elle demeure quelquefois renfermée, & n'en est alors que plus dangereuse.

> Est-on héros pour avoir mis aux chaînes
> Un peuple ou deux ? Tibère eut cet honneur.
> Est-on héros en signalant ses haines
> Par la vengeance ? Octave eut ce bonheur.
> Est-on héros en régnant par la peur ?
> Séjan fit tout trembler, jusqu'à son maître.
> Mais, de son ire éteindre le salpêtre,
> Sçavoir se vaincre, & réprimer les flots
> De son orgueil, c'est ce que j'appelle être
> Grand par soi-même ; & voilà mon héros.
>
> *Le grand Rousseau.*

Les causes qui produisent ce désordre, sont une humeur attrabilaire, une foiblesse, mollesse & maladie d'esprit, une fausse délicatesse, une sensibilité blâmable, l'amour-propre, l'amour des petites choses, une vaine curiosité, la légèreté à croire, le chagrin d'être méprisé & injurié ; d'où vient que la colère de la femme est si vive & si plenière : elle naît aussi dans le refus du desir.

Cette passion a souvent des effets lamentables, suivant la remarque de Charron : elle nous pousse à l'injustice ; elle nous jette dans de grands maux par son inconsidération ; elle nous fait dire & faire des choses messéantes, honteuses, indignes, quelquefois funestes & irréparables, dont s'ensuivent de cruels remords : l'histoire ancienne & moderne n'en fournissent que trop d'exemples. Horace a bien raison de dire :

> *Qui non moderabitur iræ, &c.*

Les remèdes, dit Charron, dont je vais emprunter le langage, sont plusieurs & divers, desquels l'esprit doit être, avant la main, armé & bien muni, comme ceux qui craignent d'être assiégés; car après n'est pas temps. Ils se peuvent réduire à trois chefs : Le premier est de couper chemin à la colère, & lui fermer toutes les avenues ; il faut donc se délivrer de toutes les causes & occasions de colère ci-devant énoncées : Le second chef est de ceux qu'il faut employer lorsque les occasions de colère se présentent ; qui sont, 1°. arrêter & tenir son corps en paix & en repos, sans mouvement & agitation ; 2°. dilation à croire & prendre résolution, donner loisir au jugement de considérer, se craindre soi-même, recourir à de vrais amis ; & meurir nos colères entre leurs discours ; 3°. y faire diversion par tout ce qui peut calmer, adoucir, égayer : Le troisième chef est aux belles considérations, dont il faut abreuver & nourrir notre esprit de longue main, des actions funestes & mouvemens qui résultent de la colère; des avantages de la modération; de l'estime que nous devons porter à la sagesse, laquelle se montre principalement à se retenir & se commander.

Il ne faut pas cependant considérer la colère comme une passion toujours mauvaise de sa nature : elle ne l'est pas, ni ne deshonore personne, pourvu que ses émotions soient proportionnées au sujet qu'on a de s'émouvoir: par conséquent, elle peut être légitime, quand elle n'est portée qu'à un certain point. Mais, d'un autre côté, elle n'est jamais nécessaire : on peut toujours, & c'est même le plus sûr, soutenir, dans les occasions, sa dignité & ses droits sans se courroucer. Si le désir de la vengeance, effet naturel de cette passion, s'y trouve joint ;

alors, comme cet effet est vicieux par lui-même, il lâche la colère & l'empêche de demeurer dans de justes bornes. Donner à la vengeance émanée de la colère la correction de l'offense, seroit corriger le vice par lui-même : » La raison qui doit comman-
» der en nous, dit encore Charron, auteur admi-
» rable sur ce sujet, ne veut point de ces officiers-
» là, qui font de leur tête, sans attendre son ordon-
» nance : elle veut tout faire pas compas, & pour ce,
» la violence ne lui est pas propre «.

Ceux donc qui prétendent qu'un meurtre, commis dans la colère, ne doit pas proprement être mis au nombre des injustices punissables, n'ont pas une idée juste du droit naturel; car il est certain que l'injustice ne consiste essentiellement qu'à violer les droits d'autrui. Il n'importe qu'on le fasse par un mouvement de colère, par avarice, par sensualité, par ambition, &c. qui sont les sources d'où proviennent ordinairement les plus grandes injustices : c'est le propre au contraire de la justice de résister à toutes les tentations, par le seul motif de ne faire aucune brèche aux loix de la société humaine. Il est pourtant vrai que les actions auxquelles on est porté par la colère, sont moins odieuses que celles qui naissent du desir des plaisirs, lequel n'est pas si brusque, & qui peut trouver plus facilement dequoi se satisfaire ailleurs sans injustice; sur quoi Aristote remarque très-bien que la colère est plus naturelle que le desir des choses qui vont dans l'excès, & qui ne sont pas nécessaires.

Mais, lorsque ce philosophe prétend que cette passion sert par fois d'armes à la vertu & à la vaillance, il se trompe beaucoup : quant à la vertu, cela n'est pas vrai ; & quant à la vaillance, on a répondu assez plaisamment, qu'en tout cas, c'est une arme de nouvel usage ; car, dit Montaigne, » Nous re-

» muons les autres armes, & celle-ci nous remue ;
» notre main ne la guide pas, c'est elle qui guide
» notre main, nous ne la tenons pas.

Cette paſſion irritante nous jette dans des mouvemens violens, en cauſant un grand déſordre dans notre machine.

Nous venons de parler de cette paſſion en moraliſte, nous allons la conſidérer en médecin.

Telle eſt ſa nature, qu'elle met ſubitement, quelle qu'en ſoit la cauſe, tout le ſyſtême nerveux dans une agitation extraordinaire, par la conſtriction violente qu'elle produit dans les parties muſculaires; & qu'elle augmente prodigieuſement, non ſeulement le ſyſtole du cœur & de ſes vaiſſeaux contigus, mais encore le ton des parties fibreuſes de tout le corps.

Ce mouvement impétueux du ſang & de l'altération du fluide nerveux dans les perſonnes en qui la colère eſt pouſſée à ſon dernier période, ſe manifeſte évidemment par l'augmentation du pouls, la promptitude de la reſpiration, la ſoif, la chaleur, le gonflement, la rougeur du viſage, la pulſation des artères de la tête plus forte, plus élevée, ſurtout aux environs des tempes, l'éclat des yeux, le bégayement, la voix enrouée, le parler précipité, la ſuppreſſion de l'urine, le tremblement des parties extérieures; enfin une certaine précipitation remarquable dans les fonctions de l'eſprit. Ces ſymptômes ſe trouvent plus ou moins raſſemblés ſuivant le tempéramment & la force de la paſſion ; & la phyſiologie les explique ſans peine, par la conſtriction ſpaſmodique de tout le ſyſtême nerveux.

En conſéquence, les obſervations de pratique ont appris que des fièvres bilieuſes, inflammatoires, la jauniſſe, les obſtructions du foie, des hémorragies, des diarrhées, des pierres dans la véſicule du fiel ou dans les conduits biliaires en étoient quelquefois la suite. La conspiration singulière de tous les nerfs en donne la raison. D'abord la constriction violente, qui se fait ici dans le genre nerveux, produit la suppression de l'urine, l'obstruction & l'embarras dans l'écoulement de la bile, d'où résulte la formation des pierres dans la vésicule du fiel : c'est de cette constriction que provient la jaunisse. D'un autre côté, les conduits biliaires, formés de tuniques musculaires & nerveuses, se trouvant excessivement comprimés par l'influx rapide du liquide spiritueux contenu dans les nerfs, se resserrent, font couler la bile qu'ils contiennent ; & cette bile passe dans le duodénum & dans le ventricule : De-là les envies de vomir, la déjection de matière bilieuse, & la diarrhée. L'abondance & l'âcreté de cette bile causeront la chaleur, la soif, des fièvres lentes, bilieuses, inflammatoires, &c.

La colère produisant des spasmes & augmentant le mouvement des fluides, il est nécessaire qu'il se porte avec impétuosité, ou qu'il s'arrête dans les parties supérieures avec une trop grande quantité de sang; d'où il arrivera que ces parties seront trop distendues, &, en conséquence, le visage s'enflammera, toutes les veines de la tête, celles du front, des tempes, seront gonflées, &c.

Il en pourra donc résulter des hémorragies, soit par le nez, soit par une rupture de la veine pulmonaire, soit par les veines de l'anus, soit par la matrice. En un mot, dans les parties dont les vaisseaux se trouveront les plus foibles ou les plus distendus, l'influx rapide déréglé du liquide spiritueux contenu dans les nerfs, rendra la langue bégayante, la voix enrouée, le parler précipité, le tremblement, la précipitation dans les fonctions de l'esprit.

Enfin, quelques obfervations nous apprennent qu'il y a des perfonnes, qui, à la fuite d'une grande colère, ont perdu tour à tour l'ouie, la vue & la parole; & d'autres qui, font tombées pendant plufieurs jours dans un état d'infenfibilité. Ces divers accidens dépendent entièrement ou de la compreffion des nerfs du cerveau, ou du flux arrêté des efprits, tantôt fur un organe des fens, tantôt fur l'autre.

C'eft pourquoi le médecin travaillera à calmer ces fpafmes, cette agitation de tout le fyftème nerveux; à remettre le fang & les humeurs dans un mouvement uniforme, & à corriger l'acrimonie des fluides. Ainfi les réfrigérans, tels que la liqueur minérale anodyne d'Hoffmann, l'efprit de nitre ou l'efprit de vitriol dulcifiés, délayés dans un liquide convenable, deviendront de vrais calmans. Si la bile s'eft jettée dans les inteftins, il faut l'évacuer doucement par des lénitifs, tels que la magnéfie blanche, la poudre de rhubarbe mêlée avec le nitre, les décoctions de tamarin & autres de cette efpèce. On corrigera l'acrimonie des fluides par des boiffons oppofées à cette acrimonie. S'il s'eft rompu quelque vaiffeau dans le tiffu pulmonaire, on diminuera l'impétuofité du fang par la faignée, la dérivation, les demi-bains, les rafraîchiffans. Mais l'on évitera dans la méthode curative les cathartiques & les émétiques qui font funeftes dans cet état; car, comme ils n'agiffent qu'en irritant les fibres délicats de l'eftomac & des inteftins, & que ces fibres font déjà attaqués de conftrictions fpafmodiques par la colère, de tels remèdes ne feroient qu'augmenter le mal. Ce feroit bien pis dans les perfonnes fujettes à des fpafmes hypochondriaques, hyftériques, & dans celles qui font déjà tourmentées de cardialgie. Ce n'est point ici que la difficulté, pour déterminer des remèdes, fait une des parties délicates du jugement du médecin ; un peu de bon sens lui suffit.

COMMERCE.

Le commerce est l'échange de certains effets avec d'autres, soit en argent, ou en marchandises.

Le commerce, après l'agriculture, est l'objet qui mérite le plus l'attention du ministère. C'est un moyen sûr de procurer l'abondance, & de rendre un état redoutable à ses voisins, par le secours qu'il lui fournit. Cependant il faut prendre garde que l'esprit de commerce ne détruise pas l'esprit militaire, qui en est le plus ferme soutien, & n'introduise pas un trop grand luxe : car, on a beau dire que le luxe enrichit un grand état, insensiblement aussi il corrompt les mœurs, & entraîne avec elles la ruine totale des citoyens. Le luxe amollit le courage, réveille l'ambition, excite aux plus grands crimes, & produit tous les jours plus de maux, qu'il ne fera jamais de bien.

COMMISÉRATION.

La commisération est un attendrissement de l'ame à la vue des besoins & des maux qu'éprouvent les misérables : elle paroît ajouter à la compassion un degré de plus de sensibilité.

COMPASSION, *voyez* COMMISÉRATION.

La santé & les richesses, dit M. de la Bruyère, ôtent aux hommes l'expérience du mal, leur inspirent la dureté pour leurs semblables ; & les gens, déjà chargés de leur propre misère, sont ceux qui entrent davantage, par la compassion, dans celle d'autrui.

COMPLAISANCE.

COMPLAISANCE.

La complaisance est une condescendance honnête aux idées & à la volonté des autres. Elle diffère de la flatterie, qui est une condescendance criminelle. Souvent c'est le desir de plaire qui nous la donne; quelquefois c'est l'effet de la douceur & d'un heureux tempérament. La complaisance vient aussi de la foiblesse d'esprit, & annonce un homme incapable de penser par lui-même, & qui reçoit avidement toutes les impressions qu'on lui donne. Ces sortes de caractères sont insipides dans le commerce de la société.

La complaisance consiste à ne contrarier le goût de qui que ce soit, dans ce qui est indifférent pour les mœurs; à s'y prêter encore autant qu'on le peut, & à le prévenir, lorsqu'on l'a sçu deviner. Ce n'est peut-être pas la plus excellente de toutes les vertus; mais c'en est une du moins bien utile & bien agréable dans la société.

Portrait du Complaisant.

Sans caractère, sans humeur, le complaisant prend chez les autres sa tristesse & sa joie: elles s'emparent de son visage, sans passer dans son cœur. Toutes les opinions, tous les systêmes lui plaisent également: il les adopte, il les abandonne, il les réfute, il les soutient. La vraisemblance, qui le séduit, l'aide encore à tromper les autres: tout paroît probable à ses yeux; tout devient probable dans sa bouche: il ne pense point, il ne sent point; tout son talent est d'exprimer avec facilité des sentimens & des pensées: son esprit, chargé des idées d'autrui, ne sçauroit en produire aucunes. Si quelquefois il a le courage de juger par lui-même, la plus foible contradiction l'effraye, le rebute ; bientôt il assujéttit ce qu'il pense au desir de plaire ; bientôt même il oublie ce qu'il a pensé : sa conduite n'est pas moins inégale ; son goût, son inclination, ses mœurs sont soumises au caprice de ceux qui l'environnent.

Voici le portrait du complaisant, par Théophraste.

Pour faire une définition un peu exacte de cette affectation que quelques-uns ont de plaire à tout le monde, il faut dire que c'est une manière de vivre, où l'on cherche beaucoup moins ce qui est vertueux & honnête, que ce qui est agréable. Celui qui a cette passion, d'aussi loin qu'il apperçoit un homme dans la place, le salue, en s'écriant, Voilà ce qu'on appelle un homme de bien, l'aborde, l'admire, le retient avec ses deux mains, de peur qu'il ne lui échappe ; &, après avoir fait quelques pas avec lui, il lui demande, avec empressement, quel jour on pourra le voir, & enfin ne s'en sépare qu'en lui donnant mille éloges. Si quelqu'un le choisit pour arbitre dans un procès, il ne doit pas attendre de lui qu'il lui soit plus favorable qu'à son adversaire : comme il veut plaire à tous deux, il les ménagera également. C'est dans cette vue que, pour se concilier tous les étrangers qui sont dans la ville, il leur trouve plus de raison & d'équité que dans ses concitoyens. S'il est prié d'un repas, il demande, en entrant, à celui qui l'a convié, où sont ses enfans ; &, dès qu'ils paroissent, il se récrie sur la ressemblance qu'ils ont avec leur père, & que deux figues ne se ressemblent pas mieux : il les fait approcher de lui, il les baise, &, les ayant fait asseoir à ses deux côtés, il badine avec eux. A qui est, dit-il, la petite bouteille ? à qui est la jolie coignée ? Il les prend ensuite sur lui, & les laisse dormir sur son estomac, quoiqu'il en soit incommodé. Celui enfin qui veut plaire, se fait raser souvent, a un fort grand soin de ses dents, change tous les jours d'habits, & les quitte presque tout neufs : il ne sort point en public qu'il ne soit parfumé. On ne le voit guère dans les salles publiques, qu'auprès des comptoirs des banquiers ; &, dans les écoles, qu'aux endroits seulement où s'exercent les jeunes gens ; &, au théâtre, les jours de spectacle, que dans les meilleures places, & tout proche des préteurs. Ces gens encore n'achètent jamais rien pour eux ; mais ils envoient à Byzance toute sorte de bijoux précieux, des chiens de Sparte à Cyzique, &, à Rhodes, l'excellent miel du mont Hymette ; & ils prennent soin que toute la ville soit informée qu'ils font ces emplettes. Leur maison est toujours remplie de mille choses curieuses qui font plaisir à voir, ou que l'on peut donner, comme des singes & des satyres qu'ils sçavent nourrir, des pigeons de Sicile, des dez qu'ils font faire d'os de chèvre, des phioles pour des parfums, des cannes torses que l'on fait à Sparte, & des tapis de Perse à personnages. Ils ont, chez eux, jusqu'à un jeu de paulme, & une arène propre à s'exercer à la lutte ; &, s'ils se promènent par la ville, & qu'ils rencontrent en leur chemin des philosophes, des sophistes, des escrimeurs ou des musiciens, ils leur offrent leur maison pour s'y exercer chacun de son art indifféremment : ils se trouvent présens à ces exercices ; &, se mêlant avec ceux qui viennent là pour regarder, A qui croyez-vous qu'appartient une si belle maison & cette arène si commode ? Vous voyez, ajoute-t-il, en leur montrant quelque homme puissant de la ville, celui qui en est le maitre, & qui en peut disposer.

COMPLEXION, *voyez* CONFORMATION.

CONCEPTION.

La conception est un acte de l'intelligence, qui apperçoit & distingue les choses qu'on lui présente. *Voyez* INTELLIGENCE.

La conception ou la compréhension, dit M. le chevalier de Jaucourt, est cette opération de l'entendement, par laquelle il lie les idées des choses en les considérant sous certaines faces, en saisit les différentes branches, les rapports & l'enchaînement.

Elle réunit les sensations & les perceptions qui nous sont fournies par le service actuel des facultés intellectuelles. Mais souvent l'esprit, faute d'avoir ces sensations & ces perceptions bien disposées, faute d'attention & de réflexion, ne saisit pas les rapports des choses sous leur véritable point de vue ; d'où il arrive qu'il ne les conçoit pas, ou les conçoit mal. Suivant la judicieuse remarque de M. l'abbé de Condillac, une condition essentielle pour bien concevoir, c'est de se représenter toujours les choses sous les rapports qui leur sont propres. Quand les sujets qu'on présente à l'entendement lui sont familiers, il les conçoit avec promptitude, il en connoît les rapports ; il les embrasse tous, pour ainsi dire, en même-temps ; &, quand il en parle, l'esprit les parcourt avec assez de rapidité pour devancer toujours la parole, à peu-près comme l'œil de quelqu'un qui lit haut devant la prononciation.

Il arrive encore que l'ame est quelquefois entraînée de conception en conception, par la liaison des idées qui quadrent avec son intérêt présent ; alors il se fait un enchaînement successif, de proche en proche, d'une étendue de compréhension à une autre, de-là encore à une autre, & toujours par le secours de l'intérêt, qui lui fournit des connoissances, selon lesquelles elle se détermine plus ou moins convenablement.

La progression de la conception est plus ou moins étendue, selon le degré de perfection du *sensorium commune* : plus il est parfait, plus l'ame peut recevoir de perceptions distinctes à la fois. L'étendue & le degré de perfection de la conception règle l'étendue & la promptitude du bon-sens ; elle fournit même souvent le fonds & la forme des raisonnemens sans le secours de la raison : mais, quand elle est trop bornée ou trop irréguliere, elle fait toujours naître des décisions vicieuses.

Il résulte de ce détail qu'il est très-important de tâcher de concevoir les choses sous les idées qui leur sont propres, de se rendre la conception familière par l'attention, & de l'étendre par l'exercice : elle ne fait pas le génie, mais elle y contribue quand elle agit promptement ; &, lorsqu'elle est active, elle donne l'industrie, mère de l'invention, si nécessaire dans les arts, & si profitable à certains peuples.

CONCUPISCENCE.

La concupiscence est le desir de la chair. Elle vient souvent du dérèglement de l'imagination, plutôt que du tempérament. Cette passion absorbe l'ame, & la rend incapable de connoître la vérité. Elle a été souvent la source des plus grands crimes : mais, aussi, c'est elle qui conserve la société, & qui répare les ravages de la mort. Tant il est vrai de dire qu'il n'y a point de vices qui ne produisent quelque bien à la société : ils ne font tort qu'à ceux qui les ont.

La concupiscence, par elle-même n'est ni vice ni

vertu ; mais, selon son objet, elle produit l'un ou l'autre.

CONDITION.

On a établi, parmi les hommes, différens états de vie ou différentes conditions. C'est cette variété infinie qui est cause de la différence qu'on remarque dans les manières d'agir d'un chacun ; car le fonds de l'homme est à peu près le même dans tous. Les ames des empereurs & des savetiers sont jettées dans le même moule, dit Montaigne. Considérant l'importance des actions des princes & leur poids, nous nous persuadons qu'elles soient produites par quelques causes aussi pesantes & importantes : nous nous trompons : ils sont menés & ramenés en leurs mouvemens par les mêmes ressorts que nous sommes aux nôtres. La même raison qui nous fait tanser avec un voisin, dresse une guerre entre les princes ; la même raison qui nous fait fouetter un laquais, tombant en un roi, lui fait ruiner une province.

CONDITIONS (DES HOMMES.)

Quand on juge des états ou des diverses conditions par les avantages réels, on en juge fort mal, parce qu'on ne considère pas que les hommes ont trouvé le secret d'attacher presque tous leurs biens & leurs maux à des chimères : & ainsi il ne faut pas seulement comparer les avantages réels de chaque état ; mais il faut comparer aussi les chimères de cet état. En faisant comparaison des diverses conditions des hommes, il y a, ce semble, plus d'avantages réels dans les grandes conditions que dans les petites : il y a plus d'aisances & plus de moyens de se satisfaire sur ce qu'on aime. Mais il ne faut pas s'arrêter-là : il faut supposer d'abord que ceux qui jouissent de ces biens y deviennent insensibles, & que ceux de cette condition ont établi d'autres biens; par exemple, les premières places & dignités, dans la possession desquelles ils ont mis leur félicité, & où ils se sont faits certains maux chimériques dans lesquels ils placent le souverain malheur; par exemple, de n'être point en place. Après avoir établi ces biens & ces maux, ils ont fait des loix ou des maximes, selon lesquelles ils se jugent heureux ou malheureux. *Nicole.*

« Nous croyons que c'est notre position, que ce sont les événemens de notre vie, notre état, qui nous empêchent d'être heureux. C'est une erreur : tout ce qui est hors de nous, étranger à nous, ne pourroit rien sur notre bonheur, si nos passions intérieures n'avoient des relations habituelles avec ce qui se passe au dehors, si ces passions ne nous y avoient soumis en esclaves.

Le véritable bonheur est ennemi de la pompe & du bruit, & se plaît dans la retraite : on peut dire qu'il naît de la jouissance de soi-même, aussi-bien que de l'amitié & de la conversation d'un petit nombre de personnes choisies. Au contraire, le bonheur chimérique se plaît à vivre dans la foule, & à s'attirer les yeux de tout le monde. *Spectateur.*

C'est une erreur de croire que ce soit l'état qui fasse le bonheur. Une infinité d'hommes sont dans des états qu'ils ont raison de ne pas aimer; un nombre presque aussi grand sont incapables de se contenter d'aucun état. Les voilà donc presque tous exclus du bonheur; & il ne leur reste pour ressource que des plaisirs, c'està-dire, des momens semés, çà & là, sur un fond triste qui en sera un peu égayé. Celui qui voudroit fixer son état, non par la crainte d'être pis, mais parce qu'il seroit content, mériteroit le nom d'heureux :

mais que ces sortes d'hommes sont rares! Il est vrai qu'une grande partie de notre bonheur ne dépend pas de nous; telle est, par exemple, la santé: mais il est faux que notre bonheur ne dépende point du tout de nous; car nous pouvons quelque chose à notre bonheur par notre façon de penser. Mais le mal est que la plupart ne pensent que comme il plaît à ce qui les environne: ils n'ont pas un certain gouvernail qui leur puisse servir à tourner leurs pensées d'un autre côté.

Comme il n'y a qu'une partie de notre bonheur qui puisse dépendre de nous; il faut que les caractères ou foibles, ou paresseux, ou impétueux, ou violens, ou sombres, ou chagrins, y renoncent tous. Il en reste quelques-uns doux & modérés, & qui admettent plus volontiers les idées ou les impressions agréables; ceux-là peuvent travailler à se rendre heureux. Afin que le sentiment du bonheur puisse entrer dans l'ame, ou qu'il y puisse séjourner, il faut avoir nettoyé la place & chassé tous les maux imaginaires.

Nous sommes d'une habileté infinie à en créer; &, quand nous les avons une fois produits, il nous est très-difficile de nous en défaire. Assez souvent aux maux réels, nous ajoutons des circonstances imaginaires qui les aggravent; par exemple, de croire que nous serons inconsolables dans certaines afflictions, au lieu de prévoir que l'on s'en consolera. Un grand obstacle au bonheur, c'est de s'attendre à un trop grand bonheur. Nous regardons ordinairement les biens que nous font la nature ou la fortune, comme des dettes qu'elles nous paient; & par conséquent nous les recevons avec une espèce d'indifférence. Les maux, au contraire, nous paroissent des injustices, & nous les recevons avec impatience

& avec aigreur. Il faudroit rectifier des idées si fausses. Les maux sont très-communs, & c'est ce qui doit naturellement nous écheoir : les biens sont très-rares, & ce sont des exceptions flatteuses faites en notre faveur à la règle générale : on dédaigne de sentir les petits biens, & on n'a pas le même mépris pour les maux médiocres.

Il faudroit d'abord examiner les titres de ce qui prétend ordonner de notre bonheur : peu de choses soutiendront cet examen. Pourquoi cette dignité, que je poursuis, m'est-elle si nécessaire ? c'est qu'il faut être élevé au-dessus des autres. Et pourquoi le faut-il ? c'est pour recevoir leurs respects & leurs hommages, qui me flatteront sensiblement. Mais comment me flatteront-ils, puisque je ne les devrai qu'à ma dignité, & non pas à moi même ! Il faut raisonner ainsi des autres idées qui ont pris une place importante dans notre esprit.

Le plus grand secret pour le bonheur, c'est d'être bien avec soi. Naturellement tous les accidens fâcheux, qui viennent du dehors, nous rejettent vers nous-mêmes ; & il est bon d'y avoir une retraite agréable : mais elle ne peut l'être, si elle n'a été préparée par les mains de la vertu. Il reste un souhait sur une chose dont on n'est pas le maître, c'est d'être placé par la fortune dans une condition médiocre : sans cela, & le bonheur & la vertu seroient trop en péril.

CONDUITE.

La conduite est la manière d'agir. La bonne conduite est la manière de régler ses actions sur la fin pour laquelle l'homme est né. C'est le jugement qui la donne : ainsi, il est très-utile de s'accoutumer de bonne heure à le former, & de se faire des principes qui puissent nous servir de guide : car la chose la plus importante à l'homme est une bonne conduite ; c'est sur ses actions qu'on le juge. L'esprit, les talens, le génie, la beauté n'ont pas des charmes assez puissans pour effacer les impressions désavantageuses que laisse une mauvaise conduite. J'en pourrois citer des exemples frappans ; mais chacun en a sous les yeux.

La sagesse de la conduite, dit M. Duclos, dépend de l'expérience, de la prévoyance & du jugement des circonstances présentes. On doit donc faire attention au passé, au présent, à l'avenir : & la passion n'envisage qu'un de ces objets à la fois, le présent ou l'avenir ; jamais le passé. L'amour, la colère, la haine & la vengeance s'occupent du présent ; l'ambition & l'avarice n'envisagent que l'avenir.

CONFIANCE.

La confiance est une certaine assurance dans ce qu'on dit & ce qu'on fait. Elle suppose beaucoup de connoissances. Cependant on voit communément que les gens les plus confians sont ceux qui ont le moins de lumières ; c'est qu'ils sont comme les enfans, qui ne connoissent pas le danger. La confiance est nécessaire dans le commerce de la société ; elle chasse la timidité, & fait paroître l'homme avec tous ses avantages. Si est elle poussée trop loin, elle devient *suffisance*, *présomption*. La confiance en la miséricorde de Dieu est une vertu chrétienne ; la confiance dans nos bonnes-œuvres est un vice de l'orgueil.

La confiance que nous avons dans les personnes que nous estimons, est le plus doux charme de l'amitié : mais elle a ses périls ; &, avant de s'y livrer, il faut bien connoître si ceux qui nous l'inspirent en sont dignes.

CONFORMATION, COMPLEXION, CONSTITUTION, ORGANISATION, TEMPÉRAMENT.

Tous ces termes sont faits pour établir la différence qu'on remarque parmi les hommes ; avec cette modification : La conformation a du rapport à l'arrangement extérieur des parties ; la complexion, à l'accord qui en résulte ; la constitution, à la disposition originelle & fondamentale qui forme la nature ; l'organisation, aux opérations de l'esprit, qui dépendent de la nature & de l'arrangement des organes : à l'égard du tempérament, c'est l'effet de la constitution. *Voyez* TEMPÉRAMENT. La conformation est aussi relative à la beauté ou à la laideur ; la complexion est un terme de médecine ; la constitution est d'un usage plus général ; & l'organisation ne s'emploie que lorsqu'il est question de physique.

CONNOISANCE.

La connoissance d'un art est la collection d'une certaine quantité de principes, qui n'ont pas assez de certitude pour mériter le nom de *science*.

On se sert aussi quelquefois du terme de *connoissance* pour celui de *notion* ; &, dans cette acception, on peut dire : Combien de gens voit-on tous les jours, qui, pour avoir de légères connoissances sur beaucoup de choses, croient posséder science universelle ?

Toutes nos connoissances tirent leur origine de nos besoins, & s'acquièrent par le moyen de la liaison des idées. Les hommes, autant qu'il est en leur pouvoir, rapportent leurs dernières connoissances à quelques-unes de celles qu'ils ont déjà acquises : par-là, les idées moins familières se lient à celles qui le font davantage ; ce qui eft d'un grand fecours à la mémoire & à l'imagination. Quand les circonftances firent remarquer de nouveaux objets, on chercha ce qu'ils avoient de commun avec ceux qui étoient connus ; on les mit dans la même claffe, & les mêmes noms fervirent à défigner les uns & les autres.

Le defir immodéré d'acquérir des connoiffances eft le plus grand obftacle aux progrès des arts. Ceux mêmes qui n'ont que de l'efprit, ne réuffiffent, à un certain point, qu'autant qu'ils fe concentrent dans l'objet qui excite leur émulation : tout le temps qu'ils confacrent à l'acquifition des connoiffances étrangères à cet objet, eft pris fur celui qu'ils pourroient employer à perfectionner leur talent ; c'eft autant de retranché fur le fuccès.

Il y a une certaine mefure de connoiffances utiles, que les hommes ont eue de bonne heure, à laquelle ils n'ont guère ajouté, & qu'ils ne pafferont guère, s'ils la paffent. Ils ont cette obligation à la nature, qu'elle leur a infpiré fort promptement ce qu'ils avoient befoin de fçavoir ; car ils étoient perdus, fi elle eût laiffé à la lenteur de leur raifon à le chercher. Pour les autres chofes qui ne font pas fi néceffaires, elles fe découvrent peu à peu, & dans de longues fuites d'années.

Pour parvenir à la connoiffance de nous-même, il faut tâcher de connoître fes paffions, fes humeurs, fes foibleffes, fes défauts, les déguifemens dont l'amour-propre fe fert pour les couvrir : avec cette application, on découvrira un grand nombre de défauts. Il faut encore connoître l'étendue & la grandeur de ces mêmes défauts, & l'imperfection de nos vertus ; découvrir ceux qui nous font cachés par notre peu de lumière, ou par les adreffes de l'amour-propre ;

se servir même des défauts des autres pour nous mieux connoître, en nous demandant à nous-même si nous ne tombons point en ces mêmes défauts, que nous remarquons en telle personne ; s'instruire par les jugemens qu'on entend faire de ces défauts à ceux qui s'en entretiennent ; & on apprendra, par ces sortes de jugemens, que presque personne ne sçait ce qu'on pense de lui, ni quelle impression ses actions font sur l'esprit du monde ; laisser aux autres la liberté de nous dire leurs sentimens, en témoignant, d'une manière non suspecte, que nous nous tenons obligés qu'ils le fassent, & dissipant ainsi la crainte qu'ils auroient de se rendre odieux.

C'est avec raison que l'on plaint les grands de ce que leur grandeur fait que la vérité n'ose approcher d'eux, & qu'ils passent ainsi toute la vie dans l'illusion. Mais on n'a guère moins de sujet de plaindre sur ce point la plupart de ceux qui sont en quelque considération dans le monde ; car, s'ils ne sont princes par naissance, ils se font princes par humeur, & répandent, parmi tous ceux qui les approchent, certaines terreurs, qui empêchent leurs plus intimes amis de leur parler avec ouverture. D'où il arrive, que souvent ils ne sont pas informés de ce qui sert d'entretien à tout le monde, & qu'ils s'imaginent être approuvés dans ce qui est presque universellement condamné. Il est si dangereux de donner cette impression de soi, que, quand elle est une fois formée, nos amis mêmes se croient obligés de dissimuler leurs sentimens, & de nous abandonner à nos pensées.

Enfin, il faut se mettre dans l'esprit, que, comme la crainte de choquer & l'honnêteté même obligent nos amis, ou autres qui nous parlent de nos défauts, de se modérer beaucoup dans les expressions, si nous voulons connoître leur sentiment au juste, il faut que nous ajoutions de nous-même ce qui manque à leurs paroles, & que nous tenions pour certain qu'on ne nous dit jamais qu'une bien petite partie de ce qu'on pense de nous. *Nicole.*

La connoissance de l'homme s'acquiert par la physique; & celle de soi-même, par de fréquens retours sur soi-même : mais on ne s'examine pas assez pour cela, dit M. de la Rochefoucault, & l'on se soucie davantage de paroître tel qu'on doit être, que d'être en effet ce qu'on doit.

CONQUÊTES.

L'esprit de conquêtes est un desir violent de la gloire, qui entraîne infailliblement la ruine d'un état. Tandis qu'un prince est occupé au dehors, les loix sont sans vigueur ; les crimes, les mauvaises actions ne sont pas punis ; l'état s'épuise d'argent & d'hommes.

Les conquêtes sont toujours plus faciles à faire qu'à conserver, & coûtent plus qu'elles ne rapportent, à moins qu'on ne veuille compter pour rien le sang qu'elles font répandre. Mais ces maximes ne sont que pour les tyrans, pour ces monstres de l'humanité, qui, du trône de l'orgueil, daignent à peine laisser tomber un regard sur des sujets qu'ils regardent comme des instrumens propres à satisfaire leurs passions effrénées.

> Quel est donc le héros solide
> Dont la gloire ne soit qu'à lui ?
> C'est un roi que l'équité guide,
> Et dont les vertus sont l'appui ;
> Qui, prenant Titus pour modèle,
> Du bonheur d'un peuple fidèle
> Fait le plus cher de ses souhaits;
> Qui fuit la basse flatterie ;

Et qui, pête de la patrie,
Compte ses jours par ses bienfaits.

L'effort d'une vertu commune
Suffit pour faire un conquérant;
Celui qui dompte la fortune
Mérite seul le nom de grand.
Il perd sa volage assistance,
Sans rien perdre de la constance
Dont il vit ses honneurs accrus;
Et sa grande ame ne s'altère,
Ni des triomphes de Tibère,
Ni des disgraces de Varus.

La joie imprudente & légère
Chez lui ne trouve point d'accès;
Et sa crainte active modère
L'ivresse des heureux succès.
Si la fortune le traverse,
Sa constante vertu s'exerce
Dans ces obstacles passagers.
Le bonheur peut avoir son terme;
Mais la sagesse est toujours ferme,
Et les destins toujours légers.

Le grand Rousseau.

CONSCIENCE.

La conscience est l'impression même des objets, considérée comme avertissant l'ame de sa présence. *Voyez* PERCEPTION.

On entend aussi, par ce terme, le jugement que nous portons de nos sentimens & de nos propres actions, suivant le rapport qu'elles ont avec la morale. C'est la connoissance de l'homme & de ses devoirs qui forme la bonne conscience.

Les fautes les plus condamnables sont celles que l'on commet contre sa conscience.

> L'honnête-homme ne doit s'en rapporter qu'à lui ;
> Il se juge lui-même, & jamais par autrui :
> Si-tôt qu'il se condamne, on ne sçauroit l'absoudre.
>
> La Chaussée.

La conscience, d'après *l'Encyclopédie*, est un acte de l'entendement, qui indique ce qui est bon ou mauvais dans nos actions morales, & qui prononce sur les choses qu'on a faites ou omises : d'où il naît en nous-mêmes une douce tranquillité ou inquiétude importune, la joie & la sérénité, ou ces remords cruels, si bien figurés par le vautour de la fable, qui déchiroit sans cesse le cœur de Prométhée.

Ainsi la conscience, cette règle immédiate de nos actions, ce for-intérieur qui nous juge, a ses diverses modifications suivant les divers états de l'ame. Elle peut être décisive, douteuse, droite, mauvaise, probable, erronée, irrésolue, scrupuleuse, &c. Définissons exactement tous ces mots d'après M. Barbeyrac. Ce sera remplir les vues auxquelles cet ouvrage est principalement destiné, je veux dire, définir les principes les plus importans sur chaque matière. Par rapport aux détails des diverses questions qui sont agitées sur ce sujet, le lecteur pourra consulter, s'il le juge à propos, les écrits de Cumberland, de Pufendorff, de Titius, de Buddœus, & de Thomasius.

La conscience (pour la définir avec exactitude) est le jugement que chacun porte de ses propres actions, comparées avec les idées qu'il a d'une certaine règle nommée loi ; en sorte qu'il conclud en lui-même que les premières sont ou ne sont pas conformes aux dernières.

Nous disons comparées avec les idées qu'il a de la loi, & non pas avec la loi même ; parce que la

loi

loi ne fçauroit être la règle de nos actions qu'autant qu'on la connoît. Il ne réfulte pourtant pas de-là que chacun puiffe fe déterminer à faire une chofe, du moment qu'il s'imagine qu'elle eft permife ou prefcrite par la loi, de quelque manière qu'il fe le foit mis dans l'efprit. Mais voici deux règles très-faciles, & que les plus fimples peuvent & doivent fuivre dans chaque occafion particulière.

I. Avant que de fe déterminer à fuivre les mouvemens de la confcience, il faut bien examiner fi l'on a les lumières & les fecours néceffaires pour juger de la chofe dont il s'agit; car, fi l'on manque de ces lumières & de ces fecours (& en ce cas là il ne faut que la bonne-foi & le fens-commun pour s'en convaincre), on ne fçauroit rien décider, moins encore rien entreprendre, fans une témérité inexcufable & très-dangereufe. On peut appliquer cette règle à tant de gens qui prennent parti fur des difputes de religion, ou fur des queftions difficiles de morale, de politique, fur des matières de droit, des procès délicats, des traitemens de maladies compliquées, &c.

II. Suppofé qu'en général on ait les lumières & les fecours néceffaires pour juger de la chofe dont il s'agit, il faut voir fi l'on en a fait ufage actuellement; en forte qu'on puiffe fe porter, fans autre examen, à ce que la confcience fuggère. Dans le négoce, par exemple, & dans les autres affaires de la vie civile, on fe laiffe aller tranquillement à des obliquités & des injuftices, dont on verroit aifément la turpitude, fi l'on faifoit attention à des principes très-clairs, dont on ne peut s'écarter, & que l'on reconnoît d'ailleurs en général.

Comme il eft néceffaire de diftinguer entre le jugement que l'ame porte avant l'action, & celui qu'elle porte après l'action, on a nommé ces deux choses, en termes, scholastiques assez commodes, conscience antécédente, & conscience subséquente. Il n'y a quelquefois que le dernier de ces jugemens, lorsque, par exemple (ce qui est assez ordinaire), on se détermine à agir sans examiner, ni penser seulement si on fera bien ou mal.

Quand les deux jugemens ont été produits par rapport à une seule action, ils sont quelquefois conformes, ce qui arrive lorsque l'on a agi contre ses lumières ; car alors on se condamne encore plus fortement après l'action. Il y a peu de gens qui, ou acquièrent en si peu de temps des lumières capables de leur persuader que ce qu'ils croient mauvais est légitime, ou révoquent sitôt leur propre sentence en matière d'une chose effectivement contraire à la loi. Quelquefois aussi il y a de la diversité dans ces jugemens ; ce qui a lieu, ou lorsque l'on s'est déterminé à quelque chose sans une pleine & entière délibération, soit par passion ou par précipitation, de manière qu'on n'a pas eu la liberté d'envisager suffisamment la nature & les suites de l'action ; ou lorsque, quoiqu'on ait agi avec une pleine délibération, on s'est déterminé sur un examen très-léger. L'idée de la chose faite frappe plus vivement que l'idée de la chose qui est à faire, & les réflexions viennent commencer ou achever après coup l'examen.

Voici les divers actes du jugement anticipé, selon les différens états où l'ame se trouve alors.

La conscience est ou décisive, ou douteuse, selon le degré de persuasion dans lequel on est au sujet de la qualité de l'action à faire. Quand on prononce décisivement que telle ou telle chose est conforme ou contraire à la loi, c'est une conscience qui doit être divisée en démonstrative & probable.

La conscience démonstrative est celle qui est fondée sur des raisons démonstratives, autant que le permet la nature des choses morales, & par conséquent elle est toujours droite ou conforme à la loi. La conscience probable est celle qui n'est fondée que sur des raisons vraisemblables ; & qui, par conséquent, est ou droite ou erronée, selon qu'il se trouve que l'opinion en elle-même est ou n'est pas conforme à la loi.

Lorsque l'on agit contre les mouvemens d'une conscience décisive, ou l'on se détermine sans aucune répugnance ; & alors c'est une conscience mauvaise qui marque un grand fonds de méchanceté : ou bien on succombe à la violence de quelque passion qui flatte agréablement, ou à la crainte d'un grand mal ; & alors c'est un péché de foiblesse, d'infirmité. Que si l'on suit les mouvemens d'une conscience décisive, ou l'on se détermine sans hésiter & avec plaisir ; & alors c'est une bonne conscience, quand même on se tromperoit, comme il paroît par l'exemple de saint Paul, Act. xxiij, 1 : ou bien on agit avec quelque répugnance ; & alors, quoique l'action en elle-même soit bonne, elle n'est point réputée telle, à cause de la disposition peu convenable qui l'accompagne.

Les fondemens de la conscience probable, véritablement telle, sont l'autorité & l'exemple, soutenus par un certain sentiment confus de la convenance naturelle qu'il y a dans les choses qui font la matière de nos devoirs ; & quelquefois aussi par des raisons populaires qui semblent tirées de la nature des choses. Comme tous ces fondemens ne sont pas si solides, qu'on ait lieu de s'y reposer absolument, il ne faut s'en contenter que quand on ne peut faire mieux; & ceux qui se conduisent par une telle conscience, doivent employer tous leurs efforts pour augmenter le degré de vraisemblance de leurs opinions, & pour approcher, autant qu'il est possible, de la conscience démonstrative.

La conscience douteuse, que nous avons opposée à la décisive, est ou irrésolue ou scrupuleuse. La conscience irrésolue, c'est lorsqu'on ne sçait quel parti prendre, à cause des raisons qui se présentent de part & d'autre, sinon parfaitement égales, du moins telles qu'il n'y a rien d'un côté ni d'autre qui paroisse assez fort pour que l'on fonde là-dessus un jugement sûr. Dans un tel cas, quelle conduite faut-il tenir ? La voici : Il faut s'empêcher d'agir, tant que l'on ne sçait pas si l'on fera bien ou mal. En effet, lorsque l'on se détermine à agir avant que les doutes qu'on avoit soient entièrement dissipés, cela emporte ou un dessein formel de pécher, ou du moins un mépris indiscret de la loi, à laquelle il peut arriver que l'action se trouve effectivement contraire.

La conscience scrupuleuse est produite par des difficultés très-légères ou frivoles, qui s'élèvent dans l'esprit, pendant que l'on ne voit de l'autre côté aucune bonne raison de douter. Comme le scrupule ne vient d'ordinaire que d'une fausse délicatesse de conscience ou d'une grossière superstition, on en sera bientôt délivré, si l'on veut examiner la chose sérieusement & dans toutes ses faces.

Liberté de conscience. Entre plusieurs questions que l'on fait au sujet de la conscience errante, il y en a quatre de grande importance, sur lesquelles on ne sçauroit se refuser de dire un mot : les autres pourront se décider d'après les mêmes principes.

I. On demande si celui qui se trompe est obligé de suivre les mouvemens de sa conscience. On répond que oui, soit que l'erreur soit invincible où vincible : car, dès-là qu'on est fermement persuadé, comme nous le supposons, qu'une chose est prescrite ou défendue par la loi, on viole directement le respect dû au législateur, si l'on agit contre cette persuasion, quoique mal fondée.

II. Mais s'ensuit-il de-là que l'on soit toujours excusable, en suivant les mouvemens d'une conscience erronnée ? Nullement : cela n'a lieu que quand l'erreur est invincible.

III. Un homme peut-il juger du principe des erreurs d'un autre homme en matière de conscience ? C'est la troisième question, sur laquelle on répondra d'abord qu'il n'est pas toujours absolument impossible aux hommes de sçavoir si quelqu'un est dans l'erreur de mauvaise-foi, ou s'il se fait illusion à lui-même : mais, pour porter un tel jugement, il ne faut pas moins que des preuves de la dernière évidence ; & il arrive rarement que l'on ait de si fortes preuves. Je ne sçais si on pourroit rapporter à ceci l'erreur autrefois si commune chez les Grecs & les Romains, de ceux qui croient qu'il étoit permis à un père ou une mère d'exposer leurs enfans. Mais il semble du moins qu'on y peut rapporter une autre erreur presque aussi grossière des Juifs du temps de Jésus-Christ, qui la leur reproche fortement, Matth. xv, 4, 5 : car on a de la peine à concevoir que des gens qui avoient la loi de Moïse, si claire & si expresse sur la nécessité d'honorer & d'assister un père ou une mère, pussent de bonne-foi être persuadés qu'on étoit dispensé de ce devoir par un vœu téméraire, ou plutôt impie.

Pour ce qui est de sçavoir si l'erreur d'un homme qui se trompe de bonne-foi est vincible ou invincible, il faut convenir que, mettant à part les principes les plus généraux du droit naturel, & les vérités dont les chrétiens, quoique divisés en différentes sectes, sont convenus de tout temps, tout le reste est de nature, qu'un homme ne peut sans témérité juger en aucune manière du principe de l'ignorance & des erreurs d'autrui : ou, s'il peut dire en général qu'il y a des circonstances qui rendent vincibles telles ou telles erreurs, il lui est extrémement difficile de rien déterminer là-dessus par rapport à quelqu'un en particulier, & il n'est jamais nécessaire qu'il le fasse.

IV. La dernière question est si, en conséquence du jugement que l'on fait de l'ignorance ou des erreurs d'autrui en matière de conscience, on peut se porter à quelque action contre ceux que l'on croit être dans cette ignorance ou dans ces erreurs? Ici, nous répondons que, lorsque l'erreur ne va point à faire ou à enseigner des choses manifestement contraires aux loix de la société humaine en général, & à celles de la société civile en particulier, l'action la plus convenable, par rapport aux errans, est le soin charitable de les ramener à la vérité par des instructions paisibles & solides.

Persécuter quelqu'un par un motif de conscience, deviendroit une espèce de contradiction : ce seroit renfermer dans l'étendue d'un droit une chose qui, par elle-même, détruit le fondement de ce droit. En effet, dans cette supposition, on seroit autorisé à forcer les consciences, en vertu du droit qu'on a d'agir selon sa conscience. Et il n'importe que ce ne soit pas la même personne dont la conscience force & est forcée : car, outre que chacun auroit à son tour autant de raison d'user d'une pareille violence, ce qui mettroit tout le genre humain en combustion, le droit d'agir selon les mouvemens de la conscience est fondé sur la nature même de l'homme, qui, étant commune à tous les hommes, ne sçauroit rien autoriser qui accorde à aucun d'eux en particulier la moindre chose qui tende à la diminution de ce droit commun. Ainsi le droit de suivre sa conscience emporte par lui-même cette exception, hors les cas où il s'agiroit de faire violence à la conscience d'autrui.

Si l'on punit ceux qui font ou qui enseignent des choses nuisibles à la société, ce n'est pas à cause qu'ils sont dans l'erreur, quand même ils y seroient de mauvaise-foi; mais parce qu'on a droit, pour le bien public, de réprimer de telles gens, par quelques principes qu'ils agissent.

Nous laissons à part toutes ces autres questions sur la conscience, qui ont été tant agitées dans le siècle passé, & qui n'auroient pas dû paroître dans des temps d'une morale éclairée. Quand la boussole donna la connoissance du monde, on abandonna les côtes d'Afrique; les lumières de la navigation changèrent la face du commerce; il ne fut plus entre les mains de l'Italie; toute l'Europe se servit de l'aiguille aimantée, comme d'un guide sûr pour traverser les mers sans périls & sans allarmes.

CONSEIL.

Si l'homme pouvoit tout sçavoir & tout connoître, il n'auroit pas besoin de conseil; mais parce que souvent l'amour-propre l'aveugle sur ses véritables intérêts, il est obligé d'avoir recours aux personnes qui sont plus instruites que lui. Le conseil d'un ami prudent & éclairé est un des plus grands biens de la vie: Cependant, dit Montaigne, nous fuyons la correction. Il s'y faudroit présenter & produire, notamment quand elle vient par forme de conférence & non de régence. Mais, à chaque opposition, on ne regarde pas si elle est juste ; mais, à tort ou à droit, comme on s'en défera : au lieu d'y tendre les bras, nous y tendons les griffes.

Si les conseils sont utiles aux particuliers, ils deviennent bien plus nécessaires pour ceux que la divinité a commis au bonheur & à la conduite des hommes.

Pour former un bon conseil d'état, il faudroit qu'il fût composé de citoyens vertueux, expérimentés, exempts de préjugés & de passions, & animés de l'amour du bien public. Quand en trouvera-t-on de semblables ? lorsque les hommes deviendront des intelligences célestes, quand ils pourront réunir, aux préceptes de la raison, les sages maximes de la religion.

CONSENTEMENT.

C'est, dit M. Diderot, un acte de l'entendement, par lequel tous les termes d'une proposition étant bien conçus, un homme apperçoit intérieurement, & quelquefois désigne au-dehors, qu'il y a identité absolue entre la pensée & la volonté de l'auteur de la proposition, & sa propre pensée & sa propre volonté. La négation & l'affirmation sont, selon les occasions, des signes de consentement. L'esprit ne donne qu'un seul consentement à une proposition, si composée qu'elle puisse être : il faut donc bien distinguer le consentement du signe de consentement. Le signe du consentement ne peut être forcé ; il n'en est pas de même du consentement. On a beau m'arracher de la bouche que mon sentiment est le même que celui de tel ou tel, cela ne change point l'état de mon ame. Le consentement est ou exprès, ou tacite, ou présumé, ou supposé : il s'exprime par les paroles : on l'apperçoit, quoique tacite, dans les actions : on le présume par l'intérêt & la justice : on le suppose par la liaison des membres avec le chef. Les misanthropes rejetteront sans doute le consentement présumé ; mais c'est une injure gratuite qu'ils feront à la nature humaine ; il est fondé sur les principes moraux les plus généraux & les plus forts. Les difficultés qu'on pourroit faire sur le consentement supposé ne sont pas plus solides que celles qu'on feroit sur le présumé. Le pacte exprès naît du consentement exprès ; le tacite, du tacite ; le présumé, du présumé ; & le supposé, du supposé. Le consentement de l'enfance, de la folie, de la fureur, de l'ivresse, de l'ignorance invincible, est réputé nul : il en est de même de celui qui est arraché par la crainte, ou surpris par adresse. En toute autre circonstance, le consentement fonde l'apparence de la faute, & le droit de châtiment & de représaille.

Consentement des parties s'entend d'une certaine relation ou sympathie, par le moyen de laquelle, lorsqu'une partie est immédiatement affectée, une autre à une certaine distance se trouve affectée de la même façon.

Ce rapport mutuel, ou ce consentement des parties, est sans doute produit par la communication des nerfs, & par leur distribution & leurs ramifications admirables par tout le corps.

Cet effet est si sensible, qu'il se manifeste aux yeux des médecins. Ainsi une pierre dans la vessie, en tiraillant ses fibres, les affectera, & les mettra dans de telles convulsions, que les tuniques des intestins seront affectées de la même manière, par le moyen des fibres nerveuses ; ce qui produira une colique. Ces tiraillemens s'étendent même quelquefois jusqu'à l'estomac, où ils occasionnent des vomissemens violens : c'est pourquoi le remède, en pareil cas, doit regarder la partie originairement attaquée.

Les naturalistes supposent que la ramification de la cinquième paire des nerfs aux parties de l'œil, de l'oreille, à celles de la bouche, des joues, du diaphragme, & des parties environnantes, &c., est la cause du consentement ordinaire de ces parties. C'est de-là qu'une chose savoureuse, vue ou sentie, excite l'appétit, & affecte les glandes & les parties de la bouche; qu'une chose déshonnête, vue ou entendue, fait monter le rouge au visage; que, si elle plaît, elle affecte le diaphragme, & excite au rire les muscles de la bouche & du visage ; & qu'au contraire, si elle afflige, elle affecte les glandes des yeux & les muscles du visage, tellement qu'elle occasionne des larmes.

Le docteur Willis, cité par M. Derham, attribue le plaisir du baiser, l'amour, & même la luxure que ce plaisir excite, à cette paire de nerfs, qui, se ramifiant, & aux lèvres & aux parties génitales, occasionnent une irritation dans celles-ci, par l'irritation des premières.

Le docteur Sach pense que c'est du consentement des lèvres de l'utérus à celles de la bouche, qu'une femme grosse étant effrayée de voir des lèvres galeuses, il lui survint des pustules toutes semblables aux lèvres de l'utérus.

Il ne faut, au reste, regarder toutes ces explications que comme de pures conjectures. La manière dont nos sensations sont produites, est une matière qui restera toujours remplie d'obscurité pour les physiciens.

CONSÉQUENCE.

La conséquence d'un raisonnement est ce qui suit

naturellement de la comparaison que l'on fait des choses, & du rapport qu'elles ont entre elles.

CONSIDÉRATION.

La considération est le témoignage des sentimens d'estime & de respect qu'attirent le mérite & les qualités personnelles, & plus souvent le rang & les richesses. Elle consiste dans les égards, les attentions, les prévenances, les services & le crédit.

La considération, dit M. Duclos, est un sentiment d'estime, mêlé d'une sorte de respect personnel, qu'un homme inspire en sa faveur. On en jouit également parmi ses inférieurs, ses égaux, & ceux qui sont supérieurs par le rang & par la naissance.

La considération n'est que trop souvent accordée à la richesse. Sçachez, dit M. Rousseau de Toulouse, dans l'*Esprit du jour* :

Sçachez que dans ce siècle on n'est considéré
Que par l'espace qu'on occupe.

Il ne faut point, dit un auteur moderne, confondre la considération avec la réputation. Celle-ci est, en général, le fruit des talens, ou du sçavoir faire : celle-là est attachée à la place, au crédit, aux richesses, ou, en général, au besoin qu'on a de ceux à qui on l'accorde. L'absence ou l'éloignement, loin d'affoiblir la réputation, lui est souvent utile ; la considération, au contraire, est toute extérieure, & semble attachée à la présence. Un ministre, incapable de sa place, a plus de considération & moins de réputation qu'un homme de lettres ou qu'un artiste célèbre. Un homme de lettres, riche & sot, a plus de considération & moins de réputation qu'un homme de mérite & pauvre. Corneille avoit de la réputation, comme auteur de *Cinna* ; & Chapelain de la considération, comme distributeur des graces de Colbert. Newton avoit de la réputation, comme inventeur dans les sciences ; & de la considération, comme directeur de la monnoie. Il y a telle nation où un chanteur est plus considéré qu'un philosophe ; parce que les hommes aiment mieux être désennuyés qu'éclairés.

CONSTANCE.

La constance est une fermeté d'ame, supérieure aux obstacles & aux revers. *Voyez* PERSÉVÉRANCE.

C'est, dit M. Diderot, une vertu par laquelle nous persistons dans notre attachement à tout ce que nous croyons devoir regarder comme vrai, beau, bon, décent & honnête. On ne peut compter sur ce que dit le menteur ; on ne peut compter sur ce que fait l'homme inconstant : l'un anéantit, autant qu'il est en lui, le seul signe que les hommes aient pour s'entendre ; l'autre anéantit le seul fondement qu'ils aient de se reposer les uns sur les autres. Si l'inconstance étoit aussi grande & aussi générale qu'il est possible de l'imaginer, il n'y auroit rien de permanent sur la surface de la terre, & les choses humaines tomberoient dans un chaos épouvantable. Si l'attachement est mal placé, la constance prend le nom d'opiniâtreté, & l'inconstance celui de raison. Les anciens avoient fait de la constance une divinité, dont on voit souvent l'image sur leurs médailles.

CONSTERNATION.

La consternation est le dernier degré de la frayeur. On y est jeté par l'attente ou la nouvelle de quelque grand malheur. Je dis l'attente ou la nouvelle, parce qu'il me semble que le mal arrivé cause de la douleur, mais que la consternation n'est l'effet que d'un mal qu'on craint. La perte d'une grande bataille ne répandroit pas la consternation dans les provinces, si elles n'en craignoient les suites les plus fâcheuses : aussi, en pareil cas, n'y a-t-il proprement que les provinces voisines du champ de bataille, qui soient consternées. Si la mort de Germanicus eût été naturelle, Rome n'auroit été plongée que dans la plus grande douleur ; mais, comme on y soupçonna le poison, les sujets tournèrent les yeux avec effroi sur les monstres qui les gouvernoient, & la douleur fut mêlée de consternation.

CONSTITUTION. *Voyez* CONFORMATION.

CONTEMPLATION.

La contemplation est l'examen des objets sensibles, & des idées abstraites & composées.

Elle consiste à conserver sans interruption la perception, le nom ou les circonstances d'un objet qui vient de disparoître. Par son moyen, nous pouvons continuer à penser à une chose au moment qu'elle cesse d'être présente.

La contemplation, qui a pour objet la connoissance de l'homme & des choses utiles à la société, nous conduit à la vertu. Celle qui recherche les causes premières des effets de la nature, & qui n'a pour but que la satisfaction d'une vaine curiosité, est plus condamnable, que digne d'éloges. L'homme doit se souvenir qu'il est né pour l'action ; que les contemplations trop longues & trop fréquentes l'en détournent ; & qu'enfin il en est puni par une certaine humeur sombre & noire, qu'on contracte dans une étude trop opiniâtre, & qui nous donne de l'éloignement pour la société. Tel est le sort qu'entraîne l'abus des meilleures choses ; la peine suit toujours la faute.

> Le Tout-Puiſſant créa les ſages
> Pour profiter de ſes ouvrages,
> Et non pour les examiner.
> *Le grand Rouſſeau.*

CONTENTEMENT, SATISFACTION.

Le contentement eſt un état de tranquillité que l'ame éprouve lorſqu'elle ne deſire plus, & qu'elle a obtenu ce qu'elle deſiroit : la ſatisfaction eſt un ſentiment de plaiſir que procure la jouiſſance. Le contentement appartient à l'ame, & la ſatisfaction aux ſens; l'une eſt paſſagère, & l'autre plus conſtante. La ſatisfaction a ce qu'elle deſiroit, le contentement ne deſire plus rien.

Le contentement de l'eſprit eſt le tréſor du ſage; c'eſt le témoignage intérieur d'une bonne conſcience qui le procure. Il naît de la modération de nos deſirs, & de l'accompliſſement de nos devoirs.

Le contentement, dit M. le chevalier de Jaucourt, eſt plus dans le cœur; la ſatisfaction eſt plus dans les paſſions. Le premier eſt un ſentiment qui rend toujours l'ame tranquille; le ſecond eſt un ſuccès qui jette quelquefois l'ame dans le trouble. Un homme inquiet, craintif, n'eſt jamais content : un homme poſſédé d'avarice ou d'ambition, n'eſt jamais ſatisfait. Il n'eſt guère poſſible à un homme éclairé d'être ſatisfait de ſon travail, quoiqu'il ſoit content du choix du ſujet. Callimaque, qui tailloit le marbre avec une délicateſſe admirable, étoit content du cas ſingulier qu'on faiſoit de ſes ouvrages, tandis que lui-même n'en étoit jamais ſatisfait. On eſt content lorſqu'on ne ſouhaite plus, quoique l'on ne ſoit pas toujours ſatisfait lorſqu'on a obtenu ce qu'on ſouhaitoit. Combien de fois arrive-t-il qu'on n'eſt pas content après s'être ſatisfait ? vérité qui peut être d'un grand uſage en morale.

CONTENTION.

La contention est une application longue, forte & pénible de l'esprit à quelque objet de méditation. La contention suppose de la difficulté, & même de l'importance de la part de la matière, de l'opiniâtreté & de la fatigue de la part du philosophe. Il y a des choses qu'on ne saisit que par la contention. Contention se dit aussi d'une forte & attentive application des organes: ainsi ce ne sera pas sans une contention de l'oreille, qu'on s'assurera que l'on fait, ou que l'on ne fait pas, dans la prononciation de la première syllabe de trahir, un *e* muet entre le *t* & l'*r*. Il n'y a, entre la contention & l'application, de différence que du plus au moins; entre la contention & la méditation, que les idées de l'opiniâtreté, de durée & de fatigue, que la contention suppose, & que la méditation ne suppose pas. La contention est une suite d'efforts réiterés.

CONTINENCE.

La continence est une modération dans l'usage des plaisirs; c'est une vertu morale, qui ne donne aux besoins de la nature précisément que ce qu'il leur faut pour les satisfaire.

Ce mot s'entend aussi souvent de la privation volontaire des plaisirs; & pour lors c'est une vertu chrétienne.

La continence est une vertu morale, par laquelle nous résistons aux impulsions de la chair. Il semble qu'il y a, entre la chasteté & la continence, cette différence, qu'il n'en coûte aucun effort pour être chaste, & que c'est une des suites naturelles de l'innocence; au lieu que la continence paroît être le fruit d'une victoire remportée sur soi-même. Je pense que l'homme chaste ne remarque en lui aucun mouvement d'esprit, de cœur & de corps qui soit opposé à la pureté ; & qu'au contraire, l'état de l'homme continent est d'être tourmenté par ces mouvemens, & d'y résister : d'où il s'ensuivroit qu'il y auroit réellement plus de mérite à être continent qu'à être chaste. La chasteté tient beaucoup à la tranquillité du tempérament ; & la continence, à l'empire qu'on a acquis sur sa fougue. Le cas qu'on fait de cette vertu n'est pas indifférent dans un état populaire. Si les hommes & les femmes affichent l'incontinence publiquement, ce vice se répandra sur tout, même sur le goût ; mais ce qui s'en ressentira particulièrement, c'est la propagation de l'espèce, qui diminuera nécessairement à proportion que ce vice augmentera. Il ne faut que réfléchir un moment sur sa nature, pour trouver des causes physiques & morales de cet effet.

CONTRADICTION.

La contradiction est une opposition aux sentimens des autres. L'esprit de contradiction est le défaut le plus insupportable dans le commerce de la société. Il vient de l'humeur, & marque ordinairement une éducation négligée.

Il y a des esprits qui y sont portés naturellement ; ce sont ceux qui n'ont aucun principe fixe. Ils sont incommodes pour ceux qui n'aiment pas à prouver ce qu'ils avancent.

CONTRETEMPS.

Cette ignorance du temps & de l'occasion est une manière d'aborder les gens ou d'agir avec eux, toujours incommode & embarrassante. Un importun est celui qui choisit le moment que son ami est accablé tablé de ſes propres affaires, pour lui parler des ſiennes; qui va ſouper chez ſa maîtreſſe le ſoir même qu'elle a la fièvre; qui, voyant que quelqu'un vient d'être condamné en juſtice de payer pour un autre pour qui il s'eſt obligé, le prie néanmoins de répondre pour lui; qui comparoît pour ſervir de témoin dans un procès que l'on vient de juger; qui prend le temps des noces où il eſt invité, pour ſe déchaîner contre les femmes; qui entraîne à la promenade des gens à peine arrivés d'un long voyage, & qui n'aſpirent qu'à ſe repoſer : fort capable d'amener des marchands pour offrir d'une choſe plus qu'elle ne vaut après qu'elle eſt vendue, de ſe lever au milieu d'une aſſemblée pour reprendre un fait dès ſes commencemens & en inſtruire à fond ceux qui en ont les oreilles rebattues & qui le ſçavent mieux que lui : ſouvent empreſſé pour engager dans une affaire des perſonnes qui, ne l'affectionnant point, n'oſent pourtant refuſer d'y entrer. S'il arrive que quelqu'un dans la ville doive faire un feſtin après avoir ſacrifié, il va lui demander une portion des viandes qu'il a préparées : une autre fois, s'il voit qu'un maître châtie devant lui ſon eſclave, J'ai perdu, dit-il, un des miens dans une pareille occaſion; je le fis fouetter, il ſe déſeſpéra & s'alla pendre. Enfin, il n'eſt propre qu'à commettre de nouveau deux perſonnes qui veulent s'accommoder, s'ils l'ont fait arbitre de leur différend. C'eſt encore une action qui lui convient fort, que d'aller prendre au milieu du repas pour danſer un homme qui eſt de ſang froid, & qui n'a bû que modérément.

CONVERSATION.

La converſation eſt la communication de nos penſées & de nos ſentiments; c'eſt le charme le plus puissant pour adoucir nos chagrins & nos ennuis, lorsqu'elle est fondée sur une confiance réciproque; mais c'est l'écueil le plus dangereux pour l'innocence, quand elle est inspirée par la malignité, la médisance & l'obscénité.

L'esprit de conversation consiste principalement dans l'attention, la douceur, l'enjouement & la vivacité.

Mais une chose qui fait que l'on trouve si peu de gens raisonnables & agréables dans la conversation, dit M. de la Rochefoucault, c'est qu'il n'y a personne qui ne pense plutôt à ce qu'il veut dire, qu'à répondre précisément à ce qu'on lui dit. Les plus habiles & les plus complaisants se contentent de montrer seulement une mine attentive, au même temps que l'on voit dans leurs yeux & dans leur esprit un égarement pour ce qu'on leur dit, & une précipitation pour retourner à ce qu'ils veulent dire; au lieu de considérer que c'est un mauvais moyen de plaire aux autres, ou de les persuader, que de chercher si fort à se plaire à soi-même ; & que bien écouter & bien répondre, est une des plus grandes perfections qu'on puisse avoir dans la conversation.

Les loix de la conversation font en général un discours mutuel entre deux ou plusieurs personnes; avec cette différence, que conversation se dit en général de quelque discours mutuel que ce puisse être, au lieu qu'entretien se dit d'un discours mutuel qui roule sur quelque objet déterminé. Ainsi on dit qu'un homme est de bonne conversation, pour dire qu'il parle bien des différents objets sur lesquels on lui donne lieu de parler ; on ne dit point qu'il est d'un bon entretien. Entretien se dit de supérieur à inférieur : on ne dit point d'un sujet qu'il a eu une conversation avec le roi; on dit qu'il a eu un entretien : on se sert aussi du mot d'entretien, quand le discours roule sur une matière importante. On dit, par exemple, Ces deux princes ont eu ensemble un entretien sur les moyens de faire la paix entr'eux. Entretien se dit pour l'ordinaire des conversations imprimées, à moins que le sujet de la conversation ne soit pas sérieux : on dit les entretiens de Cicéron sur la nature des dieux, & la conversation du P. Canaye avec le maréchal d'Hocquincourt. Dialogue est propre aux conversations dramatiques ; & colloques aux conversations polémiques & publiques qui ont pour objet des points de doctrine, comme le colloque de Poissy. Lorsque plusieurs personnes, sur-tout au nombre de plus de deux, sont rassemblées & parlent entr'elles, on dit qu'elles sont en conversation, & non pas en entretien.

Les loix de la conversation sont en général de ne s'y appesantir sur aucun objet, mais de passer légèrement, sans effort & sans affectation, d'un sujet à un autre ; de sçavoir y parler de choses frivoles comme de choses sérieuses ; de se souvenir que la conversation est un délassement, & qu'elle n'est ni un assaut de salle d'armes, ni un jeu d'échecs ; de sçavoir y être négligé, plus que négligé même, s'il le faut ; en un mot, de laisser, pour ainsi dire, aller son esprit en liberté, & comme il veut, ou comme il peut ; de ne point s'emparer seul & avec tyrannie de la parole ; de n'y point avoir le ton dogmatique & magistral : rien ne choque davantage les auditeurs, & on les indispose plus contre nous. La conversation est peut-être la circonstance où nous sommes le moins les maîtres de cacher notre amour-propre ; & il y a toujours à perdre pour lui à mortifier celui des autres, parce que ce dernier cherche à se venger, qu'il est ingénieux à en trouver les moyens, & que pour l'ordinaire il les trouve sur le champ; car qui est-ce qui ne prête pas par cent endroits des armes à l'amour-propre d'autrui? C'est encore un défaut qu'il faut éviter, de parler en conversation comme on feroit à des lecteurs, & d'avoir ce qu'on appelle une conversation bien écrite. Une conversation ne doit pas plus être un livre, qu'un livre ne doit être une conversation. Ce qu'il y a de singulier, c'est que ceux qui tombent dans le premier de ces défauts, tombent ordinairement dans le second: parce qu'ils ont l'habitude de parler comme ils écriroient, ils s'imaginent devoir écrire comme ils parleroient. On ne sçauroit être trop sur ses gardes quand on parle au public; & trop à son aise avec ceux que l'on fréquente.

CONVICTION.

La conviction est la connoissance certaine de la vérité, connoissance fondée sur l'évidence & le raisonnement. *Voyez* PERSUASION.

Il y a cette différence, dit M. Diderot, entre la conviction & la persuasion, que ce dont on est convaincu ne peut être faux; au lieu qu'on peut être persuadé d'une chose fausse. Au reste, il semble que ces distinctions ne soient applicables qu'aux bons esprits, à ceux qui pèsent les raisons, & qui mesurent sur elles le degré de leur certitude. Les autres sont également affectés de tout; leur entendement est sans balance: & ces têtes mal règlées sont beaucoup plus communes qu'on ne croit.

En stile judiciaire, conviction est la preuve d'un fait ou d'un point de droit controversé.

L'ordonnance de 1670 veut que les juges dressent procès-verbal de tout ce qui peut servir pour la décharge ou conviction de l'accusé. La conviction doit être pleine & entière pour le condamner.

COQUETTERIE.

La coquetterie est un art de plaire, qui nous prévient par des attentions recherchées, par des discours obligeants & flatteurs, & par l'étalage de tout ce qu'elle possède d'avantages. Elle a ordinairement un mauvais but. La vertu simple & sans fard fuit tout ce qui sent l'art & le manège ; elle plaît par un mérite solide : mais la frivolité & le mérite superficiel ont recours à la coquetterie, qui sert souvent à cacher des défauts insupportables.

C'est dans une femme le dessein de paroître aimable à plusieurs hommes ; l'art de les engager & de leur faire espérer un bonheur qu'elle n'a pas résolu de leur accorder : d'où l'on voit que la vie d'une coquette est un tissu de faussetés, une espèce de profession plus incompatible avec la bonté du caractère & de l'esprit & l'honnêteté véritable qu'avec la galanterie ; & qu'un homme coquet, car il y en a, a le défaut le plus misérable qu'on puisse reprocher à une femme.

COQUIN.

Portrait d'un coquin par Théophraste.

Un coquin est celui à qui les choses les plus honteuses ne coûtent rien à dire ou à faire ; qui jure volontiers, & fait des serments en justice autant que l'on lui en demande ; qui est perdu de réputation ; que l'on outrage impunément ; qui est un chicaneur de profession, un effronté, & qui se mêle de toutes sortes d'affaires. Un homme de ce caractère entre sans masque dans une danse comique, & même sans être ivre ; mais de sang froid il se distingue dans la danse la plus obscène par les postures les plus indécentes ; c'est lui qui, dans ces lieux où l'on voit des prestiges, s'ingère de recueillir l'argent de chacun des spectateurs, & qui fait querelle à ceux qui, étant entrés par billets, croient ne devoir rien payer. Il est d'ailleurs de tous métiers : tantôt il tient une taverne ; tantôt il est suppôt de quelque lieu infame, une autre fois partisan : il n'y a point de sale commerce où il ne soit capable d'entrer. Vous le verrez aujourd'hui crieur public, demain cuisinier ou brelandier ; tout lui est propre. S'il a une mère, il la laisse mourir de faim. Il est sujet au larcin, & à se voir traîner par la ville dans une prison, sa demeure ordinaire, & où il passe une partie de sa vie. Ce sont ces sortes de gens que l'on voit se faire entourer du peuple, appeller ceux qui passent, & se plaindre à eux avec une voix forte & enrouée, insulter ceux qui les contredisent : Les uns fendent la presse pour les voir, pendant que les autres, contents de les avoir vus, se dégagent & poursuivent leur chemin sans vouloir les écouter : mais ces effrontés continuent de parler ; ils disent à celui-ci le commencement d'un fait, quelques mots à cet autre ; à peine peut-on tirer d'eux la moindre partie de ce dont il s'agit ; & vous remarquerez qu'ils choisissent pour cela des jours d'assemblée publique, où il y a un grand concours de monde qui se trouve le témoin de leur insolence. Toujours accablés de procès que l'on intente contre eux, ou qu'ils ont intentés à d'autres, de ceux dont ils se délivrent par de faux sermens, comme de ceux qui les obligent de comparoître, ils n'oublient jamais de porter leur boëte dans leur sein, & une liasse de papiers entre leurs mains ; vous les voyez dominer parmi de vils praticiens à qui ils prêtent à usure, retirant chaque jour une obole & demie de chaque dragme; fréquenter les tavernes, pour courir les lieux où on débite le poisson frais ou salé, & consumer ainsi en bonne chère tout le profit qu'ils tirent de cette espèce de trafic. En un mot, ils sont querelleurs & difficiles, ont sans cesse la bouche ouverte à la calomnie, & qu'ils font retentir dans les marchés & dans les boutiques.

CORPS.

Le corps est cette substance étendue, qui compose la seconde partie de nous-mêmes. Si nous n'étions que des substances spirituelles, nous pourrions ne nous occuper que de ce qui regarde l'esprit; mais les besoins de la nature nous font continuellement sentir la nécessité de prendre soin de nos corps.

Le corps est l'agent de l'ame; ainsi nous devons l'entretenir comme un serviteur fidèle: mais aussi nous devons le tenir toujours dans la dépendance, & prendre garde qu'il ne secoue le joug de la servitude, & n'usurpe l'empire: c'est ce qui arrive, lorsque nous nous livrons aux passions violentes; car, encore une fois, nous pouvons résister à leurs efforts. Il est plus facile de leur refuser l'entrée du cœur, que de s'opposer à leurs effets, & d'arrêter leur progrès.

Le corps est composé de fibres & de vaisseaux qui servent d'organes à ses fonctions. C'est la disposition de ces mêmes organes, qui constitue l'espèce de notre esprit, & le caractère de l'humeur dominante. Cette humeur est la source de nos sensations & de nos idées; les idées forment nos passions: ainsi la constitution est la cause des différen-

…es qu'on remarque dans l'homme ; dispositions, cependant, que l'esprit peut corriger à un certain point. *Voyez* IDÉES.

L'air, la nourriture, l'âge, la maladie, la santé changent souvent notre constitution, & nous donnent de nouvelles idées & de nouveaux penchants. *Voyez* HOMME.

COURAGE.

Le courage est une ardeur impatiente d'attaquer. Il ne craint, ni le péril, ni les difficultés. *Voyez* BRAVOURE, VALEUR, INTRÉPIDITÉ.

Un fait courageux, dit Montaigne, ne doit pas conclure un homme vaillant. Celui qui le seroit bien à point, le seroit toujours & à toutes occasions. Si c'étoit habitude de vertu & non une saillie, elle rendroit pareillement un homme résolu à tous accidents, tel seul qu'en compagnie, tel en champ clos qu'en une bataille : car, quoi qu'on die, il n'y a pas autre vaillance sur le pavé & autre au camp. Aussi courageusement porteroit-il une maladie en son lit, qu'une blessure au camp, & ne craindroit non plus la mort en sa maison qu'en un assaut. Nous ne verrions pas un même homme donner dans la brêche d'une brave assurance, & se tourmenter après comme une femme de la perte d'un procès ou d'un fils. Quand, étant lâche à l'infamie, il est ferme à la pauvreté ; quand, étant mol contre les rasoirs des barbiers, il se trouve roide contre les épées des adversaires ; l'action est louable, non pas l'homme.

COURROUX.

Le courroux est moins l'effet de la colère, que d'un amour-propre offensé, & qui demande satisfaction. Il éclate avec hauteur contre ceux qui nous doivent & qui nous manquent, & respire hautement la vengeance. La colère s'éteint quelquefois d'elle-même; mais le courroux ne s'appaise que par la soumission.

COURTISANS.

Les courtisans sont tous ceux qui sont attachés à la cour par leurs emplois. On entend aussi par ce terme, un homme qui fait sa cour pour faire sa fortune, & en ce sens on le prend en mauvaise part. C'est par un mérite réel, & par des actions utiles à la société, que l'homme doit chercher son avancement, & non par les flatteries & les bassesses qui déshonorent tant de lâches courtisans de la fortune.

Courtisan, dit M...., est l'épithète que l'on donne à cette espèce de gens que le malheur des rois & des peuples a placés entre les rois & la vérité, pour l'empêcher de parvenir jusqu'à eux, même lorsqu'ils sont expressément chargés de la leur faire connoître. Le tyran imbécille écoute & aime ces sortes de gens; le tyran habile s'en sert & les méprise; le roi, qui sçait l'être, les chasse & les punit; & la vérité se montre alors; car elle n'est jamais cachée que pour ceux qui ne la cherchent pas sincèrement. J'ai dit qu'il ne falloit pas toujours confondre courtisan avec homme de la cour, surtout lorsque courtisan est adjectif; car je ne prétends point, dans cet article, faire la satyre de ceux que le devoir ou la nécessité appellent auprès de la personne du prince. Il seroit donc à souhaiter qu'on distinguât toujours ces deux mots: cependant l'usage est peut-être excusable de les confondre quelquefois, parce que souvent la nature les confond. Mais quelques exemples prouvent qu'on peut, à la rigueur, être homme de la cour sans être courtisan; témoin M. de Montausier qui desiroit si fort de ressembler au misanthrope de Molière, & qui en effet lui ressembloit assez. Au reste, il est encore plus aisé d'être misanthrope a la cour, quand on n'y est pas courtisan, que d'y être simplement spectateur & philosophe : la misanthropie est même quelquefois un moyen d'y réussir ; mais la philosophie y est presque toujours déplacée & mal à son aise. Aristote finit par être mécontent d'Alexandre ; Platon, à la cour de Denys, se reprochoit d'avoir été, dans sa vieillesse, essuyer les caprices d'un jeune tyran; & Diogène reprochoit à Aristippe de porter l'habit de courtisan sous le manteau de philosophe. En vain ce même Aristippe, qui se prosternoit aux pieds de Denys, parce qu'il avoit, disoit-il, les oreilles aux pieds, cherchoit à s'excuser d'habiter la cour, en disant que les philosophes doivent y aller plus qu'ailleurs, comme les médecins vont principalement chez les malades : on auroit pu lui répondre que, quand les maladies sont incurables & contagieuses, le médecin, qui entreprend de les guérir, ne fait que s'exposer à les gagner lui-même. Néanmoins (car nous ne voulons rien outrer) il faut peut-être qu'il y ait à la cour des philosophes, comme il faut qu'il y ait dans la république des lettres des professeurs en arabe, pour y enseigner une langue que presque personne n'étudie, & qu'ils sont eux-mêmes en danger d'oublier, s'ils ne se la rappellent sans cesse par un fréquent exercice.

La cour offre à nos yeux de superbes esclaves,
Amoureux de leur chaîne, & fiers de leurs entraves,
Qui, toujours accablés sous des riens importants,
Perdent leurs plus beaux jours, pour saisir des instants.

Qu'il est doux de les voir dévorés d'amertume;
S'ennuyer par état, & ramper par coutume;
Tomber servilement aux pieds des favoris;
Des biens du malheureux mendier les débris;
Et, du vil intérêt ministres & victimes,
Perdre dans les revers le fruit de tant de crimes!

L'abbé De Bernis.

COUTUME.

La coutume est une manière d'agir constante & uniforme; c'est l'habitude de faire les mêmes choses. C'est la répétition des mêmes actions qui fait la coutume.

La coutume a tant de force, qu'elle change souvent la nature, qui lui est le plus opposée. L'exemple de Socrate en est une preuve. Il étoit né violent, emporté; il devint, par le pouvoir de la raison, le plus doux & le plus modéré de tous les hommes, & acquit, par l'habitude, cette précieuse modération, qui est le trésor du sage.

Les hommes, dit M. de Formey, s'entretiennent volontiers de la force de la coutume, des effets de sa nature ou de l'opinion; peu en parlent exactement. Les dispositions fondamentales & originelles de chaque être, forment ce qu'on appelle sa nature. Une longue habitude peut modifier ces dispositions primitives: & telle est quelquefois sa force, qu'elle leur en substitue de nouvelles, plus constantes, quoiqu'absolument opposées; de sorte qu'elle agit ensuite comme cause première, & fait le fondement d'un nouvel être: d'où est venue cette conclusion très-littérale, que la coutume est une seconde nature; & cette autre pensée plus hardie de Pascal, que ce que nous prenons pour la nature n'est souvent qu'une première coutume: deux maximes très-véritables. Toutefois, avant qu'il y eût aucune coutume, notre ame exiſtoit, & avoit ſes inclinations qui fondoient ſa nature ; & ceux qui réduiſent tout à l'opinion & à l'habitude, ne comprennent pas ce qu'ils diſent. Toute coutume ſuppoſe antérieurement une nature, toute erreur une vérité. Il eſt vrai qu'il eſt difficile de diſtinguer les principes de cette première nature de ceux de l'éducation. Ces principes ſont en ſi grand nombre, & ſi compliqués, que l'eſprit ſe perd à les ſuivre ; & il n'eſt pas moins difficile de démêler ce que l'éducation a épuré ou gâté dans le naturel. On peut remarquer ſeulement que ce qui nous reſte de notre première nature eſt plus véhément & plus fort que ce qu'on acquiert par étude, par coutume & par réflexion ; parce que l'effet de l'art eſt d'affoiblir, lors même qu'il polit & qu'il corrige ; de ſorte que nos qualités acquiſes ſont en même temps plus parfaites & plus défectueuſes que nos qualités naturelles : & cette foibleſſe de l'art ne procède pas ſeulement de la réſiſtance que fait la nature, mais auſſi de la propre imperfection de ſes principes, ou inſuffiſants, ou mêlés d'erreurs. Sur quoi cependant je remarque, qu'à l'égard des lettres l'art eſt ſupérieur au génie de beaucoup d'artiſtes, qui, ne pouvant atteindre la hauteur des règles, & les mettre toutes en œuvre, ni reſter dans leur caractère qu'ils trouvent trop bas, ni arriver au beau naturel, demeurent dans un milieu inſupportable, qui eſt l'enflure & l'affectation, & ne ſuivent ni l'art ni la nature. La longue habitude leur rend propre le caractère forcé ; &, à meſure qu'ils s'éloignent davantage de leur naturel, ils croient élever la nature : don incomparable qui n'appartient qu'à ceux que la nature même inſpire avec le plus de force. Mais telle eſt l'erreur qui les flatte ; & malheureuſement rien n'est plus ordinaire que de voir les hommes se former, par étude & par coutume, un instinct particulier, & s'éloigner ainsi, autant qu'ils peuvent, des loix générales & originelles de leur être ; comme si la nature n'avoit pas mis entre eux assez de différence, sans y en ajouter par l'opinion. De-là vient que leur jugement se rencontrant si rarement, les uns disent, Cela est dans la nature ou hors de la nature ; & les autres tout au contraire. Parmi ces variétés inexplicables de la nature ou de l'opinion, je crois que la coutume dominante peut servir de guide à ceux qui se mêlent d'écrire, parce qu'elle vient de la nature dominante des esprits, ou qu'elle la plie à ses règles ; de sorte qu'il est dangereux de s'en écarter, lors même qu'elle nous paroît manifestement vicieuse. Il n'appartient qu'aux hommes extraordinaires de ramener les autres au vrai, & de les assujettir à leur génie particulier. Mais ceux qui concluroient de-là que tout est opinion, & qu'il n'y a ni nature ni coutume plus parfaite l'une que l'autre par son propre fonds, seroient les plus inconséquents de tous les hommes.

CRAINTE.

La crainte est le sentiment d'un mal qui peut nous arriver, & que nous ressentons comme présent. La crainte ne doit nous servir qu'à détourner le mal qui nous menace, ou à nous préparer à le souffrir patiemment, si l'on ne peut l'éviter.

La crainte est un motif qui détermine bien des actions :

Que ne peut la frayeur sur le cœur des mortels !
Racine.

La crainte est bien plutôt l'effet du tempérament,

que celui de la réflexion ; le mélancolique est d'un naturel craintif & soupçonneux.

Voici le portrait de la crainte, par le P. Brumoy.

Véritablement, la prudence, si précautionnée & si vigilante, tire, dit-on, son origine de la crainte. Mais quelle malheureuse vertu, si c'en est une, que celle de chercher à connoître un avenir qu'on ne sçauroit éviter, ou qui peut-être ne viendra jamais! Quelle que soit la crainte, connoissons pourtant ses traits & son air. Dès que son nuage enveloppe un esprit abbattu, semblable à un lièvre timide qu'une feuille effraye, & qui prête l'oreille au moindre vent, il se recueille en lui-même, il écoute tous les bruits, & se nourrit de présages sinistres. Si on le heurte, un froid subit fait trembler tous ses membres, le sang se retire autour du cœur qui palpite, il respire à peine, il garde un profond silence, ou ne laisse échapper que de foibles cris. Telle est l'attitude d'un homme frappé d'un éclair, ou du vent du tonnerre. Ses genoux vacillent ; le tremblement redouble, pareil à celui des moissons agitées. Si le feu du ciel éclate encore, la sueur coule de toutes parts, sueur glacée, effet de l'étonnement ; le froid pénètre jusqu'aux os, le visage se blanchit d'une mortelle pâleur, les pieds se refusent à la fuite, la bouche demeure béante. Ce n'est plus un homme, c'est une statue que la frayeur a pétrifiée plus promptement que n'eût fait la tête de Méduse.

La crainte, dit M. le chevalier de Jaucourt, est en général un mouvement inquiet, occasionné dans l'ame par la vue d'un mal à venir. Celle qui naît par amour de notre conservation, de l'idée d'un danger ou d'un péril prochain, je la nomme peur.

Ainsi, la crainte est cette agitation, cette inquiétude de notre ame, quand nous penfons à un mal futur quelconque qui peut nous arriver ; c'eft une émotion défagréable, trifte, amère, qui nous porte à croire que nous n'obtiendrons pas un bien que nous defirons, & qui nous fait redouter un accident, un mal qui nous menace, & même un mal qui ne nous menace pas ; car il règne ici fouvent du délire. Un état fi fâcheux affecte fervilement à quelques égards plus ou moins tous les hommes, produit la cruauté dans les tyrans.

Cette paffion fuperftitieufe fe fert de l'inftabilité des événemens futurs pour féduire l'efprit dont elle s'empare, pour y jetter le trouble & l'effroi. Prévenant en idée les malheurs qu'elle fuppofe, elle les multiplie, elle les exagère, & le mal qu'elle appréhende luit toujours à fes yeux. » Elle nous tourmente, dit Charron, avec des marques de maux, comme l'on fait des fées aux petits enfans, maux qui ne font fouvent maux que parce que nous les jugeons tels. « La frayeur que nous en avons les réalife, & tire de notre bien même des raifons pour nous en affliger. Combien de gens qui font devenus miférables, de peur de tomber dans la mifère, malades de peur de l'être ? Source féconde de chagrins, elle n'y met point de bornes, ni d'adouciffement. Les autres maux fe reffentent pendant qu'ils exiftent, & la peine ne dure qu'autant que dure la caufe : mais la crainte s'étend fur le paffé, le préfent, fur l'avenir qui n'eft point, & qui peut-être ne fera jamais. Ennemie de notre repos, non feulement elle ne connoît que le mal, fouvent à fauffes enfeignes ; mais fouvent elle écarte, elle anéantit, pour ainfi dire, les biens réels dont nous jouiffons, & fe plaît à corrompre toutes les douceurs de la vie. Voilà donc une paffion ingénieusement tyrannique, qui, loin de prendre le miel des fleurs, n'en suce que l'amertume, & court de gaieté de cœur au-devant des tristes songes dont elle est travaillée.

Ce n'est pas tout de dire qu'elle empoisonne le bonheur de l'homme, il faut ajouter qu'elle lui est à jamais inutile. Je sçais que quelques gens la regardent comme la fille de la prudence, la mère de la précaution, &, par conséquent, de la sureté. Mais y a-t-il rien de si sujet à être trompé que la prudence ? Mais cette prudence ne peut-elle pas être tranquille ? Mais la précaution ne peut-elle pas avoir lieu sans mouvement de frayeur, par une ferme & sage conduite ? Convenons que la crainte ne sçauroit trouver d'apologie ; & je dirois presque, avec mademoiselle Scudéry, qu'il n'y a que la crainte de l'amour qui soit permise & louable.

Celle que nous venons de dépeindre a son origine dans le caractère, dans la vivacité inquiette, la défiance, la mélancholie, la prudence pusillanime, le manque de nerf dans l'esprit, l'éducation, l'exemple. Il faut de bonne heure rectifier ces malheureuses sources par de fortes réflexions sur la nature des biens & des maux ; sur l'incertitude des événemens, qui font naître quelquefois notre salut des causes dont nous attendions notre ruine ; sur l'inutilité de cette passion ; sur les peines d'esprit qui l'accompagnent, & sur les inconvéniens de s'y livrer. Si le peu de fondement de nos craintes n'empêche pas qu'elles soient attachées aux infirmités de notre nature ; si leurs tristes suites prouvent combien elles sont dangereuses, quel avantage n'ont point les hommes philosophes qui les foulent aux pieds ? Ceux à qui l'imagination ne fait point appréhender tout ce qui est contingent & possible, ne gagnent-ils pas

beaucoup

beaucoup à penser si sagement ? Ils ne souffrent du moins que ce qui est déterminé par le présent, & ils peuvent alléger leurs souffrances par mille bonnes réflexions. Essayons donc notre courage à ce qui peut nous arriver de plus fâcheux ; défions les malheurs par notre façon de penser, & saisissons les armes de la fortune : enfin, comme la plus grande crainte, la plus difficile à combattre est celle de la mort, accoutumons-nous à considérer que le moment de notre naissance est le premier pas qui nous mène à la destruction, & que le dernier pas c'est celui du repos. L'intervalle qui les sépare n'est qu'un point, eu égard à la durée des êtres qui est immense. Si c'est dans ce point que l'homme craint, s'inquiette, & se tourmente sans cesse, on peut bien dire que sa raison n'en a fait qu'un fou.

Voici le portrait de l'homme timide par Théophraste.

DE LA PEUR OU DU DÉFAUT DE COURAGE.

Cette crainte est un mouvement de l'ame qui s'ébranle, ou qui cède en vue du péril vrai ou imaginaire ; & l'homme timide est celui dont je vais faire la peinture. S'il lui arrive d'être sur la mer, & s'il apperçoit de loin des dunes ou des promontoires, la peur lui fait croire que c'est le débris de quelques vaisseaux qui ont fait naufrage sur cette côte : aussi tremble-t-il au moindre flot qui s'élève, & il s'informe avec soin si tous ceux qui navigent avec lui sont initiés. S'il vient à remarquer que le pilote fait une nouvelle manœuvre, ou semble se détourner comme pour éviter un écueil, il l'interroge, il lui demande avec inquiétude s'il ne croit pas s'être écarté de sa route, s'il tient toujours la haute mer, & si les dieux sont propices : après cela, il se met à raconter une vision qu'il a eue pendant la nuit, dont il est encore tout épouvanté, & qu'il prend pour un mauvais présage. Ensuite, ses frayeurs venant à croître, il se déshabille & ôte jusques à sa chemise pour pouvoir mieux se sauver à la nage ; &, après cette précaution, il ne laisse pas de prier les nautonniers de le mettre à terre. Que si cet homme foible, dans une expédition militaire où il s'est engagé, entend dire que les ennemis sont proches, il appelle ses compagnons de guerre, observe leur contenance sur ce bruit qui court, leur dit qu'il est sans fondement, & que les coureurs n'ont pu discerner si ce qu'ils ont découvert à la campagne sont amis ou ennemis : mais, si l'on n'en peut plus douter par les clameurs que l'on entend, & s'il a vu lui-même de loin le commencement du combat, & que quelques hommes aient paru tomber à ses pieds, alors, feignant que la précipitation & le tumulte lui ont fait oublier ses armes, il court les quérir dans sa tente, où il cache son épée sous le chevet de son lit, & emploie beaucoup de temps à la chercher, pendant que d'un autre côté son valet va par ses ordres sçavoir des nouvelles des ennemis, observe quelle route ils ont prise, & où en sont les affaires : &, dès qu'il voit apporter au camp quelqu'un tout sanglant d'une blessure qu'il a reçue, il accourt vers lui, le console, & l'encourage, étanche le sang qui coule de sa plaie, chasse les mouches qui l'importunent, ne lui refuse aucun secours, & se mêle de tout, excepté de combattre. Si, pendant le temps qu'il est dans la chambre du malade qu'il ne perd pas de vue, il entend la trompette qui sonne la charge, Ah! dit-il avec imprécation, puisses-tu être pendu, maudit sonneur, qui cornes incessamment, & fais un bruit enragé qui empêche ce pauvre homme de dormir! Il arrive même que, tout plein d'un sang qui n'est pas le sien, mais qui a rejailli sur lui de la plaie du blessé, il fait accroire à ceux qui reviennent du combat qu'il a couru un grand risque de sa vie pour sauver celle de son ami : il conduit vers lui ceux qui y prennent intérêt, ou comme ses parens, ou parce qu'ils sont d'un même pays ; & là il ne rougit pas de leur raconter quand & de quelle manière il a tiré cet homme des ennemis, & l'a apporté dans sa tente.

CRIMES.

Les crimes sont des actions contraires aux loix divines & humaines : ils sont l'effet du vice.

Le crime, dit M. Duclos, n'est souvent qu'un faux jugement ; & quelquefois, pour rendre les hommes meilleurs, il ne faut que les éclairer. Cela est exactement vrai des crimes qui prennent leur source dans l'esprit, qui viennent de la façon de penser ; mais ceux qui ont leur origine dans le cœur, ceux qui viennent du tempérament & des passions, sont l'effet du sentiment, plutôt que de la réflexion.

Il y a des crimes involontaires, tels que ceux que le hasard produit : on ne peut pas les regarder comme tels. C'est le consentement qu'on donne à une mauvaise action, qui fait le crime.

L'habitude du crime en diminue l'horreur.

Dans le crime une fois il suffit qu'on débute,
Une chûte toujours attire une autre chûte.
L'honneur est comme une isle escarpée & sans bords :
On n'y peut plus rentrer dès qu'on en est dehors.
Boileau.

CROYANCE.

La croyance est l'adoption que l'esprit fait d'un principe dont l'évidence lui est connue.

CRUAUTÉ.

La cruauté est une soif du sang humain ; c'est une espèce de maladie qui vient du tempérament mélancolique. L'homme cruel est un malheureux accablé du poids de son existence, qui hait tout ce qui l'environne, & qui voudroit avoir des compagnons d'infortune. Cette façon d'être produit dans l'ame une fureur qui est l'effet de la force jointe à l'inquiétude.

La cruauté est aussi quelquefois l'effet de la *colère*; & pour lors on l'appelle *veangeance*.

La cruauté est une passion féroce qui renferme en elle la rigueur, la dureté pour les autres, l'incommisération, la vengeance, le plaisir de faire du mal par insensibilité de cœur, ou par le plaisir de voir souffrir.

Ce vice détestable provient de la lâcheté, de la tyrannie, de la férocité du naturel, de la vue des horreurs des combats & des guerres civiles, de celle des autres spectacles cruels, de l'habitude à verser le sang des bêtes, de l'exemple, enfin d'un zèle destructeur & superstitieux.

On a remarqué (consultez l'ouvrage de l'*Esprit des loix*.), & la remarque est juste, que les hommes extrémement heureux & extrémement malheureux sont également portés à la cruauté ; témoins les conquérans & les paysans de quelques états de l'Europe. Il n'y a que la médiocrité & le mélange de la bonne & de la mauvaise fortune, qui donnent de la douceur & de la pitié. Ce qu'on voit dans les hommes en particulier, se trouve dans les diverses nations. Chez les peuples sauvages qui mènent une vie très-dure, & chez les peuples des gouvernemens despotiques où il n'y a qu'un homme exhorbitamment favorisé de la fortune, tandis que tout le reste en est outragé, on est également cruel.

Il faut même avouer ingénuement que, dans tous les pays, l'humanité, prise dans un sens étendu, est une qualité plus rare qu'on ne pense. Quand on lit l'histoire des plus policés, on y voit tant d'exemples de barbarie qu'on est également affligé & confondu. Je suis toujours surpris d'entendre des personnes d'un certain ordre porter dans la conversation des jugemens contraires à cette humanité générale dont on devroit être pénétré. Il me semble, par exemple, que tout ce qui est au-delà de la mort, en fait d'exécutions de justice, tend à la cruauté. Qu'on exerce la rigueur sur le corps des criminels après leur trépas, à la bonne heure : mais, avant ce terme, je serois avare de leurs souffrances; je respecte encore l'humanité dans les scélérats qui l'ont violée : je la respecte envers les bêtes ; je n'en prends guère en vie à qui je ne donne la liberté, comme faisoit Montaigne ; & je n'ai point oublié que Pythagore les achetoit des oiseleurs dans cette intention. Mais la plupart des hommes ont des idées si différentes de cette vertu qu'on présente ici, que je commence à craindre que la nature n'ait mis dans l'homme quelque pente à l'inhumanité. Le principe que ce prétendu roi de l'univers a établi, que tout est fait pour lui, & l'abus de quelques passages de l'écriture, ne contribueroient-ils point à fortifier son penchant ?

Cependant la religion même nous ordonne de l'affection pour les bêtes; nous devons grace aux créatures qui nous ont rendu service, ou qui ne nous causent aucun dommage; il y a quelque commerce entre elles & nous, & quelqu'obligation mutuelle. J'aime à trouver dans Montaigne ces sentimens & ces expressions, que j'adopte également. Nous devons aux hommes la justice & la bonté; nous devons aux malheurs de nos ennemis des marques de compassion, quand ce ne seroit que par les sentiments de notre bonheur & de la vicissitude des choses d'ici-bas. Cette compassion est une espèce de souci tendre, une généreuse sympathie, qui unit tous les hommes ensemble & les confond dans le même sort.

CUPIDITÉ.

La cupidité est un desir immodéré. Elle s'étend sur la gloire, les plaisirs, les richesses, & généralement sur tout ce qui est l'objet de nos desirs.

CURIOSITÉ.

La curiosité est un besoin de l'esprit, qui nous inspire le desir d'apprendre, & nous fait rechercher, dans la connoissance des objets qui nous environnent, le bonheur que nous cherchons continuellement. Il naît de la vivacité, de l'imagination & de la promptitude des opérations de l'entendement qui cherche le rapport des choses qui l'affectent.

Cette disposition, qui annonce de l'esprit, est la source de la plus grande partie de nos connoissances & de nos égaremens, lorsqu'elle n'a pour objet que la recherche des plaisirs.

L'envie de s'instruire, dit M. le chevalier de Jaucourt, est si naturelle, qu'on ne sçauroit trop s'y livrer, puisqu'elle sert de fondement aux vérités intellectuelles, à la science & la sagesse.

Mais cette envie de s'éclairer, d'étendre ses lumières, n'est pas cependant une idée propre à l'ame, qui lui appartienne dès son origine, qui soit indépendante des sens, comme quelques personnes l'ont imaginé. De judicieux philosophes, entr'autres M. Quesnay, ont démontré (voyez son ouvrage de l'Œconom. anim.) que l'envie d'étendre ses connoissances est une affection de l'ame qui est excitée par les sensations ou les perceptions des objets que nous ne connoissons que très-imparfaitement. Cette idée nous fait non seulement appercevoir notre ignorance, mais elle nous excite encore à acquérir, autant qu'il est possible, une connoissance plus exacte & plus complette de l'objet qu'elle représente. Lorsque nous voyons, par exemple, l'extérieur d'une montre, nous concevons qu'il y a dans l'intérieur de cette montre diverses parties, une organisation méchanique, & un mouvement qui fait cheminer l'aiguille qui marque les heures : de-là naît un desir qui porte à ouvrir la montre pour en examiner la construction intérieure. La curiosité ne peut donc être attribuée qu'aux sensations & aux perceptions qui nous affectent, & qui nous sont venues par la voie des sens. Mais ces sensations, ces perceptions, pour être un peu fructueuses, demandent un travail, une continuité: autrement nous ne retirerons aucun avantage de notre curiosité passagère ; nous ne découvrirons jamais la structure de cette montre, si nous ne nous arrêtons avec attention aux parties qui la composent, & dont son organisation, son mouvement, dépendent. Il en est de même des sciences: ceux qui ne font que les parcourir légèrement n'apprennent rien de solide ; leur empressement à s'instruire, par nécessité momentanée, par vanité, ou par légèreté, ne produit que des idées vagues dans leur esprit ; & bientôt même des traces si légères seront effacées.

Les connoissances intellectuelles sont donc à plus forte raison insensibles à ceux qui font peu d'usage de l'attention : car ces connoissances ne peuvent s'acquérir que par une application suivie, à laquelle la plupart des hommes ne s'assujettissent guère. Il n'y a que les mortels formés par une heureuse éducation qui conduit à ces connoissances intellectuelles, ou ceux que la vive curiosité excite puissamment à les découvrir par une profonde méditation, qui puissent les saisir distinctement. Mais, quand ils sont parvenus à ce point, ils n'ont encore que trop de sujets de se plaindre de ce que la nature a donné tant d'étendue à notre curiosité, & des bornes si étroites à notre intelligence.

D.

DÉBAUCHE.

La débauche est l'excès & l'abus des plaisirs. Le dégoût, le repentir, les inquiétudes de l'esprit, les maladies du corps en sont le fruit.

La débauche est autant un vice de l'esprit que du tempérament.

DÉCENCE.

La décence est la manière de régler ses discours, ses actions, son maintien, suivant les loix de l'honnêteté, qui ne sont pas les mêmes chez tous les peuples, ni dans tous les temps, ni pour les deux sexes ; ainsi la décence change avec les mœurs & la façon de penser. Ce que l'on appelle décence aujourd'hui, consiste dans un extérieur modeste, & un peu de retenue dans les discours ; encore cette dernière qualité n'est-elle plus guère à la mode.

DÉCENCE.

La décence, selon l'*Encyclopédie*, est la conformité des actions extérieures avec les loix, les coutumes, les usages, l'esprit, les mœurs, la religion, le point-d'honneur, & les préjugés de la société dont est membre : d'où l'on voit que la décence varie d'un siècle à un autre chez le même peuple, & d'un lieu de la terre à un autre lieu chez différens peuples; & qu'elle est par conséquent différente de la vertu & de l'honnêteté, dont les idées doivent être éternelles, invariables, & universelles. Il y a bien de l'apparence qu'on auroit pu dire d'une femme de Sparte, qui se seroit donné la mort parce que quelque malheur ou quelque injure lui auroit rendu la vie méprisable, ce qu'Ovide a si bien dit de Lucrèce :

> *Tunc quoque, jam moriens, ne non procumbat honestè*
> *Respicit; hæc etiam cura cadentis erat.*

Qu'on pense de la décence tout ce qu'on voudra, il est certain que cette dernière attention de Lucrèce expirante répand sur sa vertu un caractère particulier qu'on ne peut s'empêcher de respecter.

DÉCOURAGEMENT. *Voyez* ABBATTEMENT.

DÉDAIN.

Le dédain est un sentiment de mépris mêlé de hauteur. Ce sentiment vient de la comparaison qu'on fait de ses avantages avec les vices & les défauts des autres.

Il y a, dit M. l'abbé Girard, une sorte de gens vains, qui se font du dédain, une décoration personnelle, qu'ils produisent comme une étiquette pour annoncer le mérite qu'ils prétendent avoir, & où l'on ne manque pas de voir le contraire de ce qu'ils y croient écrit.

DÉFIANCE, MÉFIANCE.

La défiance est la crainte d'être trompé par les gens qu'on ne connoît pas; la méfiance est la crainte d'être trompé par les gens qu'on soupçonne de mauvaise-foi & de duplicité.

La défiance est l'effet d'une prudence éclairée par l'expérience & la connoissance des hommes; la méfiance est l'effet du tempérament mélancolique, naturellement craintif & soupçonneux.

Il est vrai que la défiance n'a pas bonne opinion des gens dont elle se défie : mais elle s'en tient là.

La méfiance va plus loin, & a toujours mauvaise opinion de ceux dont elle se méfie : enfin l'un n'est défiant que parce qu'il ne connoit pas ceux à qui il a affaire, & l'autre parce qu'il en pense mal.

Le sage doit se défier de ses jugemens, & des faveurs de la fortune; mais il doit apporter, dans le commerce de la société, une confiance éclairée.

L'esprit de défiance, dit Théophraste, nous fait croire que tout le monde est capable de nous tromper. Un homme défiant, par exemple, s'il envoie au marché l'un de ses domestiques pour y acheter des provisions, il le fait suivre par un autre qui doit lui rapporter fidèlement combien elles ont coûté. Si quelquefois il porte de l'argent sur soi dans un voyage, il le calcule à chaque stade qu'il fait, pour voir s'il a son compte. Une autre fois, étant couché avec sa femme, il lui demande si elle a remarqué que son coffre-fort fût bien fermé, si sa cassette est toujours scellée, & si on a eu soin de bien fermer la porte du vestibule; &, bien qu'elle assure que tout est en bon état, l'inquiétude le prend, il se lève du lit, va en chemise & les pieds nuds, avec la lampe qui brûle dans sa chambre, visiter lui-même tous les endroits de sa maison, & ce n'est qu'avec beaucoup de peine qu'il s'endort après cette recherche. Il mène avec lui des témoins quand il va demander ses arrérages, afin qu'il ne prenne pas un jour envie à ses débiteurs de lui dénier sa dette. Ce n'est point chez le foulon qui passe pour le meilleur ouvrier, qu'il envoie teindre sa robe, mais chez celui qui consent de ne point la recevoir sans donner caution. Si quelqu'un se hasarde de lui emprunter quelques vases, il les lui refuse souvent; ou, s'il les accorde, il ne les laisse pas enlever qu'ils ne soient pesés : il fait suivre celui qui les emporte, & envoie dès le lendemain prier qu'on les lui renvoie. A-t-il un esclave qu'il affectionne, & qui l'accompagne dans la ville, il le fait marcher devant lui, de peur que, s'il le perdoit de vue, il ne lui échappât & ne prît la fuite. A un homme qui, emportant de chez lui quelque chose que ce soit, lui diroit, Estimez cela, & mettez-le sur mon compte; il répondroit qu'il faut le laisser où on l'a pris, & qu'il a d'autres affaires que celle de courir après son argent.

DÉFINITION.

La définition est l'explication d'une chose par sa nature & ses effets. Elle est d'une nécessité indispensable dans la dispute, afin d'établir l'état de la question.

Si l'on vouloit, dit M. Duclos, définir les mots qu'on comprend le moins, il faudroit définir ceux dont on se sert le plus.

Les hommes sont assez d'accord sur le fond des choses ; ils ne disputent bien souvent que sur les termes, qui, bien éclaircis, font cesser toute contestation ; à moins que l'entêtement, la stupidité ou l'esprit de parti, ne se mêlent de la dispute.

La définition est aussi nécessaire dans la recherche de la vérité ; cependant combien voyons-nous tous les jours de personnes qui parlent des passions, des vices, des vertus, qui écrivent même sur ces matières, & qui seroient fort embarrassées d'en donner une simple définition ! Cependant, comment raisonner des choses, quand on n'en connoît ni la nature, ni la cause, ni les effets ? Aussi voyons-nous bien des gens qui décident, mais fort peu qui raisonnent.

DÉGOUT.

Le dégoût est un sentiment d'aversion, qui provient de la satiété ou de la fausse idée d'un bien qu'on s'est exagéré. L'homme, toujours occupé du soin de se rendre heureux, poursuit avec ardeur tout ce qui a l'apparence du bien ; la jouissance le détrompe, ou l'excès en corrompt la douceur ; & de-là naissent les dégoûts.

Le philosophe qui connoît le prix de chaque chose, l'homme modéré qui sçait en jouir, ne connoissent pas les dégoûts.

DÉISME.

Le déisme est une croyance qui n'admet point de culte. Ce système est d'autant plus dangereux, qu'il s'accommode merveilleusement à notre paresse, & qu'il n'est pas absolument contraire à la raison.

L'homme confiant en ses lumières, le prétendu philosophe, fait gloire d'être déiste ; le sage, l'honnête-homme, abandonne tout vain raisonnement, & se livre aux mouvements de son cœur, qui le porte à rendre à la divinité le tribut d'adoration & de reconnoissance que nous lui devons.

DÉLICATESSE.

On distingue deux sortes de délicatesse; la délicatesse des sentiments, & celle de l'esprit.

La délicatesse des sentiments est une disposition de l'ame qui se porte naturellement & sans effort à tout ce qui est beau, bon & honnête, qui s'y complaît, & qui chérit même cette qualité dans les autres.

La délicatesse, dit madame de Lambert, découvre mille beautés & rend sensible à mille douceurs qui échappent au vulgaire. C'est un microscope qui grossit pour un certain temps ce qui est imperceptible aux autres ; elle fait l'assaisonnement de tous les plaisirs. Se pourroit-il que, nous procurant tant d'avantages, elle ne fût pas souhaitable?

Il est pourtant aisé de remarquer combien elle cause de dégoûts : rarement content des autres, jamais content de soi-même, avec ce faux trésor on passe sa vie dans une idée de perfection qu'on ne trouve pas chez autrui, & qu'on ne peut attrapper soi-même. Outre que qui n'est pas content des autres, ne les rend guère contents de soi, quelle source de brouillerie avec l'amour-propre! que de sécheresse dans la société, qui demande toujours des applaudissemens! qu'il en coûte à la sincérité pour se rendre supportable, & que la politesse en souffre!

Mais ces malheurs ne sont rien, si on les compare avec ceux que cause la délicatesse des sentiments. Quelle source de querelles entre deux cœurs qui n'en sont pas également touchés! quel crime ne fait-elle pas d'un manque d'attention ou de sincérité! quelle peine d'accuser la personne qu'on aime & dont on voudroit payer l'innocence de sa propre vie! On ne veut pas se fier à elle-même du soin de sa justification, on cherche en secret à l'excuser; quelle douleur quand on n'y peut pas réussir! quelle contrainte, quelle violence pour lui cacher tous ses mouvements!

La délicatesse de l'esprit est une sagacité qui démêle, à travers le voile de l'allégorie, le sens caché des expressions; & qui représente, sous des images agréables & des comparaisons riantes, des choses qui blesseroient la pudeur & la bienséance, offertes sous les couleurs qui leur sont propres.

La délicatesse laisse beaucoup à deviner; c'est pourquoi les choses délicates ne sont qu'obscures pour de certaines personnes. Il faut presqu'autant de délicatesse au lecteur pour entendre des pensées délicates, qu'il en a fallu à l'auteur pour les produire.

DÉMOCRATIE.

La démocratie est une espèce de gouvernement dans lequel la puissance législative s'exerce par le peuple assemblé. Il y en a peu qui ne soit mêlé d'aristocratie. Rome, après ses premiers rois, changea son gouvernement monarchique en démocratie; mais bientôt la supériorité du génie & des talents en fit un état aristocratique, qui, sous les empereurs, devint un despotisme.

DÉPENSE.

Ce sont nos revenus qui doivent régler notre dépense: celle qui les excède est non seulement nuisible aux prodigues & aux fastueux, mais elle le devient même à la société. On commence par consumer ses biens, & souvent on finit par ruiner les autres.

Il seroit utile pour le bien de l'état, & pour le bonheur de chaque particulier, qu'on établît des loix somptuaires. Je sens que cette proposition a besoin de preuves ; mais ce n'est point ici leur place.

On diroit, à voir la plupart des grands de ce siècle, que la naissance est un titre pour ne pas payer ses dettes. C'est d'après cette observation que M. Rousseau de Toulouse fait dire au Chevalier dans l'*Esprit du jour* :

  En ce cas-là, je suis très-roturier ;
   Car chez moi le même ouvrier
Ne vient jamais deux fois chercher sa récompense,
   Et le plaisir de le payer
   Me fait jouir de ma dépense.

DÉRÉGLEMENT, DÉPRAVATION.

Le dérèglement est quelque chose de moins que la dépravation : on peut sortir du dérèglement, on meurt dans la dépravation. Croire cependant que le dérèglement est un état pardonnable ou même excusable, c'est un préjugé ; un homme déréglé manque de respect aux loix, il autorise les foibles à en secouer le joug, il dépare les sociétés les mieux formées ; un homme déréglé est capable de bien des excès, & rarement propre à quelque chose d'honnête & de vertueux.

On entend, par le mot de dépravation, une corruption scandaleuse d'esprit, de goûts & de mœurs ; rien n'avilit l'homme davantage que cet état : on ne peut pousser plus loin l'oubli de soi-même, & la bassesse : c'est le tombeau de la raison & du sentiment. S'il y a quelqu'un de méprisable, quelqu'un que l'on doive éviter & fuir, c'est l'homme dépravé: cependant il va dans le monde, il est admis dans les sociétés, on le trouve quelquefois aimable & amusant, il y est souvent desiré.

DÉSESPOIR.

Le désespoir est un vif sentiment de douleur qui nous saisit à la vue d'un événement fâcheux, d'une perte considérable, ou d'un bien que nous pouvions obtenir. Il naît de la surprise, & nous ferme les yeux sur les ressources qui nous restent.

Il se manifeste différemment suivant les différens caractères : il est accablement dans l'homme lent, il devient fureur dans l'homme vif.

Le désespoir est une marque de foiblesse. L'homme doit s'attendre à tout, supporter patiemment les maux qui lui arrivent & qu'il ne peut éviter, & chercher les moyens de s'en délivrer : il n'en est point d'irréparables.

Voici de quelle façon le pere Brumoy peint le désespoir.

L'hôte le plus terrible des cœurs, après les furies, c'est le désespoir. Il traîne une robe affreusement déchirée. Tout son air inspire l'horreur, & son silence plus que le reste. Dans la revue des passions mêlées, nous avons mis l'espérance à la tête. Finissons par son cruel antagoniste, qui ferme la marche de l'un & de l'autre bataillon. Regardez ses yeux étincelants, ses joues tremblantes & sa rage tranquille ; car c'est dans le cœur qu'il renferme le poison qui le ronge, l'aiguillon qui le déchire, & la plaie irrémédiable qui ne peut souffrir désormais les rayons du soleil. Considérez le progrès du mal dans un malheureux, soit accablé de remords, soit blessé en passant par un jeu cruel de la fortune, qui le réduit à la ressource insensée du désespoir. Quel courroux !

courroux ! Quels cris contre le ciel & la terre ! Mais ce prélude dure peu. Le misérable boit à long trait le venin qui coule de veine en veine; il en est tout pénétré. Plus de courroux, plus de cris. Il reprend l'apparence de sa première tranquillité. L'ombre d'une paix simulée voile son front, tandis que le tourbillon de la tempête tournoie autour de l'ame, & porte dans son sein la nuit, l'horreur & la mort. C'est alors que l'ame, engloutie dans l'abysme, prend son parti. Le furieux se dérobe au jour; &, sans balancer sur le trépas, il ne s'en réserve que le choix. Le nœud fatal, le fer, le poison, le précipice, le sein d'un fleuve, tout se retrace tour à tour à son esprit. Prêt d'exécuter son projet, il frémit à la vue du genre de mort qu'il a préféré. Il entend les derniers soupirs de la nature, qui lutte de tout son pouvoir. L'amour de la vie se réveille. Mais la rage, comme un embrasement violent, renaît de ses cendres, reprend tous ses droits, & porte le dernier coup à la nature, qui murmure en expirant. La victime tombe à l'instant, dévouée aux dieux de l'Erèbe, soit par le précipice, soit par le fer qui tranche sa trame avant le temps, soit par de funestes nœuds.

Ne pensez pas toutefois que le germe de cette horrible passion ait été semé dans nos cœurs, pour donner lieu à un coupable désespéré, ou à un malheureux amant, de finir des jours remplis d'amertume. Non, les horreurs des sentiers qui conduisent au trépas, répugnent trop à la nature pour le penser. Le souverain arbitre de nos vies défend d'en briser les chaînes par nos mains. Il a marqué le moment de leur dissolution naturelle, dans son livre des destins. C'est donc, non pour avancer le trépas auquel il nous condamna, mais pour l'éviter,

K.

du moins pour le reculer jusqu'à l'instant fatal, qu'il a jetté dans nos esprits la semence du désespoir, ainsi que des autres passions. Comtemplez en effet un voyageur surpris par des voleurs, & accablé par le nombre. Que d'efforts pour racheter sa vie ! Prières, larmes, or & argent, il ne ménage rien. Entouré d'assassins, il voit briller le fer, il voit les poignards sur son sein. On le frappe; ses vœux sont déçus; son sang coule : Ah! c'est alors qu'il fait parler tout son désespoir. Quelle affreuse éloquence! Il lance du fond de sa poitrine de terribles hurlemens. Les forêts & les montagnes retentissent de ces cris dont la nature mourante se sert pour exprimer sa rage. Elle grave sur le front des signes capables d'émouvoir les rochers, & les cœurs, s'ils ne sont plus insensibles qu'eux : signes parlans, tachés lividés & noires sur les joues, égarement dans les yeux errants, écume sur les lèvres, tremblemens de nerfs, voix grossie, sécheresse de langue, battement aigu des dents; bouche disloquée à la manière des sangliers déchirés par les chiens. Tels sont les signes que trace la nature d'une main redoutable, sur les victimes d'un assassinat : vestiges du désespoir porté au dernier excès, pour amollir, s'il se peut, la dureté du plus inexorable ennemi.

Voici de quelle façon M. le chevalier de Jaucourt a défini le désespoir: C'est, dit-il, une inquiétude accablante de l'ame causée par la persuasion où l'on est qu'on ne peut obtenir un bien après lequel on soupire, ou éviter un mal qu'on abhorre.

Cette triste passion, qui nous trouble & qui nous fait perdre toute espérance, agit différemment dans l'esprit des hommes: quelquefois elle produit l'indolence & le repos; la nature accablée succombe sous la violence de la douleur: quelquefois, en se privant des seules ressources qui lui restoient pour remèdes, elle se fâche contre elle-même & exige de soi la peine de son malheur, si l'on peut parler ainsi. Alors, comme dit Charron, cette passion nous rend semblables aux petits enfans; qui, par dépit de ce qu'on leur ôte un de leurs jouets, jettent les autres dans le feu. Quelquefois au contraire le désespoir produit les actions les plus hardies; redouble le courage, & fait sortir des plus grands périls:

Una salus victis, nullam sperare salutem.

C'est une des plus puissantes armes d'un ennemi, qu'il ne faut jamais lui laisser. L'histoire ancienne & moderne en fournissent plusieurs preuves. Mais, si l'on y prend garde, ces mêmes actions du désespoir sont souvent fondées sur un nouvel espoir qui porte à tenter toutes choses extrêmes, parce qu'on a perdu l'espérance des autres. Les consolations ordinaires sont trop foibles dans un désespoir causé par des malheurs affreux; elles sont excellentes dans des accidens passagers & réparables.

Plusieurs regardent le désespoir comme une simple foiblesse, & ses effets comme de simples malheurs; c'est un préjugé. Le désespoir, dans l'ordre de la nature, est un défaut de sens & un manque de courage. L'homme qui se désespère ne voit plus de ressources, il conclut qu'il n'y en a plus; il est cependant d'expérience qu'il n'y a point de malheur si grand dont on ne puisse sortir avec avantage. Dans l'ordre de la religion, le désespoir est le plus grand de tous les crimes; il attaque directement la providence & la bonté de Dieu, deux attributs que le créateur veut que l'homme honore spécialement en cette vie, parce que ce font ceux dont il ordonne qu'il faffe le plus d'ufage.

DESHONNETE, MALHONNETE.

Il ne faut pas, dit M. le chevalier de Jaucourt, confondre ces deux mots : le premier eft contre la pureté ; le fecond eft contre la civilité, & quelquefois contre la droiture. Par exemple, un jeune homme malhonnête, fignifie un jeune homme qui pêche contre l'ufage du monde ; & un malhonnête-homme défigne un homme qui manque à la probité : de même, des actions, des manières malhonnêtes font des actions, des manières qui choquent la bienféance ou la probité naturelle ; des penfées, des paroles déshonnêtes font des penfées, des paroles qui bleffent la chafteté & la pudeur.

Les cyniques prétendent qu'il n'y a point de mots déshonnêtes : car, felon eux, ou l'infamie vient des chofes, ou elle eft dans les paroles ; elle ne vient pas des chofes, difent-ils, puifqu'il eft permis de les exprimer en d'autres termes qui ne paffent point pour déshonnêtes ; elle n'eft pas auffi dans les paroles, ajoutent-ils, puifqu'un même mot qui fignifie diverfes chofes eft eftimé déshonnête dans une fignification, & ne l'eft point dans une autre.

Il eft vrai cependant qu'une même chofe peut être exprimée honnêtement par un mot, & déshonnêtement par un autre : honnêtement, fi l'on y joint quelqu'autre idée qui en couvre l'infamie ; & malhonnêtement, fi au contraire le mot la préfente à l'efprit d'une manière obfcène : c'eft pourquoi l'on doit fans contredit fe fervir de certains termes plutôt que d'autres, quoiqu'ils marquent au fond la même chofe. Le digne & eftimable auteur de l'*Art de penfer* a mis cette vérité dans un fi beau jour (*prim. part. ch.* 214) qu'on me sçaura gré de transcrire ici ses réflexions. Les mots d'adultère, d'inceste, dit-il, ne sont pas infâmes, quoiqu'ils représentent des actions très-infâmes, parce qu'ils ne les représentent que couvertes d'un voile d'horreur qui fait qu'on ne les regarde que comme des crimes; de sorte que ces mots signifient plutôt le crime de ces actions, que les actions mêmes: au lieu qu'il y a de certains mots qui les expriment sans en donner de l'horreur, & plutôt comme plaisantes que comme criminelles, & qui y joignent même une idée d'impudence & d'effronterie. Ce sont ces mots-là qu'on appelle infâmes & déshonnêtes, à cause des idées accessoires que l'esprit joint aux idées principales des choses, par un effet de l'institution humaine & de l'usage reçu.

Il en est de même de certains tours, par lesquels on exprime honnêtement des actions que la bienséance ne veut pas qu'on fasse en public. Les tours délicats dont on se sert pour les exprimer sont honnêtes, parce qu'ils n'expriment pas simplement ces choses, mais aussi la disposition de celui qui en parle de cette sorte, & qui témoigne par sa retenue qu'il les envisage avec peine, & qu'il les cache autant qu'il peut & aux autres & à soi-même; au lieu que ceux qui en parleroient d'une autre manière feroient juger qu'ils prendroient plaisir à regarder ces sortes d'objets: & ce plaisir étant blâmable, il n'est pas étrange que les mots qui impriment cette idée soient estimés contraires à l'honnêteté.

Il est donc nécessaire de se servir, en parlant & en écrivant, de paroles honnêtes, pour ne point présenter des images honteuses ou dangereuses aux autres. L'honnêteté des expressions s'accorde toujours avec l'utile, excepté dans quelques sciences où il se rencontre des matières qu'il est permis, quelquefois même nécessaire, de traiter sans enveloppe ; & alors on ne doit pas blâmer un physicien, lorsqu'il se trouve dans le cas particulier de ne pouvoir entrer dans certains détails avec la sage retenue qui fait la décence du stile, & dont il ne s'écarte qu'à regret.

DESIR.

Le desir est le sentiment d'un besoin, qui s'annonce par le trouble & l'inquiétude, & qui cherche à se satisfaire. C'est un élancement de l'ame vers un objet absent qu'elle regarde comme un bien.

Tout desir, dit M. l'abbé de Condillac, suppose que nous avons l'idée de quelque chose de mieux que ce que nous sommes dans le moment, & que nous jugeons de la différence des deux états qui se succèdent : s'ils diffèrent peu, nous souffrons moins par la privation de la manière d'être quelle desire ; j'appelle mal-aise ou léger mécontentement, le sentiment que nous éprouvons : alors l'action de nos facultés, nos desirs sont plus foibles. Nous souffrons au contraire davantage, si la différence est considérable : j'appelle inquiétude ou même tourment, (*Voyez* Inquiétude) l'impression que nous ressentons : alors l'action de nos facultés, nos desirs sont plus vifs. La mesure du desir est donc la différence apperçue entre ces deux états : il suffit de se rappeller comment l'action des facultés peut acquérir ou perdre de la vivacité, pour connoître tous les degrés dont les desirs sont susceptibles.

Ils n'ont, par exemple, jamais plus de violence que lorsque nos facultés se portent vers un bien, dont la privation produit une inquiétude d'autant plus grande, qu'il diffère davantage de la situation présente : en pareil cas, rien ne nous peut distraire de cet objet : nous nous le rappellons, nous l'imaginons, toutes nos facultés s'en occupent uniquement : plus, par conséquent, nous le desirons, plus nous nous accoutumons à le desirer : en un mot, nous avons ce qu'on nomme passion (*Voyez* PASSION); c'est-à-dire, un desir, qui ne permet pas d'en avoir d'autres, ou qui du moins est le plus dominant.

Il est bien plus facile, dit M. de la Rochefoucault, d'éteindre un premier desir, que de satisfaire ceux qui le suivent. Si nous connoissions bien parfaitement ce que nous desirons, nous ne desirerions guère de choses avec ardeur. Le vrai moyen de sçavoir si ce qui fait l'objet de nos desirs mérite notre empressement, est d'examiner auparavant quel est le bonheur de celui qui l'a possédé. Le besoin d'aimer dans une jeune personne est un desir sans objet : dès qu'elle en connoît un, ce desir est ce sentiment qu'on appelle amour.

Le besoin d'aimer est, dans les femmes, un besoin du cœur, plutôt que du tempérament ; dans les hommes, c'est le contraire. Ce n'est pas qu'il n'ait souvent la même cause & les mêmes effets dans les uns comme dans les autres : mais, quelle que soit sa cause, il est toujours inséparable du desir. Les uns recherchent la satisfaction des sens, les autres la jouissance des sentimens du cœur. *Voyez* AMOUR.

De même que l'étincelle, dit le Pere Brumoy, nourrie & conservée sous un amas de cendres, réveille & lance au dehors des feux mal éteints ; ainsi l'ame, oubliant son indifférence passée & ses premiers dédains, retourne se livrer aux soins qu'elle avoit haïs, se replonge dans les flots tumultueux des desirs, & revole aux écueils où elle a échoué, pour y échouer encore. Résolue de renouveller ses anciennes aventures, elle s'épuise en vœux, qui ne s'épuisent jamais. La passion qu'elle détestoit rentre dans ses bonnes graces; le prix qu'il lui en a coûté ne l'arrête plus. C'est ainsi qu'un marchand, après le naufrage, redoute & abhorre la perfide mer; il jure de n'en être plus désormais la proie: mais il oublie bientôt ses sermens. Epris des appas de l'intérêt, dont l'océan se pare à ses yeux, il radoube ses vaisseaux, qui serviront peut-être encore de jouet aux flots. Il connoît pourtant la rage de Scylla & de Charybde; il voit les rochers, les périls & la mort dont il s'est à peine sauvé; il sçait quelle prodigieuse quantité de trésors est dispersée sur tous les rivages, comme l'algue vile qui les couvre; il a vu les débris attachés aux écueils, tristes restes, dépouilles déplorables, dont l'aspect devroit le faire frémir; mais périls étrangers, périls personnels. Rien n'étonne des nautonniers déterminés à s'enrichir, ou à perdre le jour. Les hommes ressemblent à des voyageurs altérés qui rencontrent de l'eau: ont-ils tempéré l'ardeur qui les brûloit? ils tournent aussi-tôt le dos à la fontaine.

> Tel qu'au séjour des Euménides
> On nous peint ce fatal tonneau;
> Des sanguinaires Danaïdes
> Châtiment à jamais nouveau:
> En vain ces sœurs veulent sans cesse
> Remplir la tonne vengeresse,
> Mégère rit de leurs travaux;
> Rien n'en peut combler la mesure;
> Et, par l'une & l'autre ouverture,
> L'onde entre & fuit à flots égaux.
>
> Tel est, en cherchant ce qu'il aime,
> Le cœur des mortels impuissants;
> Supplice assidu de lui-même,
> Par ses vœux toujours renaissants

DÉSIR.

> Ce cœur, qu'un vain espoir captive,
> Poursuit une paix fugitive
> Dont jamais nous ne jouissons ;
> Et, de nouveaux plaisirs avide,
> A chaque moment il se vuide
> De ceux dont nous le remplissons.
>
> *La Motte.*

Voici de quelle façon M. le chevalier de Jaucourt définit le desir.

C'est, dit-il, une espèce d'inquiétude dans l'ame que l'on ressent pour l'absence d'une chose qui donneroit du plaisir si elle étoit présente, ou du moins à laquelle on attache une idée de plaisir. Le desir est plus ou moins grand, selon que cette inquiétude est plus ou moins ardente. Un desir très-foible s'appelle velléité.

Je dis que le desir est un état d'inquiétude ; & quiconque réfléchit sur soi-même en sera bientôt convaincu : car qui est-ce qui n'a point éprouvé dans cet état ce que le sage dit de l'espérance (ce sentiment si voisin du desir) qu'étant différée elle fait languir le cœur ? Cette langueur est proportionnée à la grandeur du desir, qui, quelquefois porte l'inquiétude à un tel point, qu'il fait crier avec Rachel : *Donnez-moi ce que je souhaite ; donnez-moi des enfans, ou je vais mourir.*

Quoique le bien & le mal présent & absent agissent sur l'esprit, cependant ce qui détermine immédiatement la volonté, c'est l'inquiétude du desir fixé sur quelque bien absent, quel qu'il soit ; ou négatif, comme la privation de la douleur à l'égard d'une personne qui en est actuellement atteinte ; ou positif, comme la jouissance d'un plaisir.

L'inquiétude, qui naît du desir, détermine donc la volonté ; parce que c'en est le principal ressort, & qu'en effet il arrive rarement que la volonté nous pousse à quelque action, sans que quelque desir l'accompagne. Cependant l'espèce d'inquiétude qui fait partie, ou qui est du moins une suite de la plupart des autres passions, produit le même effet; car la haine, la crainte, la colère, l'envie, la honte, &c., ont chacune leur inquiétude, & par-là opèrent sur la volonté. On auroit peut-être bien de la peine à trouver quelque passion qui soit exempte de desir. Au milieu même de la joie, ce qui soutient l'action d'où dépend le plaisir présent, c'est le desir de continuer ce plaisir, & la crainte d'en être privé. La fable du *Rat de ville & du rat des champs* en est le tableau. Toutes les fois qu'une plus grande inquiétude vient à s'emparer de l'esprit, elle détermine aussitôt la volonté à quelque nouvelle action, & le plaisir présent est négligé.

Quoique tout bien soit le propre objet du desir en général, cependant tout bien, celui-là même qu'on reconnoît être tel, n'émeut pas nécessairement le desir de tous les hommes; il arrive seulement que chacun desire ce bien particulier, qu'il regarde comme devant faire une partie de son bonheur.

Il n'y a, je crois, personne assez destitué de raison pour nier qu'il n'y ait du plaisir dans la recherche & la connoissance de la vérité. Mallebranche, à la lecture du *Traité de l'homme de Descartes*, avoit de tels transports de joie, qu'il lui en prenoit des battemens de cœur qui l'obligeoient d'interrompre sa lecture. Il est vrai que la vérité invisible & méprisée n'est pas accoutumée à trouver tant de sensibilité parmi les humains; mais les veilles des gens de lettres prouvent du moins qu'elle n'est pas indifférente à tout le monde. Et, quant aux plaisirs des sens, ils ont trop de sectateurs pour qu'on puisse mettre en doute, si les hommes y sont sensibles ou non. Ainsi, prenez deux hommes, l'un épris des plaisirs sensuels, & l'autre des charmes du sçavoir; le premier ne desire point ce que l'autre aime passionémeṅt: chacun est content, sans jouir de ce que l'autre possède, sans avoir la volonté ni l'envie de le chercher.

Les choses sont représentées à notre ame sous différentes faces. Nous ne fixons point nos desirs ni sur le même bien, ni sur le bien le plus excellent en réalité, mais sur celui que nous croyons le plus nécessaire à notre bonheur: de cette manière, les desirs sont souvent causés par de fausses idées toujours proportionnées aux jugemens que nous portons du bien absent; ils en dépendent de même; & à cet égard nous sommes sujets à tomber dans plusieurs égaremens par notre propre faute. Enfin chacun peut observer, tant en soi-même que dans les autres, que le plus grand bien visible n'excite pas toujours les desirs des hommes, à proportion de l'excellence qu'il paroît avoir & qu'on y reconnoît. Combien de gens sont persuadés qu'il y aura après cette vie un état infiniment heureux & infiniment au-dessus de tous les biens dont on peut jouir sur la terre? cependant les desirs de ces gens-là ne sont point émus par ce plus grand bien, ni leurs volontés déterminées à aucun effort qui tende à le leur procurer. La raison de cette inconséquence, c'est qu'une portion médiocre de biens présens suffit pour donner aux hommes la satisfaction dont ils sont susceptibles.

Mais il faut aussi que ces biens se succèdent perpétuellement pour leur procurer cette satisfaction; car nous n'avons pas plutôt joui d'un bien, que nous soupirons après un autre. Nos mœurs, nos modes, nos habitudes ont tellement multiplié nos faux besoins, que le fonds en est intarrissable. Tous nos vices leur doivent la naissance ; ils émanent tous du desir des richesses, de la gloire, ou des plaisirs : trois classes générales de desirs, qui se subdivisent en une infinité d'espèces, & dont la jouissance n'assouvit jamais la cupidité. Les gens du commun & de la campagne, que le luxe, l'éducation & l'exemple n'ont pas gâtés, sont les plus heureux & les plus à l'abri de la corruption. C'est pourquoi Lovelace, dans un roman moderne qui fait honneur à l'Angleterre (*Lettres de Clarisse*), désespère d'attraper du messager de sa maitresse les lettres dont elle l'a chargé. » Crois-tu, Belford, » (mande-t-il à son ami) qu'il y eût si grand mal, » pour avoir les lettres de mon ange, de casser » la tête à ce coquin ? Un ministre d'état ne le marchanderoit pas. Car d'entreprendre de le gagner » par des présens, c'est folie ; il paroît si tranquille, » si satisfait dans son état de pauvreté, qu'avec » ce qu'il lui faut pour manger & pour boire, il » n'aspire point à vivre demain plus largement » qu'aujourd'hui. Quel moyen de corrompre quel » qu'un qui est sans desir & sans ambition ? « Tels étoient les Fenniens, au rapport de Tacite : ces peuples, dit cet historien, en sureté contre les hommes, en sureté contre les dieux, étoient parvenus à ce rare avantage de n'avoir pas besoin même de desirs.

En effet, les desirs naturels, c'est-à-dire, ceux que la seule nature demande, sont courts & limités ; ils ne s'étendent que sur les nécessités de la vie. Les desirs artificiels, au contraire, sont illimités ; immenses & superflus. Le seul moyen de se procurer le bonheur, consiste à leur donner des bornes, & à en diminuer le nombre. C'est assez que d'être, disoit si bien à ce sujet madame de la Fayette. Ainsi puisque la mesure des desirs est celle des inquiétudes & des chagrins, gravons bien dans nos ames ces vers admirables de La Fontaine :

>   Heureux qui vit chez soi,
> De régler ses desirs faisant tout son emploi !
>   Il ne sçait que par oüi-dire
> Ce que c'est que la cour, la mer, & ton empire,
> Fortune, qui nous fais passer devant les yeux
> Des dignités, des biens que jusqu'au bout du monde
> On suit, sans que l'effet aux promesses réponde !

DÉSINTÉRESSEMENT.

C'est une qualité digne d'éloge dans ceux qui la possèdent. Quelques-uns croient qu'elle consiste à abandonner son intérêt, pour lui préférer celui des autres ; c'est un préjugé. La poursuite de son intérêt est une chose juste, par conséquent l'abandon de son intérêt légitime & véritable ne peut être qu'une foiblesse ou une folie : aussi n'est-ce pas là ce qu'on doit apppeller désintéressement. Il consiste en deux choses, à ne point exiger de salaire pour les services qu'on rend sans qu'il en coûte, & préférer le plus grand intérêt des autres à un moindre qui nous seroit personnel.

DESPOTISME.

Le despotisme est l'exercice ou plutôt l'abus du pouvoir absolu & indépendant des loix : pouvoir fondé sur le consentement d'un peuple libre, ou réduit par la force.

Il doit sa naissance à l'usurpation & à la tyrannie : aussi est-il sujet à bien des dangers, soit relativement au peuple qui gémit sous le joug d'un seul homme qui n'écoute que ses passions ou ses caprices, & qui n'est arrêté par aucun frein; soit relativement au souverain, qui a rarement pour lui l'amour du peuple, & qui se voit continuellement exposé au péril de perdre la vie. Combien l'histoire nous offre-t-elle de révolutions causées par le despotisme!

DESTINÉE.

La destinée est le sort que le hasard nous amène. Je laisse aux théologiens la dispute de la prédestination ; ce dogme m'a toujours paru dangereux pour la politique, & contraire à la religion. C'est l'homme seul qui fait sa destinée, bonne ou mauvaise.

C'est ainsi que le grand Corneille fait sentir l'absurdité de ce système :

Quoi ! la nécessité des vertus & des vices
 D'un astre impérieux doit suivre les caprices ;
Et l'homme sur lui-même a si peu de crédit
 Qu'il devient scélérat, quand Delphes l'a prédit !
L'ame est donc toute esclave ! une loi souveraine
Vers le bien ou le mal incessamment l'entraîne ;
Et nous ne recevons ni crainte ni desir
De cette liberté, qui n'a rien à choisir !
Attachés sans relâche à cet ordre sublime,
Vertueux sans mérite & vicieux sans crime ;
Qu'on massacre les dieux, qu'on brise les autels ;
C'est la faute des dieux & non pas des mortels ?
De toute la vertu sur la terre épandue
Tout le prix à ces dieux, toute la gloire est due !
Ils agissent en nous, quand nous pensons agir ;
Alors qu'on délibère, on ne fait qu'obéir :
Et notre volonté n'aime, hait, cherche, évite
Que suivant que d'en haut leur bras la précipite!

DETTES. *Voyez* DÉPENSE.

DEVOIRS.

Nos devoirs sont les obligations que nous imposent les loix divines & humaines. Chaque état, chaque âge, chaque condition a ses devoirs.

Nous devons à Dieu, comme créateur, de l'adoration; comme conservateur, il exige de la reconnoissance; comme maître absolu, nous lui devons une soumission entière à ses volontés.

L'humanité est le second de nos devoirs : qui ne vit que pour soi, n'est pas digne de vivre. Nous devons à tous les hommes de l'amour, de la compassion & des services. Nous devons à l'état, qui veille à notre sûreté, le soin de sa conservation, l'emploi de nos talents, & l'obéissance aux loix; & de-là les devoirs des supérieurs & des inférieurs. Nous devons aux particuliers à proportion des biens que nous en recevons; de-là les devoirs des pères, des enfans, des parens, des amis, des compatriotes, des concitoyens. Tous ces devoirs sont subordonnés les uns aux autres: nous devons plus à Dieu qu'aux hommes, plus au genre humain qu'à notre patrie, plus à la patrie qu'à l'amour paternel, & plus à ce dernier sentiment qu'à l'amitié.

C'est la religion qui règle nos devoirs envers Dieu; ce sont les loix civiles qui règlent nos devoirs envers l'état & le souverain; & c'est la loi naturelle qui établit nos devoirs envers les particuliers.

Voici quels sont les moyens que nous pouvons employer pour remplir ces devoirs (c'est ce que les moralistes appellent improprement les devoirs envers nous-mêmes): ces moyens sont la prudence, la vigilance, la justice, la force & la tempérance;

ce font autant d'actes de notre volonté. *Voyez tous ces mots à leur place.*

Les devoirs des pères font l'instruction & la tendresse; les devoirs des enfans font l'obéissance, la soumission, le respect, l'amour & la reconnoissance; les devoirs de l'amitié font la confiance, la bienveillance & les conseils.

> Pour conserver leurs biens, pour défendre leurs jours,
> Tous les hommes entre eux se doivent des secours;
> Pour s'aider tour à tour le ciel les a fait naître,
> Le père, les enfans, les esclaves, le maître.
> Foibles séparément, ils font de vains efforts;
> Ils sont, en s'unissant, plus heureux & plus forts:
> Ainsi, soit passion, soit raison, soit foiblesse,
> Pour la société tout homme s'intéresse,
> Et chacun s'empressant à procurer son bien,
> De l'intérêt commun resserre le lien:
> De-là le tendre amour, l'amitié véritable,
> Et ce charme secret qui rend la vie aimable.
>
> *Du Resnel*, Trad. de Pope.

DÉVOTION.

La dévotion est la pratique affectueuse des devoirs qu'impose le culte de la religion. Toute dévotion est fausse, qui n'est point fondée sur l'humilité chrétienne, dit M. de la Rochefoucault, & sur la charité envers le prochain: ce n'est souvent qu'un orgueil de philosophe chagrin, qui croit, en méprisant le monde, se venger des mépris & des mécontentemens qu'il en a reçus.

La dévotion vient à quelques-uns, & sur-tout aux femmes, comme une passion, ou comme le foible d'un certain âge, ou comme une mode qu'il faut suivre. Elles comptoient autrefois une semaine par les jours de jeu, de spectacle, de concert, de mascarade ou d'un joli sermon: autre temps, autres mœurs;

mœurs : elles outrent l'auſtérité & la retraite, elles n'ouvrent plus les yeux qui leur ſont donnés pour voir, elles ne mettent plus leurs ſens à aucun uſage, &, choſe incroyable ! elles parlent peu. Elles penſent encore, & aſſez bien d'elles-mêmes, comme aſſez mal des autres : elles ſe perdoient gaiement par la galanterie, par la bonne-chère & par l'oiſiveté ; elles ſe perdent triſtement par la préſomption & par l'envie.

DIALECTIQUE.

La dialectique eſt un terme de l'ancienne école, qui ſignifie la même choſe que logique. *Voyez ce mot.*

L'ancienne Académie penſoit que l'eſprit ſeul jugeoit des idées, quoiqu'elles ne nous vînſſent que des ſens. Zénon prétendoit que les ſens, pourvu qu'ils fuſſent ſains & entiers, étoient un témoignage certain de la vérité ; & Epicure croyoit leur rapport infaillible en tout temps. Il admettoit, ainſi que Zénon, des idées innées ; & il vouloit que, par rapport aux mœurs & à la conduite de la vie, on conſultât le témoignage de la conſcience, contre le ſentiment des Péripatéticiens qui prétendoient que toutes nos idées venoient des ſens. Les ſectateurs de l'ancienne Académie & du Portique croyoient qu'il y avoit des vérités certaines & évidentes. Arcéſilas, chef de la moyenne, n'admettoit que la vraiſemblance : & les Pyrrhoniens doutoient de tout.

On voit, par ce court expoſé, que les modernes n'ont pas beaucoup ajouté à la dialectique des anciens.

DIEU.

Dieu est ce qui est; c'est la vérité, l'intelligence suprême, qui préside à la naissance & à la conservation des êtres.

Pythagore croyoit que Dieu étoit une ame répandue dans tous les êtres de la nature. Empédocle regardoit comme Dieu, les élémens, principes de toutes choses. Aristote prétendoit que la divinité n'étoit autre chose que l'intelligence. Straton disoit qu'il n'y avoit point d'autre Dieu que la nature, principe universel de toutes choses.

Zénon dit la même chose, mais explique mieux son système. Le voici : Tout l'univers est formé des quatre élémens ; le feu, qui est séparé dans l'éther, est le principe de toute intelligence ; c'est lui qui anime & qui vivifie tout ce qui existe.

On peut voir que tous les systèmes des anciens philosophes, sur la nature de la divinité, sont à peu près les mêmes : celui de Zénon, plus développé, les renferme tous ; & je suis persuadé qu'ils auroient été tous d'accord, s'ils s'étoient mieux entendus.

Ce système, qui ressemble fort à celui des mages, n'est pas aussi absurde que M. Rollin le prétend, quand on ne consulte que la raison : mais, en admettant la révélation, on sent de combien ses lumières sont supérieures à celles de notre foible intelligence.

Les cieux instruisent la terre
A révérer leur auteur ;
Tout ce que leur globe enserre
Célèbre un Dieu créateur.
Quel plus sublime cantique,
Que ce concert magnifique

De tous les célestes corps !
Quelle grandeur infinie !
Quelle divine harmonie
Résulte de leurs accords !

De sa puissance immortelle
Tout parle, tout nous instruit :
Le jour au jour la révèle,
La nuit l'annonce à la nuit.
Ce grand & superbe ouvrage
N'est point pour l'homme un langage
Obscur & mystérieux ;
Son admirable structure
Est la voix de la nature
Qui se fait entendre aux yeux.

Dans une éclatante voûte
Il a placé de ses mains
Le soleil, qui dans sa route
Eclaire tous les humains.
Environné de lumière,
Cet astre ouvre sa carrière
Comme un époux glorieux,
Qui, dès l'aube matinale,
De sa couche nuptiale
Sort brillant & radieux....

Le grand Rousseau.

L'homme que l'amour unit à Dieu, jouit dès cette vie d'une partie de la félicité qui lui est destinée. Cet amour l'élève au-dessus de tous les maux qui nous affligent. Dieu permet rarement que nous en soyons bien enflammés, parce qu'il nous détache trop des créatures qu'il nous ordonne d'aimer comme nous-mêmes.

DIFFORME, *voyez* LAID.

DIGNITÉS, HONNEURS.

Les dignités & les honneurs sont des distinctions que le souverain accorde à qui il lui plaît ; ils ne devroient être que la récompense de la vertu.

Tout homme qui n'a d'autre motif dans ses actions que l'ambition de les acquérir, en est dès-lors indigne. La vertu les décore, le vice les déshonore. Les dignités, les honneurs sont souvent la source de bien des peines ; La Fontaine le fait très-bien sentir dans la fable suivante :

LES DEUX MULETS.
FABLE.

Deux mulets cheminoient ; l'un d'avoine chargé,
L'autre portoit l'argent de la gabelle.
Celui-ci, glorieux d'une charge si belle,
N'eut voulu pour beaucoup en être soulagé ;
  Il marchoit d'un pas relevé ;
  Il faisoit sonner sa sonnette,
  Quand l'ennemi se présentant,
  Comme il en vouloit à l'argent,
Sur le mulet du fisc une troupe se jette,
  Le saisit au frein & l'arrête.
  Le mulet, en se défendant,
Se sent percer de coups ; il gémit, il soupire.
Est-ce donc là, dit-il, ce qu'on m'avoit promis ?
Ce mulet qui me suit du danger se retire,
  Et moi j'y succombe & péris.
  Ami, lui dit son camarade,
Il n'est pas toujours bon d'avoir un haut emploi :
Si tu n'avois servi qu'un meûnier comme moi,
  Tu ne serois pas si malade.

DISCIPLINE.

La discipline militaire est l'ordre que les troupes doivent observer. Elle demande tous les soins du général. Elle consiste principalement à entretenir la subordination & la règle.

DISCERNEMENT, JUGEMENT.

Le discernement est une faculté de l'esprit qui

distingue les motifs & les prétextes, les perfections & les défauts, & qui démêle enfin le vrai d'avec le faux. Il rend les idées justes, & empêche qu'on ne juge sur les apparences.

Le discernement & le jugement, dit M. l'abbé de Condillac, comparent les choses, en font la différence, & apprécient exactement la valeur des unes aux autres; mais le premier se dit plus particulièrement de celles qui regardent la spéculation, & le second de celles qui concernent la pratique. Il faut du discernement dans les recherches philosophiques, & du jugement dans la conduite de la vie. *Voyez* JUGEMENT.

Le mot discernement, dit M. de Formey, peut signifier deux choses: 1°. appercevoir simplement & directement dans toute son étendue une idée qui n'est pas une autre idée: 2°. l'appercevoir avec une réflexion tacite, qui nous fait juger & reconnoître que cette idée n'est aucune des autres idées qui pourroient se présenter à notre esprit. C'est-à-dire, qu'on peut considerer une idée, ou dans ce qu'elle est en elle-même, ou dans ce qu'elle est par rapport à toute autre idée avec laquelle on la peut comparer.

Quand on demande donc pourquoi tous les hommes ne discernent pas leurs propres idées; s'il s'agit du discernement direct, je réponds que la question suppose ce qui n'est pas, sçavoir qu'on puisse avoir une idée & ne la pas discerner de ce discernement direct dont je parle: car enfin, avoir une idée, & l'appercevoir dans toute son étendue, c'est précisément la même chose. Si l'on suppose que cette idée puisse se décomposer, & que vous n'en voyiez qu'une partie; cette partie que vous voyez alors est précisément toute l'idée que vous avez actuellement dans l'esprit, & que vous approuvez dans toute son étendue, puisque nous appellons idée tout ce que l'esprit apperçoit au moment qu'il pense. Par-là on ne peut douter que tous les hommes ne discernent leurs idées de ce discernement direct, qui n'est autre que la perception de cette idée même dans toute son étendue.

Mais ce discernement direct est souvent joint en nous avec un discernement réfléchi, qui est une vue que nous portons en même temps sur une autre idée qui nous fait juger ou dire en nous-mêmes (plus ou moins expressément, selon notre attention ou notre intention) que cette première idée est ou n'est pas la même qu'une autre idée. Ce discernement réfléchi est ce qu'on appelle jugement.

En ce sens là, il est vrai de dire que tous les hommes ne discernent pas leurs propres idées, bien que chacune de leurs idées soit par elle-même claire & distincte par un discernement direct.

Mais pourquoi, discernant toujours chacune de nos idées par un discernement direct, manquons-nous souvent à le faire par un discernement réfléchi ? Cela vient de l'une des trois causes suivantes, ou des trois ensemble : 1°. ou de nous, 2°. ou des idées mêmes, 3°. ou des mots établis pour exprimer les idées ; & c'est en ces trois points que consiste l'objet de la logique.

DISCRÉTION.

La discrétion est une sage retenue dans nos discours, qui nous fait taire ce que nous ne devons pas dire. Elle compose son ton & ses manières, de façon que rien ne puisse transpirer du secret qui nous a été confié.

Elle ne consiste pas seulement à ne rien dire, mais aussi à ne rien laisser voir qui puisse nous trahir : c'eſt pourquoi il eſt très-important de bien choiſir les perſonnes auxquelles on veut ſe confier. Tout le monde n'eſt pas propre à garder un ſecret : ſouvent, avec les meilleures intentions, un eſprit borné ſe laiſſe découvrir par quelque endroit, & donne même lieu à des ſoupçons, en voulant les détourner : & c'eſt ce qui fait que la diſcrétion eſt ſi rare.

On croit avoir cette vertu, quand on ne parle qu'à-propos & qu'on ne dit que ce qu'il faut dire : c'eſt un préjugé. La diſcrétion regarde auſſi les actions : un homme diſcret ne fait que ce qu'il faut faire, & le fait d'une manière qui convient. Cette qualité eſt l'ame de la conduite générale & particulière. Ceux qui parlent beaucoup, qui parlent de ce qu'ils ne ſçavent pas, qui parlent de ce qui ne les regarde pas, qui agiſſent avec précipitation, qui mettent trop de vivacité dans ce qu'ils font; toutes ces perſonnes-là n'ont point la diſcrétion. On découvre une choſe qu'il faut cacher, auſſi bien par ſes actions que par ſes paroles.

DISPUTE.

La diſpute eſt un raiſonnement contradictoire & oppoſé à un autre. Elle eſt utile pour parvenir à la connoiſſance de la vérité, quand ceux qui diſputent cherchent de bonne foi à s'inſtruire : mais elle ne ſert qu'à aigrir & aliéner les eſprits de ceux qui conteſtent par eſprit d'orgueil, ou par attachement pour une erreur qu'ils ont adoptée de bonne-foi. La diſpute ne doit jamais ſortir des bornes de la politeſſe. L'amour de la vérité eſt ami de la douceur & de la modération; la paſſion au contraire eſt remplie de fiel & d'aigreur.

L'inégale meſure des lumières que Dieu nous a

données, dit M. de Formey, l'étonnante variété de nos caractères, de nos tempéramens, de nos préjugés, de nos paſſions, les différentes faces par leſquelles nous enviſageons les choſes qui nous environnent, ont donné naiſſance à ce qu'on appelle, dans les écoles, diſpute. A peine a-t-elle reſpecté un petit nombre de vérités armées de tout l'éclat de l'évidence. La révélation n'a pu lui inſpirer le même reſpect pour celles qu'elle auroit dû lui rendre encore plus reſpectables. Les ſciences, en diſſipant les ténèbres, n'ont fait que lui ouvrir un plus vaſte champ. Tout ce que la nature renferme de myſtérieux, les mœurs d'intéreſſant, l'hiſtoire de ténébreux, a partagé les eſprits en opinions oppoſées, & a formé des ſectes, dont la diſpute ſera l'immortel exercice. La diſpute, quoique née des défauts des hommes, deviendroit néanmoins pour eux une ſource d'avantages, s'ils ſçavoient en bannir l'emportement; excès dangereux qui en eſt le poiſon. C'eſt à cet excès que nous devons imputer tout ce qu'elle a d'odieux & de nuiſible. La modération la rendroit également agréable & utile, ſoit qu'on l'enviſage dans la ſociété, ſoit qu'on la conſidère dans les ſciences. 1°. Elle la rendroit agréable pour la ſociété. Si nous défendons la vérité, pourquoi ne la pas défendre avec des armes dignes d'elle? Ménageons ceux qui ne lui réſiſtent qu'autant qu'ils la prennent pour le menſonge, ſon ennemi. Un zèle aveugle pour ſes intérêts les arme contre elle; ils deviendront ſes défenſeurs, ſi nous avons l'adreſſe de deſſiller leurs yeux ſans intéreſſer leur orgueil. Sa cauſe ne ſouffrira point de nos égards pour leur foibleſſe; nos traits émouſſés n'en auront que plus de force; nos coups adoucis n'en ſeront que plus certains; nous vaincrons notre adverſaire ſans le bleſſer.

Une dispute modérée, loin de semer dans la société la division, & le désordre, peut y devenir une source d'agrémens. Quel charme ne jette-t-elle pas dans nos entretiens ? n'y répand-elle pas, avec la variété, l'ame & la vie ? quoi de plus propre à les dérober, & à la stérilité qui les fait languir, & à l'uniformité qui les rend insipides ? Quelle ressource pour l'esprit qui en fait ses délices ? Combien d'esprits qui ont besoin d'aiguillon ? Froids & arides dans un entretien tranquille, ils paroissent stupides & peu féconds : secouez leur paresse par une dispute polie, ils sortent de leur léthargie pour charmer ceux qui les écoutent. En les provoquant, vous avez réveillé en eux le génie créateur qui étoit comme engourdi. Leurs connoissances étoient enfouies & perdues pour la société, si la dispute ne les avoit arrachées à leur indolence.

La dispute peut donc devenir le sel de nos entretiens ; il faut seulement que ce sel soit semé par la prudence, & que la politesse & la modération l'adoucissent & le tempèrent. Mais, si dans la société elle peut devenir une source de plaisirs, elle peut devenir dans les sciences une source de lumières. Dans cette lutte de pensées & de raisons, l'esprit, aiguillonné par l'opposition & par le desir de la victoire, puise des forces dont il est surpris quelquefois lui-même : dans cette exacte discussion, l'objet lui est présenté par toutes ses faces dont la plupart lui avoient échappé ; &, comme il l'envisage tout entier, il se met à portée de le bien connoître. Dans les sçavantes contentions, chacun, en attaquant l'opinion de l'adversaire, & en défendant la science, écarte une partie du nuage qui l'enveloppe.

• Mais c'est la raison qui écarte ce nuage ; & la raison, clairvoyante & active dans le calme, perd dans le trouble & ses lumières & son activité : étourdie par le tumulte, elle ne voit, elle n'agit plus que foiblement. Pour découvrir la vérité qui se cache, il faudroit examiner, discuter, comparer, peser : la précipitation, fille de l'emportement, laisse-t-elle assez de temps & de flègme pour ces opérations difficiles ? dans cet état, saisira-t-on les clartés décisives que la dispute fait éclorre ? C'étoient peut-être les seuls guides qui pouvoient conduire à la vérité même : elle a paru, mais à des yeux distraits & inappliqués qui l'ont méconnue : pour s'en venger, elle s'est peut-être éclipsée pour toujours.

DISSIMULATION.

La dissimulation est une feinte, ou un déguisement, que nous employons dans nos discours & dans nos actions, pour tromper quelqu'un par la fausse confiance dont elle se pare. C'est un vice de l'esprit, qui a quelque chose de bas & d'indigne d'une grande ame. On doit sans doute taire un secret, mais on ne doit jamais altérer la vérité. Quelle est, dit M. Duclos, l'espèce de dissimulation permise ? ou plutôt quel est le milieu qui sépare la fausseté vile de la sincérité offensante ? Ce sont les égards réciproques qui font le lien de la société, & qui naissent du sentiment de ses propres imperfections & du besoin qu'on a d'indulgence. On ne doit ni offenser, ni tromper les hommes.

Il y a, dit M. de Formey, de la différence entre dissimuler, cacher, déguiser. On cache par un profond secret ce qu'on ne veut pas manifester : on dissimule par une conduite réservée ce qu'on ne veut pas faire appercevoir : on déguise par des apparences contraires ce qu'on veut dérober à la pénétration d'autrui. L'homme caché veille sur lui-même, pour ne se point trahir par indiscrétion : le dissimulé veille sur les autres, pour ne les pas mettre à portée de le connoître : le déguisé se montre autre qu'il n'est, pour donner le change. On ne parle ici que de la dissimulation.

Rien ne donne une idée plus avantageuse de la société, que ce que rapporte l'évangile de l'état où elle se trouvoit parmi les premiers chrétiens. Ils n'avoient, dit-on, qu'un cœur & qu'une ame, *erat cor unum & anima una*. Dans cette disposition d'esprit, avoit-on besoin de la dissimulation ? un homme se dissimule-t-il quelque chose à lui-même ? & ceux qui vivroient, les uns par rapport aux autres, dans la même union où chacun de nous est avec soi-même, auroient-ils besoin des précautions du secret?

Aussi voyons-nous que, dans le caractère d'un homme propre à faire le bonheur de la société, le premier trait que l'on exige, est la franchise & la sincérité.

On lui préfère un caractère opposé, par rapport à ce qu'on appelle les grandes affaires ou les négociations importantes ; mais tout ce qu'on en peut conclure, c'est que ces occasions particulières ne sont pas ce qui contribue au bonheur de la société en général.

Toute négociation légitime ne devroit rouler que sur un point, qui est de faire voir à celui avec qui on négocie, que nous cherchons à réunir son avantage avec le nôtre.

Les bons princes ont regardé la dissimulation comme un mal nécessaire : les tyrans, tels que Tibère, Louis XI, &c., s'en paroient comme d'une vertu.

Il n'est pas douteux que le secret est souvent nécessaire contre la disposition de ceux interrompre nos entreprises légitimes. Mais la nécessité de la précaution deviendroit incomparablement plus rare, si l'on ne formoit d'entreprises que celles qu'on peut avouer sans être exposé à aucun reproche. La candeur avec laquelle on agiroit alors, mettroit beaucoup de gens dans nos intérêts. Le maréchal de Biron auroit sauvé sa vie, en parlant avec plus de franchise à Henri IV. Ce que j'ai voulu dire dans cet article sur le secret de la dissimulation, par rapport à la douceur de la société, se réduit donc à trois ou quatre choses.

1°. Ne point estimer le caractère de ceux qui, sans choix & sans distinction, sont réservés & secrets : 2°. ne faire des secrets que sur des choses qui le méritent bien : 3°. avoir une telle conduite, qu'elle n'ait besoin du secret que le moins qu'il soit possible.

La dissimulation n'est pas aisée à bien définir : si l'on se contente d'en faire une simple description, l'on peut dire que c'est un certain art de composer ses paroles & ses actions pour une mauvaise fin. Un homme dissimulé se comporte de cette manière : Il aborde ses ennemis, leur parle & leur fait croire par cette démarche qu'il ne les hait point : il loue ouvertement & en leur présence ceux à qui il dresse de secrettes embûches; & il s'afflige avec eux, s'il leur est arrivé quelque disgrace. Il semble pardonner les discours offensans que l'on lui tient : il récite froidement les plus horribles choses que l'on aura dites contre sa réputation; & il emploie les paroles les plus flatteuses pour adoucir ceux qui se plaignent de lui, & qui sont aigris par le injures qu'ils en ont reçues. S'il arrive que quelqu'un s'aborde avec empressement, il feint des affaires, & il lui dit de revenir une autre fois. Il cache soigneusement tout ce qu'il fait; &, à l'entendre parler, on croiroit toujours qu'il délibère. Il ne parle point indifféremment; il a ses raisons pour dire tantôt qu'il ne fait que revenir de la campagne, tantôt qu'il est arrivé à la ville fort tard, & quelquefois qu'il est languissant, ou qu'il a une mauvaise santé. Il dit à celui qui lui emprunte de l'argent à intérêt, ou qui le prie de contribuer de sa part à une somme que ses amis consentent de lui prêter, qu'il ne vend rien, qu'il ne s'est jamais vu si dénué d'argent; pendant qu'il dit aux autres que le commerce va le mieux du monde, quoiqu'en effet il ne vende rien. Souvent, après avoir écouté ce que l'on lui a dit, il veut faire croire qu'il n'y a pas eu la moindre attention : il feint de n'avoir pas apperçu les choses où il vient de jetter les yeux; ou, s'il est convenu d'un fait, de ne s'en plus souvenir. Il n'a pour ceux qui lui parlent d'affaires que cette seule réponse, J'y penserai. Il sçait de certaines choses, il en ignore d'autres : il est saisi d'admiration : d'autres fois il aura pensé comme vous sur cet événement, & cela selon ses différens intérêts. Son langage le plus ordinaire est celui-ci : Je n'en crois rien; je ne comprends pas que cela puisse être; je ne sçais où j'en suis; ou bien, il me semble que je ne suis pas moi-même; & ensuite, ce n'est pas ainsi qu'il me l'a fait entendre : voilà une chose merveilleuse, & qui passe toute créance : contez cela à d'autres; dois-je vous croire? ou me persuaderai-je qu'il m'ait dit la vérité? Paroles doubles & artificieuses, dont il faut se défier comme de ce qu'il y a au monde de plus pernicieux. Ces manières d'agir ne partent point d'une ame simple & droite, mais d'une mauvaise volonté, ou d'un homme qui veut nuire : le venin des aspics est moins à craindre.

DISTRACTION.

La distraction est une application de notre esprit à un autre objet que celui dont le moment présent exigeroit que nous continuassions de nous occuper. La distraction a sa source dans une excellente qualité de l'entendement, une extrême facilité dans les idées de se réveiller les unes les autres. C'est l'opposé de la stupidité, qui reste sur une même idée. L'homme distrait les suit toutes indistinctement à mesure qu'elles se montrent ; elles l'entraînent & l'écartent de son but. Celui au contraire qui est maître de son esprit, jette un coup d'œil sur les idées étrangères à son objet, & ne s'attache qu'à celles qui lui sont propres. Un bon esprit doit être capable de distractions, mais ne doit point être distrait. La distraction est presque toujours un manque d'égards pour ceux avec qui nous nous entretenons : elle leur fait entendre très-clairement que ce qui se passe dans notre ame nous intéresse plus que ce qu'ils nous disent. On peut, avec un peu d'attention sur soi-même, se garantir de ce libertinage d'esprit, qui fait tenir tant de discours déplacés, & commettre tant d'actions ridicules. L'homme, dans la distraction, perd de vue tout ce qui l'environne ; &, quand il revient de son délire, il agit comme si rien n'avoit changé autour de lui ; il cherche des objets où ils ne sont plus ; il s'entretient des choses dont il n'est plus question ; il se croit à tout, & il n'est plus à rien ; parce que la distraction est une absence dont souvent on ne s'apperçoit pas, & dont on ne connoît presque jamais exactement la durée. Il n'y a qu'un moyen d'apprétier l'intervalle de la distraction ; c'est d'en pouvoir rapporter le commencement & la fin à deux instans différens d'une action continue, dont la durée nous soit connue par expérience.

Un homme distrait est celui qui ne fait point attention à ce qu'on lui dit, parce qu'il est trop occupé des objets extérieurs.

La distraction a plusieurs causes : elle naît de la légèreté de l'imagination, qui nous détourne de l'application que demande un raisonnement : elle vient souvent aussi du peu d'importance des choses que l'on nous dit, & qui ne nous affectent pas assez pour les suivre ; quelquefois du mépris que nous faisons des sots ; & enfin de la grande vivacité de l'esprit, qui nous entraîne avec rapidité d'un objet vers un autre.

Toutes ces sortes de distractions sont des défauts qu'il faut tâcher d'éviter dans le commerce de la société.

PORTRAIT DU DISTRAIT.

C'est un homme étonnant & rare en son espèce :
Il rêve fort à rien, il s'égare sans cesse,
Il cherche, il trouve, il brouille, il regarde sans voir.
Quand on lui parle blanc, souvent il répond noir.
Il vous dit non pour oui, pour oui non ; il appelle
Une femme monsieur, & moi mademoiselle ;
Prend souvent l'un pour l'autre : il va sans sçavoir où.
On dit qu'il est distrait, mais moi je le tiens fou.

Regnard.

DIVISION.

La division est la distribution d'un tout en plusieurs parties. Il y en a de deux sortes. La première s'appelle distinction. La distinction est l'énumération de ce que signifie un terme ambigu. La seconde est la simple distribution des parties d'une proposition ou d'un discours.

DOCILITÉ.

La docilité est une disposition naturelle de l'ame qui cherche à s'instruire, & qui reçoit avec douceur & reconnoissance les conseils de ses supérieurs & des personnes éclairées : c'est aussi quelquefois le fruit de la réflexion & de l'amour de la vérité, qui fait taire les murmures de l'amour-propre. Enfin, quelle qu'en soit la cause, c'est toujours la marque d'un bon esprit, ou d'un heureux naturel.

C'est une qualité qui nous porte à nous soumettre à ce qui mérite notre soumission. Plusieurs regardent cette vertu comme particulière aux jeunes gens, aux ignorans & aux simples : c'est un préjugé. Elle est de tous les états & de tous les âges. Il faut se rendre sans répugnance & avec douceur à la raison & à l'autorité. Il faut sur-tout travailler à vaincre les préventions, que l'orgueil & l'esprit d'indépendance ne manquent pas d'inspirer contre l'une & l'autre. Le défaut de docilité empêche l'esprit de se perfectionner, & d'acquérir les connoissances dont il a besoin.

DOMINATION.

L'esprit de domination est aussi insupportable dans la société que dans le gouvernement : c'est l'effet d'un amour-propre sans bornes, & qui rapporte tout à soi.

L'esprit de domination s'étend sur l'esprit, comme sur les biens temporels ; il s'empare de notre façon de penser ; il va jusqu'à vouloir contraindre notre volonté & régler nos sentimens. C'est une tyrannie que les gens d'esprit exercent volontiers sur les esprits foibles : car l'esprit de domination annonce presque toujours une supériorité de lumières ; ce qui

qui le rend d'autant plus dangereux, qu'il entraîne les esprits par une douce violence, par le charme de la séduction.

DOUCEUR.

La douceur est un fonds de complaisance, qui nous fait déférer à la volonté d'autrui ; c'est une qualité du tempérament, que l'éducation & la réflexion fortifient.

Elle nous rend attentifs & prévenants dans le commerce de la société ; elle nous fait dissimuler les offenses ; elle chasse l'esprit de contradiction & l'esprit satyrique ; elle nous donne ce ton affectueux, ce ton du sentiment, qui nous concilie ceux qui vivent avec nous; elle nous inspire la bienveillance, la bonté, la sensibilité, la reconnoissance & l'amour de l'humanité.

Cette qualité est aimée de tout le monde, & bien moins commune qu'on ne pense. Il y a une douceur d'esprit, une douceur de cœur, une douceur de mœurs, une douceur de conversation, une douceur de conduite, &c. La douceur d'esprit consiste à juger des choses sans aigreur, sans passion, sans préoccupation de son propre mérite & de sa prétendue infaillibilité : la douceur de cœur, à vouloir les choses sans entêtement, & d'une manière juste qui ne nuise ni au droit des autres, ni à l'ordre public : la douceur des mœurs, à se conduire par les grands principes, sans vouloir réformer les autres, spécialement ceux dont on n'est pas chargé : la douceur de la conversation, à proposer ses sentimens sans vouloir contraindre personne à penser comme nous, & sans mépriser les vues qu'ils peuvent avoir : la douceur de conduite, à agir avec simplicité, droiture, sans entreprendre de contredire les autres.

On regarde la douceur comme une vertu opposée

à la fermeté : c'est un préjugé. Un homme peut être doux & fort attaché aux règles ; mais il ménage ceux qui s'en écartent.

On croit la douceur opposée à la vivacité : c'est encore un préjugé. Elle n'est opposée qu'à la colère & l'emportement.

DOULEUR.

La douleur est le sentiment d'un mal présent, qui nous arrive par la perte ou la privation d'un bien. Ce sentiment se produit quelquefois par le ressouvenir d'un mal passé que l'imagination nous trace vivement. *Voyez* CHAGRIN.

La douleur que nous ressentons des souffrances que cause la maladie ou les infirmités qui accompagnent la vieillesse, est la plus excusable de toutes, quoiqu'il ne soit point raisonnable de se livrer à un sentiment qui ne fait qu'aigrir nos maux. A l'égard de la douleur que nous ressentons de la perte ou de la privation d'un bien, elle est la marque de la foiblesse de notre esprit. La douleur & les regrets ne réparent pas nos maux.

Il y a cependant des pertes, telles que celles d'une femme, d'un ami, d'un enfant, qui nous sont si sensibles, qu'avec toute la force d'esprit imaginable, nous ne pouvons nous défendre d'un instant de douleur : c'est un tribut que nous devons à la nature ; mais c'est être insensé que de s'y abandonner.

La douleur, qui est une modification de l'ame, une manière d'exister pénible & désagréable, est la source de nos antipathies, &, conjointement avec le plaisir, le premier mobile de nos actions. Elle est commune à tous les animaux, & les avertit de veiller à leur conservation. Ordinairement elle est produite par l'abus du plaisir ; par la lassitude des organes, qui nous transmettent l'impression des objets qui sont dans l'entendement où hors de nous ; par le choc des corps étrangers ; par leur rencontre imprévue.

Les grandes douleurs & les plaisirs excessifs sont muets. La rapidité des mouvemens de l'ame & leur inégalité dérangent les liens secrets qui l'unissent au corps : de-là cette rougeur qui colore le front, ou cette pâleur qui se peint sur le visage, les battemens de cœur & quelquefois ce tremblement dans toute la machine ; cet engourdissement & cette stupidité apparente, qui fait dire communément que l'ame se resserre, comme si elle avoit de l'étendue ou de la pénétrabilité. *Amuſ. philoſ.*

DOUTE.

Le doute est une suspension de l'esprit qui refuse de porter son jugement sur une proposition dont la vérité ne lui est pas suffisamment connue.

Le doute est la marque de peu ou de beaucoup d'esprit. On doute souvent faute de connoissances, quelquefois parce qu'on en a trop, ou qu'elles ne sont pas assez distinctes ; & enfin parce que, lorsqu'il est question d'idées abstraites & métaphysiques, on ne rencontre souvent que des probabilités.

Le doute est donc quelquefois raisonnable en métaphysique ; mais il est dangereux en morale. Tout homme qui ne s'est pas fait des principes sur tous les devoirs de la société, n'agira jamais qu'au hasard, ou déterminé par le préjugé ; &, par conséquent, il ne peut être vertueux, le motif seul faisant le mérite de nos actions. Le doute en matière de politique entraîne de plus grands inconvéniens ; il n'est plus temps de délibérer, quand il faut agir.

DROIT.

Le droit est ce qui est dû à chacun : c'est le fondement de la justice. Il est naturel ou civil. Le droit naturel est fondé sur cette lumière qui éclaire l'entendement de l'homme & qu'on nomme raison ; c'est *ce qui est prescrit par la raison* : le droit civil est ce *qui est ordonné par les loix.* Le droit civil doit dériver du droit naturel ; mais malheureusement nous voyons souvent qu'il s'en écarte. Doit-on s'en étonner ? ce sont les hommes qui ont fait les loix.

DROITURE.

La droiture est une disposition à l'équité. *Voyez* Equité'.

DUPLICITÉ.

La duplicité est le vice propre de l'homme double ; & l'homme double est un méchant qui a toutes les démonstrations de l'homme de bien, c'est-à-dire, belle apparence & mauvais jeu. La duplicité de caractère suppose, ce me semble, un mépris décidé de la vertu. L'homme double s'est dit à lui-même, qu'il faut toujours être assez adroit pour se montrer honnête-homme ; mais qu'il ne faut jamais faire la sottise de l'être. Je croirois volontiers qu'il y a deux sortes de duplicité : l'une systématique & raisonnée, l'autre naturelle & pour ainsi dire animale : on ne revient guère de la premiere ; on ne revient jamais de la seconde. Je doute qu'il y ait eu un homme d'une duplicité assez consommée pour ne s'être point décelé. Il y a des circonstances où la finesse est bien voisine de la duplicité. L'homme double vous trompe ; & l'homme fin, au contraire, fait que vous vous trompez vous-même. Il faudroit quelquefois avoir égard au ton, au geste, au visage, à l'expression, pour sçavoir si un homme a mis de la duplicité dans une action, ou s'il n'y a mis que de la finesse. Quoi que l'on puisse dire en faveur de la finesse, elle sera toujours une des nuances de la duplicité.

DURETÉ.

La dureté est l'insensibilité des maux qu'endurent les misérables ; c'est un vice du cœur qui vient du tempérament. Les vieilles gens sont ordinairement moins compatissants que les jeunes ; il semble que le cœur s'use : c'est que l'expérience des maux l'endurcit.

E.

ÉDUCATION.

L'éducation est le soin qu'on prend de l'instruction des enfans, tant pour ce qui regarde les mœurs, e l'esprit & le corps.

Un père de famille doit se proposer, trois objets dans l'éducation de sa famille ; la science, les mœurs, la religion.

Les belles-lettres, les beaux-arts & les sciences forment l'esprit, lui donnent de l'étendue, de la capacité pour les affaires ; & lui procurent une secrette satisfaction, qui tient souvent lieu de richesses, de plaisirs & d'amis.

Elles élèvent l'ame, & la portent aux grandes actions, par la connoissance qu'elles nous donnent de nos devoirs.

La fin de l'étude doit être de rendre l'homme meilleur, de réprimer l'orgueil, d'acquérir les vertus de la société & de citoyen, d'arrêter la fougue des passions, par les bons exemples que nous fournissent l'histoire & les livres de morale.

L'éducation doit se diviser en trois temps; l'enfance est pour la mère, la jeunesse regarde le père, & l'adolescence demande les soins de tous les deux.

Des écrits sans nombre qui ont été faits sur l'éducation, je ne connois rien de plus sensé que ce qu'en a dit Montaigne, dont je vais essayer de rendre le précis. Il ne veut pas que les enfans soient élevés sous les yeux du père & de la mère, dont la tendresse trop aveugle pourroit empêcher l'effet de l'éducation. Il veut qu'on leur forme de bonne heure le corps à la fatigue & à l'exercice; qu'on les accoutume à manger de tout; qu'on donne toute autorité à un gouverneur : qu'on n'emploie jamais que la douceur & la persuasion avec les enfans, lorsqu'il est question de leur inculquer des maximes & des préceptes; mais qu'on emploie les châtimens, quand ils font ce qu'on leur a défendu : qu'on cultive leur jugement plutôt que leur mémoire; qu'on les fasse parler souvent, pour sçavoir ce qu'ils pensent, & pouvoir leur faire sentir quand ils ne pensent pas bien; que tout leur serve d'instruction, une promenade, une visite, les fautes qu'on voit faire aux autres, les vices & les vertus des personnes qui les environnent : tout est matière propre à les former. Il recommande sur-tout que, préférablement à toute autre science, on leur enseigne la morale, qui dicte à chacun la règle de ses devoirs; qu'on leur demande compte du sens plutôt que des mots d'un livre qu'ils auront lu; qu'on les instruise, autant qu'on le pourra, en causant avec eux; & qu'en fin, en cultivant l'esprit, on ne néglige pas le corps. Que si le disciple, ajoute-t-il, se rencontre de si diverse condition, qu'il aime mieux ouir une fable que la narration d'un beau voyage, s'il a des inclinations perverses, je n'y trouve aucun remède, sinon qu'on le mette pâtissier dans quelque bonne ville, fût-il fils d'un duc ; car les inclinations naturelles, les penchants que nous donne notre constitution originelle, ne se changent point : l'éducation ne sert qu'à les cacher, quand ils sont mauvais ; ce qui est toujours beaucoup.

Malgré le peu de pouvoir qu'on lui attribue, il est certain que l'éducation forme souvent une seconde nature par l'habitude. *Voyez ce mot.*

La coutume, la loi plia mes premiers ans
A la religion des heureux Musulmans.
Je le vois trop : les soins qu'on prend de notre enfance
Forment nos sentimens, nos mœurs, notre créance.
J'eusse été, près du Gange, esclave des faux dieux,
Chrétienne dans Paris, Musulmane dans ces lieux.
L'instruction fait tout ; & la main de nos pères
Grave en nos faibles cœurs ces premiers caractères,
Que l'exemple & le temps viennent nous retracer,
Et que peut-être en nous Dieu seul peut effacer.

Voltaire.

L'éducation des enfans devroit être un des principaux soins du gouvernement.

La bonne éducation fait les bonnes mœurs, & les bonnes mœurs font le bonheur & la sûreté d'un état.

On trouve parmi nous, dit M. Duclos, beaucoup d'instruction & peu d'éducation ; on y forme des sçavans & des artistes de toute espèce ; chaque partie des lettres, des sciences & des arts y est cultivée avec succès : mais on ne s'est pas encore avisé de former des hommes ; c'est-à-dire, de les élever les uns pour les autres ; de faire porter sur une base d'éducation générale toutes les instructions particulières ; de façon qu'ils fussent accoutumés à chercher leurs avantages personnels dans le plan du bien général, & que, dans quelque profession que ce fût, ils commençassent par être patriotes.

Nous avons dans le cœur des germes de vertus & de vices ; il s'agit d'étouffer les uns & de développer les autres. Toutes les facultés de l'ame se réduisent à sentir & à penser ; nos plaisirs consistent à aimer ou à connoître : il ne faudroit donc que règler & exercer ces dispositions, pour rendre les hommes utiles & heureux par le bien qu'ils feroient & qu'ils éprouveroient eux-mêmes. Telle est l'éducation, qui devroit être générale & uniforme ; au lieu que l'instruction doit être variée & différente, suivant l'état, l'inclination & les dispositions de ceux qu'on veut instruire.

Si l'éducation étoit raisonnée, les hommes acquerroient une très-grande quantité de vérités, avec plus de facilité qu'ils ne reçoivent un très-petit nombre d'erreurs. Les vérités ont entr'elles une liaison, une relation, des points de contact, qui en favorisent la connoissance & la mémoire ; au lieu que les erreurs sont ordinairement isolées : elles ont plus d'effet qu'elles ne sont conséquentes, & il faut plus d'efforts pour s'en détromper que pour s'en préserver.

La fable suivante de La Fontaine, fait sentir le pouvoir de l'éducation :

L'EDUCATION.

FABLE.

Laridon & César, frères dont l'origine
Venoit de chiens fameux, beaux, bienfaits & hardis,
A deux maîtres divers échus au temps jadis,
Hantoient l'un les forêts, & l'autre la cuisine.
Ils avoient eu d'abord chacun un autre nom :
    Mais la diverse nourriture,
Fortifiant en l'un cette heureuse nature,
En l'autre l'altérant, un certain marmiton
    Nomma celui-ci Laridon.
Son frère ayant couru mainte haute aventure,
Mis maint cerf aux abois, maint sanglier abbattu,
Fut le premier César, que la gent chienne ait eu.
On eut soin d'empêcher qu'une indigne maîtresse,
Ne fit en ses enfans dégénérer son sang :
Laridon négligé témoignoit sa tendresse,
    A l'objet le premier passant.
    Il peupla tout de son engeance :
Tourne-broches, par lui rendus communs en France,
Y font un corps à part, gens fuyant les hasards,
    Peuple antipode des Césars.
On ne suit pas toujours ses aïeux ni ses pères,
Le peu de soin, le temps, tout fait qu'on dégénère.
Faute de cultiver la nature & ses dons,
O combien de Césars deviendroient Laridons !

EFFRONTÉ. *Voyez* IMPUDENCE.

EGALITÉ.

L'égalité est une tranquillité d'ame, que rien ne peut troubler. Elle naît de la modération de nos desirs : c'est l'apathie des philosophes. *Voyez* APATHIE.

L'égalité de l'esprit est troublée par la trop grande dissipation des esprits animaux, par la foiblesse de l'âge & la maladie qui relâchent & affoiblissent les organes.

L'égalité d'humeur est altérée par la quantité,

ou la mauvaise qualité de celles qui succèdent.

L'égalité attachée à la condition humaine est rendue d'une manière sensible & piquante, par le philosophe Montaigne. L'empereur, dit-il, duquel la pompe vous éblouit en public, voyez-le derrière le rideau ; ce n'est qu'un homme commun, & à l'aventure plus vil que le moindre de ses sujets. La fièvre, la migraine & la goutte l'épargnent-elles non plus que nous ? Quand la vieillesse lui sera sur les épaules, les archers de sa garde l'en déchargeront-ils ? quand la frayeur de la mort le transira, se rassurera-t-il par l'assistance des gentilshommes de sa chambre ? quand il sera en jalousie & en caprice, nos bonnetades (*salutations*) le remettront-elles ?

Egalité naturelle.

L'égalité naturelle est celle qui est entre tous les hommes, par la constitution de leur nature seulement. Cette égalité est le principe & le fondement de la liberté. L'égalité naturelle ou morale est donc fondée sur la constitution de la nature humaine, commune à tous les hommes, qui naissent, croissent, subsistent, & meurent de la même manière.

Puisque la nature humaine se trouve la même dans tous les hommes, il est clair, que, selon le droit naturel, chacun doit estimer & traiter les autres comme autant d'êtres qui lui sont naturellement égaux, c'est-à-dire, qui sont hommes aussi bien que lui.

De ce principe de l'égalité naturelle des hommes, il résulte plusieurs conséquences. Je parcourrai les principales.

1°. Il résulte de ce principe, que tous les hommes sont naturellement libres, & que la raison n'a pu les rendre dépendans que pour leur bonheur.

2°. Que, malgré toutes les inégalités produites dans le gouvernement politique, par la différence des conditions, par la nobleffe, la puiffance, les richeffes, &c., ceux qui font les plus élevés au deffus des autres, doivent traiter leurs inférieurs comme leur étant naturellement égaux, en évitant tout outrage, en n'exigeant rien au de-là de ce qu'on leur doit, & en exigeant avec humanité ce qui leur eft dû le plus inconteftablement.

3°. Que quiconque n'a pas acquis un droit particulier en vertu duquel il puiffe exiger quelque préférence, ne doit rien prétendre plus que les autres ; mais, au contraire, les laiffer jouir également des mêmes droits qu'il s'arroge à lui-même.

4°. Qu'une chofe qui eft de droit commun, doit être ou commune en jouiffance, ou poffédée alternativement, ou divifée par égales portions entre ceux qui ont le même droit, ou par compenfation équitable & règlée ; ou qu'enfin, fi cela impoffible, on doit en remettre la décifion au fort : expédient affez commode, qui ôte tout foupçon de mépris & de partialité, fans rien diminuer de l'eftime des perfonnes auxquelles il ne fe trouve pas favorable.

Enfin, pour dire plus, il fonde, avec le judicieux Hooker, fur le principe inconteftable de l'égalité naturelle, tous les devoirs de charité, d'humanité & de juftice, auxquels les hommes font obligés les uns envers les autres ; & il ne feroit pas difficile de le démontrer.

Le lecteur tirera d'autres conféquences, qui naiffent du principe de l'égalité naturelle des hommes. Je remarquerai feulement que c'eft la violation de ce principe, qui a établi l'efclavage politique & civil. Il eft arrivé de-là que, dans les pays foumis au pouvoir arbitraire, les princes, les courtisans, les premiers ministres, ceux qui manient les finances, possèdent toutes les richesses de la nation, pendant que le reste des citoyens n'a que le nécessaire, & que la plus grande partie du peuple gémit dans la pauvreté.

Cependant qu'on ne me fasse pas le tort de supposer que, par un esprit de fanatisme, j'approuvasse dans un état cette chimère de l'égalité absolue, qui peut à peine enfanter une république idéale ; je ne parle ici que de l'égalité naturelle des hommes. Je connois trop la nécessité des conditions différentes, des grades, des honneurs, des distinctions, des prérogatives, des subordinations, qui doivent règner dans tous les gouvernemens ; & j'ajoute même que l'égalité naturelle ou morale n'y est point opposée. Dans l'état de nature, les hommes naissent bien dans l'égalité, mais ils n'y sçauroient rester ; la société la leur fait perdre, & ils ne redeviennent égaux que par les loix. Aristote rapporte que Phaléas de Chalcédoine avoit imaginé une façon de rendre égales les fortunes de la république où elles ne l'étoient pas : il vouloit que les riches donnassent des dots aux pauvres, & n'en reçussent pas ; & que les pauvres reçussent de l'argent pour leurs filles, & n'en donnassent pas.

» Mais (comme le dit l'auteur de l'*Esprit des loix*)
» aucune république s'est-elle jamais accommodée
» d'un règlement pareil ? Il met les citoyens sous
» des conditions dont les différences sont si frappan-
» tes, qu'ils haïroient cette égalité même que l'on
» chercheroit à établir, & qu'il seroit fou de vou-
» loir introduire. «

ÉGARD.

Les égards sont les soins, les attentions, les prévenances & les marques de respect que nous donnons aux autres.

L'esprit de société est fondé sur des égards mutuels. Nous en devons à nos supérieurs.

Les égards sont aussi des ménagemens qu'on emploie pour dire des vérités dures, ou pour les taire : ils se conforment aux situations, au sexe, aux temps & aux lieux.

Les égards réciproques que les hommes se doivent les uns aux autres, sont un des devoirs les plus indispensables de la société. Les hommes étant réellement tous égaux, quoique de conditions différentes, les égards qu'ils se doivent sont égaux aussi, quoique de différente espèce. Les égards du supérieur, par exemple, envers son inférieur, consistent à ne jamais laisser appercevoir sa supériorité, ni donner lieu de croire qu'il s'en souvient : c'est en quoi consiste la véritable politesse des grands ; la simplicité en doit être le caractère. Trop de démonstrations extérieures naissent souvent de cette simplicité : elles ont un air de faveur & de grace, sur lequel l'inférieur ne se méprend pas, pour peu qu'il ait de finesse dans le sentiment : il croit entendre le supérieur lui dire, par toutes ces démonstrations: Je suis fort au dessus de vous, mais je veux bien l'oublier un moment, parce que je vous fais l'honneur de vous estimer, & que je suis d'ailleurs assez grand pour ne pas prendre avec vous tous mes avantages. La vraie politesse est franche, sans apprêt, sans étude, sans morgue, & part du sentiment intérieur de l'égalité naturelle : elle est la vertu d'une ame simple, noble, & bien née ; elle ne consiste réellement qu'à mettre à leur aise ceux avec qui l'on se trouve. La civilité est bien différente ; elle est pleine de procédés sans attachement, & d'attention sans estime : aussi ne faut-il jamais confondre la civilité & la politesse ; la premiere est assez commune, la seconde extrémement rare ; on peut être très-civil sans être poli, & très-poli sans être civil.

ÉLÉVATION.

La véritable élévation est une disposition sublime de l'ame : son effet est de donner de grandes vues à l'esprit, & d'inspirer au cœur de nobles sentimens. Un prince, par exemple, qui a de l'élévation, n'a que des pensées & des sentimens dignes d'un prince : mais celui qui n'en a point, n'a au contraire que des idées foibles & bornées, semblables à celles d'un particulier, de petits intérêts, des sentimens communs, des inclinations vulgaires. La vraie élévation ne consiste pas à desirer ou à faire ce qu'une imagination déréglée ou une erreur populaire représente grand & difficile. Elle ne consiste pas à tenter des choses difficiles par l'attrait même de la difficulté. Elle ne se sent pas excitée par l'idée du merveilleux, & par le plaisir de surmonter l'impossible. Elle ne s'attache qu'à ce qui est possible, utile au public, d'une longue durée, & qui, étant comparé avec la dépense, la surpasse infiniment par le fruit. *Institut. d'un prince.*

ELOQUENCE.

L'éloquence est l'art de persuader : ce sont les passions qui nous la donnent.

On doit se défier de l'éloquence, parce qu'on peut persuader le cœur sans convaincre l'esprit. La conviction est le fruit du raisonnement, & la persuasion est l'effet d'un sentiment qui nous trompe bien souvent.

L'éloquence, dit M. de Voltaire, est née avant les règles de la rhétorique, comme les langues se sont formées avant la grammaire. La nature rend les hommes éloquens dans les grands intérêts & dans les grandes passions. Quiconque est vivement ému, voit les choses d'un autre œil que les autres hommes. Tout est pour lui objet de comparaison rapide, & de métaphore : sans qu'il y prenne garde, il anime tout, & fait passer dans ceux qui l'écoutent une partie de son enthousiasme. Un philosophe très-éclairé a remarqué que le peuple même s'exprime par des figures ; que rien n'est plus commun, plus naturel que les tours qu'on appelle tropes. Ainsi, dans toutes les langues, le cœur brûle, le courage s'allume, les yeux étincellent, l'esprit est accablé, il se partage, il s'épuise : le sang se glace, la tête se renverse : on est enflé d'orgueil, enivré de vengeance. La nature se peint par-tout dans ces images fortes devenues ordinaires. C'est elle dont l'instinct enseigne à prendre d'abord un air, un ton modeste, avec ceux dont on a besoin. L'envie naturelle de captiver ses juges & ses maîtres, le recueillement de l'ame profondément frappée, qui se prépare à déployer les sentimens qui la pressent, sont les premiers maîtres de l'art.

C'est cette même nature qui inspire quelquefois des débuts vifs & animés ; une forte passion, un danger pressant, appellent tout d'un coup l'imagination : ainsi, un capitaine des premiers califes, voyant fuir les musulmans, s'écria : Où courez-vous ? ce n'est pas là que sont les ennemis. On vous a dit que le calife est tué : eh ! qu'importe qu'il soit au nombre des vivans ou des morts ? Dieu est vivant & nous regarde : marchez.

La nature fait donc l'éloquence : &, si on a dit

que les poëtes naissent, & que les orateurs se forment, on l'a dit quand l'éloquence a été forcée d'étudier les loix, le génie des juges & la méthode du temps.

Les préceptes sont toujours venus après l'art. Tisius fut le premier qui recueillit les loix de l'éloquence, dont la nature donne les premières règles.

Platon dit ensuite, dans son *Gorgias*, qu'un orateur doit avoir la subtilité des dialecticiens, la science des philosophes, la diction presque des poëtes, la voix & les gestes des plus grands acteurs.

Aristote fit voir ensuite que la véritable philosophie est le guide secret de l'esprit dans tous les arts. Il creusa les sources de l'éloquence dans son livre *de la Rhétorique* ; il fit voir que la dialectique est le fondement de l'art de persuader, & qu'être éloquent c'est sçavoir prouver.

Il distingua les trois genres, le délibératif, le démonstratif & le judiciaire. Dans le délibératif, il s'agit d'exhorter ceux qui délibèrent à prendre un parti sur la guerre & sur la paix, sur l'administration publique ; &, dans le démonstratif, de faire voir ce qui est digne de louange ou de blâme ; dans la judiciaire, de persuader, d'absoudre, ou de condamner, &c. On sent assez que ces trois genres rentrent souvent l'un dans l'autre.

Il traite ensuite des passions & des mœurs, que tout orateur doit connoître.

Il examine quelles preuves on doit employer dans ces trois genres d'éloquence. Enfin, il traite a fond de l'élocution, sans laquelle tout languit ; il recommande les métaphores, pourvu qu'elles soient justes & nobles ; il exige sur-tout la convenance, la bienséance. Tous ses préceptes respirent la justesse éclairée

rée d'un philosophe, & la politesse d'un Athénien; &, en donnant les règles de l'éloquence, il est éloquent avec simplicité.

Il est à remarquer que la Grèce fut la seule contrée de la terre où l'on connût alors les loix de l'éloquence, parce que c'étoit la seule où la véritable éloquence existât. L'art grossier étoit chez tous les hommes; des traits sublimes ont échappé partout à la nature dans tous les temps: mais remuer les esprits de toute une nation polie, plaire, convaincre & toucher à la fois, cela ne fut donné qu'aux Grecs. Les Orientaux étoient presque tous esclaves: c'est un caractère de la servitude de tout exagérer; ainsi l'éloquence asiatique fut monstrueuse. L'Occident étoit barbare du temps d'Aristote.

L'éloquence véritable commença à se montrer dans Rome, du temps des Gracques, & ne fut perfectionnée que du temps de Cicéron. Marc Antoine l'orateur, Hortensius, Cérion, César, & plusieurs autres, furent des hommes éloquens.

Cette éloquence périt avec la république, ainsi que celle d'Athènes. L'éloquence sublime n'appartient, dit-on, qu'à la liberté; c'est qu'elle consiste à dire des vérités hardies, à étaler des raisons & des peintures fortes. Souvent un maître n'aime pas la vérité, craint les raisons, & aime mieux un compliment délicat que de grands traits.

Cicéron, après avoir donné les exemples dans ses harangues, donna les préceptes dans son livre *de l'Orateur*: il suit presque toute la méthode d'Aristote, & l'explique avec le stile de Platon.

Il distingue le genre simple, le tempéré, & le sublime. Rollin a suivi cette division dans son *Traité des études*; &, ce que Cicéron ne dit pas, il prétend que le tempéré est une belle rivière ombragée de vertes forêts des deux côtés ; le simple, une table servie proprement, dont tous les mets sont d'un goût excellent, & dont on bannit tout rafinement ; que le sublime foudroie, & que c'est un fleuve impétueux qui renverse tout ce qui lui résiste.

Sans se mettre à cette table, & sans suivre ce foudre, ce fleuve & cette rivière, tout homme de bon-sens voit que l'éloquence simple est celle qui a des choses simples à exposer, & que la clarté & l'élégance sont tout ce qui lui convient. Il n'est pas besoin d'avoir lu Aristote, Cicéron & Quintilien, pour sentir qu'un avocat qui débute par un exorde pompeux au sujet d'un mur mitoyen, est ridicule : c'étoit pourtant le vice du barreau jusqu'au milieu du XVIIe. siècle ; on disoit avec emphase des choses triviales. On pourroit compiler des volumes de ces exemples : mais tous se réduisent à ce mot d'un avocat, homme d'esprit, qui voyant que son adversaire parloit de la guerre de Troie & du Scamandre, l'interrompit en disant, *La cour observera que ma partie ne s'appelle pas Scamandre, mais Michaut.*

Le genre sublime ne peut regarder que de puissans intérêts, traités dans une grande assemblée. On en voit encore de vives traces dans le parlement d'Angleterre ; on a quelques harangues qui y furent prononcées en 1739, quand il s'agissoit de déclarer la guerre à l'Espagne. L'esprit de Démosthène & de Cicéron ont dicté plusieurs traits de ces discours ; mais ils ne passeront pas à la postérité comme ceux des Grecs & des Romains, parce qu'ils manquent de cet art & de ce charme de la diction qui mettent le sceau de l'immortalité aux bons ouvrages.

Le genre tempéré est celui de ces discours d'appareil, de ces harangues publiques, de ces complimens étudiés, dans lesquels il faut couvrir de fleurs la futilité de la matière.

Ces trois genres rentrent encore souvent l'un dans l'autre, ainsi que les trois objets de l'éloquence qu'Aristote considère : & le grand mérite de l'orateur est de les mêler à propos.

La grande éloquence n'a guère pu en France être connue au barreau, parce qu'elle ne conduit pas aux honneurs, comme dans Athènes, dans Rome, & comme aujourd'hui dans Londres, & n'a point pour objet de grands intérêts publics : elle s'est réfugiée dans les oraisons funèbres, où elle tient un peu de la poésie. Bossuet, & après lui Fléchier, semblent avoir obéi à ce précepte de Platon, qui veut que l'élocution d'un orateur soit quelquefois celle même d'un poëte. L'éloquence de la chaire avoit été presque barbare jusqu'au père Bourdaloue ; il fut un des premiers qui firent parler la raison.

Les Anglois ne vinrent qu'ensuite, comme l'avoue Burnet évêque de Salisbury. Ils ne connurent point l'oraison funèbre ; ils évitèrent, dans les sermons, les traits véhémens, qui ne leur parurent point convenables à la simplicité de l'évangile ; & ils se défirent de cette méthode des divisions recherchées, que l'archevêque Fénélon condamne dans les *Dialogues sur l'éloquence*.

Quoique nos sermons roulent sur l'objet le plus important de l'homme, cependant il s'y trouve peu de ces morceaux frappans qui, comme les beaux endroits de Cicéron & de Démosthène, sont devenus les modèles de toutes les nations Occidentales. Le lecteur sera pourtant bien-aise de trouver ici ce qui arriva la première fois que M. Massillon, depuis évêque de Clermont, prêcha son fameux sermon *Du petit nombre des élus* : il y eut un endroit où un transport de saisissement s'empara de tout l'auditoire ; presque tout le monde se leva à moitié par

un mouvement involontaire; le murmure d'acclamation & de surprise fut si fort, qu'il troubla l'orateur, & ce trouble ne servit qu'à augmenter le pathétique de ce morceau. Le voici: » Je suppose que
» ce soit ici notre dernière heure à tous; que les
» cieux vont s'ouvrir sur nos têtes; que le temps est
» passé, & que l'éternité commence; que Jésus-
» Christ va paroître pour nous juger selon nos œu-
» vres, & que nous sommes tous ici pour attendre
» de lui l'arrêt de la vie ou de la mort éternelle:
» je vous le demande, frappé de terreur comme
» vous, ne séparant point mon sort du vôtre, &
» me mettant dans la même situation où nous de-
» vons tous paroître un jour devant Dieu notre juge:
» si Jésus-Christ, dis-je, paroissoit dès-à-présent pour
» faire la terrible séparation des justes & des pé-
» cheurs, croyez-vous que le plus grand nombre
» fût sauvé? croyez-vous que le nombre des justes
» fût au moins égal à celui des pécheurs? croyez-
» vous que, s'il faisoit maintenant la discussion des
» œuvres du grand nombre qui est dans cette église,
» il trouvât seulement dix justes parmi nous? En
» trouveroit-il un seul? &c. « (Il y a eu plusieurs
éditions différentes de ce discours, mais le fonds est
le même dans toutes.)

Cette figure, la plus hardie qu'on ait jamais employée, & en même-temps la plus à sa place, est un des plus beaux traits d'éloquence qu'on puisse lire chez les nations anciennes & modernes ; & le reste du discours n'est pas indigne de cet endroit si saillant. De pareils chefs-d'œuvre sont très-rares ; tout est d'ailleurs devenu lieu commun. Les prédicateurs qui ne peuvent imiter ces grands modèles feroient mieux de les apprendre par cœur, & de les débiter à leur auditoire (supposé encore qu'ils eussent ce talent si rare de la déclamation), que de prêcher dans un stile languissant des choses aussi rebattues qu'inutiles.

On demande si l'éloquence est permise aux historiens. Celle qui leur est propre consiste dans l'art de préparer les événemens ; dans leur exposition toujours nette & élégante, tantôt vive & pressée, tantôt étendue & fleurie ; dans la peinture vraie & forte des mœurs générales & des principaux personnages ; dans les réflexions incorporées naturellement au récit, & qui n'y paroissent point ajoutées. L'éloquence de Démosthène ne convient pas à Thucidide ; une harangue directe, qu'on met dans la bouche d'un héros qui ne la prononça jamais, n'est guère qu'un beau défaut.

Si pourtant ces licences pouvoient quelquefois se permettre, voici une occasion où Mezeray dans sa grande histoire semble obtenir grace pour cette hardiesse approuvée chez les anciens ; il est égal à eux pour le moins dans cet endroit : c'est au commencement du règne de Henry IV, lorsque ce prince, avec très-peu de troupes, étoit pressé auprès de Dieppe par une armée de trente mille hommes, & qu'on lui conseilloit de se retirer en Angleterre. Mezeray s'élève au dessus de lui-même, en faisant parler ainsi le maréchal de Biron, qui d'ailleurs étoit un homme de génie, & qui peut fort bien avoir dit une partie de ce que l'historien lui attribue :

» Quoi ! Sire, on vous conseille de monter sur
» mer, comme s'il n'y avoit point d'autre moyen
» de conserver votre royaume que de le quitter ? Si
» vous n'étiez pas en France, il faudroit percer au
» travers de tous les hasards & de tous les obstacles
» pour y venir : & maintenant que vous y êtes, on
» voudroit que vous en sortissiez ? & vos amis se-

» roient d'avis que vous fissiez de votre bon gré ce
» que le plus grand effort de vos ennemis ne sçau-
» roit vous contraindre de faire ? En l'état où vous
» êtes, sortir de France, seulement pour vingt-qua-
» tre heures, c'est s'en bannir pour jamais. Le péril,
» au reste, n'est pas si grand qu'on vous le dépeint :
» ceux qui pensent nous envelopper, sont ou ceux mê-
» mes que nous avons tenus enfermés si lâchement
» dans Paris, ou gens qui ne valent pas mieux, & qui
» auront plus d'affaires entr'eux-mêmes que con-
» tre nous. Enfin, Sire, nous sommes en France,
» il nous y faut enterrer : il s'agit d'un royaume, il
» faut l'emporter ou y perdre la vie ; & quand
» même il n'y auroit point d'autre sureté pour votre
» sacrée personne que la fuite, je sçais bien que vous
» aimeriez mieux mille fois mourir de pied ferme, que
» de vous sauver par ce moyen. Votre majesté ne
» souffriroit jamais qu'on dise qu'un cadet de la mai-
» son de Lorraine lui auroit fait perdre terre ; encore
» moins qu'on la vit mendier à la porte d'un prince
» étranger. Non, non, Sire, il n'y a ni couronne
» ni honneur pour vous au de-là de la mer : si vous
» allez au devant du secours d'Angleterre, il recu-
» lera ; si vous vous présentez au port de la Rochelle
» en homme qui se sauve, vous n'y trouverez que
» des reproches & du mépris. Je ne puis croire
» que vous deviez plutôt fier votre personne à l'in-
» constance des flots & à la merci de l'étranger, qu'à
» tant de braves gentilshommes & tant de vieux sol-
» dats qui sont prêts de lui servir de remparts & de
» boucliers ; & je suis trop serviteur de votre ma-
» jesté, pour lui dissimuler que, si elle cherchoit sa
» sureté ailleurs que dans leur vertu, ils seroient
» obligés de chercher la leur dans un autre parti que
» dans le sien. «

Ce discours fait un effet d'autant plus beau, que Mezeray met ici en effet dans la bouche du maréchal de Biron, ce que Henri IV avoit dans le cœur.

Il y auroit encore bien des choses à dire sur l'éloquence, mais les livres n'en disent que trop ; &, dans un siècle éclairé, le génie aidé des exemples en sçait plus que n'en disent tous les maîtres.

EMPORTEMENT.

L'emportement est un mouvement de colère qui fait d'abord beaucoup de bruit, mais qui s'appaise ensuite fort aisément. Il est l'effet de la vivacité de l'imagination & de la chaleur du sang : c'est pourquoi il faut lui céder d'abord.

EMPRESSEMENT.

Il semble que le trop grand empressement est une recherche importune, ou une vaine affectation de marquer aux autres de la bienveillance par ses paroles & par toute sa conduite. Les manières d'un homme empressé sont de prendre sur soi l'événement d'une affaire qui est au-dessus de ses forces, & dont il ne sçauroit sortir avec honneur ; &, dans une chose que toute une assemblée juge raisonnable, & où il ne se trouve pas la moindre difficulté, d'insister long-temps sur une légère circonstance, pour être ensuite de l'avis des autres; de faire beaucoup plus apporter de vin dans un repas, qu'on n'en peut boire ; d'entrer dans une querelle où il se trouve présent, d'une manière à l'échauffer davantage. Rien n'est aussi plus ordinaire que de le voir s'offrir à servir de guide dans un chemin détourné qu'il ne connoît pas, & dont il ne peut ensuite trouver l'issue ; venir vers son général, & lui demander quand il doit ranger son armée en bataille, quel jour il faudra combattre, & s'il n'a point d'ordre à lui donner pour le lendemain : une autre fois s'approcher de son père ; Ma mère, lui dit-il mystérieusement, vient de se coucher, & ne commence qu'à s'endormir : s'il entre enfin dans la chambre d'un malade à qui son médecin à défendu le vin, dire qu'on peut essayer s'il ne lui fera point de mal, & le soutenir doucement pour lui en faire prendre. S'il apprend qu'une femme est morte dans la ville, il s'ingère de faire son épitaphe ; il y fait graver son nom, celui de son mari, de son père, de sa mère, son pays, son origine, avec cet éloge : *Ils avoient tous de la vertu.* S'il est quelquefois obligé de jurer devant des juges qui exigent son serment: Ce n'est pas, dit-il en perçant la foule pour paroître à l'audience, la première fois que cela m'est arrivé.

EMULATION, ENVIE.

L'émulation est le desir de bien faire, à l'exemples des autres, & de les surpasser même, s'il se peut. Sans l'émulation & les passions qui nous portent à l'action, tout languiroit dans le monde moral.

L'envie est une contradiction de l'orgueil, l'émulation une ambition louable : l'envie est un sentiment déguisé de notre foiblesse, l'émulation nu sentiment de nos forces : l'émulation fait des grands hommes, l'envie décèle la bassesse de l'ame : l'émulation est un des plus grands ressorts du gouvernement, l'envie tend à sa ruine : l'émulation n'est jamais sans récompense, l'envie est son supplice à elle-même. *Voyez* Envie.

L'émulation, dit M. le chevalier de Jaucourt, est une passion noble & généreuse, qui, admirant le mérite, les belles choses & les actions d'autrui, tâche de les imiter, ou même de les surpasser, en y travaillant avec courage, par des principes honorables & vertueux.

Voilà le caractère de l'émulation, & ce qui la distingue d'une ambition désordonnée, de la jalousie & de l'envie : elle ne tient rien du vice des unes ni des autres. En cherchant les dignités, les charges & les emplois, c'est l'honneur, c'est l'amour du devoir & de la patrie qui l'anime.

L'émulation & la jalousie ne se rencontrent guère que dans les personnes du même art, de mêmes talens, & de même condition. Un homme d'esprit, dit fort bien La Bruyère, n'est ni jaloux, ni émule d'un ouvrier qui a travaillé une bonne épée, d'un statuaire qui vient d'achever une belle figure : il sçait qu'il y a, dans ces arts, des règles & une méthode qu'on ne devine point ; qu'il y a des outils à manier dont il ne connoît ni l'usage, ni le nom, ni la figure ; & il lui suffit de penser qu'il n'a point fait l'apprentissage d'un certain métier, pour se consoler de n'y être point maître.

Mais, quoique l'émulation & la jalousie aient lieu d'ordinaire dans les personnes d'un même état, & qu'elles s'exercent sur le même objet, la différence est grande dans leur façon de procéder.

L'émulation est un sentiment volontaire, courageux, sincère, qui rend l'ame féconde, qui la fait profiter des grands exemples, & la porte souvent au-dessus de ce qu'elle admire : la jalousie, au contraire, est un mouvement violent, & comme un aveu contraint du mérite qui est hors d'elle, & qui va même quelquefois jusqu'à le nier dans les sujets où il existe ; vice honteux, qui, par son excès, rentre toujours dans la vanité & dans la présomption.

L'émulation ne diffère pas moins de l'envie. Elle pense à surpasser un rival par des efforts louables & généreux : l'envie ne songe à l'abbaisser que par des routes opposées. L'émulation, toujours agissante & ouverte, se fait un motif du mérite d'autrui, pour tendre à la perfection avec plus d'ardeur: l'envie, froide & sèche, s'en attriste, & demeure dans la nonchalance; passion stérile, qui laisse l'homme envieux, dans la position où elle le trouve, ou dont le vice qui la caractérise est l'unique aiguillon. Quand on est rempli d'émulation, le manque de succès fait qu'on se reproche seulement de demeurer en arrière; mais, dès qu'on est mortifié des progrès & de l'élévation de ses rivaux pleins de mérite, on a passé de l'émulation à l'envie.

Voulez-vous connoître encore mieux l'émulation? Elle ne tâche d'imiter & même de surpasser les actions des autres, que parce qu'elle en sçait le prix, & qu'elle les respecte: elle est prudente; car celui qui imite, doit avoir mesuré la grandeur de son modèle, & l'étendue de ses forces: loin d'être fière & présomptueuse, elle se manifeste par la douceur & la modestie: elle augmente en même-temps ses talens & ses progrès, par le travail & l'application: pleine de courage, elle ne se laisse point abbattre par les disgraces; &, si elles sont méritées, elle répare ses fautes: enfin, quoi qu'il arrive, elle ne veut réussir que par des moyens légitimes, & par la voie de la vertu.

Ceux qui font profession des sciences & des arts, les sçavans de tout ordre, les orateurs, les peintres, les sculpteurs, les musiciens, les poëtes, & tous ceux qui se mêlent d'écrire, ne devroient être capables que d'émulation; ils devroient tous penser & agir de la même manière que Corneille agissoit & pensoit: « Les succès des autres, dit-il, dans la » préface qui est au-devant d'une de ses pièces (la » *Suivante*, ne produisent en moi qu'une vertueuse » émulation, qui me fait redoubler mes efforts, afin » d'en obtenir de pareils. «

Je vois d'un œil égal croître le nom d'autrui ;
Et tâche à m'élever aussi haut comme lui,
Sans hasarder ma peine à le faire descendre.
La gloire a des trésors qu'on ne peut épuiser ;
Et, plus elle en prodigue à nous favoriser,
Plus elle en garde encore où chacun peut prétendre.

Des sentimens si beaux, si nobles, & si bien peints, mettent le comble au mérite du grand Corneille.

ENFANCE.

Les enfans, dit M. De la Bruyère, n'ont ni passé ni avenir; &, ce qui ne nous arrive guère, ils jouissent du présent. Ils sont hautains, dédaigneux, colères, envieux, curieux, intéressés, paresseux, volages, timides, intempérants, menteurs, dissimulés ; ils rient & pleurent facilement ; ils ont des joies immodérées & des afflictions amères sur de très-petits sujets ; ils ne veulent point souffrir de mal, & aiment à en faire : ils sont déjà hommes. *Voyez* AGES.

ENJOUEMENT.

L'enjouement est la gaieté de l'esprit. Il naît d'une imagination riante, qui badine & plaisante sur les objets qui l'exercent.

Cette qualité annonce ordinairement un homme qui a beaucoup de connoissance, & qui est maître de sa matière. M. De Fontenelle a beaucoup de cet esprit-là.

ENNUI.

L'ennui est un état de l'ame qui éprouve des inquiétudes ; c'est un trouble & une agitation qui naissent de l'activité de l'esprit qui cherche un objet qui puisse le remplir & le fixer : car un sot qui s'amuſe de tout, & un ſtupide qui n'eſt affecté de rien, ne connoiſſent pas l'ennui ; ils ne ſont faits que pour l'inſpirer aux autres. *Voyez* Travail.

L'ennui, dit M. De Maſſillon, ne ſe trouve que dans le dérangement & dans une vie d'agitation, où jamais rien n'eſt à ſa place. C'eſt en vivant au haſard, que nous ſommes à charge à nous-mêmes, que nous cherchons toujours de nouvelles occupations, & que le dégoût nous fait bientôt repentir de les avoir cherchées ; que nous changeons ſans ceſſe de ſituation pour nous fuir, & que nous nous portons par-tout nous-mêmes ; en un mot, que toute notre vie n'eſt qu'un art diverſifié pour éviter l'ennui, & un talent malheureux de le trouver. Par-tout où n'eſt pas l'ordre, il faut néceſſairement que ſe trouve l'ennui : &, loin qu'une vie de dérangement & d'agitation en ſoit le remède, elle en eſt au contraire la ſource la plus féconde & la plus univerſelle.

L'ennui eſt, dans l'univers, un reſſort plus général & plus puiſſant qu'on ne l'imagine. De toutes les douleurs, c'eſt ſans contredit la moindre ; mais enfin c'en eſt une. Le déſir du bonheur nous fera toujours regarder l'abſence du plaiſir comme un mal. Nous voudrions que l'intervalle néceſſaire qui ſépare les plaiſirs vifs, toujours attachés à la ſatisfaction des beſoins phyſiques, fût rempli par quelques-unes de ces ſenſations, qui ſont toujours agréables, lorſqu'elles ne ſont pas douloureuſes : nous ſouhaiterions donc, par des impreſſions toujours nouvelles, être à chaque inſtant avertis de notre exiſtence ; parce que chacun de ces avertiſſemens eſt pour nous un plaiſir. Voilà pourquoi le ſauvage, dès qu'il a ſatisfait ſes beſoins, court au bord d'un ruiſſeau, où la ſucceſſion rapide des flots, qui ſe pouſsent l'un l'autre, fait à chaque instant sur lui des impressions nouvelles : voilà pourquoi nous préférons la vue des objets en mouvement, à celle des objets en repos : voilà pourquoi l'on dit proverbialement, *le feu fait compagnie*, c'est-à-dire, qu'il nous arrache à l'ennui.

Il y a, dit M. le chevalier De Jaucourt, deux moyens d'éviter l'ennui ; sentir & penser. Mais, comme il est rare & comme impossible de pouvoir toujours remplir l'ame par la seule méditation, & qu'il est quelquefois dangereux de se livrer aux passions qui nous affectent, cherchons contre l'ennui un remède praticable, à portée de tout le monde, & qui n'entraîne aucun inconvénient : ce sera celui des travaux du corps, réunis à la culture de l'esprit, par l'exécution d'un plan bien concerté, que chacun peut former & remplir de bonne heure, suivant son rang, sa position, son âge, son sexe, son caractère & ses talens.

Il est aisé de concevoir comment les travaux du corps, même ceux qui semblent demander la moindre application, occupent l'ame ; &, quand on ne concevroit pas ce phénomène, l'expérience apprend qu'il existe. L'on sçait également que les occupations de l'esprit produisent alternativement le même effet. Le mélange de ces deux espèces d'occupations, fournissant un objet qu'on remplit avec soin chaque jour, mettra les hommes à couvert des amertumes de l'ennui.

Il faut donc éviter l'inaction & l'oisiveté, tant par remède, que pour son propre bonheur. La Bruyère dit très-bien que l'ennui est entré dans le monde par la paresse, qui a tant de part à la recherche que les hommes font des plaisirs de la société, c'est-à-dire, des spectacles, du jeu, de la table, des visites, & de la conversation. Mais celui qui s'est fait un genre de vie, dont le travail est à la fois l'aliment & le soutien, a assez de soi-même, & n'a pas besoin des plaisirs dont je viens de parler pour chasser l'ennui ; parce qu'alors il ne le connoît point. Ainsi le travail de toute espèce est le vrai remède à ce mal. Quand même le travail n'auroit point d'autre avantage ; quand il ne seroit pas le fonds qui manque le moins, comme dit La Fontaine, il porteroit avec lui sa récompense dans tous les états de la vie, autant chez le plus puissant monarque, que chez le plus pauvre laboureur.

Qu'on ne s'imagine point que la puissance, la grandeur, la faveur, le crédit, le rang, les richesses, ni toutes ces choses jointes ensemble, puissent nous préserver de l'ennui : on s'abuseroit grossièrement. Pour convaincre tout le monde de cette vérité, sans nous attacher à la prouver par des réflexions philosophiques qui nous mèneroient trop loin, il nous suffira de parler d'après les faits, & de transcrire ici, des anecdotes du siècle de Louis XIV, un seul trait d'une des lettres de madame De Maintenon, à madame De la Maisonfort : il est trop instructif & trop frappant pour y renvoyer le lecteur.

» Que ne puis-je, dit madame De Maintenon,
» vous peindre l'ennui qui dévore les grands, &
» la peine qu'ils ont à remplir leurs journées ! Ne
» voyez-vous pas que je me meurs de tristesse dans
» une fortune qu'on auroit eu peine à imaginer ?
» Je suis venue à la plus haute faveur ; & je vous
» proteste, ma chère fille, que cet état me laisse
» un vuide affreux. « Elle dit un autre jour au comte D'Aubigné, son frère : » Je ne peux plus

» tenir à la vie que je mène ; je voudrois être
» morte «. On sçait quelle réponse il lui fit.

Je conclus que, si quelque chose étoit capable
de détromper les hommes du bonheur prétendu
des grandeurs humaines, & les convaincre de leur
vain appareil contre l'ennui, ce seroit ces trois
mots de madame De Maintenon : *Je n'y puis plus
tenir ; je voudrois être morte.*

Ce sommeil fatigant de l'ame,
Né de la gêne & du loisir,
De nos jours use plus la trame
Que la douleur & le plaisir.

Desmahis.

ENTENDEMENT.

On entend communément, par entendement,
une faculté passive de l'ame intelligente : il saisit
les idées abstraites qui ne peuvent tomber sous les
sens. L'imagination lui est entièrement opposée,
aussi bien que les passions qui le troublent.

C'est l'entendement qui fait le philosophe, &
qui conserve le dépôt de nos connoissances.

Appercevoir, donner son attention, reconnoître, imaginer, se ressouvenir, réfléchir, distinguer
ses idées, les abstraire, les comparer, les composer, les décomposer, les analyser, affirmer, nier,
juger, raisonner, concevoir : voilà l'entendement, qui
n'est alors que la collection ou la combinaison des
opérations de l'ame.

ENTESTEMENT.

L'entêtement est un fort attachement aux principes qu'on a adoptés : attachement qui vient de
la prévention que nous donnent les passions, ou
la confiance aveugle que nous avons dans quel-

qu'un. L'entêté est persuadé de la vérité de ce qu'il soutient.

L'ignorance est toujours suivie de l'obstination, dit M. De Fontenelle; & l'entêtement, qui lui ressemble, est l'effet de l'amour-propre, qui aveugle les plus habiles, leur fait prendre pour spécieux tout ce qui les flatte, & les rend ingénieux à se tromper contre leurs propres lumières.

ENTHOUSIASME.

L'enthousiasme est le transport d'une imagination échauffée ; il est l'effet d'une fermentation violente qui se fait dans le sang, qui échauffe l'imagination, & lui fait créer des pensées & des sentimens qui portent une empreinte de grandeur & de vivacité; c'est une espèce de fièvre que les passions allument.

L'enthousiasme, dit M. l'abbé De Condillac, est l'état d'un homme, qui, considérant avec effort les circonstances où il se place, est vivement remué par tous les sentimens qu'elles doivent produire, & qui, pour exprimer ce qu'il éprouve, choisit naturellement, parmi ces sentimens, celui qui est le plus vif, & qui seul équivaut aux autres par l'étroite liaison qu'il a avec eux. Si cet état n'est que passager, il donne lieu à un trait; &, s'il dure quelque temps, il peut produire une pièce entière.

C'est l'enthousiasme qui fait les orateurs & les poëtes ; mais il fait aussi souvent des fanatiques & des fous.

ENVIE.

L'envie est un sentiment de haine mêlé de desirs : sentiment que fait naître en nous le chagrin de voir posséder par un autre un bien que nous desirons.

C'est

ENVIE.

C'est la plus triste & la plus honteuse des passions : elle devient le tourment de ceux qu'elle possède, & de ceux qu'elle attaque. L'envieux regarde le bien qu'on fait à un autre, comme un vol que l'on lui fait ; & souvent il cherche à s'en venger comme d'une offense, & contre celui qui dispense le bienfait, & contre celui qui le reçoit.

L'envie est le fruit d'un amour-propre désordonné. Il croit s'élever en abbaissant les autres : mais, comme dit M. De Voltaire,

> On ne s'embellit point en blâmant sa rivale.

Voici le portrait de l'Envie par le même auteur :

> L'Orgueil lui donna l'être au sein de la Folie.
> Rien ne peut l'adoucir, rien ne peut l'éclairer.
> Quoiqu'enfant de l'Orgueil, il craint de se montrer.
> Le mérite étranger est un poids qui l'accable.
> Semblable à ce géant si connu dans la fable.
> Triste ennemi des dieux, par les dieux écrasé,
> Lançant en vain les feux dont il est embrasé :
> Il blasphême, il s'agite en sa maison profonde ;
> Il croit pouvoir donner des secousses au monde ;
> Il fait tomber l'Ethna dont il est oppressé ;
> L'Ethna sur lui retombe, il en est terrassé.

Si l'envie est un mal, on peut dire qu'elle produit cependant quelquefois un bien, en excitant l'émulation, & en nous reprenant de nos défauts.

> Le mérite en repos s'endort dans la paresse ;
> Mais par les envieux un génie excité
> Au comble de son art est mille fois monté ;
> Plus on veut l'affoiblir, plus il croît & s'élance.
> Au Cid persécuté Cinna doit sa naissance ;
> Et ta plume, Racine, aux censeurs de Pyrrhus
> Doit les plus nobles traits dont tu peignis Burrhus

Boileau.

Voici comment M. le chevalier de Jaucourt définit l'envie : C'est, dit-il, une inquiétude de l'ame, causée par la considération d'un bien que nous desirons, & dont jouit une autre personne.

Il résulte, de cette définition de M. Locke, que l'envie peut avoir plusieurs dégrés ; qu'elle peut être plus ou moins malheureuse, & plus ou moins blâmable. En général, elle a quelque chose de bas ; car d'ordinaire cette sombre rivale du mérite ne cherche qu'à le rabbaisser, au lieu de tâcher de s'élever jusqu'à lui : froide & sévère sur les vertus d'autrui, elle les nie, ou leur refuse les louanges qui leur sont dues.

Si elle se joint à la haine, toutes deux se fortifient l'une l'autre, & ne sont reconnoissables, entre elles, qu'en ce que la dernière s'attache à la personne, & la première à l'état, à la condition, à la fortune, aux lumières ou au génie. Toutes deux multiplient les objets, & les rendent plus grands qu'ils ne sont ; mais l'envie est en outre un vice pusillanime, plus digne de mépris que de ressentiment.

Sans rassembler ici ce que les auteurs ont dit d'excellent sur cette passion, il suffiroit, pour se préserver de sa violence, de considérer l'envieux dans ses chagrins, ses ressources & ses délices. Les objets qui donnent le plus de satisfaction aux ames bien nées lui causent les plus vifs déplaisirs, & les bonnes qualités de ceux de son espèce lui deviennent amères : la jeunesse, la beauté, la valeur, les talens, le sçavoir, &c., excitent sa douleur. Triste état, d'être blessé de ce que l'on ne peut s'empêcher de goûter & d'estimer intérieurement !

Les ressources de l'envie se bornent à ces petites taches, & à ces légers défauts, qui se découvrent dans les personnes les plus illustres.

Sa joie & ses délices sont à peu près semblables à celles d'un géant de roman, qui met sa gloire à tuer des hommes, pour orner de leurs membres les murailles de son palais.

On ne sçauroit trop présenter les malheureux effets de l'envie, lorsqu'elle porte les gens en place à regarder comme leurs rivaux & comme leurs ennemis, ceux dont les conseils pourroient les aider à remplir leur ambition. Agésilas, en mettant Lysandre à la tête de ses amis, fournit un exemple sensible de sa sagesse.

L'envie est particulièrement la ruine des républiques. Tandis que les Achéens ne portèrent point d'envie à celui qui étoit le premier en mérite, & qu'ils lui obéirent, non seulement ils se maintinrent libres au milieu de tant de grandes villes, de tant de grandes puissances, & de tant de tyrans; mais de plus, par cette sage conduite, ils affranchirent & sauvèrent la plupart des villes Grecques.

Quoi qu'il en soit des effets de l'envie contre les gens vertueux, dans toutes sortes de gouvernements, Pindare dit avec raison que, pour l'appaiser, il ne faut pas abandonner la vertu : ce seroit acheter trop cher la paix avec cette passion lâche & maligne ; d'autant plus qu'elle illustre son objet, lorsqu'elle travaille à l'obscurcir : car, à mesure qu'elle s'acharne sur le mérite supérieur qui la blesse, elle rehausse l'éclat de l'hommage involontaire qu'elle lui rend, & manifeste davantage la bassesse de l'ame qu'elle domine. C'est ce qui faisoit dire à Thémistocle, qu'il n'envioit point le sort de qui ne fait point d'envieux ; & à Cicéron, qu'il avoit toujours été dans ce sentiment, que l'envie acquise par la vertu, étoit de la gloire.

ÉQUITÉ.

L'équité est l'amour de la justice distributive. C'est un sentiment que l'éducation & la réflexion ont gravé dans nos cœurs, plutôt que la nature : cependant il nous devient naturel par l'habitude. *Voyez* JUSTICE.

    Dans le monde, il n'est rien de beau que l'équité :
    Sans elle, la valeur, la force, la beauté,
    Et toutes les vertus dont s'éblouit la terre,
    Ne sont que faux-brillants & que morceaux de verre.
    Un injuste guerrier, terreur de l'univers,
    Qui, sans sujet courant chez cent peuples divers,
    S'en va tout ravager jusqu'aux rives du Gange,
    N'est qu'un plus grand voleur que Du Terte & Saint-Ange.
                              Boileau.

On confond quelquefois, dit M. le chevalier de Jaucourt, l'équité avec la justice : mais cette dernière paroît plutôt désignée pour récompenser ou punir, conformément à quelques loix ou règles établies, que conformément aux circonstances variables d'une action. C'est par cette raison que les Anglois ont une cour de chancellerie ou d'équité, pour tempérer la sévérité de la lettre de la loi, & pour envisager l'affaire qui y est portée uniquement par la règle de l'équité & de la conscience. Cette cour de chancellerie est un des beaux établissements qu'il y ait en Angleterre, & des plus dignes d'être imité par les nations civilisées.

En effet, l'intérêt d'un souverain & son amour pour ses peuples, qui l'engage à prendre garde qu'il ne se fasse rien dans son empire de contraire au bien commun, demande aussi qu'il redresse, qu'il rectifie, & qu'il corrige ce qui peut avoir été ait de tel.

Ainsi l'équité, prise dans ce sens particulier, est une volonté du prince, disposée par les règles de la prudence, à corriger ce qui se trouve dans une loi de son état, ou dans un jugement civil de la magistrature établie par ses ordres, quand les choses y ont été réglées autrement que la vue du bien commun ne le demanderoit dans les circonstances proposées : car il arrive souvent que la loi se servant d'expressions générales, ou la foiblesse de l'esprit humain étant telle qu'elle empêche les législateurs de prévoir tous les cas possibles, les chefs de l'état s'éloignent du but auquel ils tendoient sincèrement.

L'amour du bien commun exige donc alors que les législateurs mêmes, après avoir examiné de près les circonstances du cas présent, mieux qu'ils n'ont pu le faire en l'envisageant de loin, corrigent, par une cour d'équité, à la faveur de la connoissance plus parfaite qu'ils ont des choses exposées à leurs yeux, ce qu'ils avoient établi pour règle là-dessus.

C'est de la loi naturelle que tire toute son autorité un jugement favorable, où l'on prononce, non à la rigueur, mais avec un adoucissement équitable ; & par conséquent cette loi naturelle est la vraie source de l'équité, digne de toute notre attention.

Outre son usage très-important dans la correction des loix civiles, & quand il s'agit de faire de telles loix, elle est de la dernière nécessité dans le cas où les loix civiles se taisent, &, pour le dire en un mot, dans la pratique de tous les devoirs des hommes les uns envers les autres, dont elle est la règle & le fondement.

En effet, ce n'est point des conventions humainés & arbitraires que dépend l'équité : son origine est éternelle & inaltérable ; de manière que, si nous étions libres du joug de la religion, nous ne devrions pas l'être de celui de l'équité. Auſſi quelle joie, dit M. De Montesquieu, quel plaiſir pour un homme, quand il s'examine, de trouver qu'il a le cœur juſte ? il voit ſon être autant au-deſſus de ceux qui ne goûtent pas ce bonheur, qu'il ſe voit au-deſſus des tigres & des ours. Oui, Rhédi, ajoute cet aimable & vertueux écrivain, ſous le nom d'Uſbek, ſi j'étois ſûr de ſuivre inviolablement cette équité que j'ai devant les yeux, je me croirois le premier des hommes.

ERREUR.

Les erreurs ſont les fauſſes opinions que la prévention & la précipitation dans nos jugemens nous font adopter. Elles tirent leur ſource de l'ignorance & des paſſions.

Si l'origine de l'erreur eſt dans le défaut d'idées ou dans des idées mal déterminées, celle de la vérité doit être dans des idées bien déterminées : les mathématiques en ſont la preuve. Sur quelque ſujet que nous ayons des idées exactes, elles ſeront toujours ſuffiſantes pour nous faire diſcerner la vérité : ſi, au contraire, nous n'en avons pas, nous aurons beau prendre toutes les précautions imaginables, nous confondrons toujours tout : en un mot, en métaphyſique on marcheroit d'un pas aſſuré avec des idées bien déterminées ; &, ſans les idées, on s'égareroit même en arithmétique.

Il nous eſt plus facile de nous défendre d'une erreur qui ſe préſente à notre eſprit, que de la vaincre quand nous l'avons adoptée & qu'elle nous flatte : c'eſt pourquoi, auparavant de recevoir une opinion, nous ne pouvons trop l'examiner, surtout quand elle intéresse notre bonheur.

L'erreur, qui est opposée à la vérité, n'en est que l'apparence : c'est ce qui n'existe point. *Voyez* VERITE'.

ERUDITION.

L'érudition est une connoissance fort étendue des belles-lettres : c'est la mémoire qui la donne ; c'est pourquoi l'on en fait peu de cas, à moins qu'elle ne soit accompagnée du jugement qui la fait servir de preuve à ses raisonnemens.

ESPÉRANCE.

L'espérance est un sentiment de confiance qui nous soutient dans l'attente d'un bien que la fortune semble nous promettre, & qui nous en fait jouir d'avance.

L'espérance est le plus grand de tous les biens ; puisqu'elle nous aide à supporter nos maux, & qu'elle nous inspire de la fermeté pour résister aux obstacles, & de la patience pour supporter les disgraces présentes. Celle qui nous inspire une entière résignation à la providence, par la récompense qu'elle nous promet, celle qui met sa confiance en la miséricorde de Dieu, est une des trois vertus théologales.

Voici le portrait de l'espérance par le père Brumoi.

Je vois descendre du ciel une déité également agréable aux hommes & aux dieux : c'est l'espérance. O vous qui m'écoutez, pardonnez à ma muse cette métamorphose de passions en divinités. Eh ! ne fait-on pas son dieu, de sa passion ? La voici près de nous, cette déesse qui préside à l'espoir. Quelle assurance dans son port ! quelle sérénité sur le front ! quelle dignité dans ses airs de tête ! Tantôt un rayon de joie & une lumière voltigeante se jouent autour de ses yeux ; tantôt un nuage clair semble voiler son visage comme une gaze légère ? Marche-t-elle ? c'est une démarche fière & noble : elle s'arrête ; c'est la confiance qui forme son attitude. Mais elle en a plus d'une, soit en repos, soit dans le mouvement, & sa figure n'est presque jamais la même. Femme, elle en a l'humeur volage, inconstante ou perfide. Tantôt, plus prompte que le vent, elle semble voler ; tantôt elle a peine à se tenir sur des appuis, & à se traîner. Souvent elle est d'une excessive petitesse, & toute resserrée en elle-même : bientôt, aggrandissant son corps d'une merveilleuse manière, on ne la reconnoît plus ; elle éleve sa tête jusqu'aux astres. Elle est tantôt infirme, tantôt pleine de vigueur & de santé. Un souris fort aimable, timide pourtant, beaucoup de feu dans son air, enfin mille attraits dans toute sa personne. Aussi attire-t-elle tous les humains qui soupirent après elle ; c'est une cour avide & empressée qui ne la quitte point. Riche de nom, pauvre en effet, elle trouve le secret de repaître cette cour, non de réalités, mais d'apparences. Au défaut des biens, elle leur prodigue des ombres : ils en sont satisfaits. Ont-ils tort ? tout charme quand on espère ; tout lasse quand on possède. Tous les dons de l'espérance sont assaisonnés d'une je ne sçais quelle faveur préférable à celle de l'ambroisie. Un malade, soit d'esprit, soit de corps, s'abreuve à longs traits du doux poison de l'espoir : autant en fait l'amant ; autant le nautonnier sur le sommet d'une vague prête à le précipiter ; autant le vieillard, presque englouti dans les enfers. L'inexorable Caron a beau le preſſer d'un regard affreux, il garde encore l'eſpoir après ſon tréſor. L'eſpérance eſt ſéduiſante & ſéduite : elle joue, elle eſt jouée. Dans ce jeu mutuel, la vie ſe paſſe : l'on eſpère toujours, & la mort étouffe le dernier effort de l'eſpoir. Venez, chère déeſſe : &, puiſque vos dons ont l'art d'amuſer nos foibles cœurs, verſez-les à pleines mains. Sans eux, la vie n'eſt pas ſupportable ; nul remède à nos maux : tout languit, tout meurt. Par vous, l'on goûte le repos, la volupté, les délices, ou du moins la plus douce des erreurs. Ah ! ne la rendez pas cruelle à vos trop crédules adorateurs. Trompez-nous : mais cachez votre art. Répandez un nuage ſur vos innocentes fraudes, & laiſſez-nous jouir de l'enchantement. C'eſt ſous vos heureux auſpices que l'on déploie les voiles dans la proſpérité : dans les revers, vous êtes une ancre ſolide. Le vaiſſeau eſt agité ; mais qu'importe, s'il a pour ancre l'eſpoir ?

Les plaiſirs que nous goûtons dans ce monde, dit M. le chevalier De Jaucourt, ſont en ſi petit nombre & ſi paſſagers, que l'homme ſeroit la plus miſérable de toutes les créatures, s'il n'étoit doué de cette paſſion qui lui procure quelque avant-goût d'un bonheur qui peut lui arriver un jour. Il y a tant de viciſſitudes ici bas, qu'il eſt quelquefois difficile de juger à quel point nous ſommes à bout de notre eſpérance ; cependant notre vie eſt encore plus heureuſe, lorſque cette eſpérance regarde un objet d'une nature ſublime : c'eſt pourquoi l'eſpérance religieuſe ſoutient l'ame entre les bras de la mort, & même au milieu des ſouffrances.

Mais l'eſpérance immodérée des hommes à l'égard des biens temporels, eſt une ſource de chagrins & de calamités ; elle coûte souvent autant de peines, que les craintes causent de souci. Les espérances trop vastes & formées par une trop longue durée, sont déraisonnables, parce que le tombeau est caché entre nous & l'objet après lequel nous soupirons. D'ailleurs, dans cette immodération de desirs, nous trouvons toujours de nouvelles perspectives au de-là de celles qui terminoient d'abord nos premières vues. L'espérance est alors un miroir magique, qui nous séduit par de fausses images des objets : c'est alors qu'elle nous aveugle par des illusions, & qu'elle nous trompe, comme ce verrier Persan des *Contes Arabes*, qui, dans un songe flatteur, renversa par un coup d'épée toute sa petite fortune. Enfin, l'espérance de cette nature, en nous égarant par des phantômes éblouissans, nous empêche de goûter le repos, & de travailler à notre bien-être par le secours de la prévoyance & de la sagesse. Ce que Pyrrhus avoit gagné par ses exploits, il le perdit par ses vaines espérances ; car le desir de courir après ce qu'il n'avoit pas, & l'espoir de l'obtenir, l'empêcha de conserver ce qu'il avoit acquis ; semblable à celui qui, jouant aux dés, amène des coups favorables, mais qui n'en sçait pas profiter. Que ne vous reposez-vous dès-à-présent ? lui dit Cinéas.

Les conséquences qui naissent de ce petit nombre de réflexions, sont toutes simples. L'espérance est un présent de la nature, que nous ne sçaurions trop priser ; elle nous mène à la fin de notre carrière par un chemin agréable, qui est semé de fleurs pendant le cours du voyage. Nous devons espérer tout ce qui est bon, dit le poëte Linus, parce qu'il n'y a rien en ce genre que d'honnêtes-gens ne puissent se promettre, & que les dieux ne soient en état de leur accorder. Mais les hommes flottent sans cesse entre des craintes ridicules & de fausses espérances. Loin de se laisser guider par la raison, ils se forgent des monstres qui les intimident, ou des chimères qui les séduisent.

Evitons ces excès, dit M. Addisson : règlons nos espérances, pesons les objets où elles se portent, pour sçavoir s'ils sont d'une nature qui puisse raisonnablement nous procurer le fruit que nous attendons de leur jouissance, & s'ils sont tels que nous ayons lieu de nous flatter de les obtenir dans le cours de notre vie. Voilà, ce mê semble, le discours d'un philosophe auquel nous pouvons donner quelque créance.

C'est un sage qui nous conduit :
C'est un ami qui nous conseille.

ESPRIT.

L'esprit est l'ame considérée par la pensée, qui est un de ses attributs. On découvre dans l'esprit trois principales facultés; l'imagination, la mémoire, le jugement. Ces trois facultés ne sont pas absolument opposées les unes aux autres ; cependant il est très-rare de les trouver réunies ensemble. On voit rarement qu'un homme qui a beaucoup de mémoire, ait beaucoup d'imagination ; & plus rarement encore qu'un homme qui a beaucoup d'imagination, ait beaucoup de jugement.

L'esprit vient de l'arrangement des fibres du cerveau. Voici la succession de ses opérations : Les objets frappent les sens; la conscience avertit l'ame de cette perception; l'attention lui dit que c'est la seule qu'elle ait eue, & lui fait oublier les autres ; la réminiscence lui rappelle qu'elle l'a eue ; l'imagination la lui fait fentir de nouveau ; la mémoire lui en rappelle le nom & quelques circonftances, fans le premier fentiment de perception ; & la contemplation y demeure attachée : alors le jugement combine, abftrait, diftingue, compare, compofe ou décompofe, analyfe, raifonne, juge, affirme ou nie.

Toutes ces différentes facultés dépendent de la difpofition des organes, & établiffent différentes fortes d'efprits.

Il y a l'efprit fublime, l'efprit pénétrant & profond, l'efprit fin & délicat, l'efprit naturel, l'efprit fimple, l'efprit vafte & étendu, & l'efprit original.

L'efprit fublime, qu'on nomme autrement génie, eft celui qui fent & peint vivement les objets. Il fait des orateurs & des poëtes : l'imagination eft fon lot.

Cette forte d'efprit, dit M. l'abbé Girard, n'eft pas abfolument incompatible avec un peu de folie ou d'étourderie. Ses productions font brillantes, vives & ornées. Son propre eft de donner du tour à ce qu'il dit, & de la grace à ce qu'il fait.

L'efprit pénétrant & profond envifage dans les chofes le rapport qu'elles ont avec notre utilité : & c'eft là l'emploi du jugement. Il eft propre aux fciences & aux arts : c'eft ce qu'on nomme bon efprit. *Voyez* BON-SENS.

L'efprit fin & délicat voit dans ces mêmes chofes le rapport & l'agrément qu'elles ont avec le plaifir de la vie : c'eft ce qu'on appelle le bel-efprit. Il poffède les deux autres facultés de l'efprit, mais dans un degré moins éminent.

Il rentre dans le caractère de l'efprit du jour, dont M. Rouffeau de Touloufe a fait une très-jolie pièce. Voici comme il le définit :

ESPRIT.

Dans les cercles il parle en maître :
Par les gens du bon-ton son pouvoir affermi
    Reçoit & donne un nouvel être :
Le plus triste séjour s'embellit de ses traits :
Il se trouve par-tout, jusques dans les coulisses.
    Il donne de l'ame aux portraits :
  Toujours charmant, jusques dans ses caprices,
A la volupté même il prête des attraits :
Tout en superficie, il s'étend sur tout âge :
Plus volage par air que par tempérament :
Il attache, il éloigne, il reprend, il dégage :
    Le plaisir est son élément :
Il orne les talens de tous leurs avantages :
    Toujours léger & toujours varié,
Il rit avec les fous, il pense avec les sages :
Tout est bien à ses yeux, rien n'est contrarié
    Par le triste plaisir de nuire :
Il chante avec Orphée ; il danse dans les champs ;
    Avec les amans il soupire ;
  Il fuit avec les inconstants :
Pour chaque caractère il semble avoir une ame.
On peut lui reprocher quelques légers défauts :
Avec un air riant, son cœur est un peu faux :
Il fournit très-souvent le sel à l'épigramme :
Les bienfaits dans son cœur n'ont qu'un foible retour :
Il brouille les amis, anime leurs querelles :
Il sépare souvent l'Hymen d'avec l'Amour :
Pour voltiger lui-même, il emprunte ses aîles.
Voilà l'esprit qui règne, ou bien l'esprit du jour.

L'esprit naturel est ce goût de la belle nature, qui nous fait dire & sentir tout ce qui est propre à un sujet.

L'esprit naturel ne dit que ce qu'il faut dire ; il met les choses à leur place, & rejette ces ornemens ambitieux dont parle *Horace*.

Il se forme de la modération de l'ame & de la justesse de l'esprit ; à la différence du génie, qui naît de l'activité de l'ame & de la vivacité de l'imagination. *Voyez* Gout.

L'esprit simple est celui qui n'a point de prétention. Ennemi de la vanité & du desir de briller, il fuit toute affectation, & ne se pique de rien.

Il suppose nécessairement l'esprit naturel, avec lequel on le confond souvent, quoique l'esprit naturel ne soit pas toujours simple. *Racine* n'avoit que l'esprit naturel ; *La Fontaine*, *Fénélon* & *Pascal* avoient l'un & l'autre : c'est ce qui fait qu'on a dit de ce dernier, qu'il étoit assez bête pour ignorer qu'il valoit beaucoup mieux que *Nicole* & *Arnauld*.

L'esprit simple est la marque de beaucoup de jugement.

L'esprit étendu est celui qui a beaucoup de connoissance dans une science ; l'esprit vaste est celui qui réunit plusieurs connoissances dans différentes sciences : l'un sçait beaucoup, & l'autre sçait mieux. L'esprit étendu sent le rapport & la liaison des choses ; &, de conséquence en conséquence, il remonte jusqu'à leur principe : l'esprit vaste n'apperçoit que les effets. L'un voit distinctement les objets, & l'autre ne les apperçoit que d'une manière confuse.

L'esprit original est celui qui envisage & représente les objets sous un aspect nouveau, & qui a un air d'invention.

Cette qualité se remarque dans le tour de l'expression, & dans le rapport rapproché des choses qui paroissent le plus éloignées & le plus incompatibles.

L'esprit original donne la facilité de s'exprimer, parce qu'il vient d'une grande netteté d'imagination, qui nous présente distinctement les objets & des termes propres à les peindre.

L'esprit veut être cultivé avec modération : trop d'étude l'accable, & rend les connoissances confufes; le défaut d'exercice le fait tomber en langueur; la réflexion le nourrit, & rend les idées claires & distinctes.

L'esprit, dit un sage couronné, qui a voulu faire sentir les dangers qui l'accompagnent, est un feu si vif, une lumière si brillante, qu'il nous éblouit. Il n'appartient qu'au jugement de voir les choses telles qu'elles sont : l'esprit nous les exagère. Il est présomptueux, il veut tout sçavoir, tout comprendre, tout expliquer; dans les affaires, il les manque souvent par trop de finesse & de précaution. A force de voir trop d'objets à la fois, on ne voit plus rien : des obstacles possibles lui font souvent abandonner un projet qui auroit réussi. Il aime l'art; la simplicité le dégoûte & les difficultés l'animent : négligeant le vrai, il s'appliquera à rendre le faux vraisemblable : amoureux de lui-même, il cherche à s'élever sur le débris des réputations qu'il veut détruire; d'où il est évident qu'il nous égare dans la conduite, qu'il nous rend insupportable dans la société, & qu'il nous attire des ennemis, s'il n'est réglé par le jugement & la raison.

L'esprit opposé à la mémoire, dit un philosophe de nos jours, n'est qu'un assemblage d'idées neuves. Ainsi celui qui veut se distinguer par son esprit, doit nécessairement employer la plus grande partie de son temps à l'observation des rapports divers que les objets ont entre eux, & n'en consommer que la moindre partie à placer des faits ou des idées dans sa mémoire : au contraire, celui qui veut surpasser les autres en étendue de mémoire, doit, sans perdre son temps à méditer & comparer les objets entr'eux, employer les journées entières à acquérir de nouvelles idées. Or, par un usage si différent de leur temps, il est évident que le premier de ces deux hommes doit être aussi inférieur en mémoire au second, qu'il lui sera supérieur en esprit : d'où je conclus que le très-grand esprit ne suppose pas la très-grande mémoire ; mais que l'extrême étendue de l'un exclut toujours l'extrême étendue de l'autre.

ESTIME.

L'estime est la vue intérieure du mérite d'une chose : elle naît de l'impression que font sur nous les idées & les actions d'autrui. C'est un hommage que nous rendons à la vertu, ou volontairement, ou forcés par le témoignagne de notre conscience.

L'estime des hommes est un bien que nous devons nous efforcer d'acquérir ; mais il doit nous suffire de la mériter, sans s'affliger si l'on ne l'obtient pas.

L'estime, dit M. Duclos, n'est presque qu'un jugement que nous portons, & non pas une affection qui nous échauffe, telle que l'amitié que nous inspirent ceux qui nous sont personnellement utiles : l'intérêt public en est la mesure. Dans quelle proportion estimons-nous ou prisons-nous les choses ? dans celle de leur utilité combinée avec leur rareté. Cette façon de les considérer, est ce qui distingue l'estime que nous faisons des personnes d'avec le prix des choses. Cette distinction est si sûre, que nous n'estimons les personnes par leur rareté, qu'en les considérant comme choses : telle est, par exemple, l'estime que nous avons pour les talens, dont nous faisons alors abstraction d'avec la personne.

Voyez l'article AMOUR. Il n'y a point d'amour sans estime, &c. Heureux ceux qui n'aiment que ce qu'ils ont reconnu d'estimable !

ETOURDERIE.

ÉTOURDERIE. *Voyez* PRÉCIPITATION.

Qu'est-ce qu'étourderie ? une éclipse d'esprit,
Qui fait qu'à contretemps un homme parle, agit ;
Un délire éternel, voisin de la sottise,
Qui nous rend indiscrets & fait qu'on nous méprise ;
Un incurable mal qui trouble la raison,
Bannit le jugement, ôte l'attention ;
Un long égarement qui nous fait choir sans cesse.

De Boissy.

ÉTUDE.

L'étude est l'application de notre esprit aux arts, aux sciences, ou aux belles-lettres. Elle est nécessaire à celui qui veut s'instruire ; mais elle doit être réglée avec prudence. Une application trop continue fatigue l'esprit & l'accable : il ressemble à notre estomac, qui ne peut digérer une trop grande quantité de nourriture : il faut manger peu, souvent & lentement.

La plupart des personnes qui sont consacrées à l'étude, & sur-tout à celle des sciences abstraites, ont passé leur vie misérablement. On contracte dans cette habitude un esprit sombre & sauvage, qui nous éloigne de la société pour laquelle nous sommes nés. On veut pénétrer dans les secrets de la divinité ; &, après bien des efforts inutiles, on est persuadé que nous ne pouvons les comprendre. Est-ce la peine de se priver des douceurs de la vie, de renoncer aux plaisirs, & de se ruiner la santé ? Mais entrons dans un plus grand détail ; on connoîtra mieux les dangers de ce peu de connoissances que l'orgueil des hommes a nommé sciences.

Passons à la philosophie. La logique nous apprend l'art de penser & de raisonner : mais, par sa méthode, elle étouffe l'enjouement & la vivacité de l'esprit. Les préceptes de la métaphysique sont si abstraits &

si incertains, qu'après un long examen, on est obligé de convenir qu'on n'est sûr d'aucun principe. A l'égard de la physique, elle est fondée sur des hypothèses, ou sur des expériences : celle qui n'est appuyée que sur des suppositions, nous conduit infailliblement à l'erreur ; l'autre nous aide souvent à découvrir la vérité.

Les mathématiques ont aussi leur avantage : mais cette science, qui est la seule qu'on puisse appeler de ce nom, est plus utile aux hommes, qu'à l'homme même. La seule qui lui soit nécessaire est la connoissance de soi-même : elle renferme l'anatomie, la médecine & la morale. L'anatomie nous apprend à connoître la structure de nos corps, qui ont un rapport si intime avec les opérations de l'ame ; la médecine nous enseigne à guérir les maladies qui nous affligent ; & la morale nous fait connoître la nature & l'étendue de nos devoirs.

Je voudrois aussi que l'on apprît un peu de chymie, beaucoup d'anatomie, & quelques principes de médecine : c'est la science la plus utile à l'homme.

Il vaudroit mieux qu'il connût la structure du corps humain & les différentes maladies qui peuvent l'affliger, que de s'amuser à apprendre tant de sciences incertaines & inutiles : il pourroit se passer de médecin ; il connoîtroit son tempérament & sçauroit le ménager ; il n'accableroit pas son corps de remèdes, parce qu'il en connoîtroit l'abus ; il dissiperoit la maladie avant qu'elle fût enracinée ; & se passeroit des lentes consultations de la faculté, qui, pour ne pas faire voir son ignorance, ordonne toujours des remèdes en attendant qu'elle ait connu le mal.

Les mathématiques, comme je l'ai déjà dit, ont aussi leurs avantages : mais je voudrois que l'on n'en fit pas une étude trop sérieuse; qu'elle ne prît pas sur les autres occupations de l'homme; & qu'enfin l'on ne s'attachât, en cultivant cette science, qu'aux parties qui peuvent servir à l'utilité & à la commodité de la vie, comme la méchanique, l'architecture, l'hydraulique, &c.

La trop grande application aux sciences abstraites fait changer les plus doux sentimens de la nature. Un sçavant oublie ce qu'il doit à sa femme, à ses enfans, à ses amis, &c.

DANGERS ET AVANTAGES DE L'ETUDE.

Du vrai constantes idées,
Que ma raison doit choisir,
De tous côtés regardées,
Par où faut-il vous saisir?
Les plus simples sont trop vastes;
Leurs rapports & leurs contrastes
Ne se peuvent embrasser;
L'une par l'autre s'efface;
L'œil s'arrête à la surface,
Rempart qu'il ne peut forcer;
Et le peu de certitude
Qui peut sous nos sens tomber,
Souvent notre inquiétude
Sert à nous le dérober.
En un instant l'objet change,
Ou l'organe se dérange;
A qui donc avoir recours?
L'apparence alors dépose,
Et d'autant mieux nous impose,
Qu'elle ne ment pas toujours.
Tout ce que l'on sçait, afflige
Pour ce que l'on ne sçait pas;
Une découverte oblige
A faire de nouveaux pas.

Fatal auteur de sa peine,
Dans une recherche vaine,
L'homme se mine & périt;
Le sçavoir le charme encore,
Aliment qui le dévore
Au moment qu'il le nourrit.

Il retombe sur lui-même:
L'étude étoit son appui.
Que faire du vuide extrême
Qu'il trouve au-dedans de lui ?
Des oiseaux portrait fidèle,
Tant qu'ils agitent leurs aîles,
L'air suffit à les porter:
Dès que ce mouvement cesse,
Leur propre poids les rabbaisse,
Sans pouvoir y résister.

Pense-t-on que tu ne serves
Qu'à remplir de vains loisirs ?
Etude, tu nous préserves
Du piège des faux plaisirs.
Pour fuir la voix qui l'attire,
Ulysse au mât du navire
A besoin d'être enchaîné:
Mais, prenant sa lyre, Orphée
S'en occupe, & par la Fée
Ne craint plus d'être entraîné.

Le sçavant, à sa patrie
Plus utile encor qu'à soi,
Sert l'innocence flétrie;
Pour elle il arme la loi.
Pour elle, Saci, tu veilles;
C'est dans tes doctes merveilles
Qu'elle trouve son soutien:
Doux fruit d'une étude austère,
Récompense la plus chère
Pour un cœur tel que le tien.

Roy.

Voilà ce qui doit faire l'objet de notre étude:

mais auſſi on doit ſe ſouvenir que l'homme n'eſt pas né pour la contemplation, & qu'une ſeule action, qui peut être utile à nos ſemblables, vaut cent fois mieux que les plus belles réflexions de la plus longue vie.

L'amour des lettres, dit M. Duclos, rend inſenſible à la cupidité & à l'ambition, conſole de beaucoup de privations, & ſouvent empêche de les connoître ou de les ſentir. Avec de telles diſpoſitions, les gens d'étude doivent, tout balancé, être encore meilleurs que les autres hommes. Il arrive encore que l'eſprit inſpire à celui qui en eſt doué une ſecrette ſatisfaction qui ne tend qu'à le rendre agréable aux autres, ſéduiſant pour lui-même, inutile à ſa fortune & heureuſement aſſez indifférent ſur cet article. Voilà l'eſprit enviſagé par ſon beau côté. *Voyez* les dangers auxquels il nous expoſe, au mot ESPRIT.

Toutes ces différentes opinions prouvent que toutes les choſes de la vie peuvent être enviſagées ſous différents aſpects, & qu'il n'y a point de vertu qui ne ſoit voiſine d'un défaut, ni de vice, qui ne ſoit accompagné de quelque bonne qualité. L'homme eſt un compoſé de bien & de mal. *Voyez* HOMME.

Je dirois volontiers, dit Montaigne, que, comme les plantes s'étouffent de trop d'humeur & les lampes de trop d'huile, auſſi fait l'action de l'eſprit par trop d'étude & de matière; lequel, occupé & embarraſſé d'une grande diverſité de choſes, perd le moyen de ſe démêler, & que cette charge le tienne courbe & croupi.

L'étude de la nature, ſoit qu'on en conſidère l'aſſemblage & la diſpoſition générale, ſoit qu'on en examine les beautés dans le détail, ne peut qu'attacher l'eſprit par le plaiſir, & le remplir de lumière

& d'inſtructions. Tout, dans cette étude, eſt capable de plaire & d'inſtruire, parce que tout y eſt plein de deſſeins, de proportions, de précautions. Tous les corps qui nous environnent, les plus petits, comme les plus grands, nous apprennent quelques vérités : ils ont tous un langage qui s'adreſſe à nous, & qui même ne s'adreſſe qu'à nous. Leur ſtructure particulière nous dit quelque choſe ; leur tendance à une fin nous marque l'intention de l'ouvrier ; leurs rapports entre eux & avec nous ſont autant de voix diſtinctes qui nous appèllent, qui nous offrent des ſervices, & qui, par les avis qu'elles nous donnent, rempliſſent notre vie de commodités, notre eſprit de vérité, notre cœur de reconnoiſſance. Enfin, on peut dire que la nature eſt le plus ſçavant & le plus parfait de tous les livres propres à cultiver notre raiſon, puiſqu'il renferme à la fois les objets de toutes les ſciences, & que l'intelligence n'en eſt bornée, ni à aucune langue, ni à aucunes perſonnes.

Nous jouiſſons tous de la vue & des dehors de la nature : le ſpectacle eſt pour nous : en nous y bornant, nous découvrons de toutes parts le beau, l'utile, le vrai. Nous connoiſſons l'exiſtence des objets ; nous en voyons la forme ; nous en reſſentons la bonté ; nous en calculons le nombre ; nous en voyons les propriétés, les convenances, la deſtination, l'uſage : c'eſt de quoi exercer utilement notre eſprit. Mais vouloir pénétrer le fond même de la nature, vouloir rappeller les effets à leurs cauſes ſpéciales, & comprendre l'artifice ou le jeu des reſſorts, & les plus petits élémens dont les reſſorts ſont compoſés, c'eſt une entrepriſe hardie qu'il faut laiſſer à ces génies d'un ordre ſupérieur, à qui il peut avoir été donné d'entrer dans ces myſtères & de voir.

EVIDENCE.

L'évidence est la marque qui distingue la vérité de l'erreur.

EXACTITUDE.

L'exactitude est une attention de ne rien omettre de ce qu'on a promis, de faire dans le temps & de la façon prescrite. L'exactitude demande de la mémoire; elle est aussi nécessaire à l'homme dans sa conduite, qu'indispensable dans les traités.

L'exactitude est aussi une qualité du stile, qu'on exige dans les définitions & raisonnemens, & qui consiste à ne rien omettre de ce qui appartient à la chose qu'on définit.

EXCÈS.

L'excès est ce qu'il y a de trop. C'est le devoir du sage de chercher à les éviter; car nous y sommes naturellement portés, & nous les rencontrons partout, même dans les meilleures choses. La modération lui est opposée, & c'est sur-tout en quoi consiste la vertu & le bonheur.

EXEMPLE.

L'exemple est ce qui peut servir de modèle, ce qui peut être imité. Il est plus puissant pour former les mœurs, que les plus beaux discours de la morale : ainsi les pères & les mères, & tous ceux qui sont commis pour nous instruire, doivent plutôt nous prêcher d'exemple, que d'employer tant d'inutiles déclamations contre le vice. C'est en vain qu'une mère prêche la continence à sa fille, si elle est débauchée.

Rien n'est si contagieux que l'exemple, dit M. De

la Rochefoucault, & nous ne faisons jamais de grands biens & de grands maux qui n'en produisent de semblables. Nous imitons les bonnes actions par émulation ; & les mauvaises par la malignité de la nature, que la honte retenoit prisonnière, & que l'exemple met en liberté.

On aime assez, dit M. De Massillon, à donner à des enfans des leçons de vertu & de probité ; on se fait honneur même de leur débiter les maximes les plus sévères & les plus héroïques de la sagesse : mais la conduite domestique soutient mal le faste & la vanité de ces instructions. On leur propose les vertus de leurs ancêtres ; & on affoiblit, en les démentant soi-même par des mœurs opposées, l'impression qu'avoit pu faire le souvenir de ces anciens modèles. Ainsi, loin de leur inspirer des sentimens de vertu par ces impressions contredites par nos exemples, nous les accoutumons à penser de bonne heure que la vertu n'est qu'un nom ; que les maximes qu'on nous en débite ne sont qu'un langage & une façon de parler, qui a passé des pères aux enfans, mais que l'usage a toujours contredit ; & qu'enfin ceux qui ont paru dans tous les temps les plus zélés défenseurs, ont toujours été au fond semblables au reste des hommes.

Bien des gens, dit M. le chevalier De Jaucourt, regardent comme un instinct de la seule nature, ou comme l'effet de la constitution des organes, la force des exemples, & le penchant de l'homme à imiter : mais ce ne sont pas là les seules causes de la pente qui nous porte à nous modéler sur les autres ; l'éducation y a sans doute la meilleure part.

Il est difficile que les mauvais exemples n'entraînent l'homme, s'ils sont fréquens à sa vue, & s'ils lui deviennent familiers. Un des plus grand secours pour l'innocence, c'est de ne pas connoître le vice par les exemples de ceux que nous fréquentons. M. De Buffy répétoit souvent, qu'à force de ne trouver rien qui vaille dans son chemin, on ne devient rien qui vaille soi-même. Il faut un grand courage pour se soutenir seul dans les sentiers de la vertu, quand on est entouré de gens qui ne les suivent point. D'ailleurs, dans les états où les mœurs sont corrompues, la plupart des hommes ne tirent point de fruit du petit nombre de bons exemples qu'ils voient ; &, dans l'éloignement, ils se contentent de rendre avec froideur quelque justice au mérite.

Dans les divers gouvernemens, les principes de leur constitution étant entièrement différens, non seulement les exemples de bien & de mal ne sont pas les mêmes, mais les souverains ne sçauroient se modéler les uns sur les autres d'une manière utile, fixe & durable ; c'est ce que Corneille fait si bien dire à Auguste :

Les exemples d'autrui suffiroient pour m'instruire,
Si par l'exemple seul on pouvoit se conduire.
Mais, souvent l'un se perd où l'autre s'est sauvé ;
Et, par où l'un périt, un autre est conservé.

Enfin, dans toutes les conjonctures de la vie, avant que de prendre les exemples pour modèles, il faut toujours les examiner sur la loi, c'est-à-dire, sur la droite raison : c'est aux actions à se former sur elle, & non pas à elle à se plier pour être conforme aux actions.

EXPÉRIENCE.

L'epérience est la connoissance que nous avons acquise des choses, soit par l'épreuve que nous en avons faite nous-mêmes, ou que nous en avons vu faire aux autres, soit par nos réflexions, ou par les conseils d'autrui.

Il n'est pas nécessaire d'avoir beaucoup vécu pour avoir de l'expérience : il suffit d'avoir beaucoup vu, ou beaucoup réfléchi. Un jeune homme de trente ans peut avoir plus d'expérience qu'un vieillard de quatrevingt.

Le premier fruit & le plus utile que nous puissions tirer de l'expérience, est d'apprendre que nous ne devons compter que sur nous-mêmes : c'est ce que La Fontaine a voulu nous prouver par la fable suivante :

L'Alouette, ses petits, & le Maître du champ.
Ne t'attends qu'à toi seul, c'est un commun proverbe.
  Voici comme Ésope le mit
   En crédit.
  Les alouettes font leur nid
  Dans les bleds, quand ils sont en herbe,
  C'est-à-dire, environ le temps
Que tout aime, & que tout pullule dans le monde,
  Monstres marins au fond de l'onde,
Tigres dans les forêts, alouettes aux champs.
  Une pourtant de ces dernières
Avoit laissé passer la moitié du printemps,
Sans goûter le plaisir des amours printanières.
À toute force, enfin elle se résolut
D'imiter la nature, & d'être mère encore.
Elle bâtit un nid, pond, couve, & fait éclore
A la hâte : le tout alla du mieux qu'il put.
Les bleds d'alentour mûrs, avant que la nichée
  Se trouvât assez forte encor,
  Pour voler & prendre l'essor,
De mille soins divers l'alouette agitée,
S'en va chercher pâture, avertit ses enfans
D'être toujours au guet & faire sentinelle.
  Si le possesseur de ces champs
Vient avecque son fils, comme il viendra, dit-elle,
  Ecoutez bien : selon ce qu'il dira,
  Chacun de nous décampera.

Sitôt que l'alouette eut quitté sa famille,
Le possesseur du champ vient avecque son fils.
Ces bleds sont mûrs, dit-il ; allez chez nos amis
Les prier que chacun, apportant sa faucille,
Nous vienne aider demain dès la pointe du jour.
   Notre alouette de retour,
   Trouve en allarme sa couvée.
L'un commence, Il a dit que, l'aurore levée,
L'on fît venir demain ses amis pour l'aider.
S'il n'a dit que cela, repartit l'alouette,
Rien ne nous presse encor de changer de retraite ;
Mais c'est demain qu'il faut tout de bon écouter :
Cependant soyez gais, voilà de quoi manger.
Eux repus, tout s'endort, les petits & la mère.
L'aube du jour arrive, & d'amis point du tout.
L'alouette à l'essor. Le maître s'en vient faire
   Sa ronde ainsi qu'à l'ordinaire.
Ces bleds ne devroient pas, dit-il, être debout :
Nos amis ont grand tort, & tort qui se repose
Sur de tels paresseux, à servir ainsi lents.
   Mon fils, allez chez nos parens
   Les prier de la même chose.
L'épouvante est au nid plus forte que jamais.
Il a dit ses parens. Mère, c'est à cette heure...
   Non, mes enfans, dormez en paix :
   Ne bougeons de notre demeure.
L'alouette eut raison ; car personne ne vint.
Pour la troisième fois, le maître se souvint
De visiter ses bleds. Notre erreur est extrême,
Dit-il, de nous attendre à d'autres gens que nous.
Il n'est meilleur ami ni parent que soi-même ;
Retenez bien cela mon fils. Et sçavez-vous
Ce qu'il faut faire ? Il faut qu'avec notre famille
Nous prenions dès demain chacun une faucille ;
C'est là notre plus court : & nous achèverons
   Notre moisson quand nous pourrons.
Dès-lors que ce dessein fut sçu de l'alouette,
C'est à ce coup qu'il faut décamper, mes enfans.
   Et les petits en même-temps,
   Voletants, se culebutants,
   Délogèrent tous sans trompette.

Chacun tire plus ou moins de profit de sa propre expérience, selon le plus ou le moins de lumières dont on a été doué en venant au monde.

Les voyages sont aussi fort utiles pour donner de l'expérience; mais, pour en retirer cet avantage, on doit voyager avec l'esprit d'observation.

Homère, au commencement de l'Odyssée, voulant nous donner une grande idée de son héros, nous dit d'abord qu'Ulysse avoit vu plusieurs villes, & qu'il avoit observé les mœurs de divers peuples. Voici comment (Virgile) a rendu les vers d'Homère :

Dic mihi, musa, virum, captæ post tempora Trojæ,
Qui mores hominum multorum vidit & urbes.

Ainsi, quand on dit d'un homme qu'il a de l'expérience, qu'il est expérimenté, qu'il est expert, on veut dire qu'outre les connoissances que chacun acquiert par l'usage de la vie, il a observé particulièrement ce qui regarde son état. Il ne faut pas séparer le fait de l'observation : pour être un officier expérimenté, il ne suffit pas d'avoir fait plusieurs campagnes; il faut les avoir faites avec l'esprit d'observation, & avoir sçu mettre à profit ses propres fautes & celles des autres.

La raison qui doit nous inspirer beaucoup de confiance en l'expérience, c'est que la nature est uniforme, aussi bien dans l'ordre moral que dans l'ordre physique : ainsi toutes les fois nous voyons les mêmes causes, nous devons nous attendre aux mêmes effets, pourvu que les circonstances soient les mêmes.

Il est assez ordinaire que deux personnes, qui sont de sentiment différent, allèguent chacun l'expérience en sa faveur : c'est l'observateur le plus exact, le plus désintéressé & le moins passionné qui seul a raison.

Souvent les passions sont des lunettes qui nous font voir ce qui n'est pas, ou qui nous montrent les objets autrement qu'ils ne sont. Il est rare que les jeunes gens, qui entrent dans le monde, ne tombent pas en cet inconvénient, faute d'expérience. Après les dons de la nature, l'expérience fait le principal mérite des hommes.

L'expérience physique est la manière constante & uniforme que la nature emploie dans ses opérations. Les mêmes causes produiront constamment les mêmes effets.

EXTASE.

L'extase est un état d'immobilité, qui est causé par la surprise de quelque chose de merveilleux : c'est une longue admiration.

Elle est aussi quelquefois causée par la force de l'imagination, qui s'attache si fortement aux objets qu'elle contemple, que l'usage des sens en est suspendu. Les mystyques & les amants sont souvent ravis en extase.

F.

FACHEUX.

Ce qu'on appelle un fâcheux, dit Théophraste, est celui qui, sans faire à quelqu'un un fort grand tort, ne laisse pas de l'embarrasser beaucoup ; qui, entrant dans la chambre de son ami qui commence à s'endormir, le réveille pour l'entretenir de vains discours; qui, se trouvant sur le bord de la mer, sur le point qu'un homme est prêt de partir & de monter dans son vaisseau, l'arrête sans nul besoin, l'engage insensiblement à se promener avec lui sur le rivage;

qui, arrachant un petit enfant du sein de sa nourrice pendant qu'il tète, lui fait avaler quelque chose qu'il a mâché, bat des mains devant lui, le caresse, & lui parle d'une voix contrefaite ; qui choisit le temps du repas, & que le potage est sur la table, pour dire qu'ayant pris médecine depuis deux jours, il est allé par haut & par bas, & qu'une bile noire & recuite étoit mêlée dans ses déjections ; qui, devant toute une assemblée, s'avise de demander à sa mère quel jour elle a accouché de lui ; qui, ne sçachant que dire, apprend que l'eau de sa cîterne est fraîche, qu'il croit dans son jardin de bonnes légumes, ou que sa maison est ouverte à tout le monde comme une hôtellerie ; qui s'empresse de faire connoître à ses hôtes un parasite qu'il a chez lui, qui l'invite à table à se mettre de bonne humeur, & à réjouir la compagnie.

FACILITÉ.

La facilité dans le caractère est une disposition à prendre les impressions qu'on nous donne. Cette disposition vient de ce que notre ame n'a pas assez de force, ou de connoissance, pour se déterminer d'elle-même à prendre un parti ; & c'est pourquoi on la remarque plutôt dans les jeunes gens qui ne sont pas encore formés.

Rien n'est plus insipide dans le commerce de la société, que cette sorte de caractère, qui n'a d'autre mérite que celui qu'auroit un automate, auquel l'on feroit faire les mêmes choses.

FACULTÉ.

Nos facultés sont le pouvoir & la facilité que nous avons de faire une chose plutôt qu'une autre.

FADE.

Un homme fade est un homme qui dit des choses plates, peu intéressantes, ennuyeuses, qui n'a point à lui de caractère marqué, qui ne pense pas par lui-même, & qui est toujours du sentiment du dernier qui lui parle.

FAMILIARITÉ.

La familiarité est une manière de vivre sans gêne ni contrainte avec les personnes que le hasard, l'habitude, ou la nécessité des affaires nous présentent.

C'est la familiarité qui fait le charme de la société, quand on sçait la contenir dans de justes bornes, & qu'elle n'est ni caustique, ni sévère : mais elle devient souvent la cause de bien des ruptures, lorsqu'elle néglige les ménagements qu'on doit à l'amour-propre de nos amis mêmes : ainsi, la familiarité demande une grande connoissance du caractère des personnes avec lesquelles nous vivons. C'est le cœur, autant que l'esprit, qui nous fait sentir les égards que nous devons à un chacun. Nous devons juger, par notre propre sentiment, de l'effet que produiront nos actions & nos discours : mais, pour prendre tant de précautions, il faut vouloir conserver ses amis ; & c'est très-souvent ce dont on ne se soucie guère.

La familiarité, dit M. de S... L... est une liberté dans les discours & dans les manières, qui suppose entre les hommes de la confiance & de l'égalité. Comme on n'a pas dans l'enfance de raison de se défier de son semblabe ; comme alors les distinctions de rang & d'état, ou ne sont pas, ou sont imperceptibles ; on n'apperçoit rien de contraint dans le commerce des enfans. Ils s'appuient sans crainte sur tout ce qui est homme : ils déposent leurs secrets dans les cœurs sensibles de leurs compagnons : ils laissent échapper leurs goûts, leurs espérances, leur caractère. Mais les compagnons deviennent concurrents, & enfin rivaux ; on ne court plus ensemble la même carrière ; on s'y rencontre, on s'y presse, on s'y heurte ; & bientôt on n'y marche plus qu'à couvert & avec précaution.

Mais ce sont, sur-tout, les distinctions de rangs & d'état, plus que la concurrence dans le chemin de la fortune, ou la rivalité dans les plaisirs, qui font disparoître dans l'âge mûr la familiarité du premier âge.

Elle reste toujours dans le peuple : il la conserve même avec ses supérieurs, parce qu'alors, par une sotte illusion de l'amour-propre, il croit s'égaler à eux. Le peuple ne cesse d'être familier que par défiance, & les grands que par la crainte de l'égalité. Ce qu'on appelle maintien, noblesse dans les manières, dignité, représentation, sont des barrières que les grands sçavent mettre entre eux & l'humanité. Ils sont ennemis de la familiarité, & quelques-uns même la craignent avec leurs égaux. Les uns, qui prétendent à une considération qu'on ne peut accorder qu'à leur rang, & qu'on refuseroit à leur personne, s'élèvent, par leur état, au-dessus de tout ce qui les entoure, à proportion qu'ils prétendent plus, & qu'ils méritent moins. D'autres qui ont cette dureté de cœur qu'on n'a que trop souvent quand on n'a point eu besoin des hommes, gênent les sentimens qu'ils inspirent, parce qu'ils ne pourroient les rendre. Ils aiment mieux qu'on leur marque du respect & des égards, parce qu'ils rendront des procédés & des attentions. Ils sont à plaindre de peu sentir, mais à admirer s'ils sont justes.

Il y a, dans tous les états, des hommes modestes & vertueux,

vertueux, qui se couvrent toujours de quelques nuages ; il semble qu'ils veulent dérober leurs vertus à la profanation des louanges ; dans l'amitié même, ils ne se montrent pas, mais ils se laissent voir.

La familiarité est le charme le plus séduisant, & le lien le plus doux de l'amitié : elle nous fait connoître à nous-mêmes ; elle développe les hommes à nos yeux ; c'est par elle que nous apprenons à traiter avec eux ; elle donne de l'étendue & du ressort au caractère ; elle lui assure sa forme distinctive ; elle aide un naturel aimable à sortir des entraves de la coutume, & à mépriser les détails minutieux de l'usage ; elle répand sur tout ce que nous sommes l'énergie & les graces ; elle accélère la marche des talens, qui s'animent & s'éclairent par les conseils de l'amitié ; elle perfectionne la raison, parce qu'elle en exerce les forces ; elle nous fait rougir ; elle nous guérit des petitesses de l'amour-propre ; elle nous aide à nous relever de nos fautes ; elle nous les rend utiles. Eh ! comment des ames vertueuses pourroient-elles regretter de folles démonstrations de respect, quand on les en dédommage par l'amour & par l'estime ?

FANATISME.

Le fanatisme est un zèle outré des vertus. La vérité, la religion, l'amitié, l'amour de la patrie a ses fanatiques.

Le fanatisme prend sa source dans le tempérament. Les gens d'une imagination forte & les mélancoliques y sont naturellement portés ; & l'on remarque que l'esprit n'a pas assez de force pour nous en préserver, puisque tant de grands hommes n'ont pu s'en garantir.

Le fanatisme est contraire à la sagesse, à la modération & à l'esprit du christianisme, qui nous recommande l'amour de nos semblables.

>La Discorde attentive, en traversant les airs,
>Entend ces cris affreux, & les porte aux enfers.
>Elle amène à l'instant de ces royaumes sombres
>Le plus cruel tyran de l'empire des Ombres.
>Il vient. Le Fanatisme est son horrible nom :
>Enfant dénaturé de la Religion,
>Armé pour la défendre, il cherche à la détruire ;
>Et, reçu dans son sein, l'embrase & le déchire.
>C'est lui qui dans Rabba, sur les bords de l'Arnon,
>Guidoit les descendants du malheureux Ammon,
>Quand à Moloch leur Dieu, des mères gémissantes
>Offroient de leurs enfans les entrailles fumantes.
>Il dicta de Jephté le serment inhumain ;
>Dans le cœur de sa fille il conduisit sa main :
>C'est lui qui, de Calchas ouvrant la bouche impie,
>Demanda par sa voix la mort d'Iphigénie.
>France, dans tes forêts il habita long-temps ;
>A l'affreux Teutatès il offrit ton encens.
>Tu n'as point oublié ces sacrés homicides,
>Qu'à tes indignes Dieux présentoient tes druides.
>Du haut du Capitole, il crioit aux Païens :
>Frappez, exterminez, déchirez les Chrétiens.

Voltaire.

FANFARON.

Le fanfaron est celui qui vante son courage, soit qu'il en ait, ou qu'il n'en ait pas : cependant on se sert assez communément de ce terme, quand on veut parler d'un faux brave, parce que le caractère de la véritable bravoure est d'être modeste.

L'usage, dit M. Diderot, a un peu étendu l'acception de ce mot : on l'applique à celui même qui exagère ou qui montre, avec trop d'affectation & de confiance, la bravoure qu'il a ; & plus généralement à celui qui se vante d'une vertu, quelle qu'elle soit, au delà de la bienséance ; mais les loix de la bienséance varient selon les temps & les lieux. Ainsi tel homme est pour nous un fanfaron, qui ne l'étoit point pour son siècle, & qui ne le seroit point aujourd'hui pour sa nation. Il y a des peuples fanfarons. La fanfaronade est aussi dans le ton. Il y a tel discours héroïque, qu'un mot ajouté ou changé feroit dégénérer en fanfaronade; & réciproquement, il y a tel propos fanfaron, qu'une pareille correction rendroit héroïque. Il y a plus : le même discours dans la bouche de deux hommes différens, est un discours élevé, ou une fanfaronade. On tolère, on admire même dans celui qui a par devers soi de grandes actions, un ton qu'on ne souffriroit point dans un homme qui n'a rien fait encore qui garantisse & qui justifie ses promesses. Je trouve en général tous nos héros de théâtre un peu fanfarons. C'est un mauvais goût qui passera difficilement; il a pour la multitude un faux éclat qui l'éblouit; & il est difficile de rentrer dans les bornes de la nature, de la vérité & de la simplicité, lorsqu'une fois on s'en est écarté. Il est bien plus facile d'entasser des sentences les unes sur les autres, que de converser.

FANTAISIE.

La fantaisie est une passion d'un moment, qui n'a sa source que dans l'imagination : elle promet à ceux qu'elle occupe, non un grand bien, mais une jouissance agréable : elle s'exagère moins le mérite que l'agrément de son objet : elle en desire moins la possession que l'usage : elle est, contre l'ennui, la ressource d'un instant : elle suspend les passions sans les détruire : elle se mêle aux penchans d'habitude, & ne fait qu'en distraire : quelquefois elle est l'effet de la passion même ; c'est une bulle d'eau qui s'élève sur la surface d'un liquide, & qui retourne s'y confondre ; c'est une volonté d'enfant, & qui nous ramène, pendant sa courte durée, à l'imbécillité du premier âge.

Les hommes qui ont plus d'imagination que de bon-sens, sont esclaves de mille fantaisies. Elles naissent du désœuvrement, dans un état où la fortune a donné plus qu'il ne faut à la nature, où les desirs ont été satisfaits aussitôt que conçus : elles tyrannisent les hommes indécis sur le genre d'occupations, de devoirs, d'amusemens qui conviennent à leur état & à leur caractère : elles tyrannisent, surtout, les ames foibles, qui sentent par imitation. Il y a des fantaisies de mode, qui pendant quelques temps sont les fantaisies de tout un peuple ; j'en ai vu de ce genre, d'extravagantes, d'utiles, de frivoles, d'héroïques, &c. Je vois le patriotisme & l'humanité devenir dans beaucoup de têtes des fantaisies assez vives, & qui peut-être se répandroient, sans la crainte du ridicule.

La fantaisie suspend la passion par une volonté d'un moment, & le caprice interrompt le caractère. Dans la fantaisie, on néglige les objets de ses passions, de ses principes ; &, dans le caprice, on les change. Les hommes sensibles & légers ont des fantaisies; les esprits de travers sont fertiles en caprices.

Il y a deux grands ressorts de la conduite des hommes, la fantaisie & la raison. J'appelle raison une connoissance véritable des choses telles qu'elles sont, qui fait que nous en jugeons sainement, & que nous les aimons & les haïssons selon qu'elles le méritent : & j'appelle fantaisie une impression fausse, que nous nous formons des choses, en les concevant autres qu'elles ne le sont, ou plus grandes ou plus petites, plus plaisantes ou plus fâcheuses qu'elles ne sont effectivement ; ce qui nous engage en plusieurs jugemens faux, & produit des passions déraisonnables.

D'où l'on peut conclure que chacun, pour se connoître, doit faire réflexion sur ses fantaisies & sur ses jugemens raisonnables. En s'appliquant ainsi à considérer ce qui se passe dans son esprit, on reconnoîtra qu'il y a souvent très-peu de raison & de lumière dans nos jugemens, & que pour l'ordinaire ce qui nous fait agir se réduit à de pures fantaisies.

Nicole.

FAROUCHE.

Nous appellons, dit M. l'*abbé Roubaud*, farouches & sauvages des hommes qui, par leur éloignement pour la société, semblent plutôt faits pour vivre dans les bois qu'avec leurs semblables.

On est farouche par caractère, sauvage par défaut de culture.

Le farouche n'est pas sociable, le sauvage n'est pas social : le premier ne se plaît pas avec les hommes, parce qu'il les hait ; le second, parce qu'il ne les connoît pas : celui-là voit dans tous les hommes des ennemis ; celui-ci n'y a pas encore vu ses semblables. Le farouche épouvante la société ; le sauvage en a peur.

Le farouche a une imagination ardente, une ame dure & inflexible ; ne voit, à travers son humeur noire, la société que sous un jour odieux ; qu'il ait des vertus, ou qu'il n'ait que des vices, il n'apperçoit dans les hommes que leurs vices, il seroit fâché de leur trouver des vertus. Le sauvage n'a pas un caractère déterminé, parce qu'on n'est pas sauvage par un vice particulier de l'ame : en général, on peut dire qu'il est craintif, timide, méfiant, peut-être parce que les hommes sont tous naturellement tels.

Les cruautés du sort & les injustices des hommes

peuvent nous rendre farouches, quoique nous ne soyons pas nés tels. Le malheur endurcit l'ame naturellement sensible, comme le feu durcit l'argile naturellement molle & friable. Des plaisirs long-temps goûtés, sans amertume, dans une solitude agréable, nous rendront sauvages, quoique nous ne fussions pas tels dans la société. L'ame qui, par ce genre de vie, s'est fait une existence & un bonheur à part, se trouve ensuite étrangère dans le systême de la société, comme la goutte d'eau, crystallisée dans les veines d'un rocher, l'est devenue au systême des fluides.

FAT.

Le fat, dit M. Desmahis, est un homme dont la vanité seule forme le caractère; qui ne fait rien par goût; qui n'agit que par ostentation; & qui, voulant s'élever au-dessus des autres, est descendu au-dessous de lui-même. Familier avec ses supérieurs, important avec ses égaux, impertinent avec ses inférieurs, il tutoie, il protège, il méprise. Vous le saluez, & il ne vous voit pas; vous lui parlez, & il ne vous écoute pas; vous parlez à un autre, & il vous interrompt. Il lorgne, il persifle au milieu de la société la plus respectable, & de la conversation la plus sérieuse. Une femme le regarde, & il s'en croit aimé; une autre ne le regarde pas, & il s'en croit encore aimé. Soit qu'on le souffre, soit qu'on le chasse, il en tire également avantage. Il dit à l'homme vertueux de venir le voir, & il lui indique l'heure du brodeur & du bijoutier. Il offre à l'homme libre une place dans sa voiture, & il lui laisse prendre la moins commode. Il n'a aucune connoissance, il donne des avis aux sçavans & aux artistes; il en eût donné à Vauban sur les fortifications, à Le Brun sur la peinture, à Racine sur la poésie. Sort-il du spectacle ? il parle à l'oreille de ses gens ; il part, vous croyez qu'il vole à un rendez-vous ; il va souper seul chez lui. Il se fait rendre, mystérieusement en public, des billets vrais ou supposés ; on croiroit qu'il a fixé une coquette, ou déterminé une prude. Il fait un long calcul de ses revenus ; il n'a que soixante mille livres de rente, il ne peut vivre. Il consulte la mode pour ses travers, comme pour ses habits, pour ses indispositions comme pour ses voitures, pour son médecin comme pour son tailleur. Vrai personnage de théâtre, à le voir, vous croiriez qu'il a un masque ; à l'entendre, vous diriez qu'il joue un rôle. Ses paroles sont vaines, ses actions sont des mensonges, son silence même est menteur. Il manque aux engagemens qu'il a, il en feint quand il n'en a pas ; il ne va point où on l'attend ; il arrive tard où il n'est pas attendu. Il n'ose avouer un parent pauvre, ou peu connu ; il se glorifie de l'amitié d'un grand à qui il n'a jamais parlé, ou qui ne lui a jamais répondu. Il a, du bel-esprit, la suffisance & les mots satyriques ; de l'homme de qualité, les talons rouges, le coureur & les créanciers ; de l'homme à bonne fortune, la petite-maison, l'ambre & les grisons. Pour peu qu'il fût fripon, il feroit en tout le contraste de l'honnête-homme. En un mot, c'est un homme d'esprit pour les sots qui l'admirent, c'est un fat pour les gens sensés qui l'évitent. Mais, si vous connoissez bien cet homme, ce n'est ni un homme d'esprit, ni un sot ; c'est un fat ; c'est le modèle d'une infinité de jeunes sots mal-élevés.

FATALITÉ.

La fatalité est une destinée malheureuse qu'on ne peut éviter ; c'est un des préjugés de l'antiquité, & une conséquence du système de la prédestination,

Cette opinion, si contraire à la morale & à la politique, n'est fondée sur aucune bonne raison.

FATUITÉ.

La fatuité est l'expression d'une confiance présomptueuse.

FAUSSETÉ.

La fausseté est une disposition à la tromperie. On n'est faux, dans le commerce de la vie, que lorsqu'on a dessein de tromper quelqu'un.

La fausseté est un vice du cœur, qui prend sa source dans un amour-propre mal entendu, & qui préfère l'intérêt personnel à celui des autres.

Un homme, dit M. De Voltaire, a de la fausseté dans l'esprit, quand il prend presque toujours à gauche; quand, ne considérant pas l'objet entier, il attribue à un côté de l'objet ce qui appartient à l'autre; & que ce vice de jugement est tourné chez lui en habitude. Il a de la fausseté dans le cœur, quand il s'est accoutumé à flatter & à se parer des sentimens qu'il n'a pas; cette fausseté est pire que la dissimulation, & c'est ce que les Latins appelloient *simulatio*. Il y a beaucoup de fausseté dans les historiens, des erreurs chez les philosophes, des mensonges dans presque tous les écrits polémiques, & encore plus dans les satyriques. Les esprits faux sont insupportables, & les cœurs faux sont en horreur.

FAUTE.

La faute est un manquement contre la loi, ou contre les règles de quelque art.

Les fautes, en morale, diffèrent des vices, en ce qu'elles sont les effets de la fragilité humaine; au lieu que le vice l'eſt de la volonté. Les unes ſont excuſables, & les autres ne le ſont pas.

Les fautes contre les règles de l'art viennent de l'imperfection de la connoiſſance, ou de la difficulté de l'exécution.

FÉCONDITÉ.

La fécondité eſt une qualité de l'eſprit qui abonde en idées. Cette abondance lui vient de la perfection des ſens qui communiquent facilement à l'ame l'impreſſion qu'ils reçoivent des objets, de la vivacité de l'imagination qui ſe les repréſente, & de la fidélité de la mémoire qui les conſerve.

FÉLICITÉ.

La félicité eſt le ſentiment du bonheur. Un homme peut être heureux ſans jouir de la félicité : un chagrin paſſager, une légere douleur, les ſuites d'une maladie, un *méſaiſe*, un rien l'empêche ſouvent de ſentir ſon bonheur.

La félicité, dit M. De la Rochefoucault, eſt dans le goût & non pas dans les choſes ; & c'eſt par avoir ce qu'on aime, qu'on eſt heureux, & non pas par avoir ce que les autres trouvent aimable.

La poſſeſſion des biens, dit M. l'abbé Girard, des honneurs, des amis, de la ſanté, fait le bonheur de la vie ; mais ce qui en fait la félicité, c'eſt l'uſage, la jouiſſance, le ſentiment & le goût de toutes ces choſes.

La félicité, dit M. De Voltaire, eſt un état permanent, du moins pour quelque temps, d'une ame contente ; & cet état eſt bien rare. Le bonheur vient du dehors, c'eſt originairement une bonne heure. Un bonheur vient, on a un bonheur ; mais on ne peut dire, Il m'eſt venu une félicité, j'ai eu une félicité. Et, quand on dit, Cet homme jouit d'une félicité parfaite, une alors n'est pas prise numériquement, & signifie seulement qu'on croit que sa félicité est parfaite. On peut avoir un bonheur sans être heureux. Un homme a eu le bonheur d'échapper à un piège, & n'en est quelquefois que plus malheureux ; on ne peut pas dire de lui qu'il a éprouvé la félicité. Il y a encore de la différence entre un bonheur & le bonheur, différence que le mot félicité n'admet point. Un bonheur est un événement heureux : le bonheur, pris indéfinitivement, signifie une suite de ces événemens. Le plaisir est un sentiment agréable & passager ; le bonheur, considéré comme sentiment, est une suite de plaisirs ; la prospérité, une suite d'heureux événemens ; la félicité, une jouissance intime de sa prospérité. L'auteur des *Synonymes* dit que le bonheur est pour les riches, la félicité pour les sages, la béatitude pour les pauvres d'esprit : mais le bonheur paroît plutôt le partage des riches qu'il ne l'est en effet ; & la félicité est un état dont on parle plus qu'on ne l'éprouve. Ce mot ne se dit guère en prose au pluriel, par la raison que c'est un état de l'ame, comme tranquilité, sagesse, repos ; cependant la poësie, qui s'élève au-dessus de la prose, permet qu'on dise dans Polieucte :

> Ou leurs félicités doivent être infinies.
> Que vos félicités, s'il se peut, soient parfaites.

Les mots, en passant du substantif au verbe, ont rarement la même signification. Féliciter, qu'on emploie au lieu de congratuler, ne veux pas dire rendre heureux ; il ne dit pas même se réjouir avec quelqu'un de sa félicité : il veut dire simplement, faire compliment sur un succès, sur un événement agréable. Il a pris la place de congratuler, parce qu'il est d'une prononciation plus douce & plus sonore.

FEMME, HOMME.

La différence qu'on remarque entre l'homme & la femme, vient non seulement de l'éducation, mais aussi de leur nature. Les fibres de la femme sont ordinairement plus déliées ; ce qui rend les sens plus fins, & le sentiment intérieur plus délicat.

Cette disposition naturelle leur fait préférer les objets sensibles aux êtres métaphysiques, les qualités aimables aux qualités essentielles, le brillant au solide, le luxe & le faste à la propreté & à la commodité.

C'est aussi ce qui les rend sensibles à la pitié, inconstantes & légères, & souvent capricieuses. La trace qu'y laissent les objets n'étant pas assez profonde, elle est aisément effacée par une nouvelle impression ; de sorte que l'objet présent l'emporte souvent chez elles sur celui qui est absent. Mais, si l'homme a quelque avantage du côté du jugement & de la raison, avantage qu'il doit autant à l'éducation qu'à la nature, il faut convenir que le commerce des femmes bien nées a un charme qu'on chercheroit vainement dans celui des hommes les plus aimables. Ce charme est la douceur & la délicatesse de l'esprit & des sentiments, qu'on remarque dans tous leurs discours & dans toutes leurs actions. L'usage leur laisse la pratique des vertus obscures, les plus difficiles sans contredit & les plus ingrates, tandis qu'il réserve aux hommes les vertus d'éclat. Cependant, malgré tous ces avantages imaginaires qu'ils doivent au préjugé, ils sont obligés de convenir que le commerce des femmes est plus aible, parce qu'elles se laissent plus conduire par le cœur que par l'esprit, & que c'est toujours le cœur qui fait le charme de la société.

Les femmes ont encore plus de ce que l'on appelle communément esprit, que les hommes. Elles l'ont plus naturel, parce qu'elles reçoivent leurs idées de l'impression immédiate des objets, parce qu'elles pensent & raisonnent d'après la sensation qu'ils produisent, tandis que nous adoptons follement les pensées & les sentimens des autres.

Le premier mérite auprès des dames, dit S. Evremont, c'est d'aimer; le second, est d'entrer dans la confidence de leurs inclinations; le troisième, de faire valoir ingénieusement tout ce qu'elles ont d'aimable. Faites-vous aimer, ou flattez-les sur ce qu'elles aiment, ou faites leur trouver en elles de quoi s'aimer mieux : car enfin il leur faut de l'amour, de quelque nature qu'il puisse être ; leur cœur n'est jamais vuide de cette passion.

Les deux sexes, dit M. Duclos, ont en commun les vertus & les vices. La vertu a quelque chose de plus aimable dans les femmes, & leurs fautes sont plus dignes de grace, par la mauvaise éducation qu'elles reçoivent. Dans l'enfance, on leur parle de leurs devoirs sans leur en faire connoître les vrais principes ; les amants leur tiennent bientôt un langage opposé : comment peuvent-elles se garantir de la séduction ?

La célèbre Ninon l'Enclos, amante légère, amie solide, honnête homme & philosophe, se plaignoit de la bisarrerie & de l'injustice du préjugé à cet égard. J'ai réfléchi, disoit-elle, dès mon enfance, sur le partage inégal des qualités qu'on exige dans les hommes & dans les femmes : je vis qu'on nous avoit chargées de ce qu'il y avoit de plus frivole,

& que les hommes s'étoient réservé le droit aux qualités essentielles : dès ce moment, je me fis homme.

Il semble que la vertu d'une femme soit dans ce monde un être étranger, contre lequel tout conspire : l'amour séduit son cœur, elle doit être en garde contre la surprise des sens. Quelquefois l'indigence, ou d'autres malheurs encore plus cruels, l'emportent sur toute la fermeté d'une ame trop long-temps éprouvée : il faut qu'elle succombe. Le vice vient alors lui offrir des secours intéressés, ou d'autant plus dangereux qu'ils se montrent sous le masque de la générosité : le malheur les accepte, la reconnoissance les fait valoir, & une vertu s'arme contre l'autre. Environnée de tant d'écueils, si une femme est séduite, ne devroit-on pas regarder sa foiblesse, plutôt comme un malheur, que comme un crime ?

PORTRAIT *de la femme respectable,*
par M. Demahis.

Il est une femme qui a de l'esprit pour se faire aimer, non pour se faire craindre ; de la vertu pour se faire estimer, non pour mépriser les autres ; assez de beauté pour donner du prix à sa vertu. Egalement éloignée de la honte d'aimer sans retenue, du tourment de n'oser aimer, & de l'ennui de vivre sans amour, elle a tant d'indulgence pour les foiblesses de son sexe, que la femme la plus galante lui pardonne d'être fidelle ; elle a tant de respect pour les bienséances, que la plus prude lui pardonne d'être tendre. Laissant aux folles, dont elle est entourée, la coquetterie, la frivolité, les caprices, les jalousies, toutes ces petites passions, toutes ces bagatelles qui rendent leur vie nulle ou contentieuse ; au milieu de ces commerces contagieux, elle consulte toujours son cœur qui est pur, & sa raison qui est saine, préférablement à l'opinion, cette reine du monde, qui gouverne si despotiquement les insensés & les sots. Heureuse la femme qui possède ces avantages ! plus heureux celui qui possède le cœur d'une telle femme !

Enfin il en est une autre plus solidement heureuse encore. Son bonheur est d'ignorer ce que le monde appelle les plaisirs, sa gloire est de vivre ignorée. Renfermée dans les devoirs de femme & de mère, elle consacre ses jours à la pratique des vertus obscures. Occupée du gouvernement de sa famille, elle règne sur son mari par la complaisance, sur ses enfans par la douceur, sur ses domestiques par la bonté. Sa maison est la demeure des sentimens religieux, de la piété filiale, de l'amour conjugal, de la tendresse maternelle, de l'ordre, de la paix intérieure, du doux sommeil & de la santé : économe & sédentaire, elle en écarte les passions & les besoins ; l'indigent qui se présente à sa porte n'en est jamais repoussé ; l'homme licentieux ne s'y présente point. Elle a un caractère de réserve & de dignité qui la fait respecter, d'indulgence & de sensibilité qui la fait aimer, de prudence & de fermeté qui la fait craindre. Elle répand autour d'elle une douce chaleur, une lumière pure qui l'éclaire & vivifie tout ce qui l'environne. Est-ce la nature qui l'a placée, ou la raison qui l'a conduite au rang suprême où je la vois ?

FERMETÉ. *Voyez* FORCE.

FÉROCITÉ. *Voyez* BRUTALITÉ.

FIDÉLITÉ.

La fidélité est la constante observation des devoirs que nous nous sommes imposés par nos engagements, soit par serment, par écrit, verbalement ou tacitement. Tout engagement suppose une obligation réciproque; car on ne s'engage point sans trouver aucun avantage dans son engagement: ainsi, lorsque nous manquons à la condition expresse ou tacite, nous remettons la foi qu'on nous a promise.

Que ceux qui se plaignent de l'infidélité des autres, s'examinent bien avant; ils reconnoîtront souvent qu'ils ont manqué les premiers de fidélité. Que les hommes sont souvent injustes dans le jugement qu'ils portent sur la vertu des femmes! S'ils vouloient remonter aux causes, ils trouveroient que c'est presque toujours la faute des maris, si elles donnent dans le travers.

La fidélité en amour, dit M. de Margency, n'est pas la constance; mais c'est une vertu plus délicate, plus scrupuleuse & plus rare. Je dis que c'est une vertu plus rare: en effet, on voit beaucoup d'amans constans, on trouve peu d'amans fidèles; c'est qu'en général les hommes sont plus aisément séduits, qu'ils ne sont véritablement touchés.

La fidélité est donc cette attention continuelle, par laquelle l'amant, occupé des sermens qu'il a faits, est engagé sans cesse à ne jamais devenir parjure. C'est par elle que, toujours tendre, toujours vrai, toujours le même, il n'existe, ne pense & ne sent que pour l'objet aimé; il ne trouve que lui d'aimable. Lisant dans les yeux adorés & son amour & son devoir, il sçait que, pour prouver la vérité de l'un, il ne doit s'écarter jamais des règles que lui prescrit l'autre.

Que de choses charmantes pour l'amant qui est fidèle ! Qu'il trouve de bonheur à l'être, & de plaisir à penser qu'il le sera toujours ! Les plus grands sacrifices sont pour lui les plus chers, sa délicatesse voudroit qu'ils fussent plus précieux encore. C'est la belle Thétis qui desiroit que Jupiter soupirant pour elle eut encore plus de grandeur, pour le sacrifier à Pélée avec plus de plaisir.

La fidélité est la preuve d'un sentiment très-vrai, & l'effet d'une probité bien grande.

Il ne faut qu'aimer d'un amour sincère, pour goûter la douceur qu'on sent à demeurer fidèle. Passer tous les instans de sa vie près de l'objet qui en fait le charme, employer tous ses jours à faire l'agrément & le plaisir des siens, ne songer qu'à lui plaire, & penser qu'en ne cessant point de l'aimer on lui plaira toujours : voilà les idées délicieuses du véritable amant, & la situation enchantée de l'amant fidèle.

Je dis encore que la fidélité appartient à une ame honnête. En effet, examinons ce qu'en amour les femmes font pour nous, & nous verrons par-là ce que nous devons faire pour elles.

Ce qui est préjugé dans l'ordre naturel, devient loi dans l'ordre civil. L'honneur, la réputation & la gloire, pures chimères pour la femme de la nature, sont, pour la femme qui vit en société, dans l'ordre le plus nécessaire de ses devoirs. Instruite dès l'enfance de ce que prescrivent ces derniers, & de ce qui les altère, quels efforts ne doit-elle pas faire, quand elle veut y manquer ? Que l'on regarde la force de ses chaînes, & l'on jugera de celle qu'il faut pour les briser. Voilà pourtant tout ce qu'il en coûte

coûte à la femme qui devient senfible, pour l'avouer. Ajoutez à cet état forcé les craintes de la foibleffe naturelle, & les combats de la fierté mourante. Quelle reconnoiffance ne devons-nous donc pas avoir pour de fi grands facrifices ? Ce n'eft qu'en aimant bien, comme en aimant toujours, que nous pouvons les mériter ; c'eft en portant la fidélité jufqu'au fcrupule ; en penfant enfin que les chofes agréables, même les plus légères, que l'on dit à l'objet, qui n'eft pas l'objet aimé, font autant de larcins que l'on fait à l'amour.

On voit affez par-là qu'il n'y a guère que l'amour vertueux qui puiffe donner l'amour fidèle.

La fidélité, dit M. le chevalier De Jaucourt, eft la fource de prefque tout commerce entre les êtres raifonnables : c'eft un nœud facré, qui fait l'unique bien de la confiance dans la fociété de particulier à particulier ; car, dès l'inftant qu'on auroit pofé pour maxime qu'on peut manquer à la fidélité fous quelque prétexte que ce foit, par exemple pour un grand intérêt, il n'eft pas poffible de fe fier à un autre, lorfque cet autre pourra trouver un grand avantage à violer la foi qu'il a donnée. Mais, fi cette foi eft inviolable dans les particuliers, elle l'eft encore plus pour les fouverains, foit vis-à-vis les uns des autres, foit vis-à-vis de leurs fujets. Quand même elle feroit bannie du refte du monde, difoit l'infortuné roi Jean, elle devroit toujours demeurer inébranlable dans la bouche des princes.

FIERTÉ.

La fierté eft le fentiment de fes avantages. Elle apporte dans le commerce de la fociété une confiance raifonnable ; & elle ne devient condamnable, que lorsqu'il s'y mêle un sentiment de hauteur ou de dédain.

La fierté de l'ame, dit M. De Voltaire, est un mérite compatible avec la modestie, quand elle est sans hauteur. Il n'y a que la fierté dans l'air & dans les manières qui choque : elle déplait dans les rois mêmes. La fierté dans l'extérieur, dans la société, est l'expression de l'orgueil : la fierté dans l'ame est de la grandeur. Les nuances sont si délicates, qu'esprit fier est un blâme, ame fière une louange : c'est que, par esprit fier, on entend un homme qui pense avantageusement de soi-même ; &, par ame fière, on entend des sentimens élevés. La fierté annoncée par l'extérieur est tellement un défaut, que les petits, qui louent bassement les grands de ce défaut, sont obligés de l'adoucir, ou plutôt de le relever, par une épithète, *cette noble fierté*. Elle n'est pas simplement la vanité qui consiste à se faire valoir par les petites choses, elle n'est pas la présomption qui seroit capable des grandes ; elle n'est pas le dédain qui ajoute encore le mépris des autres à l'air de la grande opinion de soi-même ; mais elle s'allie intimement avec tous ces défauts. On s'est servi de ce mot dans les romans & dans les vers, sur-tout dans les opéra, pour exprimer la sévérité de la pudeur ; on y rencontre par tout *vaine fierté rigoureuse fierté*. Les poëtes ont eu peut-être plus de raison qu'ils ne pensoient. La fierté d'une femme n'est pas simplement la pudeur sévère, l'amour du devoir, mais le haut prix que son amour-propre met à sa beauté. On a dit quelquefois la fierté du pinceau, pour signifier des touches libres & hardies.

FIN. *Voyez* BUT.

FINANCE.

La finance d'un état est dans ses revenus. Elle doit attirer l'attention du ministère : c'est par elle qu'un état se conserve, & parvient à ce point de splendeur & de puissance qui le rend redoutable à ses voisins : c'est au ministre sage à chercher, pour l'entretenir & l'augmenter, des moyens qui ne soient pas onéreux au peuple.

FINESSE.

La finesse de l'esprit est une vive pénétration, qui va chercher dans les choses ce qu'il y a de plus caché, & qui rapproche les rapports qui paroissent les plus éloignés.

Cette qualité vient de l'étendue de l'esprit, qui embrasse d'un coup d'œil les différentes faces d'un objet ; & elle s'exerce sur les choses d'agrément : car, lorsque la pénétration s'applique aux choses de raisonnement, elle change de nom ; & ce qu'on nomme finesse par rapport à l'imagination, s'appelle profondeur en ce qui regarde la réflexion. *Voyez* PROFONDEUR.

Il y a une autre espèce de finesse, dit M. De la Bruyere, qui flotte entre le vice & la vertu, & qui n'est ni une bonne ni une mauvaise qualité. Il n'y a point de rencontre où elle ne puisse & peut-être où elle ne doive être suppléée par la prudence. Cette espèce de finesse est prochaine de la fourberie ; le mensonge seul en fait la différence. *Voyez* FOURBERIE & ADRESSE.

On doit, ajoute M. Duclos, distinguer la finesse de l'esprit de celle du caractère. L'esprit fin est souvent faux, précisément parce qu'il est trop fin : c'est un corps trop délié pour avoir de la consistance.

La finesse imagine au lieu de voir ; &, à force de supposer, elle se trompe. La finesse de caractère n'est que le fruit d'une attention fixe & suivie d'un esprit médiocre que l'intérêt anime.

La finesse, dit M. De Marmontel, est la faculté d'appercevoir, dans les rapports superficiels des circonstances & des choses, les facettes presqu'insensibles qui se répondent, les points indivisibles qui se touchent, les fils déliés qui s'entrelassent & s'unissent.

La finesse diffère de la pénétration, en ce que la pénétration fait voir en grand, & la finesse en petit détail. L'homme pénétrant voit loin ; l'homme fin voit clair, mais de près : ces deux facultés peuvent se comparer au télescope & au microscope. Un homme pénétrant, voyant Brutus immobile & pensif devant la statue de Caton, & combinant le caractère de Caton, celui de Brutus, l'état de Rome, le rang usurpé par César, le mécontentement des citoyens, &c. auroit pu dire : Brutus médite quelque chose d'extraordinaire. Un homme fin auroit dit : Voilà Brutus qui s'admire dans l'un de ces caractères, & auroit fait une épigramme sur la vanité de Brutus. Un fin courtisan, voyant le désavantage du camp de M. De Turenne, auroit fait semblant de ne pas s'en appercevoir : un grenadier pénétrant néglige de travailler aux retranchemens, & répond au général : Je vous connois, nous ne coucherons pas ici.

La finesse ne peut suivre la pénétration, mais quelquefois aussi elle lui échappe. Un homme profond est impénétrable à un homme qui n'est que fin : car celui-ci ne combine que les superficies. Mais l'homme profond est quelquefois surpris par l'homme fin ; sa vue hardie, vaste & rapide, dédaigne ou néglige d'appercevoir les petits moyens: c'eſt Hercule qui court, & qu'un inſecte pique au talon.

La délicateſſe eſt la fineſſe du ſentiment qui ne réfléchit point; c'eſt une perception vive & rapide du réſultat des combinaiſons.

Malo me Galatœa petit, laſciva puella ;
Et fugit ad ſalices, & ſe cupit ante videri.

Si la délicateſſe eſt jointe à beaucoup de ſenſibilité, elle reſſemble encore plus à la ſagacité qu'à la fineſſe.

La ſagacité diffère de la fineſſe; 1°. En ce qu'elle eſt dans le tact de l'eſprit, comme la délicateſſe eſt dans le tact de l'ame; 2°. En ce que la fineſſe eſt ſuperficielle, & la ſagacité pénétrante: ce n'eſt point une pénétration progreſſive, mais ſoudaine, qui franchit le milieu des idées, & touche au but dès le premier pas; c'eſt le coup-d'œil du grand Condé. Boſſuet l'appelle illumination; elle reſſemble, en effet, à l'illumination dans les grandes choſes.

La ruſe ſe diſtingue de la fineſſe, en ce qu'elle emploie la fauſſeté. La ruſe exige la fineſſe, pour s'envelopper plus adroitement, & pour rendre plus ſubtils les pièges de l'artifice & du menſonge: la fineſſe ne ſert qu'à découvrir & à rompre ces pièges: car la ruſe eſt toujours offenſive, & la fineſſe peut ne pas l'être: un honnête-homme peut être fin, mais il ne peut être ruſé. Du reſte, il eſt ſi facile & ſi dangereux de paſſer de l'un à l'autre, que peu d'honnêtes-gens ſe piquent d'être fins; le bon homme & le grand homme ont cela de commun, qu'ils ne peuvent ſe réſoudre à l'être.

L'aſtuce eſt une fineſſe pratique dans le mal, mais

en petit ; c'est la finesse qui nuit ou qui veut nuire. Dans l'astuce, la finesse est jointe à la méchanceté, comme à la fausseté dans la ruse. Ce mot, qui n'est plus d'usage, a pourtant sa nuance ; il mériteroit d'être conservé.

La perfidie suppose plus que de la finesse ; c'est une fausseté noire & profonde, qui emploie des moyens plus puissans, qui meut des ressorts plus cachés que l'astuce & la ruse. Celles-ci, pour être dirigées, n'ont besoin que de la finesse, & la finesse suffit pour leur échapper ; mais, pour observer & démasquer la perfidie, il faut la pénétration même. La perfidie est un abus de la confiance, fondée sur des garants inévitables, tels que l'humanité, la bonne-foi, l'autorité des loix ; la reconnoissance, l'amitié, les droits du sang, &c. Plus ces droits sont sacrés, plus la confiance est tranquille, & plus par conséquent la perfidie est à couvert. On se défie moins d'un concitoyen que d'un étranger, d'un ami que d'un concitoyen, &c. : ainsi par degré la perfidie est plus attroce, à mesure que la confiance violée étoit mieux établie.

Nous observons ces synonymes, moins pour prévenir l'abus des termes dans la langue, que pour faire sentir l'abus des idées dans les mœurs : car il n'est pas sans exemple qu'un perfide, qui a surpris ou arraché un secret pour le trahir, s'applaudisse d'avoir été fin.

FLATTERIE.

La flatterie est l'art de séduire par de fausses louanges & par des complaisances basses. C'est la ressource des frippons, & des gens sans mérite.

C'est ainsi que La Fontaine fait sentir le danger de la flatterie :

LE CORBEAU ET LE RENARD.

Maître Corbeau sur un arbre perché
  Tenoit en son bec un fromage ;
Maître Renard par l'odeur alléché
  Lui tint à peu près ce langage :
  Eh ! bon jour, monsieur du Corbeau ;
Que vous êtes joli ! que vous me semblez beau !
  Sans mentir, si votre ramage
  Se rapporte à votre plumage,
Vous êtes le phénix des hôtes de ce bois.
A ces mots le Corbeau ne se sent pas de joie ;
  Et, pour montrer sa belle voix,
Il ouvre un large bec, laisse tomber sa proie.
Le Renard s'en saisit, & dit : Mon bon monsieur,
  Apprenez que tout flatteur
  Vit aux dépens de celui qui l'écoute.
Cette leçon vaut bien un fromage, sans doute.
  Le Corbeau honteux & confus
Jura, mais un peu tard, qu'on ne l'y prendroit plus.

PORTRAIT DU FLATTEUR DU ROUSSEAU.

A quoi nous serviroit le talent précieux,
Le don surnaturel que j'ai reçu des cieux,
De tourner à profit la foiblesse des hommes ?
Tu le sçais mieux que moi : dans le siècle où nous sommes,
L'amour de la louange & l'imbécille orgueil
De leur foible raison sont l'ordinaire écueil ;
Et j'ai mis le grand art où je suis passé maître
A les tromper par-là, puisqu'ils le veulent être.
Je sçais m'accommoder à leurs foibles divers,
Flatter leurs passions, encenser leur travers ;
Sur leurs seuls mouvements je me règle à toute heure ;
Sont-ils joyeux ? je ris ; sont-ils tristes ? je pleure ;
Et par-là, sans risquer qu'un peu de bonne foi,
Je les mets hors d'état de se passer de moi.
J'assujettis leurs cœurs, j'asservis leur prudence,
Et les enchaîne aux fers de ma condescendance.

La flatterie est un commerce honteux qui n'est

utile qu'au flatteur. Si un flatteur se promène avec quelqu'un dans la place, Remarquez-vous, dit-il, comme tout le monde a les yeux sur vous ? cela n'arrive qu'à vous seul : hier il fut bien parlé de vous, & l'on ne tarissoit point sur vos louanges : nous nous trouvâmes plus de trente personnes dans un endroit du portique, & comme, par la suite du discours, l'on vint à tomber sur celui que l'on devoit estimer le plus homme de bien de la ville, tous d'une commune voix vous nommèrent, & il n'y en eut pas un seul qui vous refusât ses suffrages. Il lui dit mille choses de cette nature. Il affecte d'appercevoir le moindre duvet qui se sera attaché à votre habit, de le prendre & de le souffler à terre. Si par hasard le vent a fait voler quelques petites pailles sur votre barbe ou sur vos cheveux, il prend soin de vous les ôter ; &, vous souriant, Il est merveilleux, dit-il, combien vous êtes blanchi depuis deux jours que je ne vous ai pas vu. Et il ajoute, Voilà encore, pour un homme de votre âge, assez de cheveux noirs. Si celui qu'il veut flatter prend la parole, il impose silence à tous ceux qui se trouvent présens, & il les force d'approuver aveuglément tout ce qu'il avance ; &, dès qu'il a cessé de parler, il se récrie, Cela est dit le mieux du monde, rien n'est plus heureusement rencontré. D'autrefois, s'il lui arrive de faire à quelqu'un une raillerie froide, il ne manque pas de lui applaudir, d'entrer dans cette mauvaise plaisanterie ; &, quoiqu'il n'ait nulle envie de rire, il porte à sa bouche l'un des bouts de son manteau, comme s'il ne pouvoit se contenir, & qu'il voulût s'empêcher d'éclater. Et, s'il l'accompagne lorsqu'il marche par la ville, il dit à ceux qu'il rencontre dans son chemin, de s'arrêter jusqu'à ce qu'il soit passé. Il achette des fruits & les porte chez un citoyen ; il les donne à ſes enfans en ſa préſence ; il les baiſe, il les careſſe ; Voilà, dit-il, de jolis enfans, & dignes d'un tel père ! S'il ſort de ſa maiſon, il le ſuit ; s'il entre dans une boutique pour eſſayer des ſouliers, il lui dit, Votre pied eſt mieux fait que cela. Il l'accompagne enſuite chez ſes amis, ou plutôt il entre le premier dans leur maiſon, & leur dit, Un tel me ſuit, & vient vous rendre viſite : Et, retournant ſur ſes pas, Je vous ai annoncé, dit-il, & on ſe fait un grand honneur de vous recevoir. Le flatteur ſe met à tout ſans héſiter, & ſe mêle des choſes les plus viles, & qui ne conviennent qu'à des femmes. S'il eſt invité à ſouper, il eſt le premier des conviés à louer le vin. Aſſis à table le plus proche de celui qui fait le repas, il lui répète ſouvent : En vérité, vous faites une chère délicate : &, montrant aux autres l'un des mets qu'il ſoulève du plat. Cela s'appelle, dit-il, un morceau friand. Il a ſoin de lui demander s'il a froid, s'il ne voudroit point une autre robe, & il s'empreſſe de le mieux couvrir : il lui parle ſans ceſſe à l'oreille ; &, ſi quelqu'un de la compagnie l'interroge, il lui répond négligemment & ſans le regarder, n'ayant des yeux que pour un ſeul. Il ne faut pas croire qu'au théâtre il oublie d'arracher des carreaux des mains du valet qui les diſtribue, pour les porter à ſa place, & l'y faire aſſeoir plus mollement. J'ai dû dire qu'avant qu'il ſorte de ſa maiſon, il en loue l'architecture, ſe récrie ſur toutes choſes, dit que les jardins ſont bien plantés ; &, s'il apperçoit le portrait du maître, où il ſoit extrêmement flatté, il eſt touché de voir combien il lui reſſemble, & il l'admire comme un chef-d'œuvre. En un mot, le flatteur ne dit rien & ne fait rien au haſard ; mais il rapporte toutes ſes paroles & toutes ses actions au dessein qu'il a de plaire à quelqu'un & d'acquérir ses bonnes graces.

FOIBLESSE.

La foiblesse est l'effet de la fragilité. *Voyez* Fragilité.

FOLIE.

La folie est l'aliénation de l'esprit. C'est souvent l'effet de la maladie ou des passions qui dérangent l'économie animale. *Voyez* Manie.

FORCE.

La force est une vigueur de l'ame qui résiste aux obstacles. Elle renferme le courage, la fermeté & la patience. *Voyez* Patience *&* Courage.

Il me semble, dit M. Duclos, que le courage d'esprit consiste à voir le danger, les périls, les maux & les malheurs, précisément tels qu'ils sont, par conséquent les ressources. Les voir moindres qu'ils ne sont, c'est manquer de lumières; les voir plus grands, c'est manquer de cœur. La timidité les exagère, & par-là les fait croître; le courage aveugle les déguise & ne les affoiblit pas toujours: l'un & l'autre mettent hors d'état d'en triompher.

Le courage d'esprit suppose & exige souvent celui du cœur. Le courage du cœur n'a guère d'usage que dans les maux matériels, les dangers physiques, ou ceux qui y sont relatifs; le courage d'esprit a son application dans les circonstances les plus délicates de la vie. On trouve aisément des hommes qui affrontent les périls les plus évidens; on en voit rarement qui, sans se laisser abbattre par un malheur, sçachent en tirer des moyens pour un heureux succès. Combien a-t-on vu d'hommes timides à la cour, qui étoient des héros à la guerre?

La fermeté est une constance à suivre nos projets, malgré toutes sortes d'obstacles. Elle n'est vertu que dans les entreprises justes & raisonnables.

La force de l'esprit, dit M. De Vauvenargue, est le triomphe de la réflexion : c'est un instinct supérieur aux passions, qui les calme & qui les possède à son gré. On ne peut pas sçavoir d'un homme, qui n'a pas les passions ardentes, s'il a de la force d'esprit : il n'a jamais été dans des épreuves assez difficiles.

La force dans l'expression vient de celle du sentiment : elle se caractérise par le tour de l'expression.

FORFAIT.

Les forfaits sont de grands crimes. *Voyez* CRIMES.

> Quelque crime toujours précède les grands crimes,
> Quiconque a pu franchir les bornes légitimes,
> Peut violer enfin les droits les plus sacrés.
> Ainsi que la vertu le crime a ses dégrés ;
> Et jamais on n'a vu la timide innocence
> Passer subitement à l'extrême licence.
> *Racine.*

FORTUNE.

La fortune d'un homme est l'état de ses richesses. *Voyez* RICHESSES.

La fortune & l'humeur gouvernent le monde, dit M. De la Rochefoucault. Il faut, ajoute-t-il, gouverner la fortune comme la santé, en jouir quand elle est bonne, prendre patience quand elle est mauvaise, & ne faire jamais de grands remèdes sans un extrême besoin.

La fortune, dit Montaigne, ne nous fait ni bien

ni mal : elle nous en offre seulement la matière & la semence, laquelle notre ame, plus puissante qu'elle, tourne & applique comme il lui plait ; seule cause & maitresse de sa condition heureuse ou malheureuse.

>Ni l'or ni la grandeur ne nous rendent heureux.
>Ces deux divinités n'accordent à nos vœux
>Que des biens peu certains, qu'un plaisir peu tranquille ;
>Des soucis dévorants c'est l'éternel asyle ;
>Véritable vautour, que le fils de Japhet
>Représente enchainé sur son triste sommet.
>L'humble toit est exempt d'un tribut si funeste.
>Le sage y vit en paix, & méprise le reste.
>Content de ses douceurs, errant parmi les bois,
>Il regarde à ses pieds les favoris des rois ;
>Il lit, au front de ceux qu'un vain luxe environne,
>Que la fortune vend ce qu'on croit qu'elle donne.
>Approche-t-il du but ? quitte-t-il ce séjour ?
>Rien ne trouble sa fin ; c'est le soir d'un beau jour.
>
>   *La Fontaine,*

Il y a des moyens vils de faire fortune, c'est-à-dire, d'acquérir des richesses ; il y en a de criminels ; il y en a d'honnêtes.

Les moyens vils consistent en général dans le talent méprisable de faire bassement sa cour : ce talent se réduit, comme le disoit autrefois un prince de beaucoup d'esprit, à sçavoir être auprès des grands sans humeur & sans honneur. Il faut cependant observer que les moyens vils de parvenir à l'opulence, cessent en quelque manière de l'être lorsqu'on ne les emploie qu'à se procurer l'étroit nécessaire. Tout est permis, excepté le crime, pour sortir d'un état de misère profonde : de-là vient qu'il est souvent plus facile de s'enrichir en partant de l'indigence absolue, qu'en partant d'une fortune étroite & bornée. La nécessité de se délivrer de l'indigence, rendant presque tous les moyens excusables, familiarise insensiblement avec ces moyens; il en coûte moins ensuite pour les faire servir à l'augmentation de sa fortune.

Les moyens de s'enrichir peuvent être criminels en morale, quoique permis par les loix. Il est contre le droit naturel & contre l'humanité que des millions d'hommes soient privés du nécessaire, comme ils le sont dans certains pays, pour nourrir le luxe scandaleux d'un petit nombre de citoyens oisifs. Une injustice si criante & si cruelle ne peut être autorisée par le motif de fournir des ressources à l'état dans des temps difficiles : multiplier les malheureux pour augmenter les ressources, c'est se couper un bras pour donner plus de nourriture à l'autre. Cette inégalité monstrueuse entre la fortune des hommes, qui fait que les uns périssent d'indigence, tandis que les autres regorgent de superflu, étoit un des principaux argumens des Epicuriens contre la providence, & devoit paroître sans réplique à des philosophes privés des lumières de l'évangile. Les hommes engraissés de la substance publique, n'ont qu'un moyen de réconcilier leur opulence avec la morale : c'est de rendre abondamment à l'indigence ce qu'ils lui ont enlevé : supposé même que la morale soit parfaitement à couvert, quand on donne aux uns ce dont on a privé les autres. Mais, pour l'ordinaire, ceux qui ont causé la misère du peuple, croient s'acquitter en la plaignant, ou même se dispensent de la plaindre.

Les moyens honnêtes de faire fortune sont ceux qui viennent du talent & de l'industrie. A la tête de ces moyens, on doit placer le commerce. Quelle différence pour le sage entre la fortune d'un courtisan faite à force de bassesses & d'intrigues, & celle d'un négociant qui ne doit son opulence qu'à lui-même, & qui par cette opulence procure le bien de l'état ! C'est une étrange barbarie dans nos mœurs, & en même temps une contradiction bien ridicule, que le commerce, c'est-à-dire, la manière la plus noble de s'enrichir, soit regardé par les nobles avec mépris, & qu'il serve néanmoins à acheter la noblesse. Mais ce qui met le comble à la contradiction & à la barbarie, est qu'on puisse se procurer la noblesse avec des richesses acquises par toutes sortes de voies.

Un moyen sûr de faire fortune, c'est d'être continuellement occupé de cet objet, & de n'être pas scrupuleux sur le choix des routes qui peuvent y conduire. On demandoit à Newton comment il avoit pu trouver le système du monde : C'est, disoit ce grand philosophe, pour y avoir pensé sans cesse. A plus forte raison réussira-t-on par cette opiniâtreté dans des entreprises moins difficiles, sur-tout quand on sera résolu d'employer toutes sortes de voies. L'esprit d'intrigue & de manège est donc bien méprisable, puisque c'est l'esprit de tous ceux qui voudront l'avoir, & de ceux qui n'en ont point d'autre. Il ne faut d'autre talent pour faire fortune que la résolution bien déterminée de la faire, de la patience & de l'audace. Disons plus : les moyens honnêtes de s'enrichir, quoiqu'ils supposent quelques difficultés réelles à vaincre, n'en présentent pas toujours autant qu'on pourroit le penser. On sçait l'histoire de ce philosophe, à qui ses ennemis reprochoient de ne mépriser les richesses que pour n'avoir pas l'esprit d'en acquérir : il se mit dans le commerce, s'y enrichit en un an, distribua son gain à ses amis, & se remit ensuite à philosopher.

FOURBERIE.

La fourberie est l'art de tromper avec ruse. *Voyez* Finesse.

FRAGILITÉ.

La fragilité est le penchant du tempérament, qui force, pour ainsi dire, nos actions, malgré les efforts de la raison qui s'y oppose. Elle entraîne notre volonté, plutôt qu'elle ne la détermine : c'est pourquoi elle est en quelque sorte excusable ; car il est constant que nous pourrions vaincre nos penchans, si la passion ne les entretenoit par une lâche complaisance. La fragilité, qui naît des besoins de la nature, mérite seule notre indulgence.

La fragilité est une disposition à céder aux penchans de la nature, malgré les lumières de la raison. Il y a si loin de ce que nous naissons à ce que nous voulons devenir ; l'homme, tel qu'il est, est si différent de l'homme qu'on veut faire ; la raison universelle & l'intérêt de l'espèce gênent si fort les penchans des individus ; les lumières reçues contrarient si souvent l'instinct ; il est si rare qu'on se rappelle toujours à propos ces devoirs qu'on respecteroit ; il est si rare qu'on se rappelle à propos ce plan de conduite dont on va s'écarter, cette suite de la vie qu'on va démenrir ; le prix de la sagesse, que montre la réflexion, est vu de si loin ; le prix de l'égarement, que peint le sentiment, est vu de si près ; il est si facile d'oublier pour le plaisir & les devoirs & la raison & le bonheur même, que la fragilité est, du plus au moins, le caractère de tous les hommes.

On appelle fragiles les malheureux entraînés plus fréquemment que les autres au-delà de leurs principes, par leur tempérament & par leurs goûts.

Une des caufes de la fragilité parmi les hommes, eft l'oppofition de l'état qu'ils ont dans la fociété où ils vivent avec leur caractère. Le hafard & les convenances de fortune les deftinent à une place, & la nature leur en marquoit une autre. Ajoutez à cette caufe de la fragilité, les viciffitudes de l'âge, de la fanté, des paffions, de l'humeur, auxquelles la raifon ne fe prête peut-être pas toujours affez : on eft foumis à certaines loix qui nous convenoient dans un temps, & ne font que nous défefpérer dans un autre.

Quoique nous nous connoiffions une fecrette difpofition à nous dérober fréquemment à toute efpèce de joug; quoique très-fûrs que le regret de nous être écartés de ce que nous appellons nos devoirs, nous pourfuivra longtems; nous nous laiffons furcharger de loix inutiles, qu'on ajoute aux loix néceffaires à la fociété; nous nous forgeons des chaînes qu'il eft prefqu'impoffible de porter. On sème parmi nous les occafions des petites fautes, & des grands remords.

L'homme fragile diffère de l'homme foible, en ce que le premier cède à fon cœur, à fes penchans; & l'homme foible à des impulfions étrangères. La fragilité fuppofe des paffions vives; & la foibleffe fuppofe l'inaction & le vuide de l'ame. L'homme fragile pêche contre fes principes; & l'homme foible les abandonne; il n'a que des opinions. L'homme fragile eft incertain de ce qu'il fera; & l'homme foible de ce qu'il veut. Il n'y a rien à dire à la foibleffe; on ne la change pas : mais la philofophie n'abandonne pas l'homme fragile; elle lui prépare des fecours, & lui ménage l'indulgence des autres; elle l'éclaire, elle le conduit, elle le foutient, elle lui pardonne. FRANCHISE.

FRANCHISE.

La franchise est l'expression naïve de nos pensées : elle diffère de la sincérité par les idées accessoires de simplicité & d'innocence qu'elle renferme. *Voyez* SINCERITE'.

FRANÇOIS.

De tous les peuples, dit M. Duclos, le François est celui dont le caractère a dans tous les temps éprouvé le moins d'altération : on retrouve le François d'aujourd'hui dans ceux des Croisades ; &, en remontant jusques aux Gaulois, on y remarque encore beaucoup de ressemblance. Cette nation a toujours été vive, gaie, brave, généreuse, sincère, présomptueuse, inconstante, avantageuse & inconsidérée. Ses vertus partent du cœur, ses vices ne tiennent qu'à l'esprit ; & ses bonnes qualités corrigeant ou balançant les mauvaises, toutes concourent peut-être également à rendre le François de tous les peuples le plus sociable.

Le grand défaut du François est d'être toujours jeune & presque jamais homme ; par-là il est souvent plus aimable & rarement sûr : il n'a presque point d'âge mûr, & passe de la jeunesse à la caducité. Nos talens s'annoncent de bonne heure ; on les néglige long-temps par dissipation ; &, à peine commence-t-on à vouloir en faire usage, que leur temps est passé. Il y a peu d'hommes parmi nous qui puissent s'appuyer de l'expérience.

Il est le seul peuple dont les mœurs peuvent se dépraver, sans que le cœur se corrompe & que le courage s'altère ; qui allie les qualités héroïques avec le plaisir, le luxe & la mollesse. Ses vertus ont peu de consistance, ses vices n'ont point de racine.

S

Le caractère d'Alcibiade n'est pas rare en France. Le dérèglement des mœurs & de l'imagination ne donne point atteinte à la franchise & à la bonté naturelle du François. L'amour-propre contribue à le rendre aimable : plus il croit plaire, plus il a de penchant à aimer. La frivolité, qui nuit au développement de ses talens & de ses vertus, le préserve en même-temps des crimes noirs & réfléchis : la perfidie lui est étrangère, & il est emprunté dans l'intrigue. Si l'on a quelquefois vu chez lui des crimes odieux, ils ont disparu plutôt par le caractère national que par la sévérité des loix.

FRIAND, GOURMAND.

Le friand est celui qui aime les bons morceaux ; le gourmand est celui qui mange beaucoup : l'un cherche le qualité, & l'autre la quantité. Le friand annonce ordinairement de l'esprit, de la délicatesse & de la volupté : le gourmand n'a que de la sensualité.

FRIPPONNERIE.

La fripponnerie est un penchant au vol, qui nous vient ordinairement de la paresse.

FRIVOLITÉ.

La frivolité est le goût de la bagatelle ; c'est la marque de peu d'esprit.

Un homme, qui a des vues d'intérêt, affecte quelquefois d'être frivole vis-à-vis des personnes qui le sont, afin de gagner leur confiance & leur amitié : car nous n'aimons que les gens que nous croyons qui nous ressemblent, & auxquels notre imagination prête souvent nos bonnes ou nos mauvaises qualités.

La frivolité est dans les objets, elle est dans les hommes. Les objets sont frivoles quand ils n'ont pas nécessairement rapport au bonheur & à la perfection de notre être : les hommes sont frivoles, quand ils s'occupent sérieusement des objets frivoles, ou quand ils traitent légèrement les objets sérieux. On est frivole, parce qu'on n'a pas assez d'étendue & de justesse dans l'esprit pour mesurer l'esprit des choses, du temps & de son existence. On est frivole par vanité, lorsqu'on veut plaire dans le monde, où on est emporté par l'exemple & par l'usage ; lorsqu'on adopte par foiblesse les goûts & les idées du grand nombre ; lorsqu'en imitant & répétant, on croit sentir & penser. On est frivole, lorsqu'on est sans passions & sans vertus : alors, pour se délivrer de l'ennui de chaque jour, on se livre chaque jour à quelque amusement, qui cesse bientôt d'en être un ; on se recherche sur les fantaisies; on est avide de nouveaux objets, autour desquels l'esprit vole sans méditer, sans s'éclaircir ; le cœur reste vuide au milieu des spectacles, de la philosophie, des maîtresses, des affaires, des beaux-arts, des magots, des soupers, des amusemens, des faux devoirs, des dissertations, des bons mots, & quelquefois des belles actions. Si la frivolité pouvoit exister long-temps avec de vrais talens & l'amour des vertus, elle détruiroit l'un & l'autre. L'homme honnête & sensé se trouveroit précipité dans l'ineptie & dans la dépravation. Il y aura toujours pour tous les hommes un remède contre la frivolité ; l'étude de leurs devoirs comme hommes & comme citoyens.

FRUGALITÉ.

La frugalité est l'amour de la simplicité dans le boire & le manger. Elle se contente de la nourriture que la nature nous fournit, sans rechercher l'apprêt & la délicatesse que l'art de la cuisine moderne a inventés. Elle diffère de la fobriété, en ce que celle-ci regarde la quantité des alimens. La frugalité eft oppofée à la friandife, & la fobriété à la gourmandife.

On entend ordinairement, par la frugalité, la tempérance dans le boire & le manger : mais cette vertu va beaucoup plus loin que la fobriété ; elle ne regarde pas feulement la table, elle porte fur les mœurs, dont elle eft le plus ferme appui. Les Lacédémoniens en faifoient profeffion expreffe ; les Curius, les Fabricius & les Camilles ne méritèrent pas moins de louanges à cet égard, que par leurs grandes & belles victoires. Phocion s'acquit le titre d'homme de bien par la frugalité de fa vie ; conduite qui lui procura les moyens de foulager l'indigence de fes compatriotes, & de doter les filles vertueufes, que leur pauvreté empêchoit de s'établir.

Je fçais que, dans nos pays de fafte & de vanité, la frugalité à bien de la peine à maintenir un rang eftimable. Quand on n'eft touché que de l'éclat de la magnificence, on eft peu difpofé à louer la vie frugale des grands hommes, qui paffoient de la charrue au commandement des armées ; & peutêtre commençons-nous à les dédaigner dans notre imagination. La raifon, néanmoins ne voudroit pas que nous en jugeaffions de la forte ; & , puifqu'il ne feroit pas à propos d'attribuer à la libéralité les excès des prodigues, il ne faut pas non plus attribuer à la frugalité la honte & les baffeffes de l'avarice.

C'eft vouloir dégrader étrangement les vertus que de dire, avec un Labérius, *Frugalitas miferia eft rumoris boni* : ou de répéter avec S. Evremond. « La frugalité tant vantée des Romains, n'étoit pas « une abftinence volontaire des chofes fuperflues ; « mais un ufage néceffaire & groffier de ce qu'ils

» avoient. « Rendons plus de juſtice au temps des beaux jours de la république Romaine; à ce Fabricius, par exemple, ce Curius & ce Camille dont j'ai parlé. Les uns & les autres, ſçachant ſe borner à l'héritage de leurs ancêtres, ne furent point tentés de changer l'uſage groſſier de ce qu'ils poſſédoient, pour embraſſer le ſuperflu. Le premier refuſa ſans peine les offres magnifiques qu'on lui fit de la part de Pyrrhus; le ſecond mépriſa tout l'argent qui lui fut préſenté de la part des Samnites; le troiſième conſacra dans le temple de Jupiter tout l'or qu'il avoit pris à la defaite des Gaulois. Nourris tous les trois ſelon les règles de l'auſtère frugalité, ils furent les reſſources de leur patrie dans les guerres périlleuſes qu'elle eut à ſoutenir. Le luxe & la ſomptuoſité ſont, dans un état, ce que ſont dans un vaiſſeau les peintures & les ſtatuës dont il eſt décoré; ces vains ornemens raſſurent auſſi peu l'état engagé dans une guerre cruelle, qu'ils raſſurent les paſſagers d'un vaiſſeau, quand il eſt menacé de la tempête.

Pour ſentir le prix de la frugalité, il faut en jouir. Ce ne ſeroit point ceux qui ſont corrompus par les délices, dit l'auteur de l'*Eſprit des loix*, qui aimeront la vie frugale; &, ſi cela avoit été commun, Alcibiade n'auroit pas fait l'admiration de l'univers. Ce ne ſeront pas non plus ceux qui envient ou qui admirent le luxe des autres, qui vanteront la frugalité: des gens qui n'ont devant les yeux que des hommes riches ou des hommes auſſi miſérables qu'ils le ſont, déteſtent leur miſère, ſans aimer & ſans connoître ce qui fait le terme de la miſère.

L'amour de la frugalité eſt excité par la frugalité; & c'eſt alors qu'on en ſent les précieux avantages: cet amour de la frugalité, bornant le deſir d'avoir à l'attention que demande le nécessaire pour sa famille, réserve le superflu pour le bien de sa patrie. Aussi les sages démocraties, en recommandant, en établissant pour loi fondamentale, la frugalité domestique, ont ouvert la porte aux dépenses publiques à Athènes & à Rome : pour lors la magnificence naissoit du sein de la frugalité même. Et comme la religion, ajoute M. De Montesquieu, demande qu'on ait les mains pures pour faire des offrandes aux dieux ; les loix vouloient des mœurs frugales, pour qu'on que l'on pût donner à sa patrie.

G,

GAIETÉ.

La gaieté est un sentiment de complaisance dans nos possessions. Il naît de la considération de leur utilité, relativement à nous.

La gaieté diffère de la joie, en ce qu'elle est moins vive, & qu'elle est le fruit de la réfléxion, au lieu que la joie est l'effet du tempérament. *Voyez* JOIE.

La gaieté est le don le plus heureux de la nature : c'est la manière la plus agréable d'exister pour les autres & pour soi. Elle tient lieu d'esprit dans la société, & de compagnie dans la solitude. Elle est le premier charme de la jeunesse, & le seul agrément de l'âge avancé. Elle est opposée à la tristesse, comme la joie l'est au chagrin. La joie & le chagrin sont des situations ; la tristesse & la gaieté sont des caractères. Mais les caractères les plus suivis sont souvent distraits par les situations ; & c'est ainsi qu'il arrive à l'homme triste d'être ivre de joie, à l'homme gai d'être accablé de chagrin. On trouve rarement la gaieté où n'est pas la santé. Scarron étoit plaisant; j'ai peine à croire qu'il fût gai. La véritable gaieté semble circuler dans les veines avec le sang & la vie. Elle a souvent pour compagne l'innocence & la liberté. Celle qui n'est qu'extérieure est une fleur artificielle qui n'est faite que pour tromper les yeux. La gaieté doit présider aux plaisirs de la table; mais il suffit souvent de l'appeller pour la faire fuir. On la promet par-tout, on l'invite à tous les soupers, & c'est ordinairement l'ennui qui vient. Le monde est plein de mauvais plaisans, de froids bouffons, qui se croient guais parce qu'ils font rire. Si j'avois à peindre en un seul mot la gaieté, la raison, la vertu & la volupté réunies, je les appellerois philosophie.

GALANTERIE.

La galanterie est l'art de séduire par la louange & la coquetterie.

On entend aussi par galanterie une amourette, un commerce entre les deux sexes, dont l'esprit & le sens font tous les frais, sans que le cœur y ait la moindre part. On peut, dit M. De la Rochefoucault, trouver des femmes qui n'ont jamais eu de galanterie; mais il est rare d'en trouver qui n'en aient jamais eu qu'une.

La galanterie n'est guère connue qu'en France, où la mode, qui influe sur les mœurs, fait consister la gloire d'un sexe dans ce qui fait la honte de l'autre, dans la fureur des bonnes-fortunes.

La galanterie diffère de l'amour, en ce que celui-ci est un besoin du cœur, & l'autre un vice de l'esprit. Cependant la galanterie n'est pas toujours un vice. On se sert quelquefois de ce terme, pour exprimer le penchant qu'un sexe a pour un autre: penchant épuré par l'esprit, & qui n'a pour objet que le commerce délicat des sentimens, plus vif d'un sexe à un autre, que celui qu'on voit entre les personnes d'un même sexe.

Ce commerce est propre à polir l'esprit, & à former le cœur : mais il conduit quelquefois à l'amour, qui, comme je l'ai déjà dit, est un bien ou un mal, suivant sa nature & son objet.

On peut, dit M. De Voltaire, considérer ce mot sous deux acceptions générales ; 1°. C'est dans les hommes une attention marquée à dire aux femmes, d'une manière fine & délicate, des choses qui leur plaisent, & qui leur donnent bonne opinion d'elles & de nous. Cet art, qui pourroit les rendre meilleures & les consoler, ne sert que trop souvent à les corrompre.

On dit que tous les hommes de la cour sont polis ; en supposant que cela soit vrai, il ne l'est pas que tous soient galans.

L'usage du monde peut donner la politesse commune : mais la nature donne seule ce caractère séduisant & dangereux, qui rend un homme galant, ou qui le dispose à le devenir.

On a prétendu que la galanterie étoit le léger, le délicat, le perpétuel mensonge de l'amour. Mais peut-être l'amour ne dure-t-il que par les secours que la galanterie lui prête. Seroit-ce parce qu'elle n'a plus lieu entre les époux, que l'amour cesse ? L'amour malheureux exclut la galanterie : les idées qu'elle inspire demandent de la liberté d'esprit ; & c'est le bonheur qui la donne.

Les hommes véritablement galans, sont devenus rares ; ils semblent avoir été remplacés par une espèce d'hommes avantageux, qui, ne mettant que de l'affectation dans ce qu'ils font, parce qu'ils n'ont point de graces, & que du jargon dans ce qu'ils difent, parce qu'ils n'ont point d'efprit, ont fubftitué l'ennui de la fadeur aux charmes de la galanterie.

Chez les fauvages, qui n'ont point de gouvernemens règlés, & qui vivent prefque fans être vêtus, l'amour n'eft qu'un befoin. Dans un état où tout eft efclave, il n'y a point de galanterie, parce que les hommes y font fans liberté, & les femmes fans empire. Chez un peuple libre, on trouvera de grandes vertus ; mais une politeffe rude & groffière : Un courtifan de la cour d'Augufte feroit un homme bien fingulier pour une de nos cours modernes. Dans un gouvernement où un feul eft chargé des affaires de tout, le citoyen oifif, placé dans une fituation qu'il ne fçauroit changer, penfera du moins à la rendre fupportable ; & de cette néceffité commune naîtra une focieté plus étendue : les femmes y auront plus de liberté ; les hommes fe feront une habitude de leur plaire ; & l'on verra fe former peu-à-peu un art qui fera l'art de la galanterie : alors la galanterie répandra une teinte générale fur les mœurs de la nation, & fur fes productions en tout genre ; elles y perdront de la grandeur & de la force, mais elles y gagneront de la douceur, & je ne fçais quel agrément original que les autres peuples tâcheront d'imiter, & qui leur donnera un air gauche & ridicule.

Il y a des hommes dont les mœurs ont tenu toujours plus à des fyftêmes particuliers qu'à la conduite générale ; ce font les philofophes : on leur a reproché de n'être pas galans ; & il faut avouer qu'il étoit difficile que la galanterie s'alliât chez eux avec l'idée févère qu'ils ont de la vérité.

Cependant le philofophe a quelquefois cet avantage fur l'homme du monde, que, s'il lui échappe un mot qui soit vraiment galant ; le contraste du mot avec le caractère de la personne, le fait sortir & le rend d'autant plus flatteur.

2°. La galanterie, considérée comme un vice du cœur, n'est que le libertinage auquel on a donné un nom honnête. En général, les peuples ne manquent guère de masquer les vices communs par des dénominations honnêtes. Les mots galans & galanterie ont d'autres acceptions.

GÉNÉROSITÉ.

La générosité est le sacrifice de l'intérêt personnel au bien des autres : c'est la réflexion qui la fait naître en nous.

La générosité diffère de la libéralité, en ce qu'elle est la cause, dont cette dernière n'est que l'effet. *Voyez* LIBE'RALITE'.

Un homme véritablement généreux n'a en vue que le plaisir d'obliger, ce qu'il fait souvent sans se faire connoître : celui qui n'oblige que dans quelque vue d'intérêt, soit de récompense ou de reconnoissance, n'est plus généreux. La récompense du généreux est au fond de son cœur.

La générosité est un dévouement aux intérêts des autres, qui porte à leur sacrifier ses avantages personnels. En général, au moment où on relâche de ses droits en faveur de quelqu'un, & qu'on lui accorde plus qu'il ne peut exiger, on devient généreux. La nature, en produisant l'homme au milieu de ses semblables, lui a prescrit des devoirs à remplir envers eux : c'est dans l'obéissance à ces devoirs que consiste l'honnêteté, & c'est au de-là de ces devoirs que commence la générosité. L'ame généreuse s'élève donc au-dessus des intentions que la nature sembloit avoir en la formant. Quel bonheur pour l'homme, de pouvoir devenir ainfi fupérieur à fon être ! & quel prix ne doit point avoir à fes yeux la vertu, qui lui procure cet avantage ! On peut donc regarder la générofité comme le plus fublime de tous les fentimens, comme le mobile de toutes les belles actions, &, peut-être, comme le germe de toutes les vertus; car il y en a peu qui ne foient effentiellement le facrifice d'un intérêt perfonnel à un intérêt étranger. Il ne faut pas confondre la grandeur d'ame, la générofité, la bienfaifance & l'humanité : on peut n'avoir de la grandeur d'ame que pour foi, & l'on n'eft jamais généreux qu'envers les autres; on peut être bienfaifant fans faire de facrifices, & la générofité en fuppofe toujours; on n'exerce guère l'humanité qu'envers les malheureux & les inférieurs, & la générofité eft un fentiment auffi noble que la grandeur d'ame, auffi utile que la bienfaifance, & auffi tendre que l'humanité : elle eft le réfultat de la combinaifon de ces trois vertus; &, plus parfaite qu'aucune d'elles, elle peut y fuppléer. Le beau plan que celui d'un monde, où tout le genre humain feroit généreux ! Dans le monde tel qu'il eft, la générofité eft la vertu des héros; le refte des hommes fe borne à la defirer. La générofité eft de tous les états : c'eft la vertu dont la pratique fatisfait le plus l'amour-propre. Il eft un art d'être généreux : cet art n'eft pas commun ; il confifte à dérober le facrifice que l'on fait. La générofité ne peut guère avoir de plus beau motif que l'amour de la patrie, & le pardon des injures. La libéralité n'eft autre chofe que la générofité reftrainte à un objet pécuniaire : c'eft cependant une grande vertu, lorfqu'elle fe propofe le foulagement des malheureux ; mais il y a une économie fage & raifonnée qui devroit toujours régler les hommes dans la difpenfation de leurs bienfaits. Voici un trait de cette économie. Un prince donne une fomme d'argent pour l'entretien des pauvres d'une ville ; mais il fait enforte que cette fomme s'accroiffe à mefure qu'elle eft employée, & que bientôt elle puiffe fervir au foulagement de toute la province. De quel bonheur ne jouiroit-on pas fur la terre, fi la générofité des fouverains avoit toujours été dirigée par les mêmes vues ? On fait des générofités à fes amis, des libéralités à fes domeftiques, des aumônes aux pauvres.

GÉNIE. *Voyez* ESPRIT.

Les arts & les fciences ont leur génie, auffi bien que les belles-lettres : c'eft l'invention & un certain caractère original qui font connoître le génie.

L'étendue de l'efprit, la force de l'imagination, & l'activité de l'ame, voilà le génie. De la manière dont on reçoit fes idées dépend celle dont on fe les rappelle. L'homme jetté dans l'univers reçoit, avec des fenfations plus ou moins vives, les idées de tous les êtres. La plupart des hommes n'éprouvent de fenfations vives que par l'impreffion des objets qui ont un rapport immédiat à leurs befoins, à leur goût, &c. Tout ce qui eft étranger à leurs paffions, tout ce qui eft fans analogie à leur manière d'exifter, ou n'eft point apperçu par eux, ou n'en eft vu qu'un inftant fans être fenti, & pour être à jamais oublié.

L'homme de génie eft celui dont l'ame plus étendue, frappée par les fenfations de tous les êtres, intéreffée à tout ce qui eft dans la nature, ne reçoit pas une idée qu'elle n'éveille un fentiment : tout l'anime & tout s'y conferve.

Lorsque l'ame a été affectée par l'objet même, elle l'est encore par le souvenir ; mais, dans l'homme de génie, l'imagination va plus loin ; il se rappelle des idées avec un sentiment plus vif qu'il ne les a vues, parce qu'à ces idées mille autres se lient, plus propres à faire naître le sentiment.

Le génie entouré des objets dont il s'occupe ne se souvient pas ; il voit : il ne se borne pas à voir, il est ému, dans le silence & l'obscurité du cabinet ; il jouit de cette campagne riante & féconde ; il est glacé par le sifflement des vents ; il est brûlé par le soleil ; il est effrayé des tempêtes. L'ame se plait souvent dans ces affections momentanées ; elles lui donnent un plaisir qui lui est précieux ; elle se livre à tout ce qui peut l'augmenter ; elle voudroit, par des couleurs vraies, par des traits ineffaçables, donner un corps aux phantômes qui sont son ouvrage, qui la transportent ou qui l'amusent.

Veut-elle peindre quelques-uns de ces objets qui viennent l'agiter ? Tantôt les êtres se dépouillent de leurs imperfections ; il ne se place dans ses tableaux que le sublime, l'agréable ; alors le génie peint en beau : tantôt elle ne voit, dans les événemens les plus tragiques, que les circonstances les plus terribles ; & le génie répand dans ce moment les couleurs les plus sombres, les expressions énergiques de la plainte & de la douleur ; il anime la matière, il colore la pensée : dans la chaleur de l'enthousiasme, il ne dispose ni de la nature ni de la suite de ses idées ; il est transporté dans la situation des personnages qu'il fait agir ; il a pris leur caractère : s'il éprouve dans le plus haut degré les passions héroïques, telles que la confiance d'une grande ame que le sentiment de ses forces élève au-dessus de tout danger, telles que l'amour de la patrie porté jusqu'à l'oubli de soi-même, il produit le sublime, le *Moi* de Médée le *Qu'il mourût* du vieil Horace, le *Je suis consul de Rome* de Brutus : transporté par d'autres passions, il fait dire à Hermione, *Qui te l'a dit*, ? à Orosmane, *J'étois aimé* ; à Thieste *Je reconnois mon frère*.

Cette force de l'enthousiasme inspire le mot propre quand il a de l'énergie ; souvent elle le fait sacrier à des figures hardies ; elle inspire l'harmonie imitative ; les images de toute espèce, les figures les plus sensibles, & les sons imitateurs, comme les mots qui caractérisent.

L'imagination prend des forces différentes ; elle les emprunte des différentes qualités qui forment le caractère de l'ame. Quelques passions, la diversité des circonstances, certaines qualités de l'esprit, donnent un tour particulier à l'imagination ; elle ne se rappelle pas avec sentiment toutes ses idées, parce qu'il n'y a pas toujours des rapports entre elle & les êtres.

Le génie n'est pas toujours génie : quelquefois il est plus aimable que sublime ; il sent & peint moins dans les objets le beau que le gracieux ; il éprouve & fait moins éprouver des transports qu'une douce émotion.

Quelquefois, dans l'homme de génie, l'imagination est gaie ; elle s'occupe des légères imperfections des hommes, des fautes & des folies ordinaires ; le contraire de l'ordre n'est pour elle que le ridicule ; mais d'une manière si nouvelle qu'il semble que ce soit le coup d'œil de l'homme de génie qui ait mis dans l'objet le ridicule qu'il ne fait qu'y découvrir : l'imagination gaie d'un génie étendu aggrandit le champ du ridicule ; &, tandis que le vulgaire le voit & le sent dans ce qui choque les usages établis, le génie le découvre & le sent dans ce qui blesse l'ordre universel.

Le goût est souvent séparé du génie. Le génie est un pur don de la nature, ce qu'il produit est l'ouvrage d'un moment ; le goût est l'ouvrage de l'étude & du temps : il tend à la connoissance d'une multitude de règles ou établies ou supposées ; il fait produire des beautés qui ne sont que de convention. Pour qu'une chose soit belle selon les règles du goût, il faut qu'elle soit élegante, finie, travaillée sans le paroître : pour être de génie, il faut quelquefois qu'elle soit négligée ; qu'elle ait l'air irrégulier, escarpé, sauvage. Le sublime & le génie brillent dans Shakespear comme des éclairs dans une longue nuit, & Racine est toujours beau : Homère est plein de génie, & Virgile d'élégance.

Les règles & les loix du goût donneroient des entraves au génie ; il les brise pour voler au sublime, au pathétique, au grand. L'amour de ce beau éternel qui caractérise la nature ; la passion de conformer ses tableaux à je ne sçais quel modèle qu'il a créé, & d'après lequel il a les idées & les sentimens du beau, sont le goût de l'homme de génie. Le besoin d'exprimer les passions qui l'agitent, est continuellement gêné par la grammaire & par l'usage : souvent l'idiome dans lequel il écrit se refuse à l'expressions d'une image qui seroit sublime dans un autre idiome. Homère ne pouvoit trouver dans un seul dialecte les expressions nécessaires à son génie ; Milton viole à chaque instant les règles de sa langue, & va chercher des expressions énergiques dans trois ou quatre idiomes différens. Enfin la force & l'abondance, je ne sçais quelle rudesse, l'irrégularité, le sublime, le pathétique ; voilà dans les arts le caractère du génie. Il ne touche pas foiblement ; il ne plaît pas sans étonner, il étonne encore par ses fautes.

Dans la philosophie, où il faut peut-être toujours une attention scrupuleuse, une timidité, une habitude de réflexion qui ne s'accordent guère avec la chaleur de l'imagination, & moins encore avec la confiance que donne le génie, sa marche est distinguée comme dans les arts: il y répand fréquemment de brillantes erreurs ; il y a quelquefois de grands succès. Il faut dans la philosophie chercher le vrai avec ardeur & l'épurer avec patience. Il faut des hommes qui puissent disposer de l'ordre & de la suite de leurs idées; en suivre la chaîne pour conclure, ou l'interrompre pour douter : il faut de la recherche, de la discussion, de la lenteur; & on n'a ces qualités ni dans le trouble des passions, ni avec les fougues de l'imagination. Elles sont le partage de l'esprit étendu, maître de lui-même ; qui ne reçoit point une perception sans la comparer avec une perception ; qui cherche ce que divers objets ont de communs, & ce qui les distingue entr'eux ; qui, pour rapprocher des idées éloignées, fait parcourir pas-à-pas un long intervalle ; qui, pour saisir les liaisons singulières, délicates, fugitives de quelques idées voisines, ou leur opposition & leur contraste, sçache tirer un objet particulier de la foule des objets de même espèce ou d'espèce différente, poser le microscope sur un point imperceptible ; & ne croit avoir bien vu qu'après avoir regardé long-temps. Ce sont ces hommes qui vont d'observations en observations à de justes conséquences, & ne trouvent que des analogies naturelles. La curiosité est leur mobile; l'amour du vrai est leur passion ; le desir de le découvrir est en eux une volonté permanente qui les anime sans les échauffer, & qui conduit leur marche que l'expérience doit assurer.

Le

Le génie est frappé de tout ; &, dès qu'il n'est point livré à ses pensées & subjugué par l'enthousiasme, *il* étudie, pour ainsi dire, sans s'en appercevoir ; il est forcé, par les impressions que les objets font sur lui, à s'enrichir sans cesse de connoissances qui ne lui ont rien coûté : il jette sur la nature des coups-d'œil généraux & perce ses abysmes. Il recueille dans son sein des germes qui y entrent imperceptiblement, &, qui produisent dans le temps des effets si surprenans, qu'il est lui-même tenté de se croire inspiré : il a pourtant le goût de l'observation ; mais il observe rapidement un grand espace, une multitude d'êtres.

Le mouvement, qui est son état naturel, est quelquefois si doux qu'à peine il l'apperçoit : mais le plus souvent ce mouvement excite des tempêtes ; & le génie est plutôt emporté par un torrent d'idées, qu'il ne suit librement de tranquilles réflexions. Dans l'homme que l'imagination domine, les idées se lient par les circonstances & par le sentiment : il ne voit souvent des idées abstraites que dans leur rapport avec les idées sensibles. Il donne aux abstractions une existence indépendante de l'esprit qui les a faites ; il réalise ses phantômes, son enthousiasme augmente au spectacle de ses récréations c'est-à-dire, de ses nouvelles combinaisons, sur les récréations de l'homme. Emporté par la foule de ses pensées, livré à la facilité de les combiner, forcé de produire, il trouve mille preuves spécieuses, & ne peut s'assurer d'une seule. Il construit des édifices hardis que la raison n'oseroit habiter, & qui lui plaisent par leurs proportions & non par leur solidité : il admire ses systêmes comme il admireroit le plan d'un poëme ; & il les adopte comme beaux, en croyant les aimer comme vrais.

T.

Le vrai ou le faux dans les productions philosophiques, ne font point les caractères distinctifs du génie.

Il y a bien peu d'erreurs dans Locke, & trop peu de vérités dans milord Shaftsterbury : le premier cependant n'est qu'un esprit étendu, pénétrant, & juste ; & le second est un génie du premier ordre. Locke a vu ; Schaftsterbury a créé, construit, édifié : nous devons à Locke de grandes vérités froidement apperçues, méthodiquement suivies, séchement annoncées ; & à Schaftsterbury des systêmes brillans souvent peu fondés, pleins pourtant de vérités sublimes ; & dans ses momens d'erreurs, il plait & persuade encore par les charmes de son éloquence.

Le génie hâte cependant les progrès de la philosophie par les découvertes les plus heureuses & les moins attendues : il s'élève d'un vol d'aigle vers une vérité lumineuse, source de mille vérités auxquelles il parviendra dans la suite en rompant la foule timide des sages observateurs. Mais, à côté de cette vérité lumineuse, il place les ouvrages de son imagination: incapable de marcher dans la carrière, & de parcourir successivement les intervalles, il part d'un point & s'élance vers le but ; il tire un principe fécond des ténèbres ; il est rare qu'il suive la chaîne des conséquences ; il est *prime-sautier*, pour me servir de l'expression de Montaigne. Il imagine plus qu'il n'a vu ; il produit plus qu'il ne découvre ; il entraîne plus qu'il ne conduit. Il anima les Platon, les Descartes, les Mallebranche, les Bacon, les Leibnitz ; &, selon le plus ou le moins que l'imagination domina dans ces grands hommes, il fit éclorre des systêmes brillans, ou découvrir de grandes vérités.

Dans les sciences immenses & non encore approfondies du gouvernement, le génie a son caractère & ses effets aussi faciles à reconnoître que dans les arts & dans la philosophie : mais je doute que le génie qui a si souvent pénétré de quelle manière les hommes dans certains temps devoient être conduits, soit lui-même propre à les conduire. Certaines qualités de l'esprit, comme certaines qualités du cœur tiennent à d'autres, en excluent d'autres. Tout, dans les plus grands hommes, annonce des inconvéniens ou des bornes.

Le sens-froid, cette qualité si nécessaire à ceux qui gouvernent, sans lequel on feroit rarement une application juste des moyens aux circonstances, sans lequel on feroit sujet aux inconséquences, sans lequel on manqueroit de la présence d'esprit ; le sens-froid qui, soumet l'activité de l'ame à la raison, & qui préserve, dans tous les événemens, de la crainte, de l'ivresse, de la précipitation, n'est-il pas une qualité qui ne peut exister dans les hommes que l'imagination maîtrise ? Cette qualité n'est-elle pas absolument opposée au génie ? Il a sa source dans une extrême sensibilité qui le rend susceptible d'une foule d'impressions nouvelles par lesquelles il peut être détourné du dessein principal, contraint de manquer au secret, de sortir des loix de la raison, & de perdre par l'inégalité de la conduite, l'ascendant qu'il auroit pris par la supériorité des lumières. Les hommes de génie, forcés de sentir, décidés par leurs goûts, par leurs répugnances, distraits par mille objets, devinant trop, prévoyant peu, portant à l'excès leurs desirs, leurs espérances, ajoutant ou retranchant sans cesse à la réalité des êtres, me paroissent plus faits pour renverser ou pour fonder les états que pour les maintenir ; & pour retablir l'ordre que pour le suivre.

Le génie dans les affaires n'est pas plus captivé par les circonstances, par les loix & par les usages, qu'il ne l'est dans les beaux arts par les règles du goût, & dans la philosophie par la méthode. Il y a des momens où il sauve sa patrie, qu'il perdroit dans la suite s'il y conservoit du pouvoir. Les systêmes sont plus dangereux en politique qu'en philosophie : l'imagination qui égare le philosophe ne lui fait faire que des erreurs ; l'imagination qui égare l'homme d'état, lui fait faire des fautes & le malheur des hommes.

Qu'à la guerre donc & dans le conseil, le génie, semblable à la divinité, parcoure d'un coup d'œil la multitude des possibles, voie le mieux & l'exécute ; mais qu'il ne manie pas long-temps les affaires où il faut attention, combinaison, persévérance : qu'Alexandre & Condé soient maîtres des événemens, & paroissent inspirés le jour d'une bataille, dans ces instans où manque le temps de délibérer, & où il faut que la première des pensées soit la meilleure. Qu'ils décident dans ces momens où il faut voir d'un coup d'œil les rapports d'une position & d'un mouvement avec ses forces, celles de son ennemi, & le but qu'on se propose : mais que Turenne & Marlbourough leur soient préférés quand il faudra diriger les opérations d'une campagne entière.

Dans les arts, dans les sciences, dans les affaires, le génie semble changer la nature des choses ; son caractère se répand sur tout ce qu'il touche, & ses lumières s'élançant au delà du passé & du présent, éclairent l'avenir : il devance son siècle qui ne peut le suivre ; il laisse loin de lui l'esprit qui le critique avec raison, mais qui dans sa marche égale ne sort jamais de l'uniformité de la nature. Il est mieux senti que connu par l'homme qui veut le définir : ce seroit à lui-même à parler de lui ; & cet article, que je n'aurois pas dû faire, devroit être l'ouvrage d'un de ces hommes extraordinaires qui honore ce siècle, & qui, pour connoître le génie, n'auroit eu qu'à regarder en lui-même.

GLOIRE.

La gloire est ce brillant phantôme que poursuivent l'orgueil & l'ambition : c'est l'effet des grandes actions & des grands talens, quelquefois ; mais plus rarement, des grandes vertus. Elle n'a de réel, que la considération qu'elle procure ; & en cela elle est un très-grand bien : mais elle cesse de l'être, quand elle nous coûte la vertu. Le sage, content de la mériter, se console aisément de ne pas l'obtenir ; il attend une autre récompense de sa vertu. *Voyez* RÉPUTATION.

Quelques faux philosophes affectent de mépriser la gloire ; mais ce mépris n'est qu'un effet de l'amour-propre. Tout est imparfait dans l'homme, gloire, entendement, vertu ; mais les choses les plus petites ont des proportions reconnues. Le chêne est un grand arbre près du cerisier ; ainsi les hommes à l'égard les uns des autres. Quelles sont les inclinations & les vertus de ceux qui méprisent la gloire ? l'ont-ils méritée ?

On doit entendre, par la véritable gloire, l'honneur qui se forme de la constante admiration que tous les hommes, mêmes les plus vicieux, témoignent pour les vertus éminentes, &c., pour les talens extraordinaires & utiles à la société, & l'hommage sincère qu'ils sont forcés de leur rendre. Il n'y a point de nations policées qui n'aient été touchées de la gloire : elles n'auroient pas pris tant de soin de conserver dans leurs histoires la mémoire de leurs exploits, si elles n'avoient été persuadées que par-là elles augmentoient l'estime & la considération des autres peuples. C'est donc une erreur manifeste que de la faire naître de l'orgueil, de l'ambition, du faste, de la puissance ou de l'intrigue. Si ces choses imposent quelquefois aux hommes jusqu'à leur arracher quelques démonstrations d'admiration & de respect, ces démonstrations sont vaines, elles sont forcées & passagères. En un mot, la gloire pure & légitime dont brillent la plupart des grands hommes pendant leur vie, & qui immortalise leur mémoire, cette gloire naît du suffrage public, c'est-à-dire, du concours de tous les témoignages que chacun rend aux vertus distinguées & aux talens reconnus. La gloire est l'éclat qui est propre & essentiel à la vertu, si-tôt qu'elle est en état de briller à nos yeux: aussi un grand homme, qui sçait qu'elle est inséparable de la vertu connue, acquiert la gloire sans la rechercher & la possède sans la mépriser : il fait tout ce qu'il peut pour la mériter & rien pour l'obtenir. L'ambitieux court sans cesse après la gloire qui le fuit : le héros & le sage ne courent qu'après la seule vertu.

La gloire ne consiste pas à éterniser son nom, mais ses vertus : un nom qui passe à la postérité la plus reculée, n'est qu'une longue infamie, s'il y transmet la mémoire des vices & des crimes de celui qui l'a porté : un grand nom n'est une véritable gloire que quand il rappelle avec lui le souvenir, l'admiration, le respect & l'amour que mérite celui qui a sçu l'illustrer.

Entre tous les moyens d'acquérir de la gloire, le premier & le plus sûr, c'est de ne rien faire dans la vue de s'en attirer, & de ne rien omettre pour en être digne : c'est une vérité qu'une expérience de tous les temps a démontrée. La gloire se dérobe aux poursuites les plus empressées de celui qui ne cherche qu'elle, & vient chercher celui qui la sçait attendre. Celui qui est sans cesse occupé à se faire valoir, & à tourner sur lui l'attention des autres, les persuade difficilement de son mérite. On aime à parler de vous, tant que vous vous ignorez. L'histoire & l'expérience nous apprennent que les plus grands hommes sont ceux qui ont été les plus rigides observateurs de cette loi. Solon, Phocion, Epaminondas, Socrate, Isocrate, en Grèce ; Fabrice, Fabius, Scipion Nasica, Virgile, Epictète, Antonin à Rome ; en France, le grand Condé, Turenne. Jérôme Bignon, Descartes, Corneille : on eut dit que ces hommes illustres étoient étrangers dans leur pays : tout le monde s'empressoit à l'envi de s'entretenir de ce qu'ils avoient dit, de ce qu'ils avoient fait ou écrit ; & seuls ils paroissoient l'ignorer. S A C Y.

La gloire nous donne sur les cœurs une autorité naturelle, qui nous touche, sans doute, autant que mille de nos sensations, & nous étourdit plus sur nos misères qu'une vaine dissipation : elle est donc réelle en tout sens.

Ceux qui parlent de son néant inévitable, soutiendroient peut-être avec peine le mépris ouvert d'un seul homme. Le vuide des grandes passions est rempli par le grand nombre des petites : les contempteurs de la gloire se piquent de bien danser, ou de quelque misère encore plus basse. Ils sont si aveugles, qu'ils ne sentent pas que c'est la gloire qu'ils cherchent si curieusement, & si vains, qu'ils osent la mettre dans les choses les plus frivoles. La gloire, disent ils, n'est vertu, ni mérite ; ils raisonnent bien en cela : elle n'est que leur récompense ; mais elle nous excite donc au travail & à la vertu,

& nous rend souvent estimables, afin de nous faire estimer.

GOURMAND. *Voyez* FRIAND.

GOUST.

Le goût est une espèce d'instinct, qui nous découvre dans l'instant, & sans le secours de la réflexion, le bon & le beau des ouvrages d'agrément. Il ne juge que des choses sensibles; & c'est en quoi il diffère du jugement, qui s'étend sur tout, mais dont les décisions ne sont pas toujours aussi justes que celles du goût.

Le goût naît d'une heureuse disposition des organes, & se perfectionne par la lecture des bons livres, & la connoissance des belles choses.

Le goût, dit M. Duclos, est un heureux don de la nature qui se perfectionne par l'étude & par l'exercice. Il apperçoit d'un coup d'œil les défauts & les beautés d'un ouvrage, il les compare, il les apprécie, & les juge; mais cet examen & ce jugement sont si fins & prompts, qu'ils paroissent plutôt l'effet du sentiment que de la discussion.

On entend aussi par goûts ces sentimens passagers d'affection qui nous portent rapidement vers un objet; ces vifs élancemens de l'ame vers le plaisir ou ce qui en porte le nom. Ces goûts sont aussi inconstants que le plaisir qui en est l'objet. Il est aussi ordinaire de voir changer le goût, dit M. De la Rochefoucault, qu'il est extraordinaire de voir changer les inclinations. Un goût vif ressemble à une passion. *Voyez* INCLINATION & PASSION.

GOUVERNEMENT.

Le gouvernement politique se divise en plusieurs espèces, dont le despotique, l'état républicain & le monarchique, sont les principales.

L'état républicain est démocratique, comme Luque, Raguse, &c.; ou aristocratique, comme Venise, Gênes, &c.; ou l'un & l'autre ensemble, comme les Provinces-Unies.

Le gouvernement monarchique est dépendant des loix de l'état, à la différence du despotisme qui est indépendant. Il est souvent mêlé d'aristocratie, comme la Pologne; & quelquefois d'aristocratie & de démocratie tout ensemble, comme le gouvernement d'Angleterre. *Voyez* ces différens gouvernemens à leurs place.

Les plus grandes affaires, dit M. Duclos, celles du gouvernement ne demandent que de bons esprits; le bel-esprit y nuiroit; & les grands esprits y sont rarement nécessaires, ils ont des inconvéniens pour la conduite, ils sont nés pour édifier ou détruire. Le génie a ses bornes & ses écarts; la raison cultivée suffit à tout ce qui nous est nécessaire.

GRACES.

Les graces sont des agrémens qui accompagnent notre maintien, nos discours & nos actions. Elles consistent dans le rapport des attitudes, des gestes, des expressions, des pensées, avec la fin qu'on se propose : elle renferment une idée de douceur.

GRACIEUX, AGRÉABLE.

L'air & les manières rendent gracieux, dit M. l'abbé Girard, l'esprit & l'humeur rendent agréable

On aime la rencontre d'un homme gracieux, il plaît ;
on recherche la compagnie d'un homme agréable,
il amuse.

Les personnes polies sont toujours gracieuses ;
& les personnes enjouées sont ordinairement
agréables.

Il semble que c'est plus par les manières que par
l'air que les hommes sont gracieux ; & que les femmes le sont plutôt par leur air que par leurs manières, quoiqu'elles puissent l'être par celles-ci : mais
il s'en trouve qui, avec l'air gracieux, ont les manières rebutantes. Il paroît aussi que ce qui contribue le plus à rendre l'homme agréable, est un esprit
vif & délié ; & que ce qui y a le plus de part à l'égard de la femme, est une humeur égale & enjouée.

GRANDEUR D'AME.

La grandeur d'ame est un instinct élevé de l'ame,
qui nous porte au beau, au grand, à l'honnête, &
nous inspire le mépris des biens faux & périssables.
Ennemie de la paresse, elle nous donne l'émulation,
source des talens, & la fermeté nécessaire pour exécuter les grandes choses.

Elle brille davantage dans un rang élevé ; mais elle peut se trouver dans le peuple. Elle éclate dans
le maintien, par la décence ; dans les manières, par
la noblesse des graces ; dans les discours les plus indifférens, par des nuances fines & délicates. Elle
nous fait respecter, quand elle est accompagnée de
bonté & de douceur ; mais elle nous fait haïr, &
devient hauteur, si elle n'est pas tempérée par ces
vertus. Dans les grands, elle embellit le faste, elle
réprime la sotte vanité qu'excitent les richesses ; el-

le impose par un mélange de gravité & d'enjouement, d'indulgence & de sévérité ; elle méprise les flatteurs ; loue, aime le mérite dans les autres ; excite les talens ; & ne craint ni les dangers, ni les peines, ni même les supplices.

La véritable grandeur d'ame a sa source dans le cœur ; elle est le fruit de l'éducation & de la réflexion, au moins autant que l'effet d'un heureux tempérament. C'est dans l'adversité que la grandeur d'ame brille le plus.

> Souvent le courage héroïque
> N'est qu'un phantôme chimérique
> Que soutient la prospérité ;
> Et, si l'or s'éprouve à la flamme,
> La véritable grandeur d'ame
> S'éprouve dans l'adversité.
>
> *Recueil de l'académie Françoise*, année 1715.

La grandeur d'ame, dit M. De Formey, est un instinct élevé, qui porte les hommes au grand, de quelque nature qu'il soit : mais qui les tourne au bien ou au mal, selon leurs passions, leurs lumières, leur éducation, leur fortune, &c. Egale à tout ce qu'il y a sur la terre de plus élevé, tantôt elle cherche à soumettre par toutes sortes d'efforts ou d'artifices les choses humaines à elle ; & tantôt, dédaignant ces choses, elle s'y soumet elle-même, sans que sa soumission l'abbaisse : pleine de sa propre grandeur, elle s'y repose en secret, contente de se posséder. Qu'elle est belle, quand la vertu dirige tous ses mouvemens ! mais qu'elle est dangereuse alors qu'elle se soustrait à la règle ! Représentez-vous Catilina au dessus de tous les préjugés de sa naissance, méditant de changer la face de la terre, & d'anéantir le nom Romain : concevez ce génie audacieux, menaçant le monde du sein des plaisirs, & formant d'une troupe de voluptueux & de voleurs, un corps redoutable aux armées & à la sagesse de Rome. Qu'un homme de ce caractère auroit porté loin la vertu, s'il eût tourné au bien ! mais des circonstances malheureuses le poussent au crime. Catilina étoit né avec un amour ardent pour les plaisirs, que la sévérité des loix aigrissoit & contraignoit. Sa dissipation & ses débauches l'engagèrent peu à peu à des projets criminels : ruiné, décrié, traversé, il se trouva dans un état où il lui étoit moins facile de gouverner la république que de la détruire ; ne pouvant être le héros de sa patrie, il en méditoit la conquête. Ainsi les hommes sont souvent portés au crime, par de fatales rencontres, ou par leur situation : ainsi, leur vertu dépend de leur fortune. Que manquoit-il à César, que d'être né souverain ? il étoit bon, magnanime, généreux, brave, clément ; personne n'étoit plus capable de gouverner le monde & de le rendre heureux : s'il eût eu une fortune égale à son génie, sa vie auroit été sans tache ; mais César, n'étant pas né roi, n'a passé que pour un tyran.

De-là il s'ensuit qu'il y a des vices qui n'excluent pas les grandes qualités, & par conséquent de grandes qualités qui s'éloignent de la vertu. Je reconnois cette vérité avec douleur : il est triste que la bonté n'accompagne pas toujours la force ; que l'amour du juste ne prévale pas nécessairement sur tout autre amour, dans tous les hommes & dans tout le cours de leur vie. Mais non seulement les grands hommes se laissent entraîner au vice, les vertueux même se démentent, & sont inconstans dans le bien. Cependant ce qui eſt ſain eſt ſain, ce qui eſt fort eſt fort. Les inégalités de la vertu ; les foibleſſes qui l'accompagnent, les vices qui flétriſſent les plus belles vies; ces défauts inſéparables de notre nature, mêlée ſi manifeſtement de grandeur & de petiteſſe ; n'en détruiſent pas les perfections : ceux qui veulent que les hommes ſoient tout bons ou tout méchans ; néceſſairement grands ou petits, ne les ont pas approfondis. Il n'y a rien de parfait ſur la terre ; tout y eſt mêlangé & fini ; les mines ne nous donnent point d'or pur.

GRANDS.

Plus élevés que puiſſans, un faſte ruineux & preſque acceſſoire les met continuellement dans le beſoin des graces, & hors d'état de ſoulager un honnête-homme, quand ils en auroient la volonté. Il faudroit pour cela qu'ils donnaſſent des bornes au luxe ; & le luxe n'en admet d'autre, que l'impuiſſance de croître ; il n'y a que les beſoins qui ſe reſtraignent, pour fournir au ſuperflu.

A l'égard de la crainte qu'ils peuvent inſpirer, je ſçais combien on peut m'oppoſer d'exemples contraires à mon ſentiment ; mais c'eſt l'erreur où l'on eſt à ce ſujet qui les multiplie. Cette crainte s'évanouiroit, ſi l'on faiſoit attention que les grands & les petits ont le même maître, qu'ils ſont liés par les mêmes loix, & qu'elles ſont rarement ſans effet, quand on les réclame hardiment ; mais ce courage n'eſt pas ordinaire, & il en faut plus pour anéantir une puiſſance imaginaire, que pour réſiſter à une puiſſance réelle.

Les hommes ont plus de timidité dans l'eſprit que dans le cœur ; & les eſclaves volontaires font plus de tyrans, que les tyrans ne font d'eſclaves forcés.

C'est sans doute ce qui a fait distinguer le courage d'esprit, du courage de cœur ; distinction très-juste, quoiqu'elle ne soit pas toujours bien fixée. Il me semble que le courage d'esprit consiste à voir les dangers, les périls, les maux & les malheurs précisément tels qu'ils sont, & par conséquent les ressources. Les voir moindres qu'ils ne sont, c'est manquer de lumières ; les voir plus grands, c'est manquer de cœur. La timidité les exagère, & par-là les fait croître ; le courage aveugle les déguise & ne les affoiblit pas toujours : l'un & l'autre mettent hors d'état d'en triompher.

Le courage d'esprit suppose & exige souvent celui du cœur : le courage de cœur n'a guère d'usage que dans les maux matériels, les dangers physiques, ou ceux qui y sont relatifs. Le courage d'esprit a son application dans les circonstances les plus délicates de la vie. On trouve aisément des hommes qui affrontent les périls les plus évidens ; on en voit rarement qui, sans se laisser abattre par un malheur, sçachent en tirer des moyens pour un heureux succès. Combien a-t-on vu d'hommes timides à la cour qui étoient des héros à la guerre ?

Pour revenir aux grands, ceux qui sont les dépositaires de l'autorité ne sont pas précisément ceux qu'on appelle des seigneurs. Ceux-ci sont obligés d'avoir recours aux gens en place ; & en ont plus souvent besoin que le peuple, qui, condamné à l'obscurité, n'a ni l'occasion de demander, ni la prétention d'espérer. Ce n'est pas qu'il n'y ait des seigneurs qui ont du crédit ; mais ils ne le doivent qu'à la considération qu'ils se sont faite, à des secours rendus, au besoin que l'état en a encore.

Mais les grands qui ne sont que grands, n'ayant ni pouvoir ni crédit direct, cherchent à y participer par le manège, la souplesse & l'intrigue, caractères de la foiblesse.

Les dignités enfin n'attirent guère que des respects ; les places seules donnent le pouvoir.

Quelque frappantes que soient ces distinctions, il semble que ceux qui vivent à la cour les sentent plus qu'ils ne les voient ; leur conduite y est plus conforme que leurs idées ; car ils n'ont pas besoin de réflexion pour sçavoir à qui il leur importe de plaire. A l'égard du peuple, il ne s'en doute seulement pas, & c'est un des plus grands avantages des seigneurs : c'est par-là qu'ils en exigent, comme un tribut, tous les services qu'il leur rend avec soumission.

Ce n'est pas uniquement par timidité que leurs inférieurs hésitent à les presser sur des engagemens ; ils ne sont pas bien sûrs du droit qu'ils en ont. Le faste d'un seigneur en impose au malheureux même qui en a fait les frais ; il tombe dans le respect devant son ouvrage, comme le scupteur adora en tremblant le marbre dont il venoit de faire un dieu.

Il est vrai que, si ce grand même tombe dans un malheur décidé, le peuple devient son plus cruel persécuteur. Son respect étoit une adoration, son mépris ressemble à l'impiété ; l'idole n'étoit que renversée, le peuple la réduit en poudre.

Les grands sont si persuadés de la considération que le faste leur donne aux yeux mêmes de leurs pareils, qu'ils font tout pour le soutenir. Un homme de la cour est avili aussitôt qu'il est ruiné : & cela est au point que celui qui se maintient par des ressources criminelles, est encore plus considéré que celui qui a l'ame assez noble pour se faire une justice sévère. Mais aussi, lorsqu'on succombe après avoir épuisé les ressources les plus injustes, c'est le comble de l'avilissement, parce qu'il n'y a de vice bien reconnu, que celui qui est joint au malheur.

GRAVITÉ.

La gravité dans le maintien est un air sérieux & concerté, qui semble exiger du respect. Elle paroît nécessairement attachée aux dignités, aux places, aux emplois qui demandent de la représentation; par-tout ailleurs elle devient ridicule.

GRONDEUR.

Le grondeur est celui qui est toujours mécontent des autres, & qui les reprend sans sujet. Cette disposition vient du tempérament mélancolique.

GROSSIÉRETÉ.

La grossièreté est un défaut de politesse qui se trouve dans ceux dont l'esprit n'a pas été cultivé : c'est quelquefois aussi un vice du tempérament qui est accompagné de brusquerie, & qu'on remarque dans ceux en qui l'humeur domine.

On entend aussi, par grossièreté, un défaut de délicatesse. Ce défaut a la même origine que l'autre : la mauvaise éducation.

GUERRE.

La guerre est la manière de terminer, par la voie des armes, les différends qui s'élèvent entre les états. C'est un mal qui naît souvent de l'ambition des princes, & quelquefois de l'intérêt de l'état, & qui pour lors devient nécessaire pour en éviter un plus grand.

Il faut, pour éviter la guerre, être toujours en état de la faire, avoir un certain nombre de troupes bien disciplinées, des munitions & de l'argent toujours prêts au besoin.

L'esprit militaire, qui cause l'aggrandissement d'un état, produit indubitablement sa ruine dans la suite,

parce

parce qu'il inspire l'esprit de domination ; & que l'esprit de domination excite la crainte, la haine & l'envie de nos voisins, & qu'enfin tôt ou tard on en est la victime. La justice jointe à la force est le plus ferme soutien d'un état.

H.

HABITUDE.

L'HABITUDE est un penchant, une facilité qui se forme en nous par la réitération fréquente des mêmes actes ; penchant qui nous porte à agir d'une manière constante & uniforme, & quelquefois assez puissant pour corriger les défauts de la nature ; & la plier de bonne heure à la vertu ; ce qui fait sentir la nécessité d'une bonne éducation qu'on ne peut commencer trop tôt : car, dès qu'une fois l'habitude du vice est enracinée, les lumières de la raison sont bien foibles sur la volonté. Je l'ai déjà dit, & je ne sçaurois trop le répéter ; le physique agit plus qu'on ne croit sur le moral : on plie un jeune arbre à son gré ; il n'est plus temps de le redresser dès qu'il a acquis sa croissance & sa maturité.

Tâche, dit Marc-Aurèle, de t'accoutumer aux choses auxquelles tu es le plus mal-propre ; l'habitude te les rendra aisées & faciles : car tu vois que la main gauche, qui est mal-adroite à toutes ses autres fonctions ; parce qu'elle n'y est pas accoutumée, tient pourtant la bride plus ferme que la main droite, parce que c'est une chose qu'elle fait toujours.

HAINE.

La haine est un sentiment d'aversion ; c'est un

éloignement que nous reſſentons pour tout ce que nous regardons comme un mal, & qui nous porte à le fuir.

Elle nous eſt donnée par la nature, pour veiller à notre conſervation ; & pour repouſſer l'offenſe. Nous nous condamnerions nous-mêmes, s'il nous manquoit le dégré néceſſaire de reſſentiment : mais, s'il va au de-là du tort qu'on nous fait, nous nous blâmons nous-mêmes d'avoir paſſé le but : ainſi être totalement deſtitué de cette paſſion pendant qu'on ſe trouve en danger, eſt un défaut blâmable ; & les reſſentir dans une juſte meſure, eſt une choſe que nous approuvons, comme convenable à la nature & à la condition d'une créature telle que l'homme. Au lieu que nous livrer encore à cette paſſion après notre ſureté obtenue, c'eſt une foibleſſe que nous déſapprouvons, non ſeulement comme nuiſible ; mais que nous condamnons, comme indigne de l'homme. *Voyez* VENGEANCE.

La haine eſt preſque toujours un mouvement aveugle qui nous entraîne & qui prévient tout raiſonnement. Le vice ſeul mérite notre haine.

La haine changée en Euménide, dit le père Brumoy, fut jadis une paſſion utile & exempte de fureur. L'amour, iſſu du chaſte ſein de la nature innocente, reſpiroit un air pur. Né pour chercher la félicité ſuprême, pour ſe nourrir de la vertu, & pour puiſer dans ſa ſource, il ne laiſſa pas de s'écarter de ſa route, d'être ſéduit par des beautés mortelles, & d'engluer ſes aîles faites pour l'élever aux cieux. Il en fut ainſi de la haine. Ses mœurs furent d'abord auſſi pures que ſon origine. Née pour éviter les maux, pour haïr le vice, pour conſerver les vertus, elle eut elle-même un air de vertu. Avant que ſa pureté fût entièrement altérée, elle ſervit à épouvanter les tyrans, à châtier sévèrement les hommes vicieux, à livrer les scélérats aux furies vengeresses, & à marquer le crime d'une ineffaçable noirceur. Mais, comme il est écrit que tout dégénère, elle vient de dégénérer comme l'amour même. La scélératesse, qui se cachoit vainement à ses yeux sous les lambris dorés, redoutoit ses regards jusques sur le trône. Elle la vit depuis sans frémir. Elle cessa de punir le crime. Elle flatta les coupables. Elle réserva toute son aversion pour la vertu qu'elle avoit aimée, & pour les hommes vertueux qu'elle avoit vengés. Ce fut peu pour elle de s'attacher aux mortels, elle osa défier les dieux mêmes: guerre impie, commencée par l'exécrable témérité des Géans, & poursuivie par des insensés qui firent gloire de surpasser les Titans en audace. La haine devint une Tisiphone. Elle évoqua du Cocyte tous les monstres infernaux. Elle en tira des morts inconnues jusqu'alors, glaives recourbés en faux, pierriers, ballistes, flèches acérées, foudres d'airain, fusils armés de baïonnettes, & cent arts plus détestables encore; secrets funestes, paroles traîtresses; poisons subtils que l'épouse prépare à son époux, pour agir par dégrés jusqu'au moment prescrit; incendie de procès que rien ne peut éteindre; traits envenimés que la langue décoche à coup sûr; discordes invétérées de familles, que l'aïeul laisse à ses derniers neveux; querelles qu'un sang coupable fomente & perpétue; taches immortelles dont on flétrit des noms respectés; écrits sanglants, morsures cruelles, ignominies affreuses, guerre & duels que la mort ne termine pas.

HARDIESSE.

I.

La hardiesse est un mouvement de l'ame qui la porte au-dessus de son état naturel, & qui souvent lui fait franchir l'ordre des choses. On doit la regarder comme une vertu, lorsqu'elle se borne à attaquer avec prudence & avec de bons droits, au lieu qu'elle dégénère en audace lorsqu'elle agit autrement. Il y a encore une noble hardiesse, qui naît de la juste confiance dans notre propre mérite ou dans l'amitié ou la protection de ceux que nous voulons intéresser à nous; sans cela on joue le rôle d'un impudent qui déplaît, qui fatigue, & qui n'est point rebuté, que parce que lui-même ne se rebute pas. Cette espèce de hardiesse est aujourd'hui la source de la plupart des graces, & en même-temps le découragement du vrai mérite. *Voyez* EFFRONTERIE.

HASARD.

Le hasard est tout ce qui arrive sans cause, & comme ne pouvant pas arriver; c'est un être de raison qu'on ne peut pas concevoir. Epicure & ses disciples le regardoient comme le principe de tout ce qui existe: heureusement ce système, qui est dangereux pour la morale, n'a pas fait fortune. La raison nous a démontré qu'un être souverainement intelligent pouvoit seul avoir créé, & pouvoit seul conserver tout ce qui est dans l'univers.

HAUTEUR.

La hauteur est le sentiment de la supériorité que l'on croit avoir sur les autres, & qu'on leur témoigne, sans ménagement pour leur amour-propre: c'est une fierté ridicule que nous inspirent la naissance, les talens, les avantages de la nature & de la fortune, dont nous nous glorifions pour abbaisser les autres. Elle vient de la bonne opinion qu'on a de soi-même & du mépris d'autrui.

HÉROISME.

L'héroïsme est la pratique d'une vertu éminente: il prend sa source dans la grandeur d'ame, & s'étend sur tous les genres de vertu, quoique communément on ne l'emploie que pour signifier ce courage brillant, cette valeur qui méprise les périls & la mort même. Un infortuné qui souffre patiemment les revers de la fortune, ou qui s'immole au bien de l'état, de sa famille ou de ses amis, est plus héros que celui qui affronte les dangers.

Il semble, dit La Bruyère, que le héros est d'un seul métier, qui est celui de la guerre ; & que le grand homme est de tous métiers, ou de la robe, ou de l'épée, ou du cabinet : l'un & l'autre mis ensemble ne valent pas un homme de bien.

Dans la guerre, la distinction entre le héros & le grand homme est délicate. Toutes les vertus militaires font l'un & l'autre : néanmoins il semble que le premier soit jeune, entreprenant, d'une haute valeur, ferme & intrépide dans le péril ; & que l'autre excelle par un grand sens, par une haute capacité & par une longue expérience : il semble qu'Alexandre n'étoit qu'un héros, & que César étoit un grand homme.

HÉROS.

Ceux qui croient que, pour faire un héros, il ne faut que de l'audace & de l'intrépidité suivies d'heureux succès, n'en ont aucune idée. Il est bien vrai qu'il n'y a point d'héroïsme sans une extrême valeur ; mais une extrême valeur se trouve souvent où il n'y a point d'héroïsme. S'il ne s'agissoit, pour mériter le titre d'héroïsme, que de courir sans cesse de périls en périls, de s'y précipiter d'autant plus impétueusement qu'il paroît plus affreux, de voir sans inquiétude couler son sang, d'attendre sans pâlir la mort qui vient à vous, combien de pirates & de gladiateurs faudroit-il ériger en héros ? Spartacus

& Catilina firent des prodiges de valeur.

Gardons-nous donc bien de croire que l'on foit héros dès que l'on eft conquérant : que traîner après foi le carnage & la fureur, que faire gémir dans les fers des peuples défolés, en foit le caractère. Quel droit Attila & Tamerlan n'avoient-ils pas, fuivant cette idée, à un fi glorieux titre ? Qui a jamais verfé plus de fang que le premier ? & qui fit jamais de plus vaftes conquêtes que le fecond ? Auffi la fable ni l'hiftoire n'ont-elles jamais donné le nom de héros qu'à des hommes qui avoient purgé la terre de monftres; & non à ceux qui, monftres eux-mêmes, l'ont ravagée par les plus horribles cruautés : à des hommes qui ont affronté les plus affreux dangers pour en garantir les autres ; & non à ceux qui n'ont furmonté que des périls où ils s'étoient jettés, en attaquant les autres hommes qu'ils vouloient injuftement dépouiller.

C'eft ce que fçut un jour repréfenter à Alexandre un corfaire à qui il reprochoit fes pirateries. Parce que je n'ai, dit-il, qu'un petit nombre de bâtimens, je fuis un miférable brigand, digne de toutes fortes de fupplices : mais, fi j'avois comme toi une puiffante flotte, je ferois comme toi un grand conquérant. L'idée du héros renferme donc une valeur falutaire qui foit la terreur & le fupplice des méchans, l'efpoir & l'amour des gens de bien. La juftice feule lui met les armes à la main : il eft le protecteur des foibles, l'afyle de l'innocence, la reffource des malheureux. S'il attaque, ce font des ennemis qui menacent, & qui feroient trop puiffans s'ils n'étoient prévenus ; ce font des voifins remuans qu'il faut contenir, ou des furieux qu'il faut défarmer : s'il porte les horreurs de la guerre dans un pays, ce n'eft que pour les éloigner du fien ; ce n'eft que pour forcer des peuples féroces a desirer la paix. S'il subjugue, ce sont des nations inquiettes, qui mesurent leur droit à leurs forces & à leur audace, qui ne cessent de troubler le repos des autres, & qui ont besoin de frein & de loix pour leur propre bonheur. Terrible dans le combat, il est modeste dans la victoire ; vengeur de sa patrie, il n'en est jamais l'oppresseur. Aussi fier général que bon citoyen ; s'il commande aux troupes avec autorité, il obéit aux loix avec respect. Aussi supérieur à ses passions par sa sagesse, qu'à ses ennemis par son courage, il n'est ni enivré des succès les plus heureux, ni étourdi des plus mauvais. Enfin, comme il ne fait la guerre ni pour s'enrichir, ni pour s'aggrandir, sa fortune particulière ne reçoit aucun accroissement par ses triomphes : la patrie en est plus florissante & plus tranquille. A cet heureux mélange de vertus, on conçoit aisément combien la gloire des héros est difficile à obtenir. Mais, si nous consultons l'histoire, nous verrons que le nombre des véritables héros est bien petit. A peine compte-t-elle un Sésostris dans l'Egypte ; un Epaminondas dans la Grèce ; un Curius, un Paul Emile, un Fabius, deux Scipions dans Rome ; un Scanderberg en Albanie ; un Huniade en Hongrie ; un Charlemagne, un Louis IX, un Charles VII, un Du Guesclin, un Henry IV, un Condé, un Luxembourg en France. Je ne cite que des morts, de peur d'être suspect de flatterie en citant les vivans. Je propose des exemples dont le choix a toujours été libre, & je ne prétends point faire d'exclusion dont l'affectation seroit ridicule & injurieuse. SACY.

HOMME.

Sans vouloir entrer dans des discussions métaphysiques sur l'homme, j'ai cru qu'il étoit nécessaire de préfenter les principaux caractères qui le diſtinguent des autres êtres. On trouvera dans ce dictionnaire le développement des différentes parties dont il eſt compoſé, & qui ſe réduiſent à trois principales, au corps, à l'eſprit & au cœur. On peut voir, dans M. De Buffon, les différences & les reſſemblances qu'il a avec les autres êtres, & ſur-tout la brute, par le cœur & le corps. Ce n'eſt que par l'entendement qu'il eſt particulièrement diſtingué.

Suivons la première partie de cette diviſion. L'homme, conſidéré comme matière, eſt aſſujetti à des loix ; comme animal ſenſible, il a des beſoins ; comme être intelligent, il a différentes facultés, qui toutes ſe rapportent à l'entendement, & ne ſont avec lui qu'une même choſe diſtinguée par différens noms : diſtinction qu'on a établie ſur les différens effets qu'elle produit.

Pour être heureux, il ne faut jamais perdre de vue ces trois différentes parties, dont l'homme eſt compoſé. C'eſt en vain que l'homme moral veut anéantir l'homme phyſique, & que celui-ci veut rabbaiſſer l'être intelligent, & enfin que l'homme intelligent veut détruire l'homme ſenſible.

L'homme eſt donc un compoſé des qualités les plus oppoſées ; c'eſt un aſſemblage de vices & de vertus, de force & de foibleſſes, de grandeur & de petiteſſes, d'intelligence & de ſtupidité : mais enfin, tel qu'il eſt, il eſt plus foible que méchant ; &, à ce titre, il mérite plus notre compaſſion que notre haine. *Voyez* FEMME.

> Quel mêlange étonnant ! quel étrange problême !
> En lui que de lumière & que d'obſcurité !
> En lui quelle baſſeſſe & quelle majeſté !
> Il eſt trop éclairé pour douter en ſceptique,
> Trop foible pour s'armer de la vertu ſtoïque.

HOMME.

Seroit-il en naissant au travail condamné ?
Aux douceurs du repos seroit-il destiné ?
Tantôt, de son esprit admirant l'excellence,
Il pense qu'il est dieu, qu'il en a la puissance ;
Et tantôt, gémissant des besoins de son corps,
Il croit que de la brute il n'a que les ressorts.
Ce n'est que pour mourir qu'il est né, qu'il respire ;
Et toute sa raison n'est presque qu'un délire.
S'il ne l'écoute point, tout lui devient obscur ;
S'il la consulte trop, rien ne lui paroît sûr.
Chaos de passions & de vaines pensées,
Admises tour à tour, tour à tour repoussées,
Dans ses vagues desirs, incertain, inconstant,
Tantôt fou, tantôt sage, il change à chaque instant ;
Egalement rempli de force & de foiblesse,
Il tombe, il se relève, & retombe sans cesse.
Seul il peut découvrir l'obscure vérité,
Et d'erreur en erreur il est précipité.
Créé maître de tout, de tout il est la proie.
Sans sujet, il s'afflige ou se livre à la joie :
Et, toujours en discorde avec son propre cœur,
Il est de la nature & la honte & l'honneur.
Va, sublime mortel, fier de ton excellence,
Ne crois rien d'impossible à ton intelligence.
Le compas à la main, mesure l'univers,
Règle à ton gré le flux & le reflux des mers,
Fixe le poids de l'air, & commande aux planètes,
Détermine le cours de leurs marches secrètes,
Soumets à ton calcul l'obscurité des temps,
Et de l'astre du jour conduis les mouvemens :
Va, monte avec Platon jusques à l'empirée,
Cherche la vérité dans sa source sacrée,
Et, joignant la folie à la témérité,
Plonge-toi dans le sein de la Divinité ;
Dans ton aveugle orgueil instruis l'Etre suprême,
Apprends à gouverner à la Sagesse même.
Et, déchu de l'espoir qui séduisoit ton cœur,
Rentre dans ton néant, rougis de ton erreur.

Pope.

Nous ne jugeons que trop souvent les hommes

sur l'extérieur, & alors nos jugemens sont presque toujours faux. C'est merveille, dit Montaigne, que, sauf nous, aucune chose ne s'estime que par ses propres qualités. Nous louons un cheval de ce qu'il est vigoureux & adroit, non de son harnois; un levrier de sa vitesse, non de son collier: pourquoi de même n'estimons-nous un homme par ce qui est sien? Il a un grand train, un beau palais, tant de crédit, tant de rente; tout cela est autour de lui, non en lui. Si vous achetez un cheval, vous le voyez nud & à découvert; pourquoi, estimant un homme, l'estimez-vous tout enveloppé & empaqueté? Il ne nous fait montre que des parties qui ne sont aucunement siennes, & nous cache celles par lesquelles seules on peut vraiment juger de son estimation.

L'homme est composé d'un corps & d'une ame: cette ame est la même dans tous les hommes; mais l'organisation du corps & le mélange des humeurs qui influent sur elle, en font la différence: tel arrangement de fibres plus ou moins déliées, un sang plus ou moins fertile en esprits, produisent telle constitution; & cette constitution forme le caractère de notre esprit & la qualité de nos humeurs, & devient souvent la source de nos vices & de nos vertus.

L'homme est un, je l'avoue, dit M. Rousseau de Genève: mais l'homme, modifié par les religions, par les gouvernemens, par les loix, par les coutumes, par les préjugés, par les climats, devient si différent de lui-même, qu'il ne faut plus chercher parmi nous ce qui est bon aux hommes en général, mais ce qui leur est bon dans tel temps ou dans tel pays.

Ce sera peu d'avoir de l'esprit, lorsque l'on n'a point d'ame. C'est l'ame qui forme l'esprit, & qui lui donne l'effort : c'est elle qui domine dans les sociétés, qui fait les orateurs, les négociateurs, les ministres, les grands hommes, les conquérans. Voyez comme on vit dans le monde. Qui prime chez les jeunes gens, chez les femmes, chez les vieillards, chez les hommes de tous états, dans les cabales & dans les partis ? Qui nous gouverne nous-mêmes ? est-ce l'esprit ou le cœur ? Faute de faire cette réflexion, nous nous étonnons de l'élévation de quelques hommes, ou de l'obscurité de quelques autres ; & nous attribuons à la fatalité, ce dont nous trouverions plus aisément la cause dans leur caractère. Mais nous ne pensons qu'à l'esprit, & point aux qualités de l'ame. Cependant c'est d'elle avant tout que dépend notre destinée : on nous vante en vain les lumières d'une belle imagination ; je ne puis ni estimer, ni haïr, ni craindre ceux qui n'ont que de l'esprit.

L'homme, considéré relativement aux divers êtres, est bien comme il est. Plus ignorant, il seroit tout à fait semblable à la brute ; plus intelligent, il s'élèveroit à la contemplation de la vérité, & négligeroit les devoirs qui lui sont imposés par le créateur, & pour lesquels il est sensiblement né. Lorsqu'il veut trop s'élever au-dessus de sa condition, ses besoins le rappellent à la terre, & la violation de la loi est punie par les inquiétudes de l'esprit, & par les douleurs du corps. C'est pour l'action qu'il est né. C'est un mélange de passion & de raison ; mais il plus passif qu'actif. Son activité n'est jamais guère que l'effet de la passion, de l'objet qui lui a imprimé le mouvement. Les seuls principes actifs sont l'amour-propre & l'amour social : principes innés, qui nous font chercher le plaisir & fuir la peine ; & la violence ne peut être arrêtée que par cette lumière naturelle qu'il a reçue pour le régler : principe également puissant, quoique souvent opposé, & quelquefois soumis. Le bonheur des mortels consiste dans la parfaite union de ces deux principes.

HONNETETÉ.

L'honnêteté, par rapport à nous, est une manière d'agir suivant les loix de la pudeur ; elle diffère de la bienséance, en ce qu'elle est d'une signification moins étendue : à l'égard des autres, voici comment, pour se rendre heureux avec moins de peine & pour l'être avec sureté, il faut faire en sorte que les autres le soient avec nous. C'est le ménagement de bonheur pour nous & pour les autres, que l'on doit appeller l'honnêteté, qui n'est, à le bien prendre, qu'un amour-propre bien ménagé. Pour avoir cette honnêteté au plus haut degré, il faut avoir l'esprit excellent & le cœur bien fait, & qu'ils soient tous deux de concert ensemble. Par la grandeur de l'esprit, on connoît ce qu'il y a de plus juste & de plus raisonnable à dire & à faire : &, par la bonté du cœur, on ne manque jamais de vouloir faire & dire ce qu'il y a de plus raisonnable & de plus juste. Ces deux qualités sont essentielles pour faire un honnête-homme. Puisque c'est une chose si rare de les voir séparément, combien doit-il être encore plus rare de les voir toutes deux ensemble ?

HONNEUR.

On a de l'honneur une idée bien courte. Le militaire le fait consister dans le courage, le juge dans l'intégrité, les femmes dans la chasteté. Chacun, en sauvant une partie de l'honneur, croit sauver l'honneur tout entier : c'est un préjugé. L'honneur consiste à ne rien faire qui puisse porter préjudice à la réputation. On croit avoir tout son honneur, quand on est irréprochable aux yeux des hommes : c'est encore un préjugé. Il faut l'être encore à ses propres yeux, & sur-tout à ceux de Dieu, qui seul sçait apprécier le véritable honneur.

L'honneur est le desir de s'avancer par toutes les choses de convention qui nous font réussir dans le monde : c'est le phantôme de la vertu ; il se pare des qualités qu'elle possède.

L'honneur est le principe des actions, dans l'état monarchique : il nous attire souvent la considération par les mêmes choses qui devroient nous l'ôter. N'est-il pas bien singulier que des gens sans principes aient arraché l'honneur d'un sexe à ce qui le fait perdre à l'autre ? L'honneur est le principe le plus faux ; &, à la honte de la raison, l'aiguillon le plus puissant pour nous exciter aux grandes actions, par l'espoir des récompenses, de la fortune, des honneurs & de la gloire.

L'homme d'honneur, dit M. Duclos, pense & sent avec noblesse : ce n'est pas aux loix qu'il obéit ; ce n'est pas la réflexion ni l'imitation qui le décident ; il pense, parle, agit avec une sorte de hauteur, & semble être son propre législateur à lui-même : c'est l'éducation & une sorte d'élévation dans l'ame ; disons mieux, c'est l'amour de la gloire qui fait naître cette qualité.

HONTE.

La honte est le sentiment intérieur d'une action ou d'une pensée qui blesse l'honnêteté ; c'est un témoignage de la conscience qui nous condamne : elle se manifeste aux autres par une rougeur subite.

Cette honte, dit madame Lambert, est quelquefois le plus fidèle gardien de la vertu des femmes: très-peu sont vertueuses pour la vertu même.

La honte est aussi quelquefois causée par la crainte du blâme, & l'ignorance des usages établis dans la société. C'est le défaut des jeunes gens qui entrent dans le monde.

Il est une mauvaise honte qui nous empêche souvent de faire une bonne action qui n'est pas du bon ton ; car tout est de mode jusqu'à la vertu : cette mauvaise honte, qui nous fait craindre la sévèrité des jugemens du public, est un très-grand obstacle à notre félicité, & nous fait paroître bien méprisable aux yeux du sage. *Voyez* RESPECT-HUMAIN.

HUMANITÉ.

L'humanité est l'amour des hommes : c'est un sentiment de bienveillance qui nous excite à faire leur bonheur, soit par nos conseils, soit par notre exemple ou nos bienfaits ; c'est le principe du bien moral.

L'humanité est le fruit d'une bonne éducation, & d'un amour-propre éclairé, qui raisonne sur ses véritables intérêts : c'est aussi souvent l'effet d'un heureux tempérament. Les personnes douces & éclairées sont naturellement portées à l'amour de l'humanité : l'effet du bonheur est de chercher à se communiquer.

L'humanité, ce sentiment noble qui nous affecte de compassion ou d'amour pour nos semblables, nous fait participer en quelque sorte au bonheur de la divinité, qui se plaît à chérir, à conserver, à secourir la nature humaine.

HUMEUR.

L'humeur est la qualité dominante du tempérament : elle vient de la disposition des organes & de la qualité des liqueurs qui circulent avec le sang, & donne souvent la naissance aux passions, aux vices & à la plupart des vertus. On entend aussi par ce terme, qu'on prend alors en mauvaise part, cette disposition du tempérament mélancolique qui nous porte à la tristesse & à l'antipathie.

La fortune & l'humeur gouvernent le monde, dit M. de la Rochefoucault. Les humeurs du corps ont un cours ordinaire & règlé, qui tourne imperceptiblement notre volonté : elles roulent ensemble, & exercent successivement un empire secret en nous ; de sorte qu'elles ont une part considérable à toutes nos actions, sans que nous le puissions connoître.

HUMILITÉ.

L'humilité est un sentiment de l'imperfection de notre être, qui est ordinairement le fruit d'une longue & infructueuse recherche de la vérité. Dans l'ardeur de s'instruire, l'homme se trouve à chaque instant arrêté par l'impossibilité de découvrir les secrets de la nature, les principes des êtres, l'essence de ce que l'on nomme esprit, ame, &c. A chaque pas, il rencontre les bornes de l'entendement ; &, après une pénible étude, il reste persuadé que ce que l'homme peut sçavoir est bien peu de chose : cette connoissance lui fait sentir sa foiblesse, & ce sentiment est ce qu'on nomme humilité. Il n'appartient qu'au philosophe d'être humble ; l'ignorant n'imagine pas qu'on puisse aller au-delà de ses connoissances.

Elle est quelquefois l'effet du tempérament mélancolique.

L'humilité est aussi une vertu chrétienne, qui nous

fait sentir notre néant devant Dieu, & qui lui rapporte la gloire de nos connoissances, de nos succès & de nos talens.

L'humilité diffère de la modestie, en ce que celle-ci se contente de ne point s'élever, & celle-là se plaît même à se rabbaisser.

HYPOCRISIE.

L'hypocrisie est le masque de la vertu; c'est l'affectation de la piété, ou des vertus qu'on n'a pas.

L'hypocrisie, dit M. De la Rochefoucault, est un hommage que le vice rend à la vertu.

Un homme a long-temps caché un vice, une passion: on est parvenu à les découvrir, & on en conclut que cet homme étoit un hypocrite: c'est un préjugé. L'hypocrisie ne consiste pas à cacher ses vices; au contraire, on doit les cacher soigneusement: elle consiste à faire parade des vertus qu'on n'a pas.

J.

JACTANCE.

C'EST le langage de la vanité, qui dit d'elle le bien qu'elle pense; elle est quelquefois utile au mérite médiocre. Son but est de s'élever, & non de rabbaisser les autres.

JALOUSIE.

La jalousie est un vif sentiment de crainte, qui accompagne la poursuite d'un bien qu'on nous dispute, ou la jouissance de celui qu'on veut nous enlever. C'est

JALOUSIE.

C'est moins la défiance que nous serions souvent fondés d'avoir pour nous-mêmes, qui fait naître la jalousie, que la mauvaise opinion que nous avons des personnes de qui dépend ce qui fait l'objet de nos desirs ou de notre jouissance : cependant, quelque déguisement qu'emploie l'amour-propre pour se cacher ce qui l'humilie, avec un peu de retour sur nous-mêmes, nous serons obligés de convenir que la défiance de nous-mêmes y entre pour beaucoup, & que la jalousie n'est qu'un secret aveu du peu que nous valons. L'exemple des vieillards & des personnes laides & de peu d'esprit, qui sont plus portés à la jalousie que les autres, appuie cette réflexion.

La jalousie est un vice de l'esprit : elle est non seulement inutile, mais elle est même nuisible à celui qu'elle possède :

Quiconque est soupçonneux, invite à le trahir.
Voltaire

Ceux qui pensent que la jalousie ne peut naître sans amour se trompent, dit madame De Fagnan : elle peut venir d'aversion pour une rivale, d'orgueil, du desir d'une préférence dont on ne veut point user sans pouvoir se résoudre à voir un autre en profiter.

IDÉES.

Les idées sont les signes qu'on a attachés à chaque objet, pour le reconnoître & le distinguer des autres.

Les signes sont composés de syllabes, les syllabes sont composées de lettres. Ces sortes de signes s'appellent mots : ainsi l'idée est la signification d'un terme ; c'est le nom qu'on a donné à une chose, c'est le signe qui la représente.

On distingue les idées en simples & en compofées. L'idée simple est une perception considérée toute seule ; les idées complexes ou composées sont la réunion ou la collection de plusieurs perceptions.

On ne peut bien connoître les idées complexes qu'en les analysant ; c'est-à-dire, qu'il faut les réduire aux idées simples dont elles ont été composées, & suivre le progrès de leur génération ; c'est ainsi que nous nous sommes formé la notion de l'entendement.

On peut, dit M. l'abbé De Condillac, remarquer deux différences entre les idées simples & les idées composées. 1°. L'esprit est purement passif dans la production des premières ; il ne pourroit pas se donner l'idée d'une couleur qu'il n'auroit jamais vûe : il est au contraire actif dans la génération des dernières. C'est lui qui en réunit les idées simples d'après des modèles à son choix : en un mot, elles ne sont que l'ouvrage d'une expérience réfléchie. 2°. Nous n'avons point de mesure pour connoître l'excès d'une idée simple sur une autre ; ce qui provient de ce qu'on ne peut les diviser. Il n'en est pas de même des idées complexes : on connoît avec la dernière précision la différence de deux nombres.

Les idées simples & les idées complexes conviennent, en ce qu'on peut également les considérer comme absolues & comme relatives. Elles sont absolues, quand on s'y arrête, & qu'on en fait l'objet de sa réflexion, sans les rapporter à d'autres ; mais, quand on les considère comme subordonnées les unes aux autres, on les nomme relations.

Les notions archétypes ont deux avantages : le premier, c'est d'être complettes : ce sont des modèles fixes, dont l'esprit peut acquérir une connoissance si parfaite, qu'il ne lui en restera plus rien à découvrir. Cela est évident, puisque ces notions ne peuvent renfermer d'autres idées simples, que celles que l'esprit a lui-même rassemblées. Le second avantage est une suite du premier; il consiste en ce que tous les rapports qui sont entre elles peuvent être apperçus; car, connoissant toutes les idées simples dont elles sont composées, nous en pouvons faire toutes les analyses possibles.

Mais les notions de substances n'ont pas les mêmes avantages: elles sont ordinairement incomplettes; parce que nous les rapportons à des modèles, où nous pouvons tous les jours découvrir de nouvelles propriétés; par conséquent nous ne sçaurions connoître tous les rapports qui sont entre deux substances. S'il est louable de chercher par l'expérience à augmenter de plus en plus notre connoissance à cet égard, il est ridicule de se flatter qu'on puisse un jour la rendre parfaite.

Cependant il faut prendre garde qu'elle n'est pas obscure & confuse, comme on se l'imagine; elle n'est que bornée. Il dépend de nous de parler des substances dans la dernière exactitude; pourvû que nous ne comprenions, dans nos idées & dans nos expressions, que ce qu'une observation constante nous apprend.

Toutes les idées simples nous viennent des sens. Il y a long-temps qu'on regarde les idées innées comme la chimère des philosophes.

Nos idées, dit le marquis d'Argens, s'acquièrent par notre propre expérience, ou par les leçons que nous recevons. Lorsque les choses nous sont présentes, alors nous faisons usage de nos sens, pour éprouver & expérimenter quelles elles sont, comme par la vue nous distinguons les couleurs, & par l'ouie les différents sons: mais, si les choses font abſentes & éloignées, nous apprenons par autrui quelles elles ſont, ſoit par les diſcours qu'on nous fait, ſoit par la lecture des livres. Cependant, les idées que nous acquérons par nos propres ſens ſont beaucoup plus parfaites que celles que nous formons ſur le récit d'autrui ; car l'idée que nous recevons par une choſe qui tombe ſous nos ſens, eſt l'idée de la choſe même ; au lieu que celle que nous recevons par la deſcription qu'on nous en fait, eſt plutôt l'idée de cette deſcription, que de la choſe même. Auſſi voyons-nous qu'après avoir entendu ou lu quelque choſe, nous en avons bien véritablement une idée que nous conſervons ; mais, ſi le haſard vient à nous préſenter cette choſe réellement, l'idée que nous en concevons eſt bien plus juſte, & ſe trouve différente de la première. Notre eſprit s'attache plus à la repréſentation réelle d'une choſe, qu'au ſimple récit qu'on nous en fait. L'idée qui nous vient directement par nos propres ſens, eſt originale ; & l'autre n'eſt qu'une copie, qui ſouvent eſt informe & fautive, ſuivant la perſonne ou le livre dont nous l'avons reçue. La prudence veut qu'avant de fonder notre croyance ſur ces idées, nous examinions ſi elles n'ont rien de contraire aux notions évidentes que nous recevons par nos propres ſens.

On s'eſt imaginé qu'il y a des idées innées, parce qu'en effet il y en a qui ſont les mêmes chez tous les hommes : nous n'aurions pas manqué de juger que notre langage eſt inné, ſi nous n'avions ſçu que les autres peuples en parlent de tous différens.

JEUNESSE, *Voyez* AGE.

IGNORANCE.

L'ignorance est opposée à la science. *Voyez* SCIENCE.

L'ignorance est une des sources de nos erreurs, & par conséquent l'ennemie la plus redoutable qui s'oppose à notre bonheur.

Les causes de notre ignorance, dit M. le marquis d'Argens, procèdent donc premièrement du manque de nos idées; secondement, de ce que nous ne pouvons découvrir la connexion qui est entre les idées que nous avons; troisièmement, de ce que nous ne réfléchissons point assez sur nos idées. Car, si nous considérons, en premier lieu, que les notions que nous avons par nos facultés n'ont aucune proportion avec les choses mêmes, puisque nous n'avons pas une idée claire & distincte de la substance même, qui est le fondement de tout le reste, nous reconnoîtrons aisément combien peu nous pouvons avoir de notions certaines; &, sans parler des corps qui échappent à notre connoissance à cause de leur éloignement, il y en a une infinité qui nous sont inconnus à cause de leur petitesse. Or, comme ces atômes, ou parties subtiles qui nous sont insensibles, sont parties actives de la matière, & les premiers matériaux dont elle se sert, & desquels dépendent les secondes qualités & la plupart des opérations naturelles, nous sommes obligés par le défaut de leur notion, de rester dans une ignorance invincible de ce que nous voudrions connoître à leur sujet; nous étant impossible de former aucun jugement certain, n'ayant de ces premiers corpuscules aucune idée précise & distincte.

S'il nous étoit possible de connoître par nos sens

ces parties déliées & subtiles, qui sont les parties actives de la matière, nous distinguerions leurs opérations méchaniques, avec autant de facilité qu'en a un horloger pour connoître la raison par laquelle une montre va ou s'arrête ; nous ne serions point embarrassés d'expliquer pourquoi l'argent se dissout dans l'eau-forte & non point dans l'eau-régale, au contraire de l'or qui se dissout dans l'eau-régale & non pas dans l'eau-forte. Si nos sens pouvoient être assez aigus pour appercevoir les parties actives de la matière, nous verrions travailler les parties de l'eau-forte sur celles de l'argent ; & cette méchanique nous seroit aussi facile à découvrir, qu'il l'est à l'horloger de sçavoir comment & par quel ressort se fait le mouvement d'une pendule. Mais le défaut de nos sens ne nous laisse que des conjectures, fondées sur des idées qui peut-être sont fausses : & nous ne pouvons être assurés d'aucune chose sur leur sujet, de ce que nous pouvons en apprendre par un petit nombre d'expériences qui ne réussissent pas toujours, & dont chacun explique les opérations secrettes à sa fantaisie.

La difficulté que nous avons de trouver la connexion de nos idées, est la seconde cause de notre ignorance. Il nous est impossible de détruire, en aucune manière, les idées des qualités sensibles que nous avons de l'esprit, d'aucune cause corporelle, ni de trouver aucune correspondance ou liaison entre ces idées & les premières qualités qui les produisent en nous : l'expérience nous démontre cette vérité. Il nous est encore impossible de concevoir que la pensée puisse produire un mouvement dans un corps, & que le corps puisse à son tour produire la pensée dans l'esprit. Nous ne pouvons pénétrer comment l'esprit agit sur la matière, & la matière sur l'esprit. La foiblesse de notre entendement ne sçauroit trouver la connexion de ses idées : & le seul secours que nous ayons, est de recourir à un agent tout-puissant & tout sage, qui opère par des moyens que notre foiblesse ne peut pénétrer.

Enfin, notre paresse, notre négligence & notre peu d'attention à réfléchir, sont aussi des causes de notre ignorance. Nous avons souvent des idées complettes, desquelles nous pouvons aisément découvrir la connexion : mais, faute de suivre ces idées, & de découvrir & de trouver les notions moyennes qui peuvent nous apprendre quelle espèce de convenance ou de disconvenance elles ont entre elles, nous restons dans notre ignorance.

Il y a, dit M. Rousseau de Genève, une sorte d'ignorance raisonnable, qui consiste à borner sa curiosité à l'étendue des facultés qu'on a reçues ; une ignorance modeste, qui naît d'un vif amour pour la vertu, & n'inspire qu'indifférence pour toutes les choses qui ne sont point dignes de remplir le cœur de l'homme, & qui ne contribuent point à le rendre meilleur ; une douce & précieuse ignorance, trésor d'une ame pure & contente de soi, qui met toute sa félicité à se replier sur elle-même, à se rendre témoignage de son innocence, & n'a pas besoin de chercher un faux & vain honneur dans l'opinion que les autres pourroient avoir de ses lumières.

ILLUSION.

C'est l'erreur de la passion ; c'est ce qu'on croit parce qu'on le craint ou parce qu'on le desire. Elle augmente en proportion de la force du sentiment

& de la foiblesse de la raison : elle flétrit ou embellit toutes les jouissances ; elle pare ou ternit toutes les vertus : à l'instant où l'on perd les illusions agréables, on tombe dans l'inertie & le dégoût. Y a-t-il de l'enthousiasme sans illusion ? *Voyez* ENTHOUSIASME.

IMAGINATION.

L'imagination est une faculté de l'esprit, qui reçoit l'impression des objets que les sens lui transmettent. Elle vient de la perfection des organes, & de la juste tension des fibres. Quand cette tension est trop forte, semblable à un instrument qui crie, l'imagination reçoit une émotion trop violente ; & de-là naissent les manies. Beau sujet de s'enorgueillir ! Cette vive, cette riante imagination, si féconde en agrémens, qui fait les charmes de la société, qui subjugue les cœurs par son éloquence, & de toutes les qualités de l'esprit la plus voisine de la folie. C'est ce qui a donné lieu à ce proverbe : *Les musiciens, les peintres & les poëtes sont foux*. Il est certain du moins que l'exercice forcé qu'on donne à l'imagination peut l'égarer : & c'est ce qui fait que les solitaires, les fainéants, & les gens trop livrés à leur imagination, deviennent ordinairement foux :

Nec semper arcum tendit Apollo.

L'imagination est triste ou gaie, suivant la qualité des humeurs. Ceux qui sentent & qui imaginent tristement, ont un caractère sérieux. *Voyez* HUMEUR & CARACTÈRE.

Si, comme on n'en peut disconvenir, l'imagination nous procure quelquefois des plaisirs, on doit avouer aussi qu'elle est bien plus souvent la source de nos chagrins. S'il est ainsi, dit Montaigne, que l'homme, seul de tous les animaux, ait cette liberté de l'imagination, & ce déréglement de pensées lui représentant ce qui est, & ce qui n'est pas, & ce qu'il veut, le faux & le véritable, c'est un avantage qui lui est bien cher vendu, & duquel il a bien peu à se glorifier : car de-là naît la source principale des maux qui le pressent ; péché, maladie, irrésolution, trouble, désespoir.

Je suis de ceux qui sentent grand effort de l'imagination : son impression me perce ; & mon art est de lui échapper, par faute de force à lui résister. Je vivrois de la seule assistance de personnes saines & gaies. La vue des angoisses d'autrui m'angoisse matériellement, & à mon sentiment souvent usurpé le sentiment d'un tiers ; un tousseur continuel irrite mon poulmon & mon gosier.

L'imagination est aussi une espèce de perception qui conçoit & se représente quelque corps ou quelque figure sans le secours des sens : par exemple, je vois, par le secours de l'imagination, une campagne riante, quoique je sois dans ma chambre, & que j'aie les yeux fermés.

IMBECILLITÉ.

L'imbécillité est un manque d'esprit, défaut qui vient du vice des organes. C'est une chose irréparable & indifférente de sa nature ; car elle n'est ni bien ni mal pour l'imbécille, qui ne sent pas la privation de ce qui lui manque. Elle peut devenir un mal, relativement à l'intérêt des autres & aux effets qu'elle produit.

IMPATIENCE.

L'impatience est un vif sentiment de désir, qui s'annonce par le trouble & l'agitation. Elle prend sa source dans le tempérament. Les personnes qui ont l'imagination vive & le sang bouillant, sont ordinairement impatientes.

> Qu'est-ce qu'impatience? Un bouillon de jeunesse,
> Des vives passions impétueux enfant,
> Dont le brusque transport nous entraîne souvent ;
> Mais qui d'un bon esprit n'est pas moins le partage :
> Qui n'est que passager, & que tempère l'âge ;
> Douce imperfection, excusable défaut
> Dont on n'est après tout corrigé que trop tôt.
>
> Boissy.

IMPERTINENT.

On dit d'un homme qu'il est impertinent, lorsqu'il tient à quelqu'un des propos durs & offensants.

L'impertinence est l'effet du mépris, ou de la haine, ou de l'humeur : elle ne sert qu'à nous faire haïr.

La sotte envie de discourir, dit Théophraste, vient d'une habitude qu'on a contractée de parler beaucoup & sans réflexion. Un homme qui veut parler, se trouvant assis proche d'une personne qu'il n'a jamais vue & qu'il ne connoît point, entre d'abord en matière, s'entretient de sa femme, & lui fait son éloge, lui conte son songe, lui fait un long détail d'un repas où il s'est trouvé, sans oublier le moindre mets, ni un seul service. Il s'échauffe ensuite dans la conversation, déclame contre le temps présent, & soutient que les hommes qui vivent présentement ne valent point leurs pères : de-là, il se jette sur ce qui se débite au marché, sur la cherté du bled, sur le grand nombre d'étrangers qui sont dans la ville : Il dit qu'au printemps, où commencent les Bacchanales, la mer devient navigable ; qu'un peu de pluie seroit utile aux biens de la terre, & feroit espérer une bonne récolte ; qu'il cultivera son champ l'année prochaine, & qu'il le mettra en valeur; que le siècle est dur, & qu'on a bien de la peine à vivre. Il apprend à cet inconnu que c'est Dancippe qui a fait brûler la plus belle torche devant l'autel de Cérès à la fête des Mystères : Il lui demande combien de colomnes soutiennent le théâtre de la musique, quel est le quantième du mois : Il lui dit qu'il a eu la veille une indigestion. Et, si cet homme à qui il parle à la patience de l'écouter, il ne partira pas d'auprès de lui, il annoncera, comme une chose nouvelle, que les mystères se célèbrent dans le mois d'août, les apaturies au mois d'octobre, & à la campagne dans le mois de décembre les bacchanales. Il n'y a avec de si grands causeurs qu'un parti à prendre, qui est de fuir, si l'on veut du moins éviter la fièvre : car quel moyen de pouvoir tenir contre des gens qui ne sçavent pas discerner votre loisir, ni le temps de vos affaires ?

IMPOLITESSE.

L'impolitesse est opposée à la politesse. *Voyez* POLITESSE.

IMPORTANCE.

C'est le caractère de l'important. Il est sans naissance, mais il voit les gens de qualité ; il est sans talens, mais il protège ceux qui en ont ; il est sans crédit ; mais il se met en chemin pour rendre service ; il ne fait rien, mais il conseille ceux qui font : s'il a une petite place, il croit y faire de grandes choses : enfin il voudroit persuader à tout le monde & à lui-même que ses discours, ses actions, son existence influe sur la destinée de la société.

IMPORTUN.

L'importun est celui qui agit à contre-temps, qui ne sçait distinguer ni les personnes, ni les temps, ni les lieux.

Un importun, dit Théoprafte, est celui qui choisit le moment que son ami est accablé de ses propres affaires pour lui parler des siennes ; qui va souper chez sa maîtresse le soir même qu'elle a la fièvre ; qui, voyant que quelqu'un est condamné en justice pour un autre, pour qui il s'est obligé, le prie néanmoins de répondre pour lui ; qui comparoît pour servir de témoin dans un procès que l'on vient de juger ; qui prend le temps des noces où il est invité, pour se déchaîner contre les femmes ; qui entraîne à la promenade des gens à peine arrivés d'un long voyage & qui n'aspirent qu'à se reposer.

IMPOSTURE.

L'imposture est le masque de la vérité : l'imposteur s'en sert pour tromper.

IMPRESSIONS.

L'impression est l'effet qu'un objet fait sur nos sens & sur notre ame. Celles qui se font dans les cerveaux froids s'y conservent longtemps. Ainsi les personnes, dont l'extérieur est posé & réfléchi, n'ont d'autre avantage, si c'en est un, que de garder constamment les mêmes travers. Par-là leur folie, qu'on ne soupçonnoit pas d'abord, n'en devient que plus aisée à reconnoître pour ceux qui les observent quelque temps : au contraire, dans les cerveaux où il y a beaucoup de feu & d'activité, les impressions s'effacent, se renouvellent, les folies se succèdent. A l'abord, on voit bien que l'esprit d'un homme a quelque travers ; mais il en change avec tant de rapidité qu'on peut à peine le remarquer.

IMPRUDENCE.

L'imprudence est opposée à la prudence. *Voyez* PRUDENCE.

IMPUDENT, EFFRONTÉ.

L'impudent est celui qui blesse les loix de la pudeur & de l'honnêteté, & qui n'en rougit point : l'effronté est celui qui en fait gloire.

L'impudent, dit Théopraste, est facile à définir : il suffit de dire que c'est une profession ouverte d'une plaisanterie outrée, comme de ce qu'il y a de plus contraire à la bienséance.

Celui-là, par exemple, est impudent, qui, voyant venir vers lui une femme de condition, feint dans ce moment quelque besoin pour avoir occasion de se montrer à elle d'une manière déshonnête ; qui se plaît à battre des mains au théâtre, lorsque tout le monde se tait, ou à y siffler les acteurs que les autres voient & écoutent avec plaisir ; qui, couché sur le dos, pendant que l'assemblée garde un profond silence, fait entendre de sales hoquets, qui obligent les spectateurs de tourner la tête & d'interrompre leur attention. Un homme de ce caractère achette en plein marché des noix, des pommes, toute sorte de fruits ; les mange, cause debout avec la fruitière ; appelle par leurs noms ceux qui passent, sans presque les connoître ; en arrête d'autres qui courent par la place, & qui ont leurs affaires ; &, s'il voit venir quelque plaideur, il l'aborde, le raille & le félicite sur une cause importante qu'il vient de perdre. Il va lui-même choisir de la viande, & louer pour un souper des femmes qui jouent de la flûte ; &, montrant à ceux qu'il rencontre ce qu'il vient d'acheter, il les convie en riant d'en venir manger. On le voit s'arrêter devant la boutique d'un barbier ou d'un parfumeur, & là annoncer qu'il va faire un grand repas, & s'enivrer. Si quelquefois il vend du vin, il le fait mêler pour ses amis, comme pour les autres, sans distinction. Il ne permet pas à ses enfans d'aller à l'amphithéâtre avant que les jeux soient commencés, & lorsque l'on paye pour être placé ; mais seulement sur la fin du spectacle, & quand l'architecte néglige les places & les donne pour rien. Etant envoyé avec quelques autres citoyens en ambassade, il laisse chez soi la somme que le public lui a donnée pour faire les frais de son voyage, & emprunte de l'argent de ses collègues : sa coutume alors est de charger son valet de fardeaux, au de-là de ce qu'il en peut porter, & de lui retrancher cependant son ordinaire : &, comme il arrive souvent que l'on fait dans les villes des présens aux ambassadeurs, il demande sa part pour la vendre. Vous m'achetez toujours, dit-il, au jeune esclave qui le sert dans le bain, une mauvaise huile, & qu'on ne peut supporter : il se sert ensuite de l'huile d'un autre, & épargne la sienne. Il envie à ses propres valets qui le suivent la plus petite pièce de monnoie qu'ils auront ramassée dans les rues ; & il ne manque point d'en retenir sa part, avec ce mot, *Mercure est commun.* Il fait pis : il distribue à ses domestiques leurs provisions, dans une certaine mesure dont le fond creux par dessous s'enfonce au dedans, & s'élève comme en pyramide ; &, quand elle est pleine, il la rase lui-même avec le rouleau le plus près qu'il peut. De même, s'il paye à quelqu'un trente mines qu'il lui doit, il fait si bien qu'il y manque quatre dragmes dont il profite. Mais, dans ces grands repas où il faut traiter toute une tribu, il fait recueillir par ceux de ses domestiques qui ont soin de la table, le reste des viandes qui ont été servies, pour lui en rendre compte : il seroit fâché de leur laisser une rave à demie mangée.

L'impudence & l'effronterie sont des vices de l'esprit, & souvent le fruit d'une éducation négligée.

INCERTITUDE.

L'incertitude est l'état de l'ame qui cherche des lumières pour fixer son opinion, son jugement, ou déterminer sa volonté ; c'est encore plus souvent l'état de l'ame, qui a peine à se déterminer entre le devoir & la passion.

L'incertitude est aussi un doute sur ce qui doit arriver. Les événemens dépendans de la morale sont toujours incertains : il n'y a que les effets physiques qu'on puisse prévoir avec certitude.

INCIVILITÉ

L'incivilité est opposée à la civilité. *Voyez* Civilité.

INCLINATION, PENCHANT.

L'inclination est un goût, une disposition. Le penchant est l'irrésistible impulsion du caractère. La nature est plus forte que nos institutions. Nous n'avons guère que de l'inclination pour les plaisirs factices de l'art & de la société ; & du penchant aux plaisirs de la nature. Les caractères vifs & légers ont de l'inclination, des goûts : les caractères plus forts ou réfléchis, ont un penchant, des passions. A l'égard de ce sentiment d'affection qu'une personne ressent pour une autre, & qu'on nomme inclination, ce n'est pas, comme on croit, un sentiment aveugle qui nous entraîne malgré nous ; c'est une détermination libre de la volonté, qui nous porte à rechercher la jouissance d'une chose que nous regardons comme un bien : car, en réfléchissant sur nos sensations, nous en reconnoîtrons aisément la cause ; nous verrons que toute inclination est fondée sur l'opinion que nous prenons des choses, & sur le rapport qu'elles ont avec nous, plutôt que sur leur propre mérite. L'exemple fera mieux sentir ce que je dis.

J'entre dans une compagnie. Il y a cinq ou six personnes ; j'en trouve une que je préfère d'abord. J'en cherche la cause ; & je trouve que les traits de sa physionomie m'annoncent les qualités de l'ame qui ont le plus de rapport à celles de la mienne. Je l'entends parler ; ses discours répondent à l'idée que je m'en suis faite : voilà qui est fini ; je l'aime.

Il n'y a point de sensation dont nous ne puissions rendre compte, si nous voulions réfléchir : mais le je ne sçais quoi est bien plus commode pour la paresse & l'ignorance. Il est d'une ressource infinie pour ceux qui sont incapables de penser, ou qui ne veulent pas s'en donner la peine.

Les inclinations sont fondées sur la sympathie, sur ce rapport que les choses ont avec nous ; & c'est ce qui fait que les inclinations sont si difficiles à détruire.

INCONSTANT. *Voyez* LÉGER.

INCONTINENCE.

L'incontinence est opposée à la continence. *Voyez* CONTINENCE.

INDÉCENCE.

L'indécence est opposée à la décence. *Voyez* DÉCENCE.

INDECISION.

INDÉCISION. *Voyez* IRRESOLUTION.

INDEPENDANCE.

L'indépendance est cet état de liberté qui nous laisse le pouvoir de suivre nos goûts, nos penchants & nos inclinations : pouvoir qui n'est limité que par les loix & la coutume. *Voyez* LIBERTÉ.

INDIFFÉRENCE.

L'indifférence est l'état d'un homme qui n'est affecté que très-foiblement : c'est l'effet de la stupidité & la marque de peu d'esprit. Il n'est pas possible, dit M. l'abbé De Condillac, de trouver un état indifférent : à la première sensation, quelque foible qu'elle soit, l'homme est nécessairement bien ou mal; mais, lorsqu'il a ressenti successivement les plus vives douleurs & les plus grands plaisirs, il juge indifférentes les sensations les plus foibles, qu'il a comparées avec les plus fortes.

INDIGENCE, PAUVRETÉ.

L'indigence n'est point un mal; ce n'est que la privation d'un bien. Tout homme, dans quelque condition qu'il soit, peut être indigent dès qu'il règle sa dépense sur sa vanité. L'indigence n'est donc que la privation du superflu, qui n'a point de bornes; la pauvreté comprend la privation de bien des choses nécessaires; & la misère, la privation de celles qui le sont le plus; & en cela, c'est un mal, mais qui est fort rare. Il n'y a de misérables que les malades & les vieilles gens; toute personne qui peut travailler, trouve de quoi vivre, & dès-lors n'est point misérable. C'est souvent la paresse qui est la source de la pauvreté & de la misère; & c'est presque toujours la dissipation & le luxe qui causent l'indigence.

La pauvreté nous procure quelquefois un bien mille fois plus précieux que les richesses, puisqu'elle nous rend certains que nous avons des amis.

>Ni l'or ni la grandeur ne nous rendent heureux :
>Ces deux divinités n'accordent à nos vœux
>Que des biens peu certains, qu'un plaisir peu tranquille.
>Des soucis dévorants c'est l'éternel asyle :
>Véritable vautour que le fils de Japet
>Représente enchaîné sur son triste sommet.
>L'humble toît est exempt d'un tribut si funeste,
>Le sage y vit en paix, & méprise le reste ;
>Content de ces douceurs, errant parmi les bois,
>Il regarde à ses pieds les favoris des rois.
>Il lit au front de ceux qu'un vain luxe environne,
>Que la fortune vend ce qu'on croit qu'elle donne.
>Approche-t-il du but ? quitte-t-il ce séjour ?
>Rien ne trouble sa fin ; c'est le soir d'un beau jour.
>
>*La Fontaine.*

INDIGNATION.

L'indignation est un sentiment de haine mêlé de mépris.

INDISCRETION.

L'indiscrétion est opposée à la discrétion. *Voyez* DISCRETION.

INDIVISIBILITÉ.

L'indivisibilité est l'attribut de Dieu, des anges & des esprits ; c'est ce qui n'a point de parties, & ce qui ne peut être conséquemment divisé.

INDOCILITÉ.

L'indocilité est une disposition de l'esprit à rejetter les conseils qu'on lui donne. Elle naît de la préfomption & de la connoiffance des avantages que nous avons fur les autres.

INDOLENCE.

C'eft une privation de fenfibilité morale. L'homme indolent n'eft touché ni de la gloire, ni de la réputation, ni de la fortune, ni des nœuds du fang, ni de l'amitié, ni de l'amour, ni des arts, ni de la nature; il jouit de fon repos qu'il aime; & c'eft ce qui le diftingue de l'indifférent, qui peut avoir de l'inquiétude, de l'ennui.

C'eft à ce calme deftructeur des talens, des plaifirs & des vertus, que nous amènent les prétendus fages, qui attaquent fans ceffe les paffions. Cet état d'indolence eft affez l'état naturel de l'homme fauvage, & peut être celui d'un efprit étendu, qui a tout vu & tout comparé.

L'indolence eft produite fouvent par le tempérament ou par un défaut de connoiffances, qui laiffe l'ame dans la langueur. Elle eft l'effet d'une circulation lente, mais facile; & il faut convenir que, fi cette difpofition nuit à la fortune, elle eft bien favorable au bonheur, qui confifte fur-tout dans la modération & dans la tranquillité.

INDULGENCE.

L'indulgence eft une difpofition de l'efprit, qui le porte à excufer les fautes & les défauts des autres. Elle vient du tempérament ou de la réflexion: du tempérament dans les caractères doux; de la réflexion dans ceux qui s'attachent à connoître les hommes. Plus nous avons de connoiffance du cœur humain, & plus nous fommes perfuadés que l'homme eft plus foible que vicieux; & qu'à ce titre il mérite plus notre compassion & notre indulgence, que notre haine & la rigueur de nos jugements.

Cependant nous ne sommes que trop portés à condamner en autrui ce que nous nous permettons à nous-mêmes. De ce même papier, dit Montaigne, où il vient d'écrire l'arrêt de condamnation contre un adultère, le juge en dérobe un lopin pour en faire un poulet à la femme de son voisin.

INDUSTRIE.

L'industrie est une qualité de l'esprit, qui se manifeste par l'invention dans les ouvrages qui demandent une main d'œuvre : c'est le génie des arts.

L'industrie renferme une idée de dextérité & de facilité dans l'exécution.

Les Anglois, les Allemands sont plus industrieux que les François, quant à l'invention : mais ces derniers sont plus habiles dans l'exécution ; leur goût perfectionne ce que l'industrie des autres leur a fait inventer.

INÉGALITÉ.

L'inégalité est une disposition aux caprices ; les caprices sont les effets de l'humeur ; l'humeur vient souvent de l'intempérance & d'un estomac surchargé, qui fatigue dans le travail de la digestion. Tel homme qui est doux, obligeant, affable, quand il est à jeûn, devient un monstre, qu'on craint d'aborder lorsqu'il a mangé.

INEPTIE.

L'ineptie est l'incapacité à toutes choses. Cette disposition n'est pas naturelle, & vient de la paresse qui fuit toute application. Il n'y a personne qui ne soit propre à quelque chose ; la difficulté est de découvrir ce à quoi l'on est propre. Combien voyons-nous tous les jours de gens qui nous paroissent ineptes dans l'état qu'ils ont embrassé, qui seroient peut-être de grands hommes dans l'état pour lequel la nature leur a donné des dispositions ? Ce n'est pas toujours le desir de faire telle & telle chose qui la décide ; c'est le genre de notre esprit & de nos facultés.

Combien d'hommes admirables, dit M. De la Bruyère, & qui avoient de très-beaux génies, sont morts sans qu'on en ait parlé ? Combien vivent encore, dont en ne parle point, & dont on ne parlera jamais ?

INFAMIE.

L'infamie est le châtiment du crime. C'est un mal, en ce qu'il suppose la perte de la vertu, & qu'il nous attire le mépris des hommes.

INFIDÉLITÉ.

L'infidélité est un discours, une action, une conduite, par lesquels on manque à ses engagemens : elle est toujours l'effet ou du vice, ou de la fragilité, ou de la foiblesse. Les ames passionnées disent qu'en amour l'infidélité est un grand crime ; mais le public & la nature l'excusent. *Voyez* FIDELITE', *à laquelle l'infidélité est opposée.*

INGÉNUITÉ, NAIVETÉ.

L'ingénuité a peu pensé, la naïveté sent vivement : l'ingénuité avoue, révèle, manque au secret, à la prudence : la naïveté exprime, se peint, & manque quelquefois à de certaines bienséances de convention. Les réflexions peuvent-être naïves ; & elles le font quand on s'apperçoit aifément qu'elles partent du caractère : l'ingénuité femble exclure la réflexion. Elle n'eft point d'habitude fans un peu de bêtife ; & la naïveté n'eft point habituelle fans beaucoup de fentimens.

INGRATITUDE.

L'ingratitude eft l'oubli des bienfaits : elle eft oppofée à la reconnoiffance. *Voyez* Reconnoissance.

Il y a bien moins d'ingrats qu'on ne croit, dit Saint Evremont ; car il y a bien moins de généreux qu'on ne penfe. Celui qui taît la grace qu'il a reçue eft un ingrat ; celui qui publie celle qu'il a faite la tourne en injure.

INHUMANITÉ.

L'inhumanité eft oppofée à l'humanité. *Voyez* Humanité.

INJURE, TORT.

Le tort trouble dans la poffeffion des biens ou de la réputation : il attaque la propriété. L'injure inpute des défauts, des crimes, des vices, des fautes : elle nie les bonnes qualités ; elle attaque la perfonne. Une ame jufte ne fait pas de tort ; une ame élevée ne fe permet pas l'injure. Il faut avoir une ame bien grande pour pardonner le tort, & pour oppofer à l'injure la fuite de fa vie.

INJUSTICE.

L'injuftice eft oppofée à la juftice. *Voyez* Justice.

INNOCENCE.

L'innocence est cet état de l'enfance, qui ne sçait pas encore ce que c'est que le bien & le mal. On entend aussi par innocence cette précieuse simplicité de mœurs, qui est le plus bel ornement de la vertu.

INQUIÉTUDE.

L'inquiétude est un desir sans objet; c'est une espèce de *mésaise*, qui n'est causée que par le sentiment de besoin, ou par la confusion des idées. C'est ce qui fait que les personnes qui ont peu de connoissances, mais qui les ont bien distinctes, comme les femmes, par exemple, sont moins inquiettes que ces hommes universels qui veulent tout sçavoir.

L'inquiétude est une maladie de l'ame mécontente de sa situation présente : le trouble de l'esprit, le dérèglement de l'imagination, le peu d'éxercice du jugement, le défaut des principes, & l'épuisement des esprits, en sont les causes les plus ordinaires.

INSENSIBILITÉ.

L'insensibilité est opposée à la sensibilité. *Voyez* SENSIBILITÉ.

INSIPIDE.

Un homme insipide est un homme qui n'a point de caractère, & qui est toujours de l'avis du dernier qui lui parle.

INSOLENCE.

L'insolence est une offense qu'on avoue, & dont on se glorifie souvent.

Infolent fe dit du difcours, du maintien & des actions.

INSTINCT.

L'inftinct eft un mouvement machinal de la nature, qui, dans les hommes, précède toujours la réflexion. Il eft commun à tous les animaux, & veille fans ceffe à leur confervation.

On dit communément que l'inftinct eft plus fûr que la raifon : mais c'eft une erreur, puifque ce font les fens qui font l'organe de l'inftinct, & que les fens étant fouvent trompeurs, l'inftinct conféquemment doit fouvent l'être auffi.

Mais, s'il eft moins fûr, il faut convenir qu'il eft plus fort.

Dieu dirige l'inftinct & l'homme la raifon.

A peine le nouvel hôte, dit le père Brumoy, eft-il entré dans l'édifice qui lui eft deftiné, que, fans qu'il lui foit connu, fans qu'il fe connoiffe lui-même, une fecrète impulfion du corps l'avertit à coup fûr de ce qui peut lui être avantageux ou nuifible. Le plaifir & la douleur font l'inftinct. L'un annonce le bien, s'infinuant jufques dans les moëlles : ce tendre moniteur perfuade à l'efprit de chercher ce qui convient au corps. L'autre, par un tact utile, fait fentir la préfence du mal. Fuyez, s'écrie la douleur, l'ennemi n'eft pas loin. A ces cris, le corps obéit fans peine ; il s'approche ou s'éloigne de l'objet que l'inftinct déclare dangereux ou attrayant. Ce n'eft ni par un effort de réflexion, ni par l'effet d'un art fupérieur, que l'ame apprend à difcerner & à fuivre ces heureux avertiffemens : fenfible au moindre figne, elle court où il l'appelle en faveur du corps : la nature eft fon guide.

La douleur & le plaisir agissent sur le cœur ; de-là les passions. L'ame entend en elle-même un bruit sourd qui s'élève insensiblement ; la tempête se prépare, & l'orage survient. Tel un foible vent rase la surface de l'Océan. L'aquilon murmure & s'accroît. L'agitation des flots augmente la sienne. La nuit étend ses aîles : d'épaisses ténèbres dérobent le jour. Les vents opposés combattent, & l'horreur se répand au loin sur les vastes mers.

INSTRUCTION.

Il faut craindre, dit M. l'abbé De Condillac, d'étouffer la curiosité des enfans, en n'y répondant pas ; mais il ne faudroit pas aspirer à la satisfaire entièrement. Quand un enfant veut sçavoir des choses hors de sa portée, les meilleures raisons ne sont pour lui que des idées vagues ; & les mauvaises, dont on ne cherche que trop souvent à le contenter, sont des préjugés dont il lui sera peut-être impossible de se défaire. Qu'il seroit sage de lui laisser subsister une partie de sa curiosité, de ne pas lui dire tout, & de ne lui rien dire que de vrai ! Il est bien plus avantageux pour lui de desirer encore d'apprendre, que de se croire instruit lorsqu'il ne l'est pas, ou, ce qui est plus ordinaire, lorsqu'il l'est mal.

Les premiers progrès de cette éducation seroient à la vérité bien lents : on ne verroit pas de ces prodiges prématurés d'esprit, qui deviennent après quelques années des prodiges de bêtise ; mais on verroit une raison dégagée d'erreurs, & capable par conséquent de s'élever à bien des connoissances.

L'esprit de l'homme ne demande qu'à s'instruire : quoiqu'aride dans le commencement, il devient bientôt fécond par l'action des sens, & il s'ouvre à l'influence de tous les objets capables de susciter en lui quelque fermentation. Si la culture ne se hâte donc pas d'étouffer les mauvaises semences, il s'épuisera pour produire des plantes peu salutaires, souvent dangereuses, & qu'on n'arrachera qu'avec de grands efforts.

C'est à nous à suppléer à ce que l'éducation n'a pas fait : pour cela, il faut de bonne foi s'étudier à diminuer notre confiance. Nous y réussirons, si nous nous rappellons continuellement les erreurs de pratique que notre expérience ne nous permet pas de nous cacher ; si nous considérons cette multitude d'opinions qui divisent les hommes, égarent le plus grand nombre ; & si nous jettons sur tout les yeux sur les méprises des plus grands génies.

On aura déjà fait bien du progrès, quand on sera parvenu à se méfier de ses jugemens ; & il restera un moyen pour acquérir toute la justesse dont on peut être capable : à la vérité, il est long, pénible même ; mais enfin c'est le seul.

Il faut commencer par ne tenir aucun compte des connoissances qu'on a acquises ; reprendre, dans chaque genre & avec ordre, toutes les idées qu'on doit se former ; les déterminer avec précision ; les analyser avec exactitude ; les comparer par toutes les faces que l'analyse y fait découvrir ; ne comprendre, dans ses jugemens, que les rapports qui résultent de ces comparaisons : en un mot, il faut, pour ainsi dire, rapprendre à toucher, à voir, à juger ; il faut construire de nouveau le système de toutes ses habitudes.

Il s'agit, dit Théophraste, de décrire quelques inconvéniens où tombent ceux qui, ayant méprisé dans leur jeunesse les sciences & les exercices, veulent réparer cette négligence dans un âge avancé, par un travail souvent inutile. Ainsi un vieillard de soixante ans s'avise d'apprendre des vers par cœur, & de les réciter à table dans un festin, où, la mémoire venant à lui manquer, il a la confusion de demeurer court. Une autre fois il apprend de son propre fils les évolutions qu'il faut faire dans les rangs à droite ou à gauche, le maniment des armes, & quel est l'usage à la guerre de la lance & du bouclier. S'il monte un cheval que l'on lui a prêté, il le presse de l'éperon, veut le manier; &, lui faisant faire des voltes ou des caracoles, il tombe lourdement & se casse la tête. On le voit tantôt, pour s'exercer au javelot, le lancer tout un jour contre l'homme de bois; tantôt tirer de l'arc, & se disputer avec son valet lequel des deux donnera mieux dans un blanc, avec des flèches; vouloir d'abord apprendre de lui; se mettre ensuite à l'instruire & à le corriger, comme s'il étoit le plus habile. Enfin, se voyant tout nud au sortir d'un bain, il imite les postures d'un lutteur; &, par le défaut d'habitude, il les fait de mauvaise grace, & il s'agite d'une manière ridicule.

INTÉGRITÉ.

L'intégrité est le sentiment & l'amour de la justice; c'est une équité sans tache.

INTELLIGENCE.

L'intelligence est la facilité de saisir les idées abstraites. *Voyez* ENTENDEMENT.

L'auteur de notre être a resserré notre intelligence dans des bornes fort étroites; il nous a caché ses secrets pour le bien de la société. Nous sommes nés pour l'action, & pour nous rendre utiles les uns aux autres : &, si nous participions à cette intelligence suprême qui connoît les effets & les causes de toutes choses, notre esprit, rempli des vérités éternelles, dédaigneroit de s'occuper de ces petits soins qui lient les hommes entr'eux, qui entretiennent l'harmonie de l'univers.

INTEMPERANCE.

L'intempérance est opposée à la tempérance. *Voyez* TEMPE'RANCE.

INTENTION.

L'intention est la volonté, le desir de faire telle ou telle chose : c'est elle qui fait le mérite des actions des hommes, autant & souvent plus que l'action même, qui n'est empêchée que par les obstacles qui se rencontrent dans l'exécution.

INTERET.

L'intérêt est l'amour des richesses ; c'est un des grands mobiles qui font agir les hommes.

>   Otez l'intérêt de la terre :
>   Vous en exilerez la guerre ;
>   L'honneur rentrera dans ses droits ;
>   Et, plus justes que nous ne sommes,
>   Nous verrons règner chez les hommes
>   Les mœurs à la place des loix.
>
> *Le grand Rousseau.*

L'intérêt personnel est le but que se propose l'amour-propre ; c'est la préférence de soi-même aux autres. L'amour-propre nous trompe sur nos véritables intérêts : souvent la générosité, qui est le sacrifice de l'intérêt personnel au bien des autres, nous procure des biens plus solides.

Les hommes, dit M. Duclos, n'ont qu'un penchant décidé; c'est leur intérêt. S'il est attaché à la vertu, ils sont vertueux sans effort ; que l'objet change, le disciple de la vertu devient l'esclave du vice sans avoir changé de caractère: c'est avec les mêmes couleurs qu'on peint les monstres & la beauté.

Quoiqu'il soit vrai de dire que les hommes n'agissent jamais sans intérêt, on ne doit pas croire pour cela que tout le monde soit corrompu, & qu'il n'y ait ni justice ni probité : il y a des gens qui se conduisent par des intérêts honnêtes & louables. C'est ce juste discernement de l'amour-propre bien réglé, quoique rapportant toutes choses à soi-même, mais dans toute l'étendue des loix de la société civile, qui fait ce qu'on appelle honnêtes-gens dans le monde.

Les habits changent; mais ce n'est pas à dire que la figure des corps change aussi. La politesse ou la grossièreté, la science ou l'ignorance, le plus ou le moins d'une certaine naïveté, le génie serieux ou badin, ce ne sont là que les dehors de l'homme; & tout cela change: mais le cœur ne change point, & tout l'homme est dans le cœur. On est ignorant dans un siècle ; mais la mode d'être sçavant peut venir : on est intéressé, mais la mode d'être désintéressé ne viendra jamais.

Les hommes sont, dit-on, pleins d'amour propre, & attachés à leur intérêt. Eh bien ! partons de-là : ces dispositions n'ont par elles-mêmes rien de vicieux, elles deviennent bonnes ou mauvaises par les effets qu'elles produisent. C'est la sève des plantes, on n'en doit juger que par leurs fruits. Que deviendroit la société, si on la privoit de ses ressorts, si on en retranchoit les passions ? Qu'on apprenne aux hommes à s'aimer relativement les uns aux autres; qu'on leur en prouve la nécessité pour leur bonheur. On peut leur démontrer que leur gloire & leur intérêt ne se trouvent que dans la pratique de leurs devoirs. On ne les trompe que pour les rendre plus malheureux, sur l'idée humiliante qu'on leur donne d'eux-mêmes. Ils peuvent être criminels sans en rougir. Pour les rendre meilleurs, il ne faut que les éclairer. Le crime est toujours l'effet d'un faux jugement.

INTREPIDITÉ.

L'intrépidité est une fermeté de l'ame, que la mort même ne peut ébranler. *Voyez* FORCE & GRANDEUR D'AME.

L'intrépidité, dit M. De la Rochefoucault, est une force extraordinaire de l'ame, qui s'élève au-dessus des troubles, des désordres & des émotions, que la vue des grands périls pourroit exciter en elle. C'est par cette force que les héros se maintiennent en un état paisible, & conservent l'usage libre de leur raison, dans les accidens les plus surprenans & les plus terribles.

INVENTION.

L'invention est l'art de rapprocher les idées qui paroissoient les plus éloignées, d'en faire sentir le rapport, & de présenter les objets sous un aspect nouveau. L'invention est le fruit du génie & de la pénétration.

Quiconque n'est pas né stupide a de l'invention; mais elle est surtout le caractère du génie, c'est-à-dire, d'une ame sensible & lumineuse, parce qu'elle a plus d'activité, & qu'elle se porte sur un plus grand nombre d'idées & d'êtres.

Nous ne créons pas proprement des idées, dit M. l'abbé De Condillac: nous ne faisons que combiner, par des compositions & des décompositions nouvelles, celles que nous recevons par les sens. L'invention consiste à faire des combinaisons neuves: il y en a de deux sortes, le talent & le génie.

Celui-là combine les idées d'un art ou d'une science connue, d'une manière propre à produire les effets qu'on en doit naturellement attendre: il demande tantôt plus d'imagination, tantôt plus d'analyse. Celui-ci ajoute au talent l'idée d'esprit en quelque sorte créateur: il invente de nouveaux arts; ou, dans le même art, de nouveaux genres égaux, & quelquefois même supérieurs à ceux qui étoient déjà connus. Il envisage les choses sous des points de vue qui ne sont qu'à lui; donne naissance à une science nouvelle; ou se fraye, dans celles qu'on cultive, une route à des vérités auxquelles on n'espéroit pas pouvoir arriver. Il répand, sur celles qu'on connoissoit avant lui, une clarté & une facilité dont on ne les jugeroit pas susceptibles. Un homme à talent a un caractère qui peut appartenir à d'autres; il est égal, & même quelquefois surpassé: un homme de génie a un caractère original, il est inimitable: aussi les grands écrivains, qui le suivent, hasardent rarement de s'essayer dans le genre où il a réussi. *Corneille*, *Molière* & *La Fontaine*, n'ont point eu d'imitateurs. Nous avons des modernes qui vraisemblablement n'en auront pas.

Les hommes ne sçauroient créer le fond des choses; ils le modifient. Inventer n'est donc pas créer la matière de ses inventions, mais lui donner la forme. Un architecte ne fait pas le marbre qu'il emploie à un édifice, il le dispose; & l'idée de cette disposition, il l'emprunte encore de différens modèles qu'il fond dans son imagination, pour former un nouveau tout. De même un poëte ne crée pas les images de sa poësie; il les prend dans le sein de la nature, & les applique à différentes choses, pour les figurer aux sens: & encore le philosophe; il saisit une vérité, souvent ignorée, mais qui existe éternellement, pour joindre à une autre vérité & pour en former un principe. Ainsi se produisent en différens genres les chefs-d'œuvre de la réflexion & de l'imagination. Tous ceux qui ont la vue assez bonne pour lire dans le sein de la nature, y découvrent, selon le caractère de leur esprit, ou le fond & l'enchaînement des vérités que les autres hommes effleurent, ou l'heureux rapport des images avec les vérités qu'elles embellissent. Les esprits qui ne peuvent pénétrer jusqu'à cette source féconde, ou qui n'ont pas assez de force & de justesse pour lier leurs sensations & leurs idées, donnent des fantômes sans vie, & prouvent, plus sensiblement que tous les philosophes, notre impuissance à créer.

Je ne blâme pas néanmoins ceux qui se servent de cette expression, pour caractériser avec plus de force le don d'inventer. Ce que j'ai dit se borne à faire voir que la nature doit être le modèle de nos inventions; & que ceux qui la quittent ou la méconnoissent, ne peuvent rien faire de bien.

Sçavoir après cela pourquoi des hommes, quelquefois médiocres, excellent à des inventions où des hommes plus éclairés ne peuvent atteindre, c'est là le secret du génie que je vais tâcher d'expliquer.

JOUISSANCE.

JOUISSANCE.

La jouissance est le sentiment réfléchi de la possession. Combien y a-t-il de personnes qui possèdent sans jouir ? combien plus y en a-t-il qui ne sçavent pas jouir ?

Pour bien jouir des choses, il faut en connoître le prix, & ne pas les desirer trop ardemment : l'ardeur des desirs, & l'imagination qui exagère la valeur des choses, portent le trouble dans la jouissance, & entraînent le dégoût après elle, aussi-bien que l'excès qui l'accompagne, & l'abus qu'on en fait.

JOIE.

La joie est un plaisir que l'ame ressent, lorsqu'elle considère la possession d'un bien présent, ou d'un bien futur qu'elle regarde comme assuré.

Quand on ne s'est pas gâté l'esprit & le cœur par les sentimens qui séduisent l'imagination, ni par aucune passion ardente, la joie se trouve aisément ; la santé & l'innocence en sont les vraies sources. Mais, dès qu'on a eu le malheur de s'accoutumer aux plaisir vifs, on devient insensible aux plaisirs modérés.

La joie est un sentiment plus vif & plus fort que la gaieté ; il est moins d'habitude & de caractère. La joie ne se trouve guère que dans le peuple, non parce qu'il est pauvre, mais parce qu'il a peu pensé. *Voyez* GAIETE.

Contemplez ce jeune ambitieux, dit le père Brumoy, dont les projets ont réussi. Ivre de joie, il ne marche plus, il vole ; il est porté sur le char de ses desirs satisfaits. Il va, revient, tourne, s'arrête. Incertain de sa route, il cherche un dépositaire de son bonheur. L'a-t-il trouvé ? quel enthousiasme ! quelle effusion de cœur! Accablé de son poids, il s'en décharge sur un confident, il ouvre son sein. Les paroles coulent, non pas avec cet air emprunté que fournit l'artifice, mais sous cette couleur simple que la nature leur donne. Dupe de l'amour de lui-même, il s'imagine que tout ce qu'il voit est plein de ses pensées, & de ses sentimens. C'est à eux seuls qu'il parle & qu'il répond. Quiconque l'écoute, ne l'entend point, ou le croit insensé : mais il est souvent trop entendu. Il dira son secret, à qui? à son ennemi même. Il lui échappera mille choses, que la réflexion, dans le refroidissement de sa joie, lui retracera avec douleur. Ah! dira-t-il alors en gémissant, la vérité fatale est échappée sans retour. Foibles hommes, nous nous blessons par nos propres armes. Cruelle joie, vous m'avez perdu. Bergères, qui croyez vos secrets en sureté au milieu de vos troupeaux, ou dans la distraction des ouvrages de vos mains, gardez-vous d'épancher vos cœurs en des entretiens qu'inspire une trompeuse joie. Pholoé parle. Le berger, qui s'en croit aimé, se déguise. Il entend des expressions qui ne sont pas pour lui, & l'éloge d'un rival préféré. Il se retire le trait dans le cœur.

La joie est naturelle aux ames innocentes,
Autant que la tristesse aux ames malfaisantes.
Un méchant n'est jamais assuré ni content;
L'homme de bien est gai, quoiqu'il soit pénitent.
Le calme de son cœur paroît sur son visage;
Rien ne le peut troubler, rien ne lui fait outrage;
Il sçait rendre le bien pour le mal qu'on lui fait;
Sain, malade, par-tout égal & satisfait.
Anonyme.

JOLI.

Le joli est composé d'agrémens différens : il n'

ni l'étendue, ni les proportions du beau; il tient un peu du caprice, & n'est point assujetti aux règles de l'art, comme le beau, qui d'ailleurs renferme une idée d'utilité qu'on ne trouve pas dans le joli.

IRRÉSOLUTION, INDÉCISION.

L'irrésolution est une suspension de la volonté, qui ne trouve pas de motifs assez puissans pour se déterminer à l'action : l'indécision est une suspension du jugement, qui ne trouve pas d'assez fortes raisons pour prononcer.

On est irrésolu, dit M. l'abbé Roubaud, dans les matières où l'on se détermine par goût, par sentiment : on est indécis dans celles où l'on se détermine par raison & après une discussion. Une ame peu sensible, peu élastique, indolente & pusillanime, sera irrésolue : un esprit lent, timide, & peu subtil, sera indécis.

Dans l'irrésolution, l'ame n'est affectée d'aucun objet assez fortement pour se porter vers lui de préférence : dans l'indécision, l'esprit ne voit, dans aucun objet, des motifs assez puissans pour fixer son choix.

L'indécis balance entre les différens partis, sans pencher vers l'un plutôt que vers l'autre, sans s'arrêter définitivement à aucun. L'irrésolu ne peut vaincre son indifférence : l'indécis n'ose porter un jugement.

L'irrésolu hésite sur ce qu'il fera ; l'indécis, sur ce qu'il doit faire.

L'irrésolu n'est pas fait pour des professions dans lesquelles on est fréquemment obligé de se porter subitement à l'action, & de partir, pour ainsi dire, de la main, comme dans les armes : l'indécis n'est pas propre à réussir dans tout ce qui demande que l'on fasse sur le champ des combinaisons rapides, & que l'on juge sur le coup d'œil & sur de simples probabilités, comme dans les jeux de commerce.

On est quelquefois décidé sur la bonté d'un parti, sans être résolu à le suivre ; & quelquefois on est résolu à suivre un parti, sans être décidé sur sa bonté. Nous aimons la hardiesse de l'homme résolu ; & nous plaignons l'irrésolu, que la pusillanimité inquiète. Nous sommes choqués de la vaine présomption de l'homme décidé ; & nous méprisons l'indécis, qu'une défiance de lui-même arrête.

L'irrésolu aime qu'on le tire de son irrésolution ; il sent que c'est foiblesse, il se condamne : l'indécis résiste au contraire quand on le veut tirer de son indécision ; il la prend souvent pour prudence, il s'en applaudit.

Il faut exciter, piquer, aiguillonner, entraîner l'irrésolu ; il faut éclairer, instruire, presser, convaincre l'indécis. Pour le déterminer, il faut avoir de l'autorité sur son esprit : pour déterminer l'irrésolu, il faut avoir de l'empire sur son ame. Il est plus difficile de mener l'indécis, que l'irrésolu : il seroit peut-être moins aisé de corriger l'irrésolu, que l'indécis.

Le terme d'indécis peut être appliqué aux choses : *Mon sort est indécis.* L'épithète d'irrésolu ne convient qu'aux personnes.

JUGEMENT.

Le jugement est une faculté active de l'esprit, qui compare les idées, & en tire des conséquences : il se forme par la réflexion. C'est le jugement qui fait les philosophes & les politiques.

Le jugement doit nous servir de guide dans la conduite de la vie. Auparavant de rien entreprendre, nous devons nous repréfenter la perfonne qui agit, pour fçavoir fi elle doit le faire ; &, pour trouver les moyens de la faire réuffir, la chofe fur laquelle on veut agir ; & la perfonne pour laquelle on agit, afin de confulter fi elle en eft digne

Le jugement fupplée au défaut de nos connoiffances ; il préfume que les chofes font d'une certaine façon, fans l'appercevoir certainement.

Le naïf La Fontaine nous fait fentir, par la fable fuivante, le peu de cas que le fage doit faire des jugemens de certaines gens, & combien il eft fou de prétendre plaire à tout le monde.

LE MEUNIER, SON FILS, ET LEUR ANE.

FABLE.

Un meunier & fon fils,
L'un vieillard, l'autre enfant, non pas des plus petits,
Mais garçon de quinze ans, fi j'ai bonne mémoire,
Alloient vendre leur âne un certain jour de foire.
Afin qu'il fût plus frais & de meilleur débit,
On lui lia les pieds, on vous le fufpendit ;
Puis cet homme & fon fils le portent comme un luftre.
Pauvres gens ! idiots ! couple ignorant & ruftre !
Le premier qui les vit de rire s'éclata :
Quelle farce, dit-il, vont jouer ces gens-là ?
Le plus âne des trois n'eft pas celui qu'on penfe.
Le meunier, à ces mots, connut fon ignorance ;
Il met fur pieds fa bête, & la fait détaler.
L'âne, qui goûtoit fort l'autre façon d'aller,
Se plaint en fon patois. Le meunier n'en a cure ;
Il fait monter fon fils, il fuit ; & d'aventure
Paffent trois bons marchands. Cet objet leur déplut.
Le plus vieux au garçon s'écria tant qu'il put :
Ah ! là ! ho ! defcendez, que l'on ne vous le dife,
Jeune homme, qui menez laquais à barbe grife.
C'étoit à vous de fuivre, au vieillard de monter.
Meffieurs, dit le meunier, il faut vous contenter.

L'enfant met pied à terre, & puis le vieillard monte
Quand trois filles paſſant, l'une dit : C'eſt grand'honte
Qu'il faille voir clocher ainſi ce jeune fils,
Tandis que ce nigaud, comme un évêque aſſis,
Fait le veau ſur ſon âne, & penſe être bien ſage.
Il n'eſt, dit le meunier, plus de veaux à mon âge.
Paſſez votre chemin, la fille, & m'en croyez.
Après maints quolibets, coup ſur coup renvoyés,
L'homme crut avoir tort, & mit ſon fils en croupe.
Au bout de trente pas, une troiſième troupe
Trouve encore à gloſer. L'un dit : Ces gens ſont fous ;
Le baudet n'en peut plus, il mourra ſous leurs coups.
Eh quoi ! charger ainſi cette pauvre bourrique ;
N'ont-ils point de pitié de leur vieux domeſtique ?
Sans doute qu'à la foire ils vont vendre ſa peau.
Parbleu ! dit le meunier, eſt bien fou de cerveau !
Qui prétend contenter tout le monde & ſon père.
Eſſayons toutefois ſi, par quelque manière,
Nous en viendrons à bout. Ils deſcendent tous deux.
L'âne, ſe prélaſſant, marche ſeul devant eux.
Un quidam les rencontre, & dit : Eſt-ce la mode
Que baudet aille à l'aiſe, & meunier s'incommode ?
Qui, de l'âne ou du maître, eſt fait pour ſe laſſer ?
Je conſeille à ces gens de le faire enchâſſer :
Ils uſent leurs ſouliers, & conſervent leur âne.
Nicolas au rebours ; car, quand il va voir Jeanne,
Il monte ſur ſa bête, & la chanſon le dit.
Beau trio de baudets ! Le meunier repartit :
Je ſuis âne, il eſt vrai ; j'en conviens, je l'avoue :
Mais que dorénavant on me blâme, ou me loue ;
Qu'on diſe quelque choſe, ou qu'on ne diſe rien,
J'en veux faire à ma tête. Il le fit, & fit bien.

La plupart des jugemens des hommes ne leur ſont dictés que par leurs paſſions & leur tempérament ; ils ne jugent des choſes que par le rapport qu'elles ont avec eux ; ce qui porte naturellement à croire que ce qu'on appelle raiſon, vertus, eſt arbitraire. Cependant il eſt une raiſon indépendante du caprice & de l'opinion ; mais quelle est-elle ? c'est celle qui nous enseigne les moyens de nous rendre heureux.

Dans les choses purement intellectuelles, dit M. Duclos, nous ne ferions jamais de faux jugemens, si nous avions présentes les idées qui regardent le sujet dont nous voulons juger. L'esprit n'est jamais faux, que parce qu'il n'est pas assez étendu, au moins sur le sujet dont il s'agit. Dans celles où nous avons intérêt, les idées ne suffisent pas à la justesse de nos sentimens ; la justesse de l'esprit dépend alors de la droiture du cœur. Si nous sommes affectés pour ou contre un objet, il est bien difficile d'en juger sainement ; notre intérêt, plus ou moins développé, mieux ou moins bien entendu, mais toujours senti, fait la règle de nos jugemens.

Toutes nos affections, nos sensations, nos passions ne reçoivent leur force que de l'esprit qui les juge bonnes ou mauvaises suivant ses lumières ; & qui, suivant ce jugement, les affoiblit ou leur donne une nouvelle activité. Par exemple : Je me livre à l'ambition des honneurs & de la gloire, parce que je regarde l'estime des hommes comme quelque chose de nécessaire au bonheur de ma vie : mais, si j'envisage l'ambition comme un mal, je fais tous mes efforts pour la détruire. Ce qui prouve de quelle importance il est pour notre bonheur de s'accoutumer de bonne heure à penser, & à prendre une idée juste de chaque chose. *Voyez* SENSATION.

JURISPRUDENCE.

La jurisprudence est la science des loix.

JUSTESSE.

La justesse est le sentiment du vrai ; c'est une

qualité de l'esprit, qui démêle le faux dont elle est souvent enveloppée. C'est l'habitude de réfléchir qui la donne.

La justesse nous donne aussi ordinairement la facilité de rendre nos pensées avec netteté & précision, quoique le don de l'expression ne lui soit pas nécessairement attaché : il est bien plutôt le fruit de la connoissance de la langue, & de l'habitude d'écrire & de parler.

JUSTICE.

L'observation des loix, c'est la conformité des des actions avec le droit. *Voyez* Droit.

Il y a deux sortes de justice ; la justice commutative, & la justice distributive.

La justice commutative est la droiture, qui renferme la sincérité dans les paroles, & la bonne foi dans les traités.

La justice distributive est celle qui fait rendre aux autres ce qui leur appartient. Elle doit se rendre gratuitement, promptement & sans partialité.

Le nombre des gens qui sont commis pour rendre la justice & pour appuyer ses droits, se multiplie trop, & pourroit être employé plus utilement pour l'état & pour tant de familles qui deviènnent chaque jour les victimes de la chicane & de l'avidité des gens de robe.

La justice est une vertu qui rend à chacun ce qui lui est dû. Elle est fondée sur ce principe de la morale : *Ne faites pas aux autres ce que vous voudriez qui ne vous fût pas fait à vous même.*

L.

LABORIEUX.

Un homme laborieux est celui qui aime & qui soutient le travail. Montrez un prix, excitez l'émulation ; & tous les hommes aimeront le travail, tous se rendront capables de le soutenir. Les impôts, dit-on, rendent le peuple laborieux. Cela peut être, lorsque le peuple voit l'utilité des impôts, & qu'ils sont répartis avec justice & intelligence. Des taxes sur l'industrie ont plongé les Espagnols dans la paresse, où ils croupissent encore. Sous le joug du despotisme, les peuples cessent d'être laborieux ; parce que les propriétés sont incertaines.

Laborieux se dit des ouvrages qui demandent plus de travail que de génie. On dit : des *recherches laborieuses*.

LACHETE'. *Voyez* POLTRONNERIE.

LAID, DIFFORME.

Se dit des hommes & des femmes, des animaux qui manquent des proportions & des couleurs dont nous formons l'idée de la beauté : il se dit aussi des différentes parties d'un corps animé.

Les idées de la laideur varient, comme celles de la beauté, selon les temps, les lieux, les climats, & le caractère des nations & des individus. Si le contraire de beau ne s'exprime pas toujours par laid, si l'on donne à ce dernier mot bien moins d'acceptions qu'au premier, c'est qu'en général toutes les langues ont plus d'expressions pour les défauts ou pour la douleur que pour les perfections ou pour les plaisirs.

Laid se dit des espèces trop différentes de celles qui peuvent nous plaire : difforme se dit des individus qui manquent à l'excès des proportions de leur espèce. Laid exprime des défauts ; & difforme exprime des défectuosités. La laideur dégoûte ; la difformité blesse.

LAMENTATION.

C'est une plainte forte & continuée. La plainte s'exprime par le discours, les gémissemens accompagnent la lamentation : on se lamente dans la douleur, on se plaint du malheur : l'homme qui se plaint demande justice, celui qui se lamente implore la pitié.

LANGUEUR.

La langueur est un abbattement de l'ame, causé par le sentiment de notre foiblesse, que nous nous efforçons en vain de surmonter.

Langueur se dit des hommes & des sociétés. L'ame est dans la langueur, quand elle n'a ni les moyens ni l'espérance de satisfaire une passion qui la remplit; elle reste sans activité. Les états sont dans la langueur, quand le dérangement de l'ordre général ne laisse plus voir distinctement au citoyen un but utile à ses travaux.

LASSITUDE.

C'est l'état de l'homme, quand il n'a plus la force ou la volonté d'agir. Tout travail fatigue : il ne lasse que quand il cesse de plaire. Après la fatigue, l'homme répare ses forces par le repos ; & quelquefois il sort de la lassitude en changeant de travail.

LEÇON.

C'est l'action d'instruire. Les maîtres de la jeunesse, en s'écartant trop de la manière dont la nature nous instruit, donnent des leçons qui fatiguent l'entendement & la mémoire, sans les enrichir & sans les perfectionner.

Les leçons, la plupart, ne sont qu'un assemblage de mots & de raisonnemens; & les mots, sur quelque matière que ce soit, ne nous rendent qu'imparfaitement les idées des choses. L'écriture hiérogliphique des anciens Égyptiens étoit beaucoup plus propre à enrichir promptement l'esprit de connoissances réelles, que nos signes de convention.

Il faudroit traiter l'homme comme un être organisé & sensible ; & se souvenir que c'est par les organes qu'il reçoit ses idées, & que le sentiment seul les fixe dans la mémoire. En métaphysique, morale, politique, principes des arts, &c., il faut que le fait ou l'exemple suive immédiatement le dogme ou le précepte, si l'on veut rendre la leçon utile. On formeroit mieux la raison, en faisant observer la liaison naturelle des choses & des idées, qu'en donnant l'habitude de faire des argumens. Il faut mêler l'histoire naturelle & civile, la fable, les emblêmes, les allégories, à ce qu'il peut y avoir d'abstrait dans les leçons qu'on donne à la jeunesse. On pourroit imaginer & exécuter une suite de tableaux, dont l'assemblage instruiroit des devoirs des citoyens, &c.

Quand les abstractions deviennent nécessaires, & que le maître n'a pu parler aux sens & à l'imagination, pour insinuer & pour graver un précepte important; il devroit le lier dans l'esprit de son élève à un sentiment de peine ou de plaisir., & le fixer ainsi dans sa mémoire. Enfin, dans toutes les instructions, il faudroit avoir plus d'égard qu'on n'en a eu jusqu'à présent au méchanisme de l'homme.

LEGER, CHANGEANT, INCONSTANT, VOLAGE.

Ces quatre mots signifient également une disposition au changement. La différence s'en trouve dans la cause qui le produit.

Le volage est celui qui passe rapidement d'un objet à un autre, sans s'y arrêter; le léger est celui qui ne s'y arrête pas long-temps; l'inconstant est celui qui est las de s'y arrêter; le changeant est celui qui le quitte pour s'attacher à un autre.

C'est la vivacité de l'imagination & la chaleur du sang qui rendent l'homme volage; c'est le défaut d'assiette dans le cœur & dans l'esprit qui produit la légèreté; c'est le manque de sensibilité qui fait naître l'inconstance; & c'est l'imperfection que nous croyons appercevoir dans l'objet de notre amour, qui cause le changement.

Ceux qui n'aiment que la beauté extérieure des objets, sont volages; ceux qui se conduisent sans principes, & qui par cette raison changent souvent d'opinion, de passions & de conduite, sont légers; ceux qui n'aiment les choses qu'autant qu'ils en ont besoin, deviennent inconstants quand le besoin cesse; ceux qui découvrent des défauts dans l'objet de leur attachement, & qui en cherchent un plus parfait, sont changeants.

Au reste, il ne faut pas s'étonner si nous ne sommes pas toujours les mêmes : l'état de santé ou de maladie, de plaisir ou de peine, varient continuellement notre manière d'être & de sentir.

LECTURE. *Voyez* ETUDE.

Trop de lecture nuit souvent plus qu'elle ne sert ; il vaut mieux réfléchir. En lisant, vous prenez les sentimens des autres, & vous ignorez quels sont les vôtres. Il faut lire peu, & avec réflexion.

L'ABEILLE ET LE PAPILLON.

FABLE.

Vous sçavez, jeune Iris, que l'utile lecture,
De l'esprit & du cœur embrassant la culture,
A former l'un & l'autre excelle également ;
De l'ame & du génie elle est la nourriture ;
Elle est mère du goût & du discernement ;
  Et des vices de la nature
Elle purge nos cœurs, & notre entendement :
Mais un si grand remède opère lentement.

  Vous faites, du plaisir de lire,
   Votre plus doux amusement ;
Mais pour en profiter, oserois-je le dire ?
  Vous lisez trop rapidement.
Du petit oranger le foible compliment
Ayant reçu de vous un regard favorable,
  Pour appuyer mon sentiment,
  Je vous offre encore une fable.
L'apologue qui plaît est un bon argument.

Expliquez-moi, de grace, ô trop heureuse abeille,
  Disoit un jour le papillon,
  Par quelle étonnante merveille,
Sans ternir de nos fleurs l'éclatant vermillon,
Vous sçavez en tirer ce suc incomparable,
Ce miel, que tous nos soins ne nous donnent jamais...
  Ce que vous faites, je le fais.
  Avec un zèle incomparable

Vous cultivez les fleurs ; n'en fais-je pas autant ?
Et, sans placer ici le brillant étalage
De mes talens connus à la ville, au village,
Je doute, entre nous deux, que vous en ayez tant.
Eh ! répondit l'abeille à l'insecte volage,
Pour t'égaler à moi, cesse d'être inconstant.
   Tu voles d'une aîle légère
De fleurette en fleurette, & cela te suffit :
   Mais, pour en tirer du profit,
   Ton ardeur est trop passagère.

  C'est en nous fixant sur les fleurs
Que nous y recueillons cette admirable essence,
  Dont chaque jour l'Aurore en pleurs
Arrose les jardins où Flore prend naissance.
   Si je voltigeois comme toi,
   Le miel ne seroit pas pour moi.

Aux frivoles lecteurs l'abeille fait la guerre.
  Chaque livre est comme un parterre
  Où l'on s'amuse utilement :
  Mais qui promène un œil rapide
Sur les fleurs & les fruits de ce jardin charmant,
Prive d'un miel aussi doux que solide
  Et l'esprit & le sentiment.
      Pessellier.

LÉGISLATEUR.

Le législateur est celui qui a le pouvoir de donner ou d'abroger des loix. En France, le roi est le législateur ; à Genève, c'est le peuple ; à Venise, à Gênes, c'est la noblesse ; en Angleterre, ce sont les deux chambres & le roi.

Tout législateur doit se proposer la *sécurité de l'état & le bonheur des citoyens.*

Les hommes, en se réunissant en société, cherchent une situation plus heureuse que l'état de nature, qui avoit deux avantages, l'égalité, & la liberté ; & deux inconvéniens, la violence, & la privation des secours, soit dans les besoins nécessaires, soit dans les dangers. Les hommes, pour se mettre à l'abri de ces inconvéniens, ont donc consenti à perdre un peu de leur égalité & de leur liberté : & le législateur a rempli son objet, lorsqu'en ôtant aux hommes le moins qu'il est possible d'égalité & de liberté, il leur procure le plus qu'il est possible de sécurité & de bonheur.

Le législateur doit donner, maintenir ou changer les loix *constitutives ou civiles*. Les loix *constitutives* sont celles qui constituent l'espèce du gouvernement : le législateur, en donnant ces loix, aura égard à *l'étendue de pays que possède la nation*, à *la nature de son sol*, à *la puissance des nations voisines*, à *leur génie* & au *génie de sa nation*.

LIBERALITÉ.

La libéralité est une disposition à faire part aux hommes de ses propres biens. Elle doit, comme toutes les qualités qui ont leur source dans la bienveillance, être subordonnée à la justice pour devenir une vertu. La libéralité ne peut être exercée que par les particuliers, parce qu'ils ont des biens qui leur sont propres ; elle est injuste & dangereuse dans les souverains. Le roi de Prusse, n'étant encore que prince-royal, avoit récompensé libéralement une actrice célèbre. Il la récompensa beaucoup moins lorsqu'il fut roi, & il dit à cette occasion ces paroles remarquables : *Autrefois je donnois mon argent, & je donne aujourd'hui celui de mes sujets.*

On peut donner beaucoup sans obliger, ni passer pour libéral : la libéralité suppose donc de l'esprit, ou une grande délicatesse de sentimens qui en tient toujours lieu.

La libéralité se plaît à répandre des biens sur des

personnes qui nous approchent. Elle doit être réglée sur nos revenus. Celle qui donne plus qu'elle ne peut, est prodigalité.

La libéralité est un des plus grands avantages que procurent les richesses. On peut en jouir sans être riche, quand on sçait économiser sa fortune & modérer ses besoins.

LIBERTÉ.

Ce mot a différentes significations. Il s'emploie pour exprimer cette faculté de notre ame qui se détermine à l'action, de notre propre mouvement.

C'est le pouvoir de faire ce qu'on ne fait pas, ou de ne pas faire ce qu'on fait. Elle consiste dans des déterminations qui, en supposant que nous dépendons toujours par quelque endroit de l'action des objets, sont une suite des délibérations que nous avons faites, ou que nous avons eu le pouvoir de faire : ainsi il n'y a point de liberté entière & absolue ; nous n'en avons qu'autant qu'il en faut pour mériter par nos actions la récompense que Dieu a promise aux bonnes, & la peine qui est due aux mauvaises. Car, quoiqu'on ne puisse disconvenir que tout homme tend par sa nature au bonheur & à sa conservation, & qu'en cela même il n'est pas libre ; il n'est pas moins vrai qu'il a le choix des moyens, & qu'il peut même surmonter le penchant de la nature qui l'attache si fortement à la vie, comme on le voit dans les suicides.

Ce terme s'emploie aussi pour celui d'aisance : on dit, liberté d'esprit, de corps, &c.

Il signifie aussi indépendance ; &, dans cette acception, la liberté est un des plus grands biens de l'humanité. Elle consiste à ne faire que ce que le choix de notre état exige : car l'entière indépendance

dance n'est pas faite pour l'homme ; Dieu seul est indépendant. Les puissances de la terre dépendent des loix, des raisons d'état & des bienséances.

La liberté est le plus grand de tous les biens, & sans elle les autres ne sont rien. C'est ce que La Fontaine fait très-bien sentir par cette fable :

LE LOUP ET LE CHIEN.

FABLE.

Un loup n'avoit que les os & la peau,
  Tant les chiens faisoient bonne garde.
Ce loup rencontre un dogue aussi puissant que beau,
Gras, poli, qui s'étoit fourvoyé par mégarde.
  L'attaquer, le mettre en quartiers,
   Sire loup l'eût fait volontiers :
  Mais il falloit livrer bataille ;
  Et le mâtin étoit de taille
  A se défendre hardiment.
  Le loup donc l'aborde humblement,
Entre en propos, & lui fait compliment,
  Sur son embonpoint qu'il admire.
  Il ne tiendra qu'à vous, beau sire,
D'être aussi gras que moi, lui repartit le chien.
  Quittez les bois, vous ferez bien :
   Vos pareils y sont misérables,
  Cancres, hères & pauvres diables,
Dont la condition est de mourir de faim.
Car, quoi ? rien d'assuré ; point de franche lippée ;
  Tout à la pointe de l'épée.
Suivez-moi, vous aurez un bien meilleur destin.
  Le loup reprit : Que me faudra-t-il faire ?
Presque rien, dit le chien ; donner la chasse aux gens
  Portant bâtons, & mendians ;
Flatter ceux du logis, à son maître complaire ;
  Moyennant quoi, votre salaire
Sera force reliefs de toutes les façons,
  Os de poulets, os de pigeons,
  Sans parler de mainte caresse.

Le loup déjà se forge une félicité
  Qui le fait pleurer de tendresse.
Chemin faisant, il vit le col du chien pelé.
Qu'est cela, lui dit-il ? Rien. Quoi rien ? Peu de chose.
Mais encor ? Le collier dont je suis attaché
De ce que vous voyez est peut-être la cause.
Attaché ! dit le loup : Vous ne courez donc pas
  Où vous voulez ? Pas toujours ; mais qu'importe ?
Il importe si bien, que de tous vos repas
  Je ne veux en aucune sorte,
Et ne voudrois pas même à ce prix un trésor.
Cela dit, maître loup s'enfuit & court encor.

Je suis, dit Montaigne, si affadi après la liberté ; que qui me défendroit l'accès de quelque coin des Indes, j'en vivrois aucunement plus mal à mon aise.

LIBERTINAGE.

C'est l'habitude de céder à l'instinct qui nous porte aux plaisirs des sens. Il ne respecte pas les mœurs ; mais il n'affecte pas de les braver. Il est sans délicatesse, & n'est justifié de ses choix que par son inconstance. Il tient le milieu entre la volupté & la débauche. Quand il est l'effet de l'âge ou du tempérament, il n'exclud ni les talens ni un beau caractère : *César* & le *maréchal de Saxe* ont été libertins. Quand le libertinage tient à l'esprit, quand on cherche plus des besoins que des plaisirs, l'ame est nécessairement sans goût pour le beau, le grand & l'honnête. La table, ainsi que l'amour, a son libertinage. *Horace*, *Chaulieu*, *Anacréon*, étoient libertins de toutes les manières de l'être ; mais ils ont mis tant de philosophie, de bon goût & d'esprit dans leur libertinage, qu'ils ne l'ont que trop fait pardonner. Ils ont même des imitateurs que la nature destinoit à être sages.

LICENCE.

Ce mot fignifioit autrefois, *congé, permiſſion*; il fignifie aujourd'hui le mépris des loix & des mœurs, manifefté par des difcours ou des actions.

LÉSINE.

C'eft l'avarice, qui, pour l'intérêt le plus léger, bleffe les bienféances, les ufages, & brave le ridicule. C'eft un trait de léfine dans un ancien officier général fort riche, que de fe loger dans une chambre éclairée par une des lanternes de la rue, afin de pouvoir fe coucher fans allumer une chandelle. Ce qui n'eft qu'avarice dans un bourgeois, devient léfine dans un homme de qualité.

LOGIQUE.

La logique nous apprend l'ufage que nous devons faire de notre raifon dans la recherche de la vérité. Elle fe divife en naturelle & artificielle.

La logique naturelle nous apprend à penfer jufte; la logique artificielle nous enfeigne la manière de communiquer nos penfées avec ordre.

La logique naturelle renferme la perception, le jugement, le raifonnement & la méthode. *Voyez ces mots à leur place.*

La logique artificielle eft renfermée dans la méthode. *Voyez* MÉTHODE.

La logique, dit le marquis D'Argens, confifte dans les réflexions que nous faifons fur les principales opérations de notre efprit; & ce que nous appellons l'art de penfer, comprend ces quatre chefs, concevoir, juger, raifonner & ordonner.

Concevoir ou imaginer une chofe, c'eft s'en former dans l'efprit la véritable image, &, par le moyen de cette image, la chofe préfente à l'efprit : comme lorsque nous nous représentons un soleil, un arbre, un rond, &c., sans pourtant former sur ces choses aucun jugement exprès. Or, la forme par laquelle nous nous les représentons, ou cette première & simple conception qui les offre, s'appelle idée, ou notion.

Juger, c'est dire véritablement d'une chose ce qu'elle est, ou ce qu'elle n'est pas, en lui donnant ce qui lui convient, & lui ôtant ce qui ne lui convient pas. Cette opération de notre esprit se fait lorsque, joignant deux diverses idées, nous les affirmons, ou les nions : comme quand nous disons que la terre est ronde, & n'est pas quarrée ; car nous affirmons sa rondeur, & nions qu'elle ait une autre figure : ou lorsque nous assurons que l'homme est un animal, & non point un arbre; donnant à l'homme ce qui lui convient, & niant qu'il soit un arbre.

La troisième opération de notre esprit s'appelle raisonner ; c'est-à-dire, inférer, d'une ou de deux propositions, quelque chose de conclu conséquemment : comme lorsqu'on dit, l'infidélité est un crime ; il est plusieurs amants infidèles, il est donc plusieurs amants criminels.

La dernière des opérations de l'esprit s'appelle ordonner ; c'est-à-dire, disposer ou arranger ce que nous avons examiné sur un sujet, de la manière la plus prompte, la plus claire qu'il nous est possible ; & c'est ce qu'on nomme méthode.

LOIX.

Les loix sont des obligations imposées par la divinité, par la nature, ou par l'autorité humaine ; ce qui constitue trois espèces de loix ; les loix divines, les loix naturelles, & les loix humaines, qu'on appelle aussi positives. Chaque être est obligé, nécessité, à faire telle & telle chose; & par conséquent chaque être a ſes loix, qui ne ſont fondées que ſur le rapport que les choſes, ou plutôt l'ordre général a avec lui : par exemple, chaque plante porte ſa ſemence ; cette ſemence a beſoin d'être en terre ; elle croît & parvient à ſon état de maturité par des développemens inſenſibles. C'eſt cet ordre conſtant que la nature lui a preſcrit, qui ſont ſes loix. La divinité même a les ſiennes ; un être parfait eſt néceſſairement tout-puiſſant, juſte, prévoyant, &c.

L'homme, comme être phyſique, dit M. De Monteſquieu, eſt, ainſi que les autres corps, gouverné par des loix invariables. Comme être intelligent, il viole ſans ceſſe les loix que Dieu a établies, & change celles qu'il établit lui-même. Il faut qu'il ſe conduiſe, & cependant il eſt un être borné ; il eſt ſujet à l'ignorance & à l'erreur, comme toutes les intelligences finies ; les foibles connoiſſances qu'il a, il les perd encore. Comme créature ſenſible, il devient ſujet à mille paſſions.

Un tel être pouvoit à tous les inſtants oublier ſon créateur ; dieu l'a rappellé à lui par les loix de la religion. Un tel être pouvoit à tous les inſtants s'oublier lui-même ; les philoſophes l'ont averti par les loix de la morale. Fait pour vivre dans la ſociété, il y pouvoit oublier les autres ; les légiſlateurs l'ont rendu à ſon devoir par les loix politiques & civiles.

En général, la loi eſt la raiſon humaine, en tant qu'elle gouverne les peuples de la terre ; & les loix politiques & civiles de chaque nation ne doivent être que les cas particuliers où s'applique cette raiſon humaine.

Elles doivent être propres à chaque peuple, à la nature & au principe du gouvernement établi ; & enfin elles doivent être relatives au phyſique de chaque pays. *Voyez, ſur cette ſublime théorie, l'im-*

mortel ouvrage de M. le président de Montesquieu, sur l'Esprit des Loix.

Les loix sont des obligations imposées par l'autorité.

Tout être a ses loix, qui sont fondées sur le rapport que les choses ont avec lui. Il y a des loix naturelles, des loix divines, & des loix humaines.

Les loix naturelles sont l'idée d'un être supérieur qui nous a créés, la reconnoissance qu'on lui doit, le soin de défendre & d'entretenir sa vie, le besoin que nous avons de société, & le desir que nous avons de vivre ensemble.

Pour maintenir cette société, les loix naturelles ne suffisent pas. Les hommes ont établi les loix positives, qui tendent à conserver l'égalité dans la société, de-là le droit des gens ; à entretenir l'ordre dans un état, ce qui forme les loix politiques ; & à maintenir la justice entre les citoyens, d'où naissent les loix civiles. Le droit politique renferme les différentes espèces de gouvernement. Chaque gouvernement, pour être bon, doit être établi sur la connoissance de l'esprit de chaque nation, sur le physique de chaque pays, qui constitue le caractère & le tempérament des peuples, & qui établit ses besoins.

Les loix ont du rapport entre elles ; elles en ont avec leur origine, avec l'objet du législateur, & avec l'ordre des choses sur lesquelles elles sont établies.

Les loix divines sont invariables : les loix humaines doivent se rapporter aux hommes, pour qui & par qui elles sont instituées. Elles doivent être fondées, comme je l'ai déjà dit, sur la connoissance du physique de chaque climat.

C'est l'excès du désordre, dit M. Duclos, qui

donna la première idée des loix. On les doit au besoin, souvent au crime, jamais à la prévoyance. Mais, quoique les peuples les plus sauvages soient les plus criminels, les plus polis ne sont pas pour cela les plus vertueux. Les mœurs simples & sévères ne se trouvent que parmi ceux que la raison & l'équité ont policés, & qui n'ont pas encore abusé de l'esprit pour se corrompre. Les peuples policés valent mieux que les peuples polis. Chez les barbares, les loix doivent former les mœurs; chez les peuples policés, les mœurs perfectionnent les loix, & quelquefois y suppléent : la fausse politesse les fait oublier. L'état le plus heureux seroit celui où la vertu ne seroit pas un mérite. Quand elle commence à se faire remarquer, les mœurs sont déjà altérées; &, si elle devient ridicule, c'est le dernier degré de corruption.

LOUANGE.

C'est le discours, l'écrit ou l'action, par lesquels on relève le mérite d'une action, d'un ouvrage, d'une qualité, d'un homme, ou d'un être quelconque. Tous les hommes desirent la louange, ou parce qu'ils ont des doutes sur leur propre mérite, & qu'elle les rassure contre le sentiment de leur foiblesse; ou parce qu'elle contribue à leur donner promptement le plus grand avantage de la société, c'est-à-dire, l'estime du public.

Les hommes qui louent le mieux, mais qui louent rarement, sont ceux que le beau, l'agréable & l'honnête frappent par tout où ils les rencontrent. Le vil intérêt, la plate vanité, pour obtenir des graces, prodiguent la louange; & l'envie la refuse. L'honnête-homme relève dans les autres ce qu'il y a de bien, ne l'exagère pas, & se tait sur les défauts ou sur les fautes.

La louange est souvent une vanité déguisée. On ne loue une personne sur son mérite, que pour faire penser qu'on en a; & on mêle à son éloge des restrictions & des distinctions qui sont toujours avantageuses à celui qui les fait. Il est bien rare que les hommes louent les personnes qui leur sont supérieures en talens.

LUXE.

Le luxe est l'usage qu'on fait des richesses & de l'industrie, pour se procurer une existence agréable.

Le luxe a pour cause première ce mécontentement de notre état, ce désir d'être mieux, qui est & qui doit être dans tous les hommes. Il est en eux la cause de leurs passions, de leurs vertus & de leurs vices. Ce désir doit nécessairement leur faire aimer & rechercher les richesses. Le désir de s'enrichir entre donc & doit entrer dans le nombre des ressorts de tout gouvernement qui n'est pas fondé sur l'égalité & la communauté des biens : or l'objet principal de ce désir doit être le luxe. Il y a donc du luxe dans tous les états, dans toutes les sociétés : le sauvage a son hamac, qu'il achète pour des peaux de bêtes ; l'Européen a son canapé, son lit : nos femmes mettent du rouge & des diamans ; les femmes de la Floride mettent du bleu & des boucles de verre.

On entend aussi & même plus communément, par le luxe, l'amour du faste & de la magnificence ; ce qui n'est que l'abus du luxe. C'est dans ce sens que tant d'auteurs, qui ont écrit sur ce sujet, ont déclamé contre le luxe, & que M. De la Rochefoucauld a dit : Le luxe & la trop grande politesse dans les états sont un présage assuré de leur décadence ; parce que tous les particuliers s'attachant à leurs intérêts propres, ils se détournent du bien public.

C'est ainsi que La Fontaine fait sentir le danger du luxe :

LE BŒUF ET LA GRENOUILLE.

FABLE.

Une grenouille vit un bœuf
Qui lui sembla de belle taille.
Elle, qui n'étoit pas grosse en tout comme un œuf,
Envieuse, s'étend, & s'enfle, & se travaille,
Pour égaler l'animal en grosseur ;
Disant : Regardez bien, ma sœur ;
Est-ce assez ? dites-moi ; n'y suis-je point encore ?
Nenni. M'y voici donc ? Point du tout. M'y voilà ?
Vous n'en approchez point. La chétive pécore
S'enfla si bien, qu'elle creva.
Le monde est plein de gens qui ne sont pas plus sages.
Tout bourgeois veut bâtir comme les grands seigneurs ;
Tout petit prince a des ambassadeurs ;
Tout marquis veut avoir des pages.

M.

MAGNANIMITÉ.

La magnanimité est le désir d'entreprendre de grandes choses, malgré les difficultés qu'on prévoit dans l'exécution. Elle a sa source dans la grandeur d'ame. *Voyez* GRANDEUR D'AME.

La magnanimité renferme une idée de courage. *Voyez* COURAGE.

MAGNIFICENCE.

La magnificence est l'étalage de la richesse. Elle n'est pas faite pour les particuliers ; elle doit faire l'ornement de l'autel & du trône.

C'eſt la rareté des choſes qui fait ſur-tout le prix de la magnificence.

MAL.

Le mal, en général, eſt tout ce qui eſt nuiſible par ſa nature. Par rapport à nous, nous regardons comme des maux tout ce qui s'oppoſe à notre bonheur, tout ce qui nous prive de quelque bien, & tout ce qui tend à notre deſtruction.

Tous les maux ſont relatifs, & ne ſont pour la plupart que des maux d'opinion : il n'y a que la maladie de mal réel.

Sois ſemblable à un rocher que les ondes de la mer battent inceſſamment, dit l'empereur Marc Aurèle : il demeure toujours ferme, & mépriſe toute la fureur des flots. Que je ſuis malheureux, qu'une telle choſe me ſoit arrivée ! Appelles-tu un malheur ce qui n'eſt nullement contraire à la nature de l'homme ? Cet accident, dont tu te plains, peut-il t'empêcher d'être juſte, magnanime, tempérant, ſage, éloigné de témérité, ennemi du menſonge, toujours modeſte, libre, & d'avoir toutes les autres vertus dans leſquelles la nature trouve tout ce qui lui eſt propre ? Déſormais donc, dans toutes les actions qui pourront te porter à la triſteſſe, ſouviens-toi de cette vérité, que ce qui t'arrive n'eſt point un malheur, mais que c'eſt un bonheur inſigne de le ſupporter courageuſement.

On regarde communément comme des maux, la pauvreté, l'obſcurité, l'exil, l'eſclavage, la dépendance, l'infamie, l'imbécillité, la laideur, l'ignorance, &c. *Voyez tous ces maux à leur place.*

Les choſes, dit Montaigne, ne ſont pas ſi douloureuſes, ni ſi difficiles d'elles-mêmes ; mais notre foiblesse & lâcheté les fait telles. Notre vie est composée, comme l'harmonie du monde, de choses contraires; aussi de divers tons doux & âpres, aigus & plats, mols & graves. Le musicien, qui n'en aimeroit que les uns, que voudroit-il dire? Il faut qu'il s'en sçache servir en commun, & les mêler; & nous aussi les biens & les maux, qui sont consubstantiels à notre vie.

MALADIE.

La maladie est un état de souffrance; c'est un mal réel & inévitable. Cependant il est rare qu'un homme tempérant soit mal constitué : ainsi le principe de la maladie est donc la constitution & l'intempérance. Le seul remède est le régime; les autres ne servent souvent qu'à l'irriter.

Il faut convenir que, quoique la maladie soit un mal réel, l'imagination y ajoute beaucoup, comme à tous les autres maux prétendus. L'ame, qui pourroit seule nous consoler, s'abandonne à la tristesse, & tombe dans l'accablement; lorsque l'expérience & l'exemple des Stoïciens nous prouvent qu'elle peut s'élever au-dessus de la douleur, & jouir de la tranquillité dans le sein même de la souffrance.

Cependant il n'est que trop ordinaire que la moindre incommodité nous empêche de jouir des plaisirs. Où le corps & l'ame sont en mauvais état, dit Montaigne, à quoi faire les commodités externes? La moindre piqûre d'épingle & passion de l'ame est suffisante à nous ôter la monarchie du monde. Cependant nous sommes pour vieillir, pour affoiblir, pour être malades, en dépit de toute médecine. C'est la première leçon que les Mexicains font à leurs enfans.

MALÉFICE.

Le maléfice est une action cachée de méchanceté. Les sortilèges ne sont que des maléfices produits par des causes naturelles, mais inconnues. Les premiers physiciens qui ont paru, ont dû passer pour des sorciers aux yeux du public ignorant.

MALHEUR.

Le malheur est un état constant de peines & de souffrances.

Il est faux de dire qu'il y ait des gens qui naissent malheureux. C'est le sentiment de l'infortune qui fait le malheur : & tel que l'on croit malheureux, par la fausse opinion que l'on a du mal, se trouve souvent fort heureux, par la juste idée qu'il en a. Je l'ai déjà dit, & je le répète encore : il n'y a que la maladie de mal réel ; &, pour être malade, on n'est pas malheureux, on sent seulement un peu moins son bonheur. C'est donc l'homme qui fait lui-même son bonheur & son malheur ; c'est l'opinion qu'il a des choses. C'est pourquoi nous ne pouvons trop nous appliquer à connoître le bien & le mal.

Presque tous les malheurs de la vie viennent des fausses idées que l'on se forme sur tout ce qui se passe, dit M. De la Rochefoucauld.

MALICE, MALIGNITÉ, MÉCHANCETÉ.

La malignité est le desir de nuire, moins pour faire du mal, que pour s'amuser : elle suppose de l'esprit. La malice est l'effet de la malignité. La méchanceté est une disposition du tempérament, qui nous porte à haïr, & à nuire à nos semblables.

La méchanceté, dit M. Duclos, n'est aujourd'hui qu'une mode. Les plus éminentes qualités n'auroient pu jadis la faire pardonner ; parce qu'elle ne peuvent jamais rendre à la société autant que la méchanceté lui fait perdre, puisqu'elle en sappe les fondemens, & qu'elle est par-là, si non l'assemblage, du moins le résultat des vices. Aujourd'hui la méchanceté est réduite en art ; elle tient lieu de mérite à ceux qui n'en ont point d'autre, & souvent elle leur donne de la considération.

MALIGNITÉ. *Voyez* MALICE.

MANIE.

La manie est une forte affection de l'ame, qui l'occupe sans cesse & la remplit toute entière d'un objet : c'est la passion dominante de l'homme ; passion qui va quelquefois jusqu'à la folie.

Le génie des beaux-arts est une sorte de manie ; l'amour passion en est une autre.

MANIERES.

Les manières sont tout ce qui accompagne nos actions. Elles consistent dans les gestes & le maintien.

Avec de la vertu, de la capacité & une bonne conduite, on peut, dit La Bruyère, être insupportable. Les manières, que l'on néglige comme de petites choses, sont souvent ce qui fait que les hommes décident de vous en bien ou en mal. Une légère attention à les avoir douces & polies, prévient leur mauvais jugement. Il ne faut rien, pour être cru fier, incivil, méprisant, désobligeant ; il faut encore moins pour être estimé le contraire. *Voyez* AIR.

On prend assez volontiers ce terme en mauvaise part ; & l'on entend communément, par un homme qui a des manières, un homme qui met de l'affectation dans tout ce qu'il fait.

MARIAGE.

Le mariage, confidéré comme contrat civil, eft l'union de l'homme & de la femme, raffemblés en focieté pour avoir des enfans & pour les élever.

Il en eft du mariage, dit Dancourt, comme d'une charrue où font attelés le mari & la femme : tant qu'ils tirent tous deux de concert, la charrue va bien : mais, fi la femme fe met quelque fantaifie dans la cervelle, le mari fe chagrine ; l'un tire à dia, l'autre va à uriau.

Les bons mariages étoient moins rares du temps de la feconde & de la troifième race de nos rois, où la vertu, l'inclination, le rapport d'humeurs & de caractères, en formoient les nœuds, plutôt que l'intérêt & le fol amour de la beauté. *Voyez* AMOUR CONJUGAL.

> Non, il n'eft point d'état plus heureux dans la vie,
> Pour ceux que la raifon & l'amour ont unis.
> L'hymen feul peut donner des plaifirs infinis.
> On en jouit fans peine & fans inquiétude.
> On fe fait, l'un pour l'autre, une heureufe habitude
> D'égards, de complaifance & de foins les plus doux.
> S'il eft un fort heureux, c'eft celui d'un époux,
> Qui rencontre à la fois, dans l'objet qui l'enchânte,
> Une époufe chérie, une amie ; une amante.
> Quel moyen de n'y pas fixer tous fes defirs !
> Il trouve fon devoir dans le fein des plaifirs.
>
> *Nivel de la Chauffée.*

La même penfée, qu'on trouve auffi dans l'opéra de *Bellérophon* de *Quinault*, a quelque chofe de plus précis, & par-là même de plus piquant :

> Qu'il eft doux de trouver, dans un amant qu'on aime,
> Un époux que l'on doit aimer !

Le mariage est utile à l'état pour la propagation, & mérite l'attention du ministère.

MATIERE.

La matière est tout ce qui a forme & étendue. *Voyez* UNIVERS : système des anciens sur la matière première.

MÉCHANCETÉ. *Voyez* MALICE.

MÉDISANCE.

Je définis ainsi la médisance : une pente secrète de l'ame à penser mal de tous les hommes, laquelle se manifeste par les paroles. Et, pour ce qui concerne le médisant, voici ses mœurs. Si on l'interroge sur quelqu'autre, & que l'on lui demande quel est cet homme, il fait d'abord sa généalogie. Son père, dit-il, s'appelloit Sosie, que l'on a connu, dans le service & parmi les troupes, sous le nom de Sosistrate ; il a été affranchi depuis ce temps, & reçu dans l'une des tribus de la ville : pour sa mère, c'étoit une noble Thracienne ; car les femmes de Thrace, ajoute-t-il, se piquent la plupart d'une ancienne noblesse. Celui-ci, né de si honnêtes gens, est un scélérat, qui ne mérite que le gibet. Et, retournant à la mère de cet homme qu'il peint avec de si belles couleurs, Elle est, poursuit-il, de ces femmes qui épient sur les grands chemins les jeunes gens au passage, & qui, pour ainsi dire, les enlèvent & les ravissent. Dans une compagnie où il se trouve quelqu'un qui parle mal d'une personne absente, il relève la conversation : Je suis, dit-il, de votre sentiment ; cet homme m'est odieux, & je ne le puis souffrir. Qu'il est insupportable par sa physionomie ! Y a-t-il un plus grand frippon, & des manières plus extravagantes ? Sçavez-vous combien il donne à sa femme pour la dépense de chaque repas ? trois oboles, & rien davantage. Et croiriez-vous que, dans les rigueurs de l'hiver & au mois de décembre, il l'oblige de se laver avec de l'eau froide ? Si alors quelqu'un de ceux qui l'écoutent se lève & se retire, il parle de lui presque dans les mêmes termes : nul de ses plus familiers n'est épargné : les morts mêmes dans le tombeau ne trouvent pas un asyle contre sa mauvaise langue. THEOPHRASTE.

MÉFIANCE. *Voyez* DÉFIANCE.

MÉLANCOLIE.

La mélancolie est une des quatre humeurs qui entrent dans la constitution de l'homme ; c'est une disposition à la tristesse, qui vient d'un sang desséché ou appauvri, & originairement du vice des solides. Les adversités & la trop grande dissipation des esprits produisent aussi la mélancolie ; & un exercice modéré & un régime convenable en font le remède.

MÉMOIRE.

La mémoire est une faculté passive de l'esprit : elle conserve les idées que l'imagination lui confie. La mémoire s'acquiert & s'entretient par l'exercice, & par l'attention avec laquelle on considère les objets que l'on y veut imprimer, & par l'ordre dans lequel on range ses idées.

C'est, dit M. l'abbé De Condillac, une suite d'idées qui forment une espèce de chaîne. C'est cette liaison qui fournit les moyens de passer d'une idée à une autre, & de se rappeller les plus éloignées : on
ne

ne se souvient d'une idée qu'on a eue il y a quelque temps, que parce qu'on se retrace, avec plus ou moins de rapidité, les idées intermédiaires.

La mémoire est le commencement d'une imagination qui a peu de force; l'imagination est la mémoire même, parvenue à toute la vivacité dont elle est susceptible.

MÉPRIS.

Le mépris est plutôt un jugement de l'esprit, qu'un sentiment du cœur : nous le ressentons pour toutes les actions qui avilissent l'homme. Par exemple, le lâche craint la mort; le poltron fuit le danger; l'homme sans honneur embrasse une profession infâme : toutes ces actions, qui dégradent l'humanité, blessent la grandeur d'ame, & nous inspirent ce sentiment que nous nommons mépris.

La plupart des hommes affectent de mépriser les qualités & les choses qu'ils n'ont pas, & qu'ils voudroient souvent avoir.

Le mépris, qui s'annonce avec hauteur, dit M. Duclos, n'est ni indifférence ni dédain; c'est le langage de la jalousie, de la haine, & de l'estime voilée par la haine : car la haine prouve souvent plus de motifs d'estime, que l'aveu même de l'estime sincère.

MÉRITE.

Le mérite d'une chose est l'estimation de ce qu'elle vaut; le mérite d'une action est le fruit de la bonne intention. Le vrai mérite de l'homme consiste dans la vertu.

On peut dire d'un homme qu'il a du mérite, sans que ce soit pour cela un homme de mérite. On a du mérite, quand on a des talens, ou de bonnes qualités : mais, pour être homme de mérite, il faut être aimable & essentiel.

C'est la nature qui fait le mérite, dit M. De la Rochefoucauld ; mais c'est la fortune qui le met en œuvre.

METAPHYSIQUE.

La métaphysique est la connoissance des choses purement spirituelles, & qui ne tombent pas sous les sens.

Il faut, dit M. l'abbé De Condillac, distinguer deux sortes de métaphysique. L'une, ambitieuse, veut percer tous les mystères, la nature, l'essence des êtres, les causes les plus cachées ; voilà ce qui la flatte & ce qu'elle se promet de découvrir : l'autre, plus retenue, proportionne ses recherches à la foiblesse de l'esprit humain ; &, aussi peu inquiète de ce qui doit lui échapper, qu'avide de ce qu'elle peut saisir, elle sçait se contenir dans les bornes qui lui sont marquées. La première fait de la nature une espèce d'enchantement, qui se dissipe comme elle : la seconde, ne cherchant à voir les choses que comme elles sont en effet, est aussi simple que la vérité même. Avec celle-là, les erreurs s'accumulent sans nombre, & l'esprit se contente de notions vagues & de mots qui n'ont aucun sens : avec celle-ci, on acquiert peu de connoissances, mais on évite l'erreur, l'esprit devient juste & se forme toujours des idées nettes.

Les philosophes se sont particulièrement exercés sur la première, & n'ont regardé l'autre que comme une partie accessoire, qui mérite à peine le nom de métaphysique. *Locke* est le seul que je crois devoir excepter ; il s'est borné à l'étude de l'esprit humain, & a rempli cet objet avec succès. *Descar-*

tes n'a connu, ni l'origine, ni la génération de nos idées : c'est à quoi il faut attribuer l'insuffisance de sa méthode ; car nous ne découvrirons pas une manière sûre de conduire nos pensées, tant que nous ne sçaurons pas comment elles se sont formées. *Mallebranche*, de tous les Cartésiens celui qui a le mieux apperçu les causes de nos erreurs, cherche, tantôt dans la matière, des comparaisons pour expliquer les facultés de l'ame ; tantôt il se perd dans un *monde intelligible*, où il s'imagine avoir trouvé la source de nos idées. D'autres créent & anéantissent des êtres, les ajoutent à notre ame, ou les en retranchent à leur gré ; & croient, par cette imagination, rendre raison des différentes opérations de notre esprit.

En général, plus on fera de progrès dans la métaphysique, plus on augmentera la certitude des vérités fondamentales de la philosophie & de la religion. Nous ne sommes certains que de ce que nous sçavons ; nous ne sçavons que ce que nous sommes en état de démontrer ; & nous n'avons d'autres principes universels de démonstrations que ceux de la métaphysique : à mesure que nous les élèverons à un plus haut dégré d'universalité, nous rendrons nos raisonnemens plus évidens, & nos preuves plus inébranlables.

On peut définir, dit M. ***, la métaphysique, la science des idées. Il est vrai que la première de nos connoissances, qui est celle que nous avons de nous-mêmes, nous la devons à l'expérience. L'existence de notre ame est un fait dont le sentiment intime que nous en avons nous donne la certitude : nous découvrons de même ses diverses propriétés, à mesure qu'elle agit, qu'elle reçoit de certaines impressions, qu'elle passe d'un état à un autre. Mais ces faits, devenus l'objet de nos réflexions, réveillent en nous des idées, par où nous nous représentons la nature de ces mêmes choses, dont l'existence actuelle est un simple fait. Ce sont ces idées abstraites, immuables, qui sont l'objet propre de la métaphysique : de-là ces axiomes, ces vérités éternelles, ces premiers principes auxquels viennent s'assujettir comme en dernier ressort toutes nos connoissances. C'est dans les idées qui nous montrent les raisons, le nature & la vérité des choses, que se trouve la cause de tout ce que l'expérience nous apprend. Nos sens nous avertissent de l'existence des corps ; un sentiment intime nous convainc de la nôtre propre, c'est-à-dire, de l'existence de notre ame & de ses diverses opérations : jusques-là s'étend le ressort de la physique. Mais, au dessus d'elle, s'élève le monde de pures idées, qui nous éclaire sur l'essence des corps & sur celle des esprits, pour nous apprendre à distinguer ces deux genres de substance, & pour nous rendre raison des divers phénomènes que l'expérience nous y découvre. Voilà en quoi consiste la métaphysique. C'est à cette métaphysique, aujourd'hui si décriée par nos esprits-forts, que nous devons les preuves de l'existence de dieu, de ses perfections infinies ; celles de l'immortalité de notre ame, & de sa distinction avec le corps, malgré ce lien incompréhensible qui les unit. C'est elle qui nous montre la différence essentielle du juste & de l'injuste ; & qui nous découvre, dans les loix éternelles de l'ordre, la base de toute la morale. C'est elle qui, nous assurant qu'il y a des corps & un univers matériel, nous convainc que dieu l'a créé de rien ; qu'il en est le premier moteur ; & que, par les loix du mouvement, il y a produit & il y entretient les innombrables merveilles qui y reluisent de toutes parts. La physique a bien pour son domaine le détail des faits qui roulent sur l'application de ces loix : mais il appartient à la seule métaphysique de nous apprendre leur conformité avec la nature des corps, & de nous montrer clairement leur origine dans la volonté infiniment sage d'un être qui n'est point corps. En un mot, si l'industrie, qui compare entre eux les différens rapports de nos sens, pour contester les phénomènes sensibles, est ce qui fait le physicien ; la science intellectuelle, qui consiste à consulter les idées immuables & primitives, forme le vrai philosophe, tandis qu'elle confond le pyrrhonien & l'athée.

MÉTHODE.

La méthode des philosophes est l'art d'arranger nos pensées dans un certain ordre, soit pour la recherche de la vérité, soit pour la manifester aux autres.

Quand on veut connoître une vérité, on se demande d'abord ce que c'est qu'une telle chose, de quelle nature elle est ; si elle est simple, ou composée; si elle existe réellement, & pourquoi elle existe.

Toute la méthode est renfermée dans ces cinq objets.

Il y a deux sortes de méthodes, dit M. le marquis D'Argens : l'une, qui sert à découvrir la vérité, & qu'on appelle analyse, ou méthode de résolution, ou même méthode d'invention ; & l'autre, qu'on nomme synthèse, ou méthode de composition, qu'on emploie lorsqu'on veut rendre sensibles aux autres les vérités dont on est déjà convaincu.

La principale opération de l'analyse, ou méthode d'invention, consiste principalement à concevoir avec clarté & netteté la question dont il s'agit, à examiner avec attention & en détail toutes les notions qui peuvent y avoir du rapport. Comme, ſi l'on propoſe. Si notre ame eſt immortelle : pour chercher la connoiſſance de cette vérité, en conſidérant la nature de notre ame, on remarque d'abord que la penſée eſt l'attribut le plus eſſentiel à notre ame ; & qu'elle peut bien douter de tout, mais non pas de penſer, puiſqu'elle ne ſçauroit douter ſans penſer. On examine enſuite ce que c'eſt que penſer : &, voyant que tout ce qui convient aux notions que l'on a de la ſubſtance étendue qu'on appelle corps ; & appercevant enſuite clairement que la penſée n'eſt point étendue, n'a ni largeur, ni profondeur ; on en conclud qu'elle n'eſt point un mode ou un attribut de la ſubſtance étendue. De ce premier raiſonnement, on en infère un ſecond, par lequel l'on dit que la penſée n'étant point un mode de la ſubſtance étendue, il faut qu'elle le ſoit d'une autre ſubſtance différente de la corporelle ; avec qui, n'ayant rien de commun, elle ne ſouffre point par conſéquent de la diſtraction ou du changement qui arrive dans cette même ſubſtance étendue. De ces raiſonnemens, on juge enſuite que l'ame, n'étant compoſée d'aucune partie, ne peut périr, & par conſéquent qu'elle eſt immortelle.

L'autre eſpèce de méthode, qu'on appelle méthode de compoſition, eſt la même qu'on a ſuivie dans la recherche de la vérité. Il n'y a pas d'autre moyen pour donner de la préciſion au langage, que celui qui lui en a donné toutes les fois qu'il en a eu. Il faut ſe mettre d'abord dans des circonſtances ſenſibles, afin de faire des ſignes pour exprimer les premières idées qu'on acquiert par ſenſation & par réflexion : &, lorſqu'en réfléchiſſant ſur celles-là, on en acquiert de nouvelles, on fait de nouveaux noms, dont on détermine le sens : & l'on place ainsi les autres dans les circonstances où l'on s'est trouvé, & on leur fait faire les mêmes réflexions qu'on a faites. Alors les expressions succèdent toujours aux idées : elles seront claires & précises, puisqu'elles ne rendront que ce que chacun aura sensiblement éprouvé.

MISANTHROPIE.

La misanthropie est la haine des hommes. Voyez FAROUCHE.

MODERATION.

La modération est une disposition de l'ame, qui la porte naturellement & sans effort à fuir tous les excès : elle vient du tempérament.

Les jeunes gens qui ont le sang bouillant, & ceux qui sont agités de quelque passion, ne la connoissent pas : elle est volontiers le partage de l'âge mûr & de la vieillesse.

La raison, l'habitude de réfléchir & de combattre nos passions, peuvent aussi nous la donner. Socrate en est une preuve : il étoit né violent & emporté ; & la philosophie le rendit le plus doux & le plus modéré de tous les hommes.

La modération est le trésor du sage, dit M. De Voltaire. C'est elle qui nous rend heureux, en bornant nos desirs. C'est elle qui nous instruit, en réglant nos études : car cette avidité de tout sçavoir, de tout connoître, est le plus grand obstacle à la science ; elle fait des demi-sçavans, qui deviennent insupportables à la société par leur suffisance. L'universalité des talens & des connoissances est donnée à très-peu de personnes ; & rien n'annonce plus la médiocrité, que la prétention d'être universel. Corneille n'étoit que poëte, Locke n'étoit que philosophe, La Fontaine ne sçavoit faire que des fables. Le génie n'a qu'un talent marqué ; l'esprit veut les avoir tous.

MODESTIE.

La modestie est une retenue dans nos discours & dans nos actions, qui nous empêche de parler de nous d'une manière avantageuse. C'est la compagne inséparable du vrai mérite. Elle se concilie l'envie ; arrête les discours du médisant & du calomniateur ; chasse l'esprit de domination, si insupportable dans la société ; procure aux autres les occasions de briller & leur suggère des moyens dont elle leur fait honneur ; & reçoit les louanges qu'on lui donne avec cet air d'embarras qui prouve combien elle les a méritées.

La véritable modestie évite de parler de soi. Il y a longtemps qu'on a dit que c'est être fat que d'en dire du bien, & qu'il n'appartient qu'à un sot d'en dire du mal.

MŒURS.

Les mœurs sont les qualités de l'ame. Elles sont bonnes ou mauvaises, suivant son élévation ou sa bassesse : elles sont formées par la coutume & la façon de penser, & se manifestent par les actions & les discours.

Les mœurs, en parlant d'un particulier & de la vie privée, ne signifient autre chose, dit M. Duclos, que la pratique des vertus morales, ou le dérèglement de la conduite, suivant que ce terme est pris en bien ou en mal : mais, relativement à une autre nation, cela s'entend des coutumes ; non pas de celles qui, indifférentes par elles-mêmes, sont du ressort d'une mode arbitraire ; mais des usages qui influent sur la manière de penser, d'agir & de sentir, qui en dépendent.

Voici de quelle façon le même auteur peint les mœurs actuelles du François, qu'il met en opposition avec celles de nos ancêtres, plus sensibles à l'honneur que nous.

L'homme d'honneur pense & sent avec noblesse. Ce n'est pas aux loix qu'il obéit ; ce n'est pas la réflexion, encore moins l'imitation qui le dirigent : il pense, parle & agit avec une sorte de hauteur, & semble être son propre législateur à lui-même.

On s'affranchit des loix par la puissance, on s'y soustrait par le crédit, on les élude avec adresse ; on remplace le sentiment, & l'on supplée aux mœurs par la politesse ; on imite la vertu par l'hipocrysie. L'honneur est l'instinct de la vertu, & il en fait le courage. Il n'examine point ; il agit sans feinte, même sans prudence ; & ne connoît point cette timidité, ou cette fausse bonté qui étouffe tant de vertus dans les ames foibles ; car les caractères foibles ont le double inconvénient de ne pouvoir se répondre de leurs vertus, & de servir d'instrumens aux vices de tous ceux qui les gouvernent.

Quoique l'honneur soit une qualité naturelle, il se développe par l'éducation, se soutient par les principes, & se fortifie par les exemples. On ne sçauroit donc trop en réveiller les idées, en réchauffer le sentiment, en relever les avantages & la gloire, & attaquer tout ce qui peut y porter atteinte.

Les réflexions sur cette matière peuvent servir de préservatif contre la corruption des mœurs qui se relâchent de plus en plus. Je n'ai pas dessein de renouveller les reproches que de tout temps on a fait à son siècle, & dont la répétition fait croire qu'ils ne sont pas mieux fondés dans un temps que dans un autre. Je suis persuadé qu'il y a toujours dans le monde une distribution de vertus & de vices à peu près égale; mais il peut y avoir dans différens âges des partages inégaux, de nation à nation, de peuple à peuple. Il y a des âges plus ou moins brillans; & le nôtre ne paroît pas être celui de l'honneur.

On n'est certainement pas aussi délicat, aussi scrupuleux sur les liaisons, qu'on l'a été. Quand un homme avoit jadis de ces procédés tolérés ou impunis par les loix, & condamnés par l'honneur, le ressentiment ne se bornoit pas à l'offensé; tous les honnêtes gens prenoient parti, & faisoient justice par un mépris général & public.

Aujourd'hui on a des ménagemens, même sans vue d'intérêt, pour l'homme le plus décrié. Je n'ai pas, vous dit-on, sujet de m'en plaindre personnellement; je n'irai pas me faire le réparateur des torts. Quelle foiblesse! C'est bien mal entendre les intérêts de la société, & par conséquent les siens propres. Si les honnêtes gens s'avisoient de faire cause commune, leur ligue seroit bien forte. Quand les gens d'esprit & d'honneur s'entendront, les sots & les frippons joueront un bien petit rôle. Il n'y a malheureusement que les frippons qui fassent des ligues: les honnêtes gens se tiennent isolés.

On se cachoit autrefois de certains procédés, & l'on en rougissoit, s'ils venoient à se découvrir. Il me semble qu'on les a aujourd'hui trop ouvertement; & dès-là il doit s'en trouver davantage, parce que la contrainte & la honte retenoient bien des hommes.

Je ne sçache que l'infidélité au jeu qui soit plus

décriée aujourd'hui que dans le siècle passé ; encore voit-on des gens, suspects à cet égard, qui n'en sont pas moins accueillis d'ailleurs. La seule justice qu'on en fasse, est d'employer beaucoup de politesse & de détours pour se dispenser de jouer avec eux ; cela ressemble moins au mépris qu'à une précaution. Mais un homme du monde, qui est irréprochable par cet endroit & par la valeur, est homme d'honneur décidé. Quoiqu'il fasse profession d'être de vos amis, n'ayez rien à démêler avec lui sur l'intérêt, l'ambition ou l'amour-propre. S'il craint seulement d'user son crédit, il vous manquera sans scrupule dans une occasion essentielle, & ne sera blâmé de personne. Vous vous croyez en droit de lui faire des reproches, mais il en est plus surpris que confus ; il reste homme d'honneur. Il ne conçoit pas que vous ayez pu regarder comme un engagement de simples propos de politesse ; car cette politesse si recommandée sauve bien des bassesses : on seroit trop heureux qu'elle ne couvrît que des platitudes.

Il y a, à la vérité, telle action si blâmable, que l'interprétation ne sçauroit en être équivoque. Un homme d'un caractère leste trouve encore alors le secret de n'être pas déshonoré, s'il a le courage d'être le premier à la publier, & de plaisanter ceux qui seroient tentés de le blâmer. On n'ose plus la lui reprocher, quand on le voit en faire gloire. L'audace fait sa justification ; & le reproche qu'on lui feroit seroit un ridicule auquel on n'ose s'exposer. On commence alors à douter qu'il ait tort, & on craint de l'avoir. Dans la façon commune de penser, prévoir une objection, c'est la réfuter, sans être obligé d'y répondre ; dans les mœurs, prévoir un reproche, c'est le détruire.

Un homme qui en a trompé un autre avec l'artifice le plus adroit & le plus criminel, loin d'en avoir des remords ou de la honte, se félicite sur son habileté: il se cache pour réussir, & non pas d'avoir réussi : il s'imagine simplement avoir gagné une belle partie d'échecs ; & celui qui est sa duppe ne pense guère autre chose, sinon qu'il a perdu par sa faute: c'est de lui-même qu'il se plaint. Le ressentiment est déjà venu un sentiment trop noble : à peine est-on digne de haïr : la vengeance n'est plus qu'une revanche utile ; on la prend comme un moyen de réussir, & pour l'avantage qui en résulte.

Cette manière de penser, cette négligence des mœurs, avilit ceux mêmes qu'elle ne déshonore pas, & devient de plus en plus dangereuse pour la société. Ceux qui pourroient prétendre à la gloire de donner l'exemple par leur rang ou par leurs lumières, paroissent avoir trop peu de respect pour les principes, même quand ils ne les violent pas. Ils ignorent qu'indépendamment des actions, la légèreté de leurs propos, les sentimens qu'ils laissent appercevoir, sont des exemples qu'ils donnent. Le bas peuple n'ayant aucun principe, faute d'éducation, n'a d'autre frein que la crainte, & l'imitation pour guide. C'est dans l'état mitoyen que la probité est encore le plus en honneur.

Le relâchement des mœurs n'empêche pas qu'on ne vante beaucoup l'honneur & la vertu ; ceux qui en ont le moins sçavent combien il leur importe que les autres en aient. On auroit rougi autrefois d'avancer de certaines matières, si on les eût contredites par ses actions ; les discours formoient un préjugé favorable sur les sentimens : aujourd'hui les discours tirent si peu à conséquence, qu'on pourroit quelquefois dire d'un homme qu'il a de la probité, quoiqu'il en fasse l'éloge. Cependant les discours honnêtés peuvent toujours être utiles à la société; mais on ne se fait vraiment honneur & l'on ne se rend digne de les tenir que par sa conduite. C'est un engagement de plus; & l'on ne doit pas craindre d'en prendre, quand il est avantageux de les remplir.

On prétend qu'il a règné autrefois parmi nous un fanatisme d'honneur, & l'on rapporte cette heureuse manie à un siècle encore barbare. Il seroit à desirer qu'elle se renouvellât de nos jours; les lumières que nous avons acquises serviroient à règler cet engouement, sans le refroidir. D'ailleurs, on ne doit pas craindre l'excès en cette matière. La probité a ses limites; &, pour le commun des hommes, c'est beaucoup que de les atteindre: mais la vertu & l'honneur peuvent s'étendre & s'élever à l'infini; on peut toujours en reculer les bornes, on ne les passe jamais.

MOLLESSE.

La mollesse est cet état d'indolence & de tranquillité où nous plonge la volupté. L'ame dans cet état, entièrement occupée à sentir, ressent une espèce d'extase, & fuit toute action. Un homme, qui s'y abandonne, devient incapable de ces grandes actions qui font les héros & les grands hommes: content de trouver le bonheur dans le fond de son cœur, il ne le cherche pas dans l'opinion des autres, & renonce à la gloire pour le plaisir.

Cette façon de penser, qu'inspire la mollesse, seroit raisonnable, si l'homme n'étoit né que pour lui, s'il n'avoit pas des devoirs à remplir, ou enfin si le plaisir pouvoit durer toujours. Mais la volupté cesse de l'être pour celui qui s'y livre tout entier: les sens, qui sont les organes du plaisir, se fatiguent par un trop long exercice, & ressentent bientôt la douleur. Telle est la sagesse de la providence, qui veille sans cesse à l'harmonie de l'univers : celui qui s'écarte de ses devoirs en reçoit à l'instant la peine, par les mêmes choses qui sembloient devoir assurer son bonheur.

MORAL (BIEN ET MAL).

Ce qui n'est bien ou mal qu'à un particulier, dit M. De Vauvenargue, & qui peut être le contraire de cela à l'égard du reste des autres hommes, ne peut être regardé en général comme un mal, ou comme bien.

Afin qu'une chose soit regardée comme un bien par toute la société, il faut qu'elle tende à l'avantage de toute la société ; &, afin qu'on la regarde comme un mal, il faut qu'elle tende à sa ruine : voilà le grand caractère du bien & du mal moral.

Les hommes, étant imparfaits, n'ont pu se suffire à eux mêmes. De-là, la nécessité de former des sociétés. Qui dit une société, dit un corps qui subsiste par l'union de divers membres, & confond l'intérêt particulier dans l'intérêt général ; c'est là le fondement de toute la morale.

Mais, parce que le bien commun exige de grands sacrifices, & qu'il ne peut se répandre également sur tous les hommes ; la religion, qui répare le vice des choses humaines, assure des indemnités dignes d'envie à ceux qui semblent lésés.

Et toutefois ces motifs respectables n'étant pas assez puissans pour donner un frein à la cupidité des hommes, il a fallu encore qu'ils convinssent de certaines règles pour le bien public, fondé, à la honte du genre-humain, sur la crainte odieuse des supplices ; & c'est l'origine des loix.

Nous naissons, nous croissons à l'ombre de ces

conventions solemnelles ; nous leur devons la sûreté de notre vie, & la tranquillité qui l'accompagne. Les loix sont aussi le seul titre de nos possessions ; dès l'aurore de notre vie, nous en recueillons les doux fruits, & nous nous engageons toujours à elles par des liens plus forts. Quiconque prétend se soustraire à cette autorité, dont il tient tout, ne peut trouver injuste qu'elle lui ravisse tout, jusqu'à la vie. Où seroit la raison, qu'un particulier ose en sacrifier tant d'autres à soi seul ; & que la société ne pût, par sa ruine, racheter le repos public ?

C'est un vain prétexte de dire qu'on ne se doit pas à des loix qui favorisent l'inégalité des fortunes. Peuvent-elles égaler les hommes, l'industrie, l'esprit, les talens? Peuvent-elles empêcher les dépositaires de l'autorité d'en user selon leur foiblesse?

Dans cette impuissance absolue d'empêcher l'inégalité des conditions, elles fixent les droits de chacune, elles les protègent.

On suppose d'ailleurs, avec quelque raison, que le cœur des hommes se forme sur leur condition. Le laboureur a souvent dans le travail de ses mains la paix & la satiété, qui fuient l'orgueil des grands. Ceux-ci n'ont pas moins de desirs que les hommes les plus abjets; ils ont donc autant de besoins : voilà, dans l'inégalité, une sorte d'égalité.

Ainsi on suppose aujourd'hui toutes les conditions égales, ou nécessairement inégales. Dans l'une & l'autre supposition, l'équité consiste à maintenir invariablement leurs droits réciproques ; & c'est là tout l'objet des loix.

Heureux qui sçait les respecter comme elles méritent de l'être : plus heureux qui porte en son cœur celles d'un heureux naturel ! Il est bien facile de voir que je veux parler des vertus; leur noblesse & leur excellence font l'objet de tout ce discours : mais j'ai cru qu'il falloit d'abord établir une règle sûre pour les bien distinguer du vice. Je l'ai rencontrée sans effort, le bien & le mal moral ; je l'aurois cherchée vainement dans une moins grande origine. Dire simplement que la vertu est vertu, parce qu'elle est bonne en son fonds, & le vice tout au contraire, ce n'est pas les faire connoître. La force & la beauté sont aussi de grands biens ; la vieillesse & la maladie des maux réels : cependant on n'a jamais dit que ce fût là vice ou vertu. Le mot de vertu emporte l'idée de quelque chose d'estimable, à l'égard de toute la terre : le vice au contraire. Or il n'y a que le bien & que le mal moral, qui portent ces grands caractères. La préférence de l'intérêt général au personnel est la seule définition qui soit digne de la vertu, & qui doive en fixer l'idée. Au contraire, le sacrifice mercénaire du bonheur public à l'intérêt propre, est le sceau éternel du vice.

Ces divers caractères ainsi établis & suffisamment discernés, nous pouvons distinguer encore les vertus naturelles des acquises. J'appelle vertus naturelles, les vertus de tempérament : les autres sont les fruits pénibles de la réflexion. Nous mettons ordinairement ces dernières à plus haut prix, parce qu'elles nous coûtent davantage. Nous les estimons plus à nous, parce qu'elles sont les effets de notre fragile raison. Je dis : la raison elle-même n'est-elle pas un don de la nature, comme l'heureux tempérament ? L'heureux tempérament exclut-il la raison ? N'en est-il pas plutôt la base ? Et, si l'un peut nous égarer, l'autre est-elle plus infaillible ?

Je me hâte, afin d'en venir à une question plus sérieuse. On demande si la plupart des vices ne concourent pas au bien public, comme les plus pures vertus.

vertus. Qui feroit fleurir le commerce, sans la vanité, l'avarice, &c.? En un sens, cela est très-vrai; mais il faut m'accorder aussi que le bien produit par le vice est toujours mêlé de grands maux. Ce sont les loix qui arrêtent le progrès de ses désordres; & c'est la raison, la vertu, qui le subjuguent, qui le contiennent dans de certaines bornes, & le rendent utile au monde.

A la vérité, la vertu ne satisfait pas sans réserve toutes nos passions. Mais, si nous n'avions aucun vice, nous n'aurions pas ces passions à satisfaire; & nous ferions par devoir, ce qu'on fait par ambition, par orgueil, par avarice, &c. Il est donc ridicule de ne pas sentir que c'est le vice qui nous empêche d'être heureux par la vertu. Si elle est si insuffisante à faire le bonheur des hommes, c'est parce que les hommes sont vicieux; & les vices, s'ils vont au bien, c'est qu'ils sont mêlés de vertus, de patience, de tempérance, de courage, &c. Un peuple, qui n'auroit en partage que des vices, courroit à sa perte infaillible.

Quand le vice veut procurer quelque grand avantage au monde, pour surprendre l'admiration, il agit comme la vertu, parce qu'elle est le vrai moyen, le moyen naturel du bien : mais celui que le vice opère n'est ni son objet, ni son but; ce n'est pas à un si beau terme que tendent ses déguisemens. Ainsi le caractère distinctif de la vertu subsiste; ainsi rien ne peut l'effacer.

Que prétendent donc quelques hommes, qui confondent toutes ces choses, ou qui nient leur réalité? Qui peut les empêcher de voir qu'il y a des qualités qui tendent naturellement au bien du monde, & d'autres, à sa destruction? Ces premiers sentimens élevés, courageux, bienfaisans à tout l'univers, & par conséquent estimables à l'égard de toute la terre, voilà ce qu'on nomme vertu : & ces odieuses passions, tournées à la ruine des hommes, & par conséquent criminelles envers le genre-humain, c'est ce que j'appelle des vices. Qu'entendent-ils par ces noms ? Cette différence éclatante du foible & du fort, du faux & du vrai, du juste & de l'injuste, &c., leur échappe-t-elle ? Mais le jour n'est pas plus sensible. Pensent-ils que l'irréligion, dont ils se piquent, puisse anéantir la vertu ? Mais tout leur fait voir le contraire. Qu'imaginent-ils donc ? Qui leur trouble l'esprit ? Qui leur cache qu'ils ont eux-mêmes, parmi leurs foiblesses, des sentimens de vertu ?

Est-il un homme assez insensé pour douter que la santé soit préférable aux maladies ? non, il n'y en a point dans le monde. Trouve-t-on quelqu'un qui confonde la sagesse avec la folie ? non, personne assurément. On ne voit personne non plus qui ne préfère la vérité à l'erreur, personne qui ne sente bien que le courage est différent de la crainte, & l'envie de la bonté. On ne voit pas moins clairement que l'humanité vaut mieux que l'inhumanité, qu'elle est plus aimable, plus utile, & par conséquent plus estimable; & cependant...... O ! foiblesse de l'esprit humain ! il n'y a point de contradiction dont les hommes ne soient capables, dès qu'ils veulent approfondir.

N'est-ce pas le comble de l'extravagance, qu'on puisse réduire en question, si le courage vaut mieux que la peur ? On convient qu'il nous donne, sur les hommes & sur nous-mêmes, un empire naturel : on ne nie pas non plus que la puissance enferme une idée de grandeur, & qu'elle soit utile. On sçait encore que la peur est un témoignage de foiblesse ; &

On convient que la foiblesse est très-nuisible, qu'elle jette les hommes dans la dépendance, & qu'elle prouve ainsi leur petitesse. Comment peut-il donc se trouver des esprits assez déréglés pour mettre de l'égalité dans des choses si inégales?

Qu'entend-on par un grand génie? un esprit qui a de grandes vues, puissant, fécond, éloquent, &c. Et par une grande fortune? un état indépendant, commode, élevé, glorieux. Personne ne dispute donc qu'il y ait de grands génies & de grandes fortunes. Les caractères de ces avantages sont trop bien marqués. Ceux d'une ame vertueuse sont-ils moins sensibles? Qui peut nous les faire confondre? Sur quel fondement ose-t-on égaler le bien & le mal? Est-ce sur ce que l'on suppose que nos vices & nos vertus sont des effets nécessaires de notre tempérament? Mais les maladies, la santé ne sont-elles pas des effets nécessaires de la même cause? Les confond-on cependant? & a-t-on jamais dit que c'étoient des chimères, qu'il n'y avoit ni santé ni maladies? Pense-t-on que tout ce qui est nécessaire n'est d'aucun mérite? Mais c'est une nécessité en Dieu d'être tout-puissant, éternel. La toute-puissance & l'éternité seront-elles égales au néant? Ne seront-elles plus des attributs parfaits? Quoi! parce que la vie & la mort sont en nous des états de nécessité, n'est-ce plus qu'une même chose, & indifférente aux humains? Mais peut-être que les vertus, que j'ai peintes comme un sacrifice de notre intérêt propre à l'intérêt public, ne sont qu'un pur effet de l'amour de nous-mêmes ; peut-être ne faisons-nous le bien, que parce que notre plaisir se trouve dans ce sacrifice. Etrange objection! Parce que je me plais dans l'usage de ma vertu, en est-elle moins profitable, moins précieuse à tout l'univers, ou moins différente du vice, qui est la ruine du genre humain? Le bien où je me plais change-t-il de nature? cesse-t-il d'être bien?

Les oracles de la piété, continuent nos adversaires, condamnent cette complaisance. Est-ce à ceux, qui nient la vertu, à la combattre par la religion qui l'établit? Qu'ils sçachent qu'un Dieu bon & juste ne peut réprouver le plaisir que lui-même attache à bien faire. Nous prohiberoit-il ce charme, qui accompagne l'amour du bien? Lui-même nous ordonne d'aimer la vertu, & sçait mieux que nous qu'il est contradictoire d'aimer une chose sans s'y plaire. S'il rejette donc nos vertus, c'est quand nous nous approprions les dons que sa main nous dispense; que nous arrêtons nos pensées à la possession de ses graces, sans aller jusqu'à leur principe; que nous méconnoissons le bras qui répand sur nous ses bienfaits, &c.

Une vérité s'offre à moi. Ceux qui nient la réalité des vertus, sont forcés d'admettre des vices. Oseroient-ils dire que l'homme n'est pas insensé & méchant? Toutefois, s'il n'y avoit des maladies, sçaurions-nous ce que c'est que la santé?

MORALE.

La morale est la science des mœurs. Elle nous fait connoître le bien & le mal, nous apprend à régler nos passions pour être heureux, & à les rendre utiles à la société, pour laquelle nous sommes nés. Elle renferme la politique & la jurisprudence, la connoissance de l'homme & de ses devoirs. *Voyez* Jurisprudence & Politique.

Pour bien connoître l'homme, il ne suffit pas de le considérer tel qu'il est; les loix civiles & les institututions de l'enfance n'ont que trop altéré sa nature : mais, par ses passions & ses penchans, il faut remonter jusqu'à sa nature; & nous y découvrirons sans peine la fin pour laquelle il a été créé, & ce qu'il doit faire pour être heureux.

Zénon réduisoit la morale à ces trois chefs : *L'homme est né pour être heureux : il ne peut l'être qu'en suivant l'impression de la nature ; dont il ne doit écouter & suivre les impressions que de l'aveu de la raison, qui doit toujours être son guide.*

Quand même on ne pourroit pas prouver l'immortalité de l'ame, & les châtimens qui sont réservés aux crimes dans une autre vie, on n'en feroit pas moins sentir la nécessité de la morale pour être heureux. Tout ce qui est contre la vertu & contre les loix établies pour le bien de la société, reçoit dans ce monde-ci la peine due à toute infraction de la loi : le mépris, l'infamie, les remords & les repentirs sont indubitablement le châtiment du crime.

Pour faire quelque progrès dans la connoissance de l'homme, il faut l'étudier dans l'homme même. Le célèbre Pope, qui a laissé bien loin derrière lui tous ceux qui se sont avisés d'écrire sur la morale, ne nous en a laissé qu'un système imparfait & point assez lié : sa brillante imagination, qualité essentielle au poëte, a fait tort à la profonde métaphysique qui domine dans ses épîtres morales. Lorsqu'il est question de parler à l'esprit, il faut en écarter avec soin tout ce qui peut distraire l'attention & entretenir les illusions des sens.

Il nous manque donc encore un système de morale complet ; & probablement nous ne l'aurons pas si-tôt. Ce n'est qu'en ajoutant de nouvelles observations à celles que nous avons déjà, que nous pourrons *parvenir à sçavoir de l'homme ce que l'être suprême nous a permis d'en connoître* ; ce qui se réduira toujours à bien peu de choses ; parce que l'observation est lente & l'entendement borné.

Les Socrate, les Platon, les Locke, les Rousseau, les Buffon, & sur-tout les Condillac, peuvent & doivent nous servir de guides : nous trouverons, dans leurs écrits, des observations éparses, qu'un homme seul auroit peine à rassembler.

Suivons la route qu'ils nous ont tracée ; &, sans adopter aveuglément les différentes opinions qu'ils nous ont transmises, n'admettons que ce que l'analyse & notre propre expérience nous auront démontré.

MORT.

La mort est le terme de la vie ; c'est la séparation de l'ame & du corps. Elle est assez généralement regardée comme le plus grand de tous les maux ; l'écriture nous dit même qu'elle devint la peine du péché. Cependant, à la considérer d'un œil philosophique, la mort n'est point un mal réel ; ce n'est que la privation d'un bien, privation qui est même insensible. En effet, dit M. l'abbé De Condillac, ce n'est point la réflexion sur la succession de nos idées qui nous apprend que nous avons commencé & que nous finirons ; c'est l'attention que nous donnons aux êtres de notre espèce, que nous voyons naître & périr. Un homme, qui ne connoîtroit que sa propre existence, n'auroit aucune idée de la mort.

Ce qui prouve encore que la mort n'est qu'un mal d'opinion, c'est qu'il y a des peuples entiers qui se la procurent, pour se délivrer des infirmités de la vieillesse, & des chagrins de la vie : mais ces exemples ne sont point à imiter. La vie est un dépôt que la Divinité nous confie, & dont nous ne pouvons disposer sans son aveu.

La mort, pour le chrétien qui a de la confiance en la miséricorde de Dieu, est le but de la félicité éternelle à laquelle il aspire.

Nous sommes nés pour agir, dit Montaigne. Je veux qu'on agisse & qu'on allonge les offices de la vie tant qu'on peut; & que la mort me trouve plantant mes choux; mais nonchallant d'elle, & encore plus de mon jardin imparfait.

Si vous avez vécu un jour, vous avez tout vu: un jour est égal à tous les jours, il n'y point d'autre lumière ni d'autre nuit. Ce soleil, cette nuit, ces étoiles, cette disposition, c'est elle-même que vos aïeux ont jouie & qui entretiendra vos derniers nepveux.

N.

NAIVETÉ.

La naïveté est l'expression naturelle du sentiment, dont le fond peut être fin & délicat.

La naïveté, dit M. Duclos, est la marque de l'ignorance des choses de convention, faciles à apprendre & bonnes à dédaigner. L'expression de ce sentiment a tant de grace & d'autant plus de mérite, qu'elle est le chef-d'œuvre de l'art dans ceux à qui elle n'est pas naturelle.

NATURE.

La nature est ce principe actif qui produit des êtres, qui les modifie, qui les entretient & les conserve. C'est le premier principe des choses: c'est, à l'égard de l'univers, le soleil qui produit la chaleur

& le mouvement : à notre égard, la nature est un arrangement des fibres & des organes ; arrangement qui produit tels penchants plutôt que d'autres, & qui forme ce qu'on appelle tempérament. *Voyez* HABITUDE.

Les hommes s'entretiennent volontiers de la force de la coutume, des effets de la nature ou de l'opinion ; peu en parlent exactement. Les dispositions fondamentales & originelles de chaque être, forment ce qu'on appelle sa nature. Une longue habitude peut modifier ces dispositions primitives : & telle est quelquefois sa force, qu'elle leur en substitue de nouvelles plus constantes, quoiqu'absolument opposées : de sorte qu'elle agit ensuite comme cause première, & fait le fondement d'un nouvel être : d'où est venue cette conclusion très-littérale, qu'elle étoit une seconde nature ; & cette autre pensée plus hardie de Pascal, que ce que nous prenons pour la nature n'étoit souvent qu'une première coutume : deux maximes très-véritables. Toutefois, avant qu'il y eût aucune coutume, notre ame existoit, & avoit les inclinations qui fondoient sa nature ; & ceux qui réduisent tout à l'opinion & à l'habitude, ne comprennent pas ce qu'ils disent. Toute coutume suppose antérieurement une coutume, toute erreur une vérité. Il est vrai qu'il est difficile de distinguer les principes de cette première nature, de ceux de l'éducation : ces principes sont en si grand nombre, & si compliqués, que l'esprit se perd à les suivre ; & il n'est pas moins mal-aisé de démêler ce que l'éducation a épuré ou gâté dans le naturel. On peut remarquer seulement que ce qui nous reste de notre première nature, est plus véhément & plus fort que ce qu'on acquiert par étude, par coutume, & par réflexion ; parce que l'effet de l'art est d'affoiblir, lors même qu'il polit & qu'il corrige : de sorte que nos qualités acquises sont en même temps plus parfaites & plus défectueuses que nos qualités naturelles : & cette foiblesse de l'art ne procède pas seulement de la résistance trop forte que fait la nature, mais aussi de la propre imperfection de ces principes, ou insuffisans, ou mêlés d'erreurs. Sur quoi cependant je remarque qu'à l'égard des lettres, l'art est supérieur au génie de beaucoup d'artistes, qui, ne pouvant atteindre la hauteur des règles & les mettre toutes en œuvre, ni rester dans leurs caractères qu'ils trouvent trop bas, ni arriver au beau naturel, demeurent dans un milieu insupportable ; qui est l'enflure & l'affectation, & ne suivent ni l'art ni la nature. La longue habitude leur rend propre ce caractère forcé ; &, à mesure qu'ils s'éloignent davantage de leur naturel, ils croient élever la nature ; don incomparable, qui n'appartient qu'à ceux que la nature même inspire avec le plus de force. Mais telle est l'erreur qui les flatte : & malheureusement rien n'est plus ordinaire de voir les hommes se former, par étude & par coutume, un instinct particulier, & s'éloigner ainsi autant qu'ils peuvent des loix générales & originelles de leur être ; comme si la nature n'avoit pas mis entre eux assez de différence, sans y en ajouter par l'opinion. De-là vient que leurs jugemens se rencontre si rarement : les uns disent, Cela est dans la nature, ou hors de la nature ; & les autres tout au contraire. Il y en a qui rejettent, en fait de stile, les transitions soudaines des Orientaux, & les sublimes hardiesses de Bossuet ; l'enthousiasme même de la poësie ne les émeut pas, ni sa force & son harmonie, qui charme avec tant de puissance ceux qui ont de l'oreille & du goût. Ils regardent ces dons de la nature si peu ordinaires comme des inventions forcées, & des jeux d'imagination ; tandis que d'autres admirent l'emphase comme le caractère & le modèle d'un beau naturel. Parmi ces variétés inexplicables de la nature ou de l'opinion, je crois que la coutume dominante peut servir de guide à ceux qui se mêlent d'écrire, parce qu'elle vient de la nature dominante des esprits, ou qu'elle l'a plie à ses règles, & forme le goût & les mœurs ; de sorte qu'il est dangereux de s'en écarter, lors même qu'elle nous paroît manifestement vicieuse. Il n'appartient qu'aux hommes extraordinaires de ramener les autres au vrai, & de les assujettir à leurs génies particuliers. Mais ceux qui conclueroient de-là que tout est opinion, & qu'il n'y a ni nature ni coutume plus parfaite l'une que l'autre par son propre fonds, seroient les plus inconséquens de tous les hommes.

Précis du discours de M. DE BUFFON, sur la nature des animaux.

L'objet de ce discours est de comparer l'homme aux autres animaux, dans ce qu'il a de ressemblant avec eux, abstraction faite des autres propriétés qui lui sont communes avec tous les êtres physiques, végétaux, ou inanimés.

La première ressemblance qui se présente d'abord, c'est la veille & le sommeil : tant que l'animal est éveillé, il jouit de toutes ses facultés ; dès qu'il dort, la machine est sans ressorts ; il n'a d'existence que par la respiration & l'action du cœur.

Les différences, qui se trouvent entre l'homme & les animaux, sont aux extrémités ; par le tronc, ils sont presque semblables. Ils ont, comme nous, un sixième sens matériel, qui vraisemblablement réside dans le cerveau, où viennent aboutir tous les fibres, qui lui transmettent l'impression des objets : impression qui fait naître, dans tous les animaux, le desir ou l'amour, l'aversion ou la haine ; source de toutes nos passions, d'autant plus vives, que l'impression est plus forte.

Les animaux ont donc les mêmes sensations que l'homme, à l'exception de celles qui nous viennent par le toucher, que nous avons plus parfait que les animaux. Mais ce qui nous élève sur-tout si fort au-dessus d'eux, c'est ce sens spirituel qu'on nomme *ame* ou *esprit* : sens sur lequel les autres influent, quoiqu'il soit fait pour leur commander, & qu'il leur cède souvent la gloire de nous déterminer à l'action. A l'égard des bêtes, c'est le sens matériel qui les fait seul agir. Ils sont sensibles, comme nous, au plaisir & à la douleur physique : une impression douce, légère, leur inspire le plaisir ; tandis qu'une impression trop vive fait naître la douleur, par l'ébranlement & l'agitation qu'elle cause au sens matériel. Mais les animaux sont exempts des peines & des plaisirs que nous procure l'imagination ; source de nos misères, si nous nous livrons à ses illusions ; & de notre félicité, si nous nous renfermons dans les limites que la nature nous a prescrites & si nous sçavons faire usage de notre esprit pour acquérir des connoissances, qui font les besoins de l'ame. Nous devons donc souvent faire usage de ce sixième sens, si nous ne voulons pas que le sens matériel usurpe l'empire : trop heureux, s'il le pouvoit prendre au point de détruire entièrement la raison, qui nous tyrannise dans les intervalles qu'il nous laisse ! mais les passions n'ont qu'un temps ; & la raison, qui leur succède, ne semble revenir que pour mieux nous faire sentir nos abus, par l'état d'abbattement & de langueur qui suit toujours une agitation extrême. Mais détournons les yeux de ces triftes objets & de ces vérités humiliantes ; confidérons l'homme fage, le feul qui foit digne d'être confidéré : » Maî- » tre de lui-même, il l'eft des événemens ; content » de fon état, il ne veut être que comme il a tou- » jours été, ne vivre que comme il toujours vécu ; » fe fuffifant, il n'a qu'un foible befoin des autres, » il ne peut leur être à charge ; occupé continuel- » lement à exercer les facultés de fon ame, il per- » fectionne fon entendement, il cultive fon efprit, » il acquiert de nouvelles connoiffances, & fe fa- » tifait à tous inftans, fans remords & fans dégoût ; » il jouit de tout l'univers, en jouiffant de lui- » même «.

La fanté de l'homme eft plus chancelante que celle des autres animaux, parce qu'elle eft déran- gée fouvent par l'intempérance & l'agitation de notre ame, deux vices dont les animaux font exempts : mais auffi n'ont-ils pas la mémoire, l'ima- gination, ni l'entendement, qui deviennent bien plus fouvent la fource de nos peines, que de notre bonheur, quand nos deux principes fe combattent, le fens fpirituel & le fens matériel. C'eft dans le moyen âge fur-tout qu'on éprouve ces fréquens combats : on eft excité par les fens, & retenu par l'efprit, animé par l'ambition, entraîné par les plai- firs, aiguillonné par la gloire, rallenti, arrêté par la pareffe, mère de l'ennui : ce font les fens qui for- ment les paffions. L'ame, qui cède, a le pouvoir de réfifter ; ce qui fait naître ces différens combats, où fouvent la raifon fuccombe : les autres animaux, qui n'ont que le fens matériel, n'en éprouvent point.

L'auteur finit fon difcours par la comparaifon de l'homme & de l'animal en fociété ; & il fait fentir la fupériorité du premier, quoiqu'en difent de prétendus philosophes, fort mauvais naturalistes.

Discours sur la nature de l'homme.

Il y a dans l'homme deux substances distinctes, une spirituelle & l'autre matérielle. La substance spirituelle n'a ni forme, ni étendue; & par conséquent elle est indivisible, inaltérable, impassible: elle se manifeste par la pensée & par le sentiment intime que l'homme a de son existence: elle est toujours active; nos rêves, fort différens des objets que nous voyons éveillés, en sont une preuve: elle commande au corps; &, quoiqu'elle s'en laisse quelquefois dominer, & qu'elle soit souvent languissante dans les corps mal organisés, elle n'en est pas moins toujours active & toute-puissante: quoique unie au corps, elle s'en sépare, pour se transporter dans d'autres régions, & pour s'unir à d'autres objets.

On est peu satisfait de ce que l'auteur dit de l'immatérialité & de l'immortalité de l'ame. Il ne prouve son immatérialité, qu'en refusant la pensée à la matière, & en comparant cette substance spirituelle à tout ce que nous connoissons des propriétés de la matière. A l'égard de l'immortalité, elle est prouvée suffisamment, si l'on parvient à prouver l'immatérialité. D'ailleurs, elle se prouve parce que nous connoissons de la matière, qui ne fait que changer de forme, & qui ne périt point. Ce qu'il dit de la supériorité de notre ame sur celle des autres animaux, me paroît très-sensible, parce qu'il est fondé sur une expérience constante. Si les animaux, à qui l'on prête le plus d'intelligence, avoient une ame pareille à la nôtre, ils acquerroient de nouvelles connoissances, & perfectionneroient celles quils ont déjà : or, de toute antiquité, nous n'apprenons rien qui puisse nous faire croire que les bêtes d'autrefois avoient plus ou moins d'efprit que celles d'aujourd'hui ; & nous ne voyons aucune différence marquée dans tous leurs ouvrages.

NÉGLIGENCE.

La négligence eft un défaut d'exactitude ; elle eft ordinairement l'effet de l'indolence.

NETTETÉ.

La netteté eft la lumière du difcours ; elle confifte dans l'ordre, la précifion & la juftefle de chaque expreffion.

La netteté vient de la manière dont on a appris les chofes. Si les connoiffances font diftinctes, les idées font nettes ; ainfi la multiplicité des connoiffances, qui les rend fouvent confufes, nuit à la netteté. L'homme n'eft pas fait pour embraffer tant d'objets à la fois ; tous ces génies, qui veulent être univerfels, ne font la plupart du temps que fuffifans.

La netteté, dit M. De Vauvenargue, eft l'ornement de la juftefle, mais elle n'en eft pas inféparable. Tous ceux qui ont l'efprit net, ne l'ont pas jufte. Il y a des hommes qui conçoivent très-diftinctement, & qui ne raifonnent pas conféquemment : leur efprit, trop foible ou trop prompt, ne peut fuivre la liaifon des chofes, & laiffe échapper leurs rapports. Ceux-ci ne peuvent affembler beaucoup de vues, & attribuent quelquefois à tout un objet ce qui convient au peu qu'ils en connoiffent : la netteté de leurs idées empêche qu'ils ne s'en défient. Eux-mêmes fe laiffent éblouir par l'éclat des images qui les préoccupent ; & la lumière de leurs expreffions les attache à l'erreur de leurs penfées.

La juftefle vient d'un fentiment du vrai, formé

dans l'ame, accompagné du don de rapprocher les conséquences des principes, & de combiner leurs rapports. Un homme médiocre peut avoir de la justesse à son dégré; un petit ouvrage de même. C'est sans doute un grand avantage, de quelque sens qu'on le considère : toutes choses, en divers genres, ne tendent à la perfection, qu'autant qu'elles ont de justesse.

Ceux qui veulent tout définir, ne confondent pas le jugement & l'esprit juste. Ils rapportent à ce dernier l'exactitude dans le raisonnement, dans la composition, dans toutes les choses de pure spéculation : la justesse dans la conduite de la vie, ils l'attachent au jugement.

Je dois ajouter qu'il y a une justesse & une netteté d'imagination; une justesse & une netteté de réflexion, de mémoire, de sentiment, de raisonnement, d'éloquence, &c. Le tempérament & la coutume mettent des différences infinies entre les hommes, & resserrent ordinairement beaucoup leurs qualités. Il faut appliquer ce principe à chaque partie de l'esprit; il est très-facile à comprendre.

Je dirai encore une chose que peu de personnes ignorent. On trouve quelquefois, dans l'esprit des hommes les plus sages, des idées par leur nature inaliables, que l'éducation, la coutume, ou quelque impression fort violente, ont liées irrévocablement dans leur mémoire. Ces idées sont tellement jointes, & se présentent avec tant de force, que rien ne les peut séparer. Ces ressentimens de folie sont sans conséquence, & prouvent seulement, d'une manière incontestable, l'invincible pouvoir de la coutume.

NOBLESSE.

La noblesse des sentimens est la préférence de l'honneur à l'intérêt ; c'est le fruit pénible de la réflexion, ou de l'éducation.

C'est une qualité du cœur, qui suppose nécessairement de la grandeur d'ame. *Voyez* GRANDEUR D'AME.

La noblesse, qui nous vient de la naissance, est le prix du mérite & de la vertu ; ainsi tout homme vertueux est noble, & tout noble vicieux se dégrade.

S'il est heureux d'avoir de la naissance, dit M. De la Bruyère, il ne l'est pas moins d'être tel, qu'on ne s'informe plus si vous en avez.

NOIRCEUR.

La noirceur est une action de méchanceté, dans laquelle il entre de la perfidie. *Voyez* ME'CHANCETE' & PERFIDIE.

NONCHALANCE. *Voyez* INDOLENCE.

La différence qu'il y a entre ces deux mots, c'est que la nonchalance se dit du corps ; & l'indolence, de l'esprit : la cause est la même. Elle vient de la lenteur de l'ame dans toutes ses opérations ; & cette lenteur vient du peu d'impression que font les objets sur les sens, ou les sentimens sur le cœur.

NOTION.

Les notions sont des idées composées & abstraites ; ce sont les combinaisons des idées simples avec les opérations de l'esprit.

Les notions nous viennent de la réflexion. *Voyez* IDE'ES.

La notion est composée d'idées simples. Tous les termes abstraits, tous ceux qui expriment le genre & la qualité, sont autant de notions.

Pour avoir des notions certaines, il faut d'abord apprendre à avoir des idées simples.

NOUVELLISTE.

Un nouvelliste, dit Théophraste, ou un conteur de fables, est un homme qui arrange, selon son caprice, des discours & des faits remplis de faussetés : qui, lorsqu'il rencontre l'un de ses amis, compose son visage, &, lui souriant, D'où venez-vous ainsi? lui dit-il; que nous direz-vous de bon? n'y a-t-il rien de nouveau. Et, continuant de l'interroger, Quoi donc! n'y a-t-il aucune nouvelle? cependant il y a des choses étonnantes à raconter. Et, sans lui donner le loisir de lui répondre, Que dites-vous donc? poursuit-il; n'avez-vous rien entendu par la ville? Je vois bien que vous ne sçavez rien, & que je vais vous régaler de grandes nouveautés. Alors, ou c'est un soldat, ou le fils d'Astée le joueur de flutte, ou Lycon l'ingénieur, tous gens qui arrivent fraîchement de l'armée, de qui il sçait toutes choses ; car il allègue, pour témoins de ce qu'il avance, des hommes obscurs, qu'on ne peut trouver pour le convaincre de fausseté. Il assure donc que ces personnes lui ont dit que le roi & Polypercon ont gagné la bataille, & que Cassandre leur ennemi est tombé vif entre leurs mains. Et, lorsque quelqu'un lui dit, Mais en vérité celui-là est-il croyable ? il lui réplique que cette nouvelle se crie & se répand par toute la ville, que tous s'accordent à dire la même chose, que c'est tout ce qui se raconte du combat, & qu'il y a eu grand carnage. Il ajoute qu'il a lu cet événement sur le visage de ceux qui gouvernent ; qu'il y a un homme caché chez l'un de ces magistrats, depuis cinq jours entiers, qui revient de la Macédoine, qui a tout vu, & qui lui a tout dit. Ensuite, interrompant le fil de sa narration : Que pensez-vous de ce succès ? demande-t-il à ceux qui l'écoutent. Pauvre Cassandre ! malheureux prince ! s'écrie-t-il d'une manière touchante. Voyez ce que c'est que la fortune ! car enfin, Cassandre étoit puissant, & il avoit avec lui de grandes forces. Ce que je vous dis, poursuit-il, est un secret qu'il faut garder pour vous seul ; pendant qu'il court par toute la ville le débiter à qui le veut entendre. Je vous avoue que ces diseurs de nouvelles me donnent de l'admiration ; & que je ne conçois pas quelle est la fin qu'ils se proposent. Car, pour ne rien dire de la bassesse qu'il y a à toujours mentir, je ne vois pas qu'ils puissent recueillir le moindre fruit de cette pratique. Au contraire, il est arrivé à quelques-uns de se laisser voler leurs habits dans un bain public, pendant qu'ils ne songeoient qu'à rassembler autour d'eux une foule de peuple, & à lui conter des nouvelles : quelques autres, après avoir vaincu sur mer & sur terre dans le portique, ont payé l'amende pour n'avoir pas comparu à une cause appellée : enfin, il s'en est trouvé qui, le jour même qu'ils avoient pris une ville, du moins par leurs beaux discours, ont manqué de dîner. Je ne crois pas qu'il y ait rien de si misérable que la condition de ces personnes : car quelle est la boutique, quel est le portique, quel est l'endroit d'un marché public, où ils ne passent tout le jour à rendre sourds ceux qui les écoutent, ou à les fatiguer par leurs mensonges ?

O.

OBEISSANCE.

L'obéiſſance eſt la ſoumiſſion que nous devons aux ordres de nos ſupérieurs, & à l'exécution de ces mêmes ordres.

Nous devons de l'obéiſſance aux loix, au ſouverain, à nos pères & mères, à nos ſupérieurs.

OBSTINATION.

L'obſtination eſt une oppoſition aux ſentimens des autres ; oppoſition qui vient de l'humeur, & quelquefois du deſir de montrer de l'eſprit. *Voyez* OPINIATRETÉ.

ŒCONOMIE.

L'œconomie eſt la ſcience d'augmenter nos biens, & de ménager nos revenus : c'eſt la richeſſe de l'indigent.

OISIVETÉ.

L'oiſiveté eſt un état d'inaction, ſoit du corps, ſoit de l'eſprit. Il eſt cauſé par la maladie ou par le manque de paſſions : &, quelle qu'en ſoit la cauſe, il eſt toujours accompagné de l'ennui, le plus redoutable deſtructeur de notre être. Le remède le plus ſûr contre ce penchant, eſt la néceſſité de s'occuper, qu'impoſent les devoirs d'une charge ou d'un emploi.

Comme nous voyons, dit Montaigne, des terres oiſives, ſi elles ſont graſſes & fertiles, foiſonner en cent mille ſortes d'herbes ſauvages ; & que, pour les tenir en office, il les faut aſſujettir & employer à certaines semences pour notre service ; ainsi il est des esprits : si on ne les occupe à certain sujet qui les bride & contraigne, ils se jettent déréglés par ci, par là, dans le vague des imaginations ; & n'est folie ni rêverie qu'ils ne produisent en cette agitation. L'ame, qui n'a point de but établi, se perd ; car, comme on dit, c'est n'être en aucun lieu que d'être partout.

OPINIATRETÉ.

L'opiniâtreté est une opposition aux sentimens des autres, opposition qui tient quelque chose de la haine.

Le but de l'opiniâtre est plutôt d'humilier celui qui dispute avec lui, que de faire valoir son sentiment, dont il n'est pas toujours persuadé. *Voyez* ENTÊTEMENT & OBSTINATION.

La petitesse de l'esprit, l'ignorance & la présomption font l'opiniâtreté, dit M. De la Rochefoucault. On ne se soucie pas tant d'avoir raison, que l'on se soucie de faire croire qu'on a raison ; c'est ce qui fait que l'on soutient son opinion avec opiniâtreté, après même qu'on a connu qu'elle est fausse.

OPINION.

L'opinion est la façon de penser. Chaque peuple, chaque âge, chaque état a la sienne : différence qui vient en partie de celle des climats, & qui est la source de tous les préjugés.

Tant que nous respirons, l'opinion flatteuse,
A charmer nos ennuis toujours ingénieuse,
Dore par ses rayons les nuages charmans
Qui versent sur nos jours de trompeurs agrémens.
Satisfait de ses goûts, content de sa science,
Chacun a pour soi-même un œil de complaisance.

Feuilletant nuit & jour des volumes poudreux,
Dans un réduit obscur le sçavant est heureux ;
L'ignorant, affranchi d'un travail si pénible,
Dans un lâche repos trouve un plaisir sensible :
Regardant l'avenir avec tranquillité,
Le riche de son bien fait sa félicité ;
Rassuré par les soins que prend la providence ;
Le pauvre vit content, malgré son indigence.
Vois l'aveugle danser ; se plaint-il que ses yeux
Soient pour jamais fermés à la clarté des cieux ?
Vois le boiteux qui chante ; en est-il moins tranquille,
Quoiqu'à former des pas son pied soit moins agile ?
Dans les vapeurs du vin, le mendiant est roi :
Et le sot en tout temps vit satisfait de soi :
Le chymiste, ébloui de l'or qu'il voit en songe,
Prend pour réalité ce qui n'est que mensonge :
Et même, en déplorant son destin rigoureux,
Dans le sein de sa Muse un poëte est heureux.

Trad. de Pope par l'abbé Du Resnel.

On entend aussi, par opinion, les préjugés & les pensées fausses qu'on adopte sans les avoir examinées.

Il y a long-temps qu'on dit que l'opinion est la reine du monde ; mais c'est une vérité dont on n'est pas assez persuadé. C'est l'opinion qui règle notre conduite, & qui nous empêche de consulter la raison. Le philosophe même sent quelquefois la nécessité de s'y conformer ; mais il ne le fait que dans les choses peu importantes, & qui ne blessent pas la vertu.

OPULENCE.

L'opulence est cet état d'abondance que procurent les richesses. *Voyez* RICHESSES.

ORDRE.

L'ordre s'étend sur le physique & sur le moral. L'ordre physique entretient l'harmonie de l'univers; l'ordre moral est le soutien de la société.

> Si dans le cœur humain chaque membre, rebèle
> A ce que lui prescrit une loi naturelle,
> A d'autres fonctions se vouloit attacher;
> Si le pied vouloit voir; si l'œil vouloit marcher;
> Si la main, au travail uniquement bornée,
> Prétendoit de la tête avoir la destinée;
> Enfin si chacun d'eux se faisoit un tourment
> D'obéir à l'esprit, dont ils sont l'instrument;
> Quelle confusion! N'en est-il pas de même,
> Quand l'homme, révolté contre l'ordre suprême,
> De tout être créé le mobile & l'esprit,
> Veut sortir de la règle & de l'ordre prescrit?
>
> *Trad. de Pope par l'abbé Du Resnel.*

Il fait le bonheur public, & celui de chaque particulier. Heureux celui qui a cet amour de l'ordre gravé dans le cœur!

ORGANISATION. *Voyez* CONFORMATION.

ORGUEIL.

L'orgueil si décrié, & souvent avec raison, n'est cependant que l'amour de l'estime. S'il se contient dans de justes bornes, il devient la source des vertus; mais, dès qu'il se croit tout permis, & qu'il joint à l'excessif amour de soi-même le mépris pour les autres, il est le supplice de ceux qui s'y abandonnent, & il finit par les rendre insupportables à la société.

> Il n'est rien de si pur que l'orgueil ne condamne,
> Rien de si révéré que l'orgueil ne prophane.

Introduit dans les cœurs qu'il n'a point avilis,
En serpent tortueux il sonde leurs replis.
Si, parmi leurs vertus, une foiblesse errante
Ternit de ce miroir la glace transparente,
Il la suit sourdement de détour en détour,
L'annonce avec éclat & l'expose au grand jour :
Mais si la vérité, démasquant l'artifice,
De ses projets obscurs ébranle l'édifice,
Quels attentats affreux ! quels desseins ! quelle horreur !
L'orgueil humilié devient bientôt fureur.
Ce n'est plus un serpent qui rampe sur la terre :
C'est un géant armé, qui brave le tonnerre ;
Qui, pour anéantir l'auguste vérité,
Iroit, jusques au sein de la divinité,
Percer de mille coups sa rivale obstinée,
Et blasphémer le dieu dont elle est émanée.

L'abbé De Bernis.

L'orgueil suppose de l'élévation dans l'ame ; à la différence de la vanité, qui décèle de la petitesse : l'un peut devenir une vertu, l'autre n'est jamais qu'un vice ; l'orgueil fait quelquefois faire de grandes choses, la vanité n'en produit que de petites. Règlons l'un, & détruisons l'autre.

Il faut, dit Théophraste, définir l'orgueil, une passion qui fait que, de tout ce qui est au monde, l'on n'estime que soi. Un homme fier & superbe n'écoute pas celui qui l'aborde dans la place, pour lui parler de quelque affaire : mais, sans s'arrêter & se faisant suivre quelque temps, lui dit enfin qu'on peut le voir après son souper. Si l'on a reçu de lui le moindre bienfait, il ne veut pas qu'on en perde le souvenir ; il le reprochera en pleine rue à la vue de tout le monde. N'attendez pas de lui qu'en quelque endroit qu'il vous rencontre, il s'approche de vous, & qu'il vous parle le premier : de même, au lieu d'expédier sur le champ des marchands ou des ouvriers, il ne feint point de les renvoyer au lendemain matin, & à l'heure de son lever. Vous le voyez marcher dans les rues de la ville, la tête baissée, sans daigner parler à personne de ceux qui vont & viennent. S'il se familiarise quelquefois jusqu'à inviter ses amis à un repas, il prétexte des raisons pour ne pas se mettre à table & manger avec eux, & il charge ses principaux domestiques du soin de les régaler. Il ne lui arrive point de rendre visite à personne, sans prendre la précaution d'envoyer quelqu'un des siens pour avertir qu'il va venir. On ne le voit point chez lui lorsqu'il mange ou qu'il se parfume. Il ne se donne pas la peine de régler lui-même des parties : mais il dit négligemment à un valet de les calculer, de les arrêter, & de les passer à compte. Il ne sçait point écrire dans une lettre, Je vous prie de me faire ce plaisir, ou de me rendre ce service : mais, J'entends que cela soit ainsi : j'envoie un homme vers vous pour recevoir une telle chose : je ne veux pas que l'affaire se passe autrement : faites ce que je vous dis promptement & sans différer. Voilà son stile.

L'éducation a beaucoup de part aux causes de l'orgueil qui est dans les hommes. On verse d'ordinaire dans l'esprit des jeunes gens certaines maximes pour les exciter à mériter l'estime des autres, qui sont, à le bien prendre, des aiguillons de l'ambition. Pour piquer leur courage, on leur montre les louanges & les honneurs attachés aux qualités qui mettent de la distinction entre les hommes ; on leur fait aimer les vertus par l'admiration qu'elles causent : de là il arrive souvent que l'on défend la vérité, moins pour elle-même que pour la gloire du succès.

Tout ce qui nous élève flatte nôtre orgueil, parce qu'alors nous nous considérons comme plus forts & plus grands : ainsi chacun tâche d'occuper le plus de place qu'il peut dans son imagination ; & l'on ne se pousse & l'on ne s'aggrandit dans le monde, que pour augmenter l'idée que chacun se forme de soi-même. Voilà le but de tous les desseins ambitieux des hommes. Alexandre & César n'ont point eu d'autres vues dans toutes leurs batailles, que celles-là : c'est ce qui nous a produit ces titres fastueux, qui se multiplient à mesure que l'orgueil intérieur est plus grand ou moins déguisé. Les nations Orientales surpassent de beaucoup celles de l'Europe dans cet amas de titres, parce qu'elles sont plus sottement vaines. Peut-être même que ce qui fait desirer aux hommes avec tant de passion l'approbation des autres, est qu'elle les affermit & les fortifie dans l'idée qu'ils ont de leur excellence propre ; car ce sentiment public les en assure : telle est la misère de l'homme. *Nicole.*

Pour abaisser l'orgueil de l'homme, chacun devroit considérer cette durée infinie de temps qui le précède & qui le suit, & qu'en y voyant sa vie renfermée, il regarde ce qu'elle occupe. Qu'il se demande à lui-même pourquoi il a commencé de paroître plutôt en ce point qu'en un autre de cette éternité, & s'il sent en soi la force de se donner l'être ou de se le conserver. Qu'il en fasse de même de l'esprit ; qu'il porte la vue de son esprit dans cette immensité, où son imagination ne sçauroit trouver de bornes ; qu'il regarde cette vaste étendue de matière que ses sens découvrent ; qu'il considère dans cette comparaison ce qui lui est échu en partage, c'est-à-dire, cette portion de matière qui fait son corps ; qu'il voie ce qu'elle est, & ce qu'elle remplit dans l'univers ; qu'il tâche de découvrir pourquoi elle se trouve en ce lieu plutôt qu'en un autre. Que sera-ce de l'espace qu'il occupe sur la terre ? Qu'il joigne à cette considération tous ces grands corps qui roulent sur nos têtes ; il est impossible qu'il ne se voie comme un atôme imperceptible dans l'immensité de l'univers : qu'il y joigne celle de tous les hommes vivans, qui ne pensent point à lui, qui ne le connoissent point.

OSTENTATION.

Je n'estime pas, dit Théophraste, que l'on puisse donner une idée plus juste de l'ostentation, qu'en disant que c'est dans l'homme une passion de faire montre d'un bien ou des avantages qu'il n'a pas. Celui en qui elle domine s'arrête dans l'endroit du Pirée où les marchands étalent & où se trouve un plus grand nombre d'étrangers ; il entre en matière avec eux ; il leur dit qu'il a beaucoup d'argent sur la mer ; il discourt avec eux des avantages de ce commerce, des gains immenses qu'il y a à espérer pour ceux qui y entrent, & de ceux sur-tout que lui qui leur parle y a faits. Il aborde dans un voyage le premier qu'il trouve sur son chemin ; lui fait compagnie ; lui dit bientôt qu'il a servi sous Alexandre, quels beaux vases & tout enrichis de pierreries il a rapportés de l'Asie, quels excellens ouvriers s'y rencontrent, & combien ceux de l'Europe leur sont inférieurs. Il se vante, dans une autre occasion, d'une lettre qu'il a reçue d'Antipater, qui apprend que lui troisième est entré dans la Macédoine. Il dit, une autrefois, que, bien que les magistrats lui aient permis tels transports de bois qu'il lui plairoit, sans payer de tribut ; pour éviter néanmoins l'envie du peuple, il n'a point voulu user de ce privilège. Il ajoute que, pendant une grande cherté de vivres, il a distribué aux pauvres citoyens d'Athènes jusques à la somme de cinq talens : &, s'il parle à des gens qu'il ne connoît point, & dont il n'est pas mieux connu, il leur fait prendre des jettons, compter le nombre de ceux à qui il a fait ces largesses; &, quoiqu'il monte à plus de six cent personnes, il leur donne à tous des noms convenables; &, après avoir supputé les sommes particulières qu'il a données à chacun d'eux (& il se trouve qu'il en résulte le double de ce qu'il pensoit, & que dix talens y sont employés), Sans compter, poursuit-il, les galères que j'ai armées à mes dépens, & les charges publiques que j'ai exercées à mes frais & sans récompense. Cet homme fastueux va chez un fameux marchand de chevaux, fait sortir de l'écurie les plus beaux & les meilleurs, fait ses offres, comme s'il vouloit les acheter; de même il visite les foires les plus célèbres, entre sous les tentes des marchands, se fait déployer une riche robe, & qui vaut jusqu'à deux talens: & il sort en querellant son valet de ce qu'il ose le suivre sans porter de l'or sur lui pour les besoins où l'on se trouve. Enfin, s'il habite une maison dont il paye le loyer, il dit hardiment, à quelqu'un qui l'ignore, que c'est une maison de famille, & qu'il l'a héritée de son père; mais qu'il veut s'en défaire, seulement parce qu'elle est trop petite pour le grand nombre d'étrangers qu'il retire chez lui.

P.

PARESSE.

La paresse est la haine & la fuite du travail.

Toute la nature est en action, & ne subsiste que par l'action. L'homme sur-tout en a besoin, & doit chercher à se rendre utile, tant pour le bien de la société, que pour son propre bonheur : ainsi la paresse, qui est une fuite de tout travail, soit à l'égard du corps ou de l'esprit, est un des plus grands obstacles à notre bonheur. Elle nous cause une langueur, un abbattement qui nous rend incapables de tout; elle s'oppose à l'accomplissement de nos devoirs ; &, bien loin de nous procurer du repos & de la tranquillité, elle ne produit que l'ennui & le *mésaise*. Dans quelque situation du corps que se trouve un paresseux, il n'est jamais bien. La paresse nuit à la santé, & aux connoissances qu'on pourroit acquérir, empêche les bonnes actions que nous pourrions faire, & nous fait souvent manquer le succès des projets les plus utiles, en retardant nos démarches.

Les Démons, irrités de l'heureuse innocence
  Qui régnoit parmi les mortels
  (L'oubli des mœurs & l'indécence
  N'avoient point encore d'autels),
Songèrent aux moyens d'envoyer dans le monde
  La Licence en maux si féconde.
On s'assemble, on consulte ; & contre les humains
  Chacun, dans l'infernal empire,
  Rêve, délibère, conspire.
Jugez si notre sort étoit en bonnes mains.

  Enfin, la troupe vengeresse
A toutes les vertus crut faire assez de mal,
  En concluant l'hymen fatal
  De l'Orgueil & de la Paresse.
On ne la dota point : article capital :
Ce fut, pour les Démons, une fort bonne affaire.
Ils eurent bientôt lieu de s'en féliciter.
L'Orgueil voulut briller ; &, pour se satisfaire,
La Paresse ne put se résoudre à rien faire.
  Il fallut, pour se contenter,
Oublier la décence & même la droiture.

Et de cet hymen dangereux
Naquit, au bout de l'an, une progéniture
Dont l'homme devint amoureux ;
La Licence, en un mot, créature ennemie,
Qui forme au crime, à l'infamie,
Ceux qui n'étoient que malheureux.

Dès que vous mettez en ménage
La paresse & l'orgueil, sans fonds ni revenu,
Comptez sur le libertinage ;
Car il sera bientôt venu.

Pessellier.

PARIS.

Voici comme M. Duclos peint les mœurs de Paris. On sent plus à Paris qu'on ne pense, on agit plus qu'on ne projette, on projette plus qu'on ne résout : on n'estime que les talens & les arts de goût : à peine a-t-on l'idée des arts nécessaires, on en jouit sans les connoître.

Les liens du sang n'y décident de rien pour l'amitié ; ils n'imposent que des devoirs de décence. Dans la province, ils exigent des services : ce n'est pas qu'on s'y aime plus qu'à Paris, on s'y hait souvent davantage ; mais on y est plus parent.

Il règne à Paris une certaine indifférence générale, qui multiplie les goûts passagers, qui tient lieu de liaison, qui fait que personne n'est de trop dans la société, que personne n'y est nécessaire ; tout le monde se convient ; personne ne se manque ; l'extrême dissipation où l'on vit fait qu'on ne prend pas assez d'intérêt les uns aux autres, pour être difficiles ou constans dans les liaisons. On se cherche peu, on se rencontre avec plaisir, on s'accueille avec plus de vivacité que de chaleur, on se perd sans regret ou même sans y faire attention. Tous ceux qui se plaisent se conviennent ; avec cette différence, que l'égalité, qui est un bien quand elle part d'un principe du gouvernement, est un très-grand mal quand elle ne vient que des mœurs, parce que cela n'arrive jamais que par leur corruption.

Le grand défaut du François est d'être toujours jeune, presque jamais homme ; par-là il est souvent aimable, & rarement sûr : il n'a presque point d'âge mûr, & passe de la jeunesse à la caducité.

Nos talens dans tous les genres s'annoncent de bonne heure ; on les néglige long-temps par dissipation, &, à peine commence-t-on à vouloir en faire usage, que leur temps est passé. Il y a peu d'hommes parmi nous qui puissent s'appuyer de l'expérience.

Oserai-je faire une remarque, qui peut-être n'est pas aussi sûre qu'elle me le paroît ? Mais il me semble que ceux de nos talens qui demandent de l'exécution ne vont pas ordinairement jusqu'à soixante ans dans toute leur force. Nous ne réussissons jamais mieux, dans quelque carrière que ce puisse être, que dans l'âge mitoyen, qui est très-court, & plutôt encore dans la jeunesse que dans un âge trop avancé. Si nous formions de bonne heure notre esprit à la réflexion, & je crois cette éducation possible, nous serions sans contredit la première des nations ; puisque, malgré nos défauts, il n'y en a point qu'on puisse nous préférer. Peut-être même pourrions-nous tirer avantage de la jalousie de plusieurs peuples : on ne jalouse que ses supérieurs. A l'égard de ceux qui se préfèrent naïvement à nous, c'est parce qu'ils n'ont pas encore de droit à la jalousie.

D'un autre côté, le commun des François croit que c'est un mérite que de l'être : avec un tel sentiment, que leur manque-t-il pour être patriotes ? Je ne parle point de ceux qui n'estiment que les étrangers : on n'affecte de mépriser sa nation, que pour ne pas reconnoître ses supérieurs ou ses rivaux trop près de soi.

Les hommes de mérite, de quelque nation qu'ils soient, n'en forment qu'une entr'eux. Ils sont exempts d'une vanité nationale & puérile : ils la laissent au vulgaire, à ceux qui, n'ayant point de gloire personnelle, sont réduits à se prévaloir de celle de leurs compatriotes. On ne doit donc se permettre aucun parallèle injurieux & téméraire : mais, s'il est permis de remarquer les défauts de sa nation, il est de devoir d'en relever le mérite ; & le François en a un distinctif.

Il est le seul peuple dont les mœurs peuvent se dépraver, sans que le fond du cœur se corrompe, & que le courage s'altère ; qui allie les qualités héroïques avec le plaisir, le luxe & la mollesse : ses vertus ont peu de consistance, ses vices n'ont point de racines. Le caractère d'Alcibiade n'est pas rare en France. Le dérèglement des mœurs & de l'imagination ne donne point atteinte à la franchise, à la bonté naturelle du François : l'amour-propre contribue à le rendre aimable ; plus il croit plaire, plus il a de penchant à aimer. La frivolité, qui naît du développement de ses talens & de ses vertus, le préserve en même-temps des crimes noirs & réfléchis. La perfidie lui est étrangère, & il est emprunté dans l'intrigue. Si l'on a quelquefois vu parmi nous des crimes odieux, ils ont disparu, plutôt par le caractère national que par la sévérité des loix.

Un peuple, très-éclairé & très-estimable a beaucoup d'égards, se plaint que la corruption est venue chez lui, au point qu'il n'y a plus de principes d'honneur, que les actions s'y évaluent toutes, qu'elles sont en proportion exacte avec l'intérêt, & qu'on y pourroit faire le tarif des probités.

Je suis fort éloigné d'en croire l'humeur & des déclamations de parti : mais, s'il y avoit un tel peuple, ce que je ne veux pas croire, il seroit composé d'une infinité ; de vils criminels, parce qu'il y en auroit à tout prix & on y trouveroit plus de scélérats qu'en aucun lieu du monde, puisqu'il n'y auroit point de vertu dont on ne pût trouver la valeur.

Cela n'est pas heureusement ainsi parmi nous. On y voit peu de criminels par système ; la misère y est le principal écueil de la probité. Le François se laisse entraîner par l'exemple, & séduire par le besoin ; mais il ne trahit pas la vertu de dessein formé. Or la nécessité ne fait guère que des fautes quelquefois pardonnables ; la cupidité, réduite en système, fait les crimes.

C'est déjà un grand avantage, que de ne pas supposer que la probité puisse être vénale ; cela empêche bien des gens de chercher le prix de la leur. Elle n'existe plus, dès qu'elle est à l'encan.

Les abus & les inconvéniens qu'on remarque parmi nous, ne seroient pas sans remèdes, si on le vouloit. Sans entrer dans le détail de ceux qui appartiennent autant à l'autorité qu'à la philosophie, quel parti ne tireroit pas de lui-même un peuple, chez qui l'éducation générale seroit assortie à son génie, à ses qualités propres, à ses vertus, & même à ses défauts ?

PARLEUR. (GRAND).

Ce que quelques-uns appellent babil, dit Théophraste, est proprement une intempérance de langue, qui ne permet pas à un homme de se taire. Vous ne contez pas la chose comme elle est, dira quelqu'un quelqu'un de ces grands parleurs, à quiconque veut l'entretenir de quelque affaire que ce soit; J'ai tout sçu; &, si vous vous donnez la patience de m'écouter, je vous apprendrai tout. Et, si cet autre continue de parler, Vous avez déjà dit cela. Songez, poursuit-il, à ne rien oublier; fort bien; cela est ainsi, car vous m'avez heureusement remis dans le fait; voyez ce que c'est que de s'entendre les uns les autres. Et ensuite, Mais que veux-je dire? Ah! j'oubliois une chose, Oui, c'est cela même; & je voulois sçavoir si vous tomberiez juste dans tout ce que j'en ai appris. C'est par de telles ou semblables interruptions qu'il ne donne pas le loisir à celui qui parle, de respirer. Et, lorsqu'il a comme assassiné de son babil chacun de ceux qui ont voulu lier avec lui quelque entretien, il va se jetter dans un cercle de personnes graves qui traitent ensemble de choses sérieuses, & les met en fuite. De-là il entre dans les écoles publiques & dans les lieux des exercices, où il amuse les maîtres de vains discours, & empêche la jeunesse de profiter de leurs leçons. S'il échappe à quelqu'un de dire, Je m'en vais; celui-ci se met à le suivre, & il ne l'abandonne point qu'il ne l'ait remis jusques dans sa maison. Si par hasard il a appris ce qui aura été dit dans une assemblée de ville, il court dans le même temps le divulguer. Il s'étend merveilleusement sur la fameuse bataille qui s'est donnée sous le gouvernement de l'orateur Aristophon, comme sur le combat célèbre que ceux de Lacédémone ont livré aux Athéniens, sous la conduite de Lysandre. Il raconte une autre fois quels applaudissemens a eu le discours qu'il a fait dans le public, en répète une grande partie, mêle dans ce récit ennuyeux des invectives contre le peuple; pendant que, de ceux qui l'écoutent, les uns s'endorment, les autres le quittent, & que nul ne se ressouvient d'un seul mot qu'il aura dit. Un grand causeur en un mot, s'il est sur les tribunaux, ne laisse pas la liberté de juger : il ne permet pas que l'on mange à table : &, s'il se trouve au théâtre, il empêche non seulement d'entendre, mais même de voir les acteurs. On lui fait avouer ingénuement qu'il ne lui est pas possible de se taire ; qu'il faut que sa langue se remue dans son palais comme le poisson dans l'eau; & que, quand on l'accuseroit d'être plus babillard qu'une hirondelle, il faut qu'il parle. Aussi écoute-t-il froidement toutes les railleries que l'on fait de lui sur ce sujet : & jusques à ses propres enfans, s'ils commencent à s'abandonner au sommeil, Faites-nous, lui disent-ils, un conte qui achève de nous endormir.

PASSION.

La passion est tout ce qui affecte l'ame vivement & profondément ; à la différence du goût, dont les impressions sont plus légères. Elle prend sa source dans le tempérament & l'amour-propre. C'est l'opinion qui a donné la naissance aux passions, qu'on peut envisager comme les maladies de l'esprit. Je n'en connois qu'une qui en soit indépendante & qui vienne du tempérament & des sens immédiatement ; c'est cette espèce d'amour qu'on peut mettre au nombre de nos besoins. Toute autre passion s'émeut sur l'apparence ou l'opinion d'un bien ou d'un mal : si c'est d'un bien, ce mouvement se nomme amour ; si c'est d'un mal, il s'appelle haine.

Le bien est présent ou futur : le présent est plaisir; le futur est desir : le mal présent est tristesse ; le mal futur est crainte. Ainsi toutes les passions roulent sur le plaisir & la douleur, l'amour, la haine & la crainte.

On compte, parmi les passions, l'amour, l'ambition, l'amour de la gloire, l'avarice ou l'amour des richesses, l'envie, la vengeance & la colère. Ces trois dernières passions sont les effets de la haine, qui est elle-même une passion.

La passion du jeu naît des autres passions: c'est l'avarice, l'amour du luxe & des grandeurs, qui l'inspirent.

Il faut s'y prendre de bonne heure, dit madame Lambert, pour se préserver des passions: dans les commencemens, elles obéissent, & dans la suite elles commandent : elles sont plus aisées à vaincre qu'à contenter.

Le fruit le plus certain des passions, est l'ennui & la douleur, qui naissent de l'agitation, du trouble & de l'inquiétude qu'elles causent. Au reste, les passions ont leur avantage : elles nous portent aux grandes actions, quand elles sont bien bien règlées; elles fertilisent le cœur & l'esprit, elles nous excitent à nous rendre utiles à la société, par l'appas de l'estime & de la considération. Les passions même les plus folles sont utiles à l'harmonie de l'univers; elles ne nuisent qu'à ceux qu'elles possèdent, & ne sont jamais mauvaises que par leur excès.

Admirons, dit le père Brumoy, les talens & l'importance des passions. Que feroit-on sans elles ? Le laboureur oisif laisseroit le soc inutile ; le pilote auroit horreur des dangers; le riche insensible armeroit son cœur d'un bouclier de fer ; le vulgaire impuissant périroit ; les mères, oui, les tendres mères oublieroient leur tendresse & leurs enfans. Mais, graces aux passions, les cœurs sçavent être sensibles malgré eux. La mère s'attendrit sur ses enfans; sa tendresse dévore tout ; sa douleur même lui plaît, elle est maternelle. Les noms de père, d'époux, de frère, de femme, d'ami, ne sont plus de vains noms. Ce ne sont pas plus des fables que l'humanité & la bonne foi : elles sont connues des plus barbares nations, qui, sensibles aux mêmes revers que nous, témoignent ou feignent de témoigner que l'humanité ne leur est point étrangère, qu'elles sont prêtes de nous secourir dans nos malheurs, & que du moins elles ne veulent pas nuire à qui ne leur nuit pas. Otez les passions, que deviennent les arts ? Tout l'univers retombe dans l'antique cahos. Rendez-les à l'homme ; les villes & les temples renaissent de leurs ruines ; la vertu même revient : vertu née pour habiter avec les passions ; vertu qui sçait prendre d'elles ses plus brillantes couleurs, la tendresse dans les ames tendres, la vigueur [dans] les fortes, la douceur dans les cœurs bien pla[cés], la hardiesse dans les ames guerrières, l'égalité [si pr]écieuse dans tous, & cette espèce d'immutabilité qui la met au-dessus des circonstances de l'humeur.

Tout le monde connoît les passions des hommes jusqu'à un certain point : au de-là c'est un pays inconnu à la plupart des gens, mais où tout le monde est bien aise de faire des découvertes. Combien les passions ont-elles d'effets délicats & fins qui n'arrivent que rarement, ou qui, quand ils arrivent, ne trouvent pas d'observateurs assez habiles ? Il suffit de plus qu'elles soient extrêmes pour nous être nouvelles. Nous ne les voyons presque jamais que médiocres. Où sont les hommes parfaitement amoureux, ou ambitieux, ou avares ? Nous ne sommes parfaits sur rien, non pas même sur le mal.

Toutes les passions, dit M. De Vauvenargue, roulent sur le plaisir & la douleur, comme dit M. Locke : c'en est l'essence & le fond.

Nous éprouvons en naissant ces deux états : le plaisir, parce qu'il est naturellement attaché à être ;

la douleur, parce qu'elle tient à être imparfaitement.

Si notre existence étoit parfaite, nous ne connoîtrions que le plaisir ; étant imparfaite, nous devons connoître le plaisir & la douleur : or c'est de l'expérience de ces deux contraires que nous tirons l'idée du bien & du mal.

Mais comme le plaisir & la douleur ne viennent pas à tous les hommes par les mêmes choses, ils attachent à divers objets l'idée du bien & du mal, chacun selon son expérience, ses passions, ses opinions, &c.

Il n'y a cependant que deux organes de nos biens & de nos maux ; les sens & la réflexion.

Les impressions qui viennent par les sens sont immédiates, & ne peuvent se définir ; on n'en connoît pas les ressorts : elles sont l'effet du rapport qui est entre les choses & nous, mais ce rapport secret ne nous est pas connu.

Les passions qui viennent par l'organe de la réflexion sont moins ignorées. Elles ont leur principe dans l'amour de l'être, ou de la perfection de l'être, ou dans le sentiment de son imperfection & de son dépérissement.

Nous tirons, de l'expérience de notre être, une idée de grandeur, de plaisir, de puissance, que nous voudrions toujours augmenter : nous prenons, dans l'imperfection de notre être, une idée de petitesse, de sujettion, de misère, que nous tâchons d'étouffer : voilà toutes nos passions.

Il y a des hommes en qui le sentiment de l'être est plus fort que celui de leur imperfection ; de-là l'enjouement, la douceur, la modération des desirs.

Il y en a d'autres en qui le sentiment de leur imperfection est plus vif que celui de l'être ; de-là l'inquiétude, la mélancolie, &c.

De ces deux sentimens unis, c'est-à-dire, celui de nos forces & celui de notre misère, naissent les plus grandes passions ; parce que le sentiment de nos misères nous pousse à sortir de nous-mêmes, & que le sentiment de nos ressources nous y encourage & nous y porte par l'espérance. Mais ceux qui ne sentent que leur misère, sans leur force, ne se passionnent jamais tant ; car ils n'osent rien espérer : ni ceux qui ne sentent que leur force, sans leur impuissance; car ils ont trop peu à desirer. Ainsi il faut un mélange de courage & de foiblesse, de tristesse & de présomption. Or cela dépend de la chaleur du sang & des esprits; & la réflexion, qui modère les velléités des gens froids, encourage l'ardeur des autres, en leur fournissant des ressources qui nourrissent leurs illusions. D'où vient que les passions des hommes d'un esprit profond sont plus opiniâtres & plus invincibles : car ils ne sont pas obligés de s'en distraire, comme le reste des hommes, par épuisement de pensées ; mais leurs réflexions au contraire sont un entretien éternel à leurs desirs qui les échauffe : & cela explique encore pourquoi ceux qui pensent peu, où qui ne sçauroient penser longtemps de suite sur la même chose, n'ont que l'inconstance en partage.

Le premier degré du sentiment agréable de notre existence est la gaieté. La joie est un sentiment plus pénétrant. Les hommes enjoués, n'étant pas d'ordinaire si ardens que le reste des hommes, ils ne sont peut-être pas capables des plus vives joies ; mais les grandes joies durent peu, & laissent notre ame épuisée.

La gaieté, plus proportionnée à notre foiblesse que la joie, nous rend confians & hardis, donne un être & un intérêt aux choses les moins importantes, fait que nous nous plaisons par instinct en nous-mêmes, dans nos possessions, nos entours, notre esprit, notre suffisance malgré d'assez grandes misères. Cette intime satisfaction nous conduit quelquefois à nous estimer nous-mêmes par de très-frivoles endroits; & il me semble que les personnes enjouées sont ordinairement un peu plus vaines que les autres.

D'autre part, les mélancoliques sont ardens, timides inquiets, & ne se sauvent la plupart de la vanité que par l'ambition & l'orgueil.

La passion de la gloire & la passion des sciences se ressemblent dans leur principe; car elles viennent l'une & l'autre du sentiment de notre vuide & de notre imperfection. Mais l'une voudroit se former comme un nouvel être hors de nous; & l'autre s'attache à étendre & à cultiver notre fonds. Ainsi la passion de la gloire, veut nous aggrandir au dehors, & celle des sciences au dedans.

On ne peut avoir l'ame grande, ou l'esprit un peu pénétrant, sans quelque passion pour les lettres. Les arts sont consacrés à peindre les traits de la belle nature; les sciences à la vérité. Les arts ou les sciences, embrassent tout ce qu'il y a dans la pensée de noble ou d'utile; de sorte qu'il ne reste à ceux qui les rejettent, que ce qui est indigne d'être peint ou enseigné, &c.

La plupart des hommes honorent les lettres comme la religion & la vertu, c'est-à-dire, comme une chose qu'ils ne peuvent ni connoître, ni pratiquer, ni aimer.

Personne néanmoins n'ignore que les bons livres sont l'essence des meilleurs esprits, le précis de leurs connoissances, & le fruit de leurs longues veilles. L'étude d'une vie entière s'y peut recueillir dans quelques heures; c'est un grand secours.

Deux inconvéniens sont à craindre dans cette passion: le mauvais choix & l'excès. Quant au mauvais choix, il est probable que ceux qui s'attachent à des connoissances peu utiles, ne seroient pas propres aux autres : mais l'excès se peut corriger.

Si nous étions sages, nous nous bornerions à un petit nombre de connoissances, afin de les mieux posséder. Nous tâcherions de nous les rendre familières & de les réduire en pratique : la plus longue & la plus laborieuse théorie n'éclaire qu'imparfaitement. Un homme, qui n'auroit jamais dansé, posséderoit inutilement les règles de la danse ; il en est sans doute de même des métiers d'esprit.

Je dirai bien plus : rarement l'étude est utile, lorsqu'elle n'est pas accompagnée du commerce du monde. Il ne faut pas séparer ces deux choses : l'une nous apprend à penser, l'autre à agir ; l'une à parler, l'autre à écrire ; l'une à disposer nos actions, & l'autre à les rendre faciles.

L'usage du monde nous donne encore de penser naturellement, & l'habitude des sciences de penser profondément.

Par une suite nécessaire de ces vérités, ceux qui sont privés de l'une & l'autre avantage par leur condition, fournissent une preuve incontestable de l'indigence naturelle de l'esprit humain. Un vigneron, un couvreur, resserrés dans un petit cercle d'idées très-communes, connoissent à peine les plus grossiers usages de la raison, & n'exercent leur jugement, supposé qu'ils en aient reçu de la nature, que sur des objets très-palpables. Je sçais bien que l'éducation ne peut suppléer le génie. Je n'ignore pas que les dons de la nature valent mieux que les dons de l'art. Cependant l'art est nécessaire pour faire fleurir les talens. Un beau naturel négligé ne porte jamais de fruits mûrs. Peut-on regarder comme un bien, un génie à peu près stérile ? Que servent à un grand seigneur les domaines qu'il laiffe en friche? Eft-il riche de ces champs incultes?

Les paffions s'oppofent aux paffions, & peuvent fe fervir de contrepoids : mais la paffion dominante ne peut fe conduire que par fon propre intérêt, vrai ou imaginaire, parce qu'elle règne defpotiquement fur la volonté, fans laquelle rien ne fe peut.

Je regarde humainement les chofes, & j'ajoute dans cet efprit : Toute nourriture n'eft pas propre à tous les corps; tous objets ne font pas fuffifans pour toucher certaines ames. Ceux qui croient les hommes fouverains arbitres de leurs fentimens, ne connoiffent pas la nature. Qu'on obtienne qu'un fourd s'amufe des fons enchanteurs de Murer; qu'on demande à une joueufe, qui fait une groffe partie, qu'elle ait la complaifance & la fageffe de s'y ennuyer; nul art ne le peut.

Les fages fe trompent encore, en offrant la paix aux paffions. Les paffions lui font ennemies. Ils vantent la modération à ceux qui font nés pour l'action & pour une vie agitée : qu'importe à un homme malade, la délicateffe d'un feftin qui le dégoûte?

Nous ne connoiffons pas les défauts de notre ame; mais, quand nous pourrions les connoître, nous voudrions rarement les vaincre.

Nos paffions ne font pas diftinctes de nous-mêmes; il y en a, qui font tout le fondement & toute la fubftance de notre ame. Le plus foible de tous les êtres voudroit-il périr, pour fe voir remplacé par le plus fage? Qu'on me donne un efprit plus jufte, plus aimable, plus pénétrant, j'accepte avec joie tous ces dons; mais, fi l'on m'ôte encore l'ame qui doit en jouir, ces préfens ne font plus pour moi.

Cela ne difpenfe perfonne de combattre fes habitudes, & ne doit infpirer aux hommes, ni abbattement, ni tristesse. Dieu peut tout : la vertu sincère n'abandonne pas ses amans ; les vices même d'un homme bien né peuvent se tourner à sa gloire.

PATIENCE.

La patience est une espèce de courage, qui supporte, sans plainte ni murmure, les maux que l'on ne peut empêcher ; tels que les châtimens, les persécutions, les contradictions dont la vie est semée, les humeurs & les défauts des hommes.

On peut sanctifier la patience par une soumission volontaire aux ordres de la providence.

Il n'y a point de vertu à laquelle la philosophie ait plus aspiré qu'à la patience ; sans doute parce qu'il n'y en a aucune, ni plus nécessaire à la malheureuse condition des hommes, ni plus capable d'attirer une distinction glorieuse à ceux qui auroient pu l'acquérir.

PAUVRETÉ. *Voyez* INDIGENCE.

PÉDANT. *Voyez* SCIENCES.

PEINE.

La peine, qui est opposée au plaisir, est une sensation que l'on aimeroit mieux ne pas éprouver qu'éprouver. Elle vient de la privation d'un bien, de la crainte ou de la présence d'un mal.

PENCHANT.

Le penchant est cet attrait qui nous entraîne vers un objet plutôt que vers un autre ; c'est le plaisir qui s'offre à nous sous différentes formes, & principalement sous celle des objets qui ont le plus de rapport à notre façon de sentir & de penser. *Voyez* PLAISIR.

PENCHANT.

Quelque violents que soient les penchants, la réflexion peut les affoiblir. Quand l'homme est bien persuadé qu'un tel penchant lui est nuisible, il est bien près d'y renoncer. *Voyez* SENSATION.

Voici de quelle manière un poëte de nos jours peint le penchant, sous le nom de la volupté:

>Il est une Vénus, non celle qu'Idalie
>Vit allaiter l'Amour & nourrir la Folie,
>Que Neptune admira, que couronna Pâris,
>Et que sous ses berceaux adoroit Sibaris;
>Mais celle qui remplit les airs, la terre & l'onde.
>Fantôme du bonheur & déesse du monde,
>Ses loix font nos penchans, ses armes nos désirs,
>Ses biens l'illusion, ses chaînes les plaisirs.
>Vivante dans nos cœurs, avec eux elle change;
>De nos goûts variés elle suit le mélange;
>Paroît, en les guidant, ne pas les conseiller;
>Et s'endort avec eux, pour mieux les éveiller.
>Sous sa main, qui répand le fiel & l'imposture,
>Tout mal peut s'embellir, tout bien se défigure.
>Elle imprime avec art sur le front des vertus
>Ce dégoût, cet ennui qu'inspire leur abus;
>Tandis que, dans les yeux de la fière licence,
>Elle offre tous les biens qu'assure l'innocence.
>C'est elle qui dans l'or brille aux yeux de Crésus,
>Qui plaît à Bérénice, à l'amoureux Titus;
>Qui fait parler les bois, les prés, la solitude,
>Enchante sur la scène & ravit dans l'étude;
>Qui fait chercher la paix au milieu des combats,
>Qui peut même à la mort attacher ses appas;
>Qui, malgré les écueils de la mer mugissante,
>Fait voler sur les flots la rame obéissante:
>Douce erreur, dont l'espoir nous trompe & nous nourrit,
>Donne de l'ame aux sens, & des sens à l'esprit;
>Belle, mais dangereuse; aimable, mais frivole.
>Telle est la volupté, notre fatale idole.
>Invisible par-tout & présente en tous lieux,
>Elle est tout ce qui charme & nos cœurs & nos yeux.

PÉNÉTRATION.

La pénétration est la facilité de découvrir l'intérieur des choses, la cause de chaque effet & le motif de chaque action des hommes, par les circonstances qui les accompagnent. C'est la connoissance de l'homme & des principes physiques qui la donne.

Le plus grand défaut de la pénétration n'est pas de n'aller point au but ; c'est de le passer.

La pénétration, dit M. De Vauvenargue, est une facilité à concevoir, à remonter au principe des choses, ou à prévenir leurs effets par une vive suite d'inductions.

C'est une qualité qui est attachée, comme les autres, à notre organisation ; mais que nos habitudes & nos connoissances perfectionnent: nos connoissances, parce qu'elles forment un amas d'idées qu'il n'y a plus qu'à réveiller ; nos habitudes, parce qu'elles ouvrent nos organes, & donnent aux esprits un cours facile & prompt.

Un esprit extrêmement vif peut être faux, & laisser échapper beaucoup de choses par vivacité ou par impuissance de réfléchir, & n'être pas pénétrant : mais l'esprit pénétrant ne peut être lent ; son vrai caractère est la vivacité & la justesse unies à la réflexion.

Lorsqu'on est trop préoccupé de certains principes sur une science, on a plus de peine à recevoir d'autres idées sur la même science & une nouvelle méthode : mais c'est-là encore une preuve que la pénétration est dépendante, comme je l'ai dit, de nos connoissances & de nos habitudes. Ceux qui font une étude puérile des énigmes, en pénètrent plutôt le sens que les plus subtils philosophes.

PENSÉE.

La pensée est la comparaison que nous faisons de plusieurs idées, & le jugement que nous en portons.

PERCEPTION.

La perception est la faculté de recevoir les idées qui nous viennent des sens & de la réflexion. Elle renferme l'entendement, l'imagination & la sensation, qui, à les bien examiner, ne sont qu'une même faculté, qui change de nom suivant la nature des idées. *Voyez ces trois mots.*

Les choses, dit M. l'abbé De Condillac, attirent notre attention par le côté par où elles ont le plus de rapport avec notre tempérament, nos passions & notre état. Ce sont ces rapports qui font qu'elles nous affectent avec plus de force, & que nous en avons une conscience plus vive ; d'où il arrive que, quand ils viennent à changer, nous voyons les objets tout différemment, & nous en portons des jugemens tout à fait contraires. On est communément si fort la dupe de ces sortes de jugemens, que celui qui dans un temps voit & juge d'une manière, & dans un autre voit & juge tout autrement, croit toujours bien voir & bien juger : penchant qui nous devient si naturel, que, nous faisant toujours considérer les objets par les rapports qu'ils ont à nous, nous ne manquons pas de critiquer la conduite des autres, autant que nous approuvons la nôtre. Joignez à cela, que l'amour-propre nous persuade aisément que les choses ne sont louables, que lorsqu'elles ont attiré notre attention avec quelque satisfaction de notre part ; & vous comprendrez pourquoi ceux même, qui ont assez de discernement pour les apprécier, dispensent d'ordinaire si mal leur estime, que tantôt ils la refusent injustement, & tantôt ils la prodiguent.

PERFIDIE.

La perfidie est une trahison cachée, qui emploie la dissimulation pour parvenir à ses fins.

PERPLEXITÉ.

La perplexité est une indécision de la volonté, qui flotte incertaine entre deux motifs qui lui paroissent également déterminans.

C'est souvent un combat de la passion avec la raison ; combat où la passion triomphe presque toujours.

PERSÉVÉRANCE.

La persévérance est une force de l'ame qui résiste aux obstacles. Elle diffère de la constance, en ce qu'elle marque la poursuite d'un bien, tandis que la constance se contente de l'attendre.

PERSIFFLAGE.

Le persifflage, dit M. Duclos, est un amas fatigant de paroles sans idées : volubilité de propos qui font rire les foux, scandalisent la raison, déconcertent les gens honnêtes ou timides, & rendent la société des persiffleurs insupportable.

Ce mauvais genre est quelquefois moins extravagant ; & alors il n'en est que plus dangereux. C'est lorsqu'on immole quelqu'un, sans qu'il s'en doute, à la malignité d'une assemblée, en le rendant, tout à la fois, instrument & victime de la plaisanterie, comme par les choses qu'on lui suggère, & les aveux ingénus qu'on en tire.

PERSUASION.

La persuasion est le sentiment de la certitude; certitude fondée sur le rapport que les choses ont avec nous.

Ce sont les sens qui sont les organes de la persuasion; à la différence de la conviction, qui est le fruit de la réflexion : ce qui fait que la persuasion peut nous égarer aussi souvent que les sens nous trompent. Cependant il y a des choses qui ne sont pas moins des vérités, quoiqu'elles ne puissent être que senties : telles sont la plupart des vérités de la religion & de la morale.

L'art de persuader est celui d'émouvoir les passions.

PETITESSE.

La petitesse d'esprit est le peu d'étendue de ses connoissances. Ce défaut vient de l'incapacité de réfléchir, & de l'indifférence de l'ame qui n'est affectée de rien; c'est un vice de la constitution.

Ce défaut vient aussi quelquefois d'une éducation négligée; & alors il peut se réparer par l'étude.

PHILOSOPHIE.

La philosophie est une connoissance certaine, fondée sur des principes certains. Ce mot est composé de deux mots grecs, qui signifient amour de la sagesse. La sagesse est l'art de se rendre heureux : ainsi la philosophie renferme l'art de parvenir au bonheur.

Les moyens qui y conduisent, sont la connoissance de l'homme & de ses devoirs, l'art de jouir des plaisirs & de supporter les peines.

Les plaisirs, ainsi que les peines, sont réels ou imaginaires, faux ou véritables. Les plaisirs réels sont ceux que la nature offre à tous les hommes ; les plaisirs imaginaires sont ceux que l'imagination nous procure : elle se mêle à tous les plaisirs, plus ou moins.

Les plaisirs faux sont ceux qui sont suivis des peines : c'est le devoir de la philosophie de les rejetter. Les plaisirs véritables sont ceux qui n'entraînent ni remords ni repentir à leur suite : la philosophie nous apprend à les connoître, & nous permet de nous y livrer. *Voyez* PLAISIR.

Bien loin de s'effrayer ou de rougir même du nom de philosophe, dit M. De la Bruyère, il n'y a personne au monde qui ne dût avoir une forte teinture de philosophie. Elle convient à tout le monde. La pratique en est utile à tous les âges, à tous les sexes & à toutes les conditions. Elle nous console du bonheur d'autrui, des indignes préférences, des mauvais succès, du déclin de nos forces ou de notre beauté ; elle nous arme contre la pauvreté, la vieillesse, la maladie & la mort, contre les sots & les mauvais railleurs ; elle nous fait vivre sans une femme, ou nous fait supporter celle avec qui nous vivons.

Il y a une philosohie qui nous élève au-dessus de l'ambition & de la fortune ; qui nous égale, que dis-je ? qui nous place plus haut que les riches, que les grands & que les puissans ; qui nous fait négliger les postes & ceux qui les procurent ; qui nous exempte de desirer, de demander, de prier, de solliciter, d'importuner ; & qui nous sauve même l'émotion & l'excessive joie d'être exaucés Il y a une autre philosophie qui nous soumet & nous assujettit à toutes ces choses, en faveur de nos proches ou de nos amis, & c'est la meilleure. *Voyez* SAGESSE.

Cependant

Cependant, malgré les éloges que de très-grands hommes en ont fait, il s'est élevé dans notre siècle une foule d'hypocrites & de politiques, qui ont tout tenté pour la décrier, & qui, sur quelques propositions hasardées, ont engagé dans leur parti quelques ames simples & timides, qui ont été effrayées des conséquences dangereuses qu'on pouvoit tirer de quelques principes qui n'avoient pas été suffisamment développés. Mais, quand il seroit vrai qu'il seroit échappé quelques erreurs aux philosophes modernes, quel est l'homme qui en est exempt? Doit-on imputer à la philosophie ce qui n'est qu'un effet ordinaire de la foiblesse de l'entendement humain? Ces erreurs ne sont dangereuses que pour ceux qui cherchent des autorités pour excuser leurs déréglemens.

La vraie philosophie, qui apprend au roi à gouverner son peuple, & au laboureur à cultiver son champ, guide le géomètre dans ses calculs, le physicien dans ses observations: elle prête du secours à la morale, à la théologie & à la métaphysique: l'orateur en a besoin pour persuader, le législateur pour composer les loix: elle recommande la soumission à la providence, l'obéissance aux puissances de la terre, la patience dans les maux, la modération dans la prospérité: elle produit le courage; elle bannit la crainte; elle établit la tranquillité de l'ame, & assure enfin le bonheur de l'homme.

PHILOSOPHE.

Il résulte, de tout ce que nous avons dit sur la philosophie, qu'un philosophe est un homme qui examine avant que de croire, & qui réfléchit avant que d'agir. De-là, il doit nécessairement être ferme dans sa croyance, & constant dans ses démarches.

Le but d'un philofophe eft de fi bien agir ,
Que de fes actions il n'ait point à rougir.
Il ne tend qu'à pouvoir fe maîtrifer foi-même ;
C'eft là qu'il met fa gloire & fon bonheur fuprême.
Sans vouloir impofer par fes opinions,
Il ne parle jamais que par fes actions.
Loin qu'en fyftêmes vains fon efprit s'alambique,
Etre vrai, jufte, bon, c'eft fon fyftême unique.
Humble dans le bonheur, grand dans l'adverfité,
Dans la feule vertu trouvant la volupté,
Faifant d'un doux loifir fes plus chères délices,
Plaignant les vicieux, & déteftant les vices ;
Voilà le philofophe : &, s'il n'eft ainfi fait,
Il ufurpe le nom, fans en avoir l'effet.

Deftouches.

On accufe ordinairement les philofophes d'orgueil ; mais c'eft bien mal les connoître. Le vrai philofophe eft non feulement modefte, il eft humble : plus il a de connoiffances, plus il eft perfuadé que l'homme eft borné, & qu'il y a bien peu de différence entre un fçavant & un ignorant.

Bien des gens font philofophes par des connoiffances rares, & hommes vulgaires par leurs paffions & par leurs foibleffes. La vraie philofophie doit pénétrer jufqu'au cœur, & y établir cette délicieufe tranquillité, qui eft le plus grand & le moins recherché de tous les biens.

Pour être vraiment philofophe, il n'eft pas queftion de définir les paffions avec méthode, mais de les vaincre. Les hommes donnent volontiers à la philofophie leurs maux à confidérer, mais non pas à guérir ; & ils ont trouvé le fecret de fe faire une morale qui ne les touche pas de plus près que l'aftronomie.

PHYSIONOMIE.

La phyſionomie eſt l'aſſemblage des traits du viſage. Elle exprime aſſez ordinairement le caractère des perſonnes.

PHYSIQUE.

La phyſique eſt la connoiſſance des cauſes & des effets de la nature.

Tout le ſyſtême des êtres n'eſt qu'une ſeule chaîne, dont chaque anneau en ſoutient quelque autre : les choſes les plus baſſes y ont de la connexion avec les plus élevées. Mais qui peut ſe flatter d'avoir apperçu tous les chaînons ? Qui ſçait où commence & finit la chaîne ? celui-là ſeul qui a tout créé, & à qui les hommes s'efforcent en vain d'arracher ſon ſecret. Contentons-nous de connoître ce qu'il a bien voulu nous apprendre ; & ne conſumons pas, à des recherches vaines, des jours qui ſont viſiblement deſtinés à jouir.

La phyſique eſt expérimentale ou conjecturale. La phyſique expérimentale eſt une connoiſſance certaine ; la phyſique conjecturale n'eſt ſouvent qu'ingénieuſe : l'une nous conduit à la vérité, & l'autre nous mène à l'erreur.

Les anciens philoſophes étoient d'aſſez médiocres phyſiciens : le plus célèbre d'entre eux eſt Epicure.

La phyſique ſe perfectionne tous les jours par les expériences. Elle doit beaucoup aux ſçavantes académies qui ſont établies dans l'Europe depuis un ſiècle, & ſur-tout à la *ſociété royale de Londres*, & à *l'académie des ſciences de Paris*.

PIÉTÉ.

La piété eſt une vertu chrétienne, qui rend à dieu

& aux hommes le tribut d'amour qui leur est dû. Elle consiste dans la pratique constante & affectueuse des devoirs de la religion ; & c'est ce qui la distingue de la vertu morale, qui n'a que le monde pour objet. La véritable piété suppose un esprit juste & un cœur droit.

C'est se faire une fausse idée de la piété, dit M. De Massillon, que de se la figurer toujours foible, timide, indécise, scrupuleuse, bornée, se faisant un crime de ses devoirs & une vertu de ses foiblesses ; obligée d'agir, & n'osant entreprendre ; toujours suspendue entre les intérêts publics & ses pieuses frayeurs ; & ne faisant usage de la religion, que pour mettre le trouble & la confusion où elle auroit dû mettre l'ordre & la règle. Ce sont là les défauts que les hommes mêlent souvent à la piété ; mais ce ne sont pas ceux de la piété même : c'est le caractère d'un esprit foible & borné ; mais ce n'est pas une suite de l'élévation & de la sagesse de la religion ; en un mot, c'est l'excès de la vertu ; mais la vertu finit toujours où l'excès commence. La véritable piété élève l'esprit, ennoblit le cœur, affermit le courage. On est né pour de grandes choses, quand on a la force de se vaincre soi-même. L'homme de bien est capable de tout, dès qu'il a pu se mettre par sa vertu au-dessus de tout. C'est le hasard qui fait les héros ; c'est une valeur de tous les jours qui fait l'homme de bien. Les passions peuvent nous placer bien haut ; mais il n'y a que la vertu qui nous élève au-dessus de nous-mêmes.

Tout ce qui combat une obligation essentielle ne peut être une œuvre de piété. Dieu ne compte point des œuvres qu'il ne demande point. Tel est souvent le goût bisarre de l'homme : le joug du devoir n'a rien qui flatte l'orgueil ; c'est un goût forcé,

& étranger, qu'on ne s'est point imposé soi-même, qui n'offre que le devoir tout seul, toujours triste & dégoûtant, & sous lequel l'amour-propre a de la peine à plier : mais les œuvres de notre choix, nous nous y prêtons avec complaisance ; c'est un joug de notre façon, qui ne nous blesse jamais ; & ce qu'il pourroit avoir de pénible est toujours adouci par le goût qui nous y porte, ou par le plaisir secret que l'on sent de l'avoir soi-même choisi. N'ajoutons rien du nôtre à la religion : elle est pleine d'une raison sublime, pourvu que nous la laissions telle qu'elle est : mais, dès que nous y voulons mêler nos goûts & nos idées, ce n'est plus, ou qu'une philosophie sèche & orgueilleuse, qui donne tout à la raison, & qui ne fournit rien de tendre pour le cœur ; ou qu'un zèle superstitieux & bisarre, que la saine raison méprise, & que la foi désavoue & condamne.

PITIÉ. *Voyez* COMPASSION.

La différence qu'il y a entre ces deux mots vient des idées accessoires qu'on y attache, & de la cause qui les produit. On prend assez communément le terme de pitié en mauvaise part, & celui de compassion au contraire. Il semble que la pitié vienne de notre foiblesse, & la compassion de l'amour & de l'humanité.

PIEUX. *Voyez* DÉVOT.

PLAISANTERIE.

La plaisanterie est une manière d'envisager & de peindre les objets par le côté ridicule. La bonne plaisanterie demande de la finesse & de l'enjouement : c'est une qualité de l'esprit, qui est fort rare.

PLAISIR.

Le plaisir est une sensation agréable que causent sur nous les objets qui y ont du rapport : c'est le sentiment d'une ame satisfaite, qui a obtenu ce qu'elle desiroit, & qui se complaît dans sa jouissance.

L'état de l'homme a ses plaisirs, dit M. Rousseau de Genève ; plaisirs qui dérivent de sa nature, & naissent de ses travaux, de ses rapports, de ses besoins : & ces plaisirs, d'autant plus doux que celui qui les goûte a l'ame plus saine, rendent quiconque en sçait jouir peu sensible à tous les autres. Un père, un fils, un mari, un citoyen, ont des devoirs si chers à remplir qu'ils ne leur laissent rien à dérober à l'ennui. Le bon emploi du temps rend le temps plus précieux encore ; &, mieux on le met à profit, moins on en sçait trouver à perdre : aussi voit-on constamment que l'habitude du travail rend l'inaction insupportable, & qu'une bonne conscience éteint le goût des plaisirs frivoles : mais c'est le mécontentement de soi-même, c'est le poids de l'oisiveté, c'est l'oubli des goûts simples & naturels, qui rendent si nécessaires un amusement étranger.

On divise les plaisirs, *en plaisirs des sens, en plaisirs de l'esprit, en plaisirs du cœur ou du sentiment, en plaisirs naturels & chimériques, en plaisirs réels & imaginaires, en plaisirs faux & véritables.*

Les plaisirs naturels sont ceux que nous offre le spectacle de la nature ; un beau jardin, une belle prairie, un beau jour, &c. Tout le monde peut jouir de ces plaisirs-là, le pauvre comme le riche.

Les plaisirs chimériques sont ceux qui ne sont fondés que sur l'opinion des hommes, comme le plaisir de passer pour beau, pour brave, pour riche, &c.

Les plaisirs réels sont ceux qui dépendent de nous, & qui ne sont point sujets au changement. Je ne connois de ces plaisirs-là, que la satisfaction constante que nous procure la vertu.

Les plaisirs imaginaires sont ceux que nous procure l'imagination, & qui ne sont pas tels pour tous les hommes. Ils naissent du rapport que les objets exterieurs ont avec notre façon de sentir.

Tous les plaisirs qui ne tiennent qu'à l'imagination, ne sont pas durables; parce que l'imagination tôt ou tard s'affoiblit, & le plaisir avec elle.

Les plaisirs faux sont ceux qui sont suivis de peines, & qui causent les remords & le repentir.

Les plaisirs véritables sont ceux que la fortune ne peut nous enlever.

Les plaisirs des sens sont ceux qui nous viennent immédiatement des objets sensibles; ce sont ceux que nous procurent l'imagination & les besoins : c'est aussi ce que l'on appelle plaisirs naturels. Ils consistent dans les vifs mouvemens de toutes les parties du corps, & dans l'exercice de nos facultés.

Les plaisirs de l'esprit sont ceux que la réflexion nous procure : ils consistent dans l'exercice des facultés de l'esprit.

Les plaisirs du cœur sont ceux qui naissent de nos affections : ils consistent sur-tout dans l'idée de la perfection qu'on découvre dans soi, ou dans les autres.

La nature, dit M. De Fontenelle, a fait aux hommes des plaisirs simples, aisés, tranquilles; & leur imagination leur en a fait qui sont embarrassans, incertains, difficiles à acquérir : elle a inventé l'amour, qui est fort agréable; & ils ont inventé l'ambition, dont ils n'avoient que faire pour leur bonheur.

C'est aussi ce que madame Lambert pense des plaisirs d'opinion. Les plaisirs du monde, dit-elle, sont trompeurs : ils promettent plus qu'ils ne donnent ; ils nous inquiètent dans leur recherche, ne nous satisfont point dans leur possession, & nous désespèrent dans leur perte.

Tous ces plaisirs sont subordonnés les uns aux autres. Les plaisirs des sens sont plus vifs, mais moins constans que ceux de l'esprit ; les plaisirs de l'esprit sont plus durables & plus satisfaisans ; les plaisirs du cœur sont plus constans & plus pénétrans. Les sens se fatiguent, l'esprit se lasse ; le cœur seul nous peut procurer des plaisirs continuels.

Le plaisir se trouve dans tous les âges, dans tous les états, dans toutes les conditions, dans toutes les situations de la vie.

L'ignorance & la vive impression des objets font les plaisirs de la jeunesse ; l'exercice d'une charge ou d'une profession sont ceux de l'âge viril ; l'expérience & la sagesse forment ceux de la vieillesse ; la tranquillité de l'esprit & le repos du corps sont ceux des personnes qui ont pris le parti de l'église ; le sentiment de la tendresse conjugale & filiale est celui du mariage ; l'indépendance & la liberté, celui du célibat.

L'estime & la considération publique font les plaisirs des magistrats, des militaires, des sçavans, &c. ; l'espérance d'établir une fortune, sont ceux des commerçans ; la santé, la tranquillité de l'esprit, ceux de la vie rustique.

Croiroit-on que l'adversité même a ses plaisirs ? Elle les trouve dans la fermeté avec laquelle elle supporte les peines, dans la soumission aux decrets de la providence, & dans la modération de ses desirs. Enfin, tout ici bas se change en plaisirs pour ceux qui sçavent en jouir : l'espérance de la santé fait ceux de la maladie ; & ceux d'une félicité éternelle, ceux de la mort.

C'est dans la modération des desirs, dans la facilité de les satisfaire, dans le sentiment de la possession, que consistent sur-tout les plaisirs : c'est pourquoi l'on doit se défier de cette soif insatiable qui épuise l'ame, & la fait tomber dans la langueur. L'abus des plaisirs, & sur-tout des plaisirs des sens, produit le dégoût, l'ennui, l'inquiétude, la douleur & les maladies. Il n'appartient qu'au sage d'en jouir : plus il connoît l'imperfection du plaisir, & plus il est capable de le goûter. Un jeune homme s'en forme des idées fausses, & le dégoût suit infailliblement la jouissance & la connoissance de la vérité.

N'est-ce pas un misérable animal que l'homme ? dit Montaigne. A peine est-il en son pouvoir, par sa condition naturelle, de goûter le plaisir entier & pur ; encore se met-il en peine de le retrancher par discours : il n'est pas assez chétif, si, par art & par étude, il n'augmente sa misère. La sagesse humaine fait bien sottement l'ingénieuse, de s'exercer à rabbattre le nombre & la douceur des voluptés qui nous appartiennent ; comme elle fait favorablement & industrieusement d'employer ses artifices à nous peigner & farder les maux, & à en alléger le sentiment.

Le plaisir est relatif au tempérament & à la façon de penser. Ce n'est pas tel plaisir qui nous rend heureux ; mais nous sommes heureux de jouir d'un tel plaisir, parce qu'il a du rapport à notre façon de sentir.

On peut ajouter, à tous les plaisirs dont je viens de faire l'énumération, les plaisirs purs, qui ne sont mêlés ni de crainte ni de trouble, & qui ne sont suivis ni de regrets ni de repentir. Le naïf La Fontaine en fait sentir tout le prix dans l'histoire de Philémon & de Baucis, & dans la fable suivante:

LE RAT DE VILLE ET LE RAT DES CHAMPS.

FABLE.

Autrefois le rat de ville
Invita le rat des champs,
D'une façon fort civile,
A des reliefs d'ortolans.

Sur un tapis de Turquie
Le couvert se trouva mis.
Je laisse à penser la vie
Que firent ces deux amis.

Le régal fut fort honnête,
Rien ne manquoit au festin:
Mais quelqu'un troubla la fête,
Tandis qu'ils étoient en train.

A la porte de la salle
Ils entendirent du bruit ;
Le rat de ville détale,
Son camarade le suit.

Le bruit cesse, on se retire :
Rats en campagne aussitôt,
Et le citadin de dire,
Achevons donc notre rôt.

C'est assez, dit le rustique :
Demain vous viendrez chez moi.
Ce n'est pas que je me pique
De tous vos festins de Rois :

Mais rien ne vient m'interrompre;
Je mange tout à loisir.
Adieu donc. Fi du plaisir
Que la crainte peut corrompre.

POLITESSE.

La politesse est la façon de témoigner aux gens les égards qui sont dûs à leur naissance, à leur rang, ou à leur talent : c'est un mélange de discrétion, de civilité, de complaisance & de circonspection. Elle consiste dans les manières, dans les attentions & les discours obligeans. C'est le fruit de l'éducation & de l'usage du monde.

La politesse, dit M. Duclos, est l'expression ou l'imitation des vertus : c'en est l'expression, si elle est vraie ; & l'imitation, si elle est fausse. Les vertus sociales sont celles qui nous rendent utiles & agréables à ceux avec qui nous avons à vivre. Un homme, qui les posséderoit toutes, auroit nécessairement la politesse au suprême degré.

La fine politesse suppose de la douceur, de la souplesse dans l'esprit, & une grande connoissance du cœur humain & des personnes qui sont l'objet de nos attentions.

La politesse d'usage, dit M. Duclos, n'est qu'un jargon fade, plein d'expressions exagérées, aussi vuide de sens que de sentiment.

La politesse, dit-on, marque cependant l'homme de naissance. J'avoue que cette politesse est le premier signe de la hauteur, un rempart contre la familiarité. Il y a bien loin de la politesse à la douceur, & plus loin encore de la politesse à la bonté. Les grands, qui écartent les hommes à force de politesses sans bonté, ne sont bons qu'à être écartés à force de politesses sans attachement.

Le plus malheureux effet de la politesse d'usage est d'enseigner l'art de se passer des vertus qu'elle imite. Qu'on nous inspire, dans l'éducation, l'humanité & la bienfaisance ; nous aurons la politesse, ou nous n'en aurons plus besoin. Si nous n'avons pas celle qui s'annonce par les graces, nous aurons celle qui annonce l'honnête homme & le citoyen ; nous n'aurons pas besoin de recourir à la fausseté. Au lieu d'être artificieux pour plaire, il suffira d'être bon ; au lieu d'être faux pour flatter les foiblesses des autres, il suffira d'être indulgent.

POLITIQUE.

La politique est l'art de gouverner les hommes rassemblés en société. Ses maximes sont fondées sur la connoissance de l'homme, sur ses passions, sur ses besoins, sur ses vertus, & même sur ses vices ; ses moyens, sur la force des loix, l'empire de l'opinion & l'attrait du plaisir.

De même que nous avons une infinité de vertus qui sont fondées sur des vices, dit l'auteur de l'*Essai de politique calculée*; nous avons aussi une infinité de vices qui sont fondés sur ce que l'on appelle des vertus. Le législateur habile sçait mettre en usage les unes & les autres pour l'utilité commune. Le préjugé lui sert souvent autant que la vertu même, dont il n'est que l'image. Mais un gouvernement fondé sur ses maximes ne sçauroit long-temps subsister. Ce qui est contre les mœurs ne sçauroit être avantageux à la politique.

La politique, dit l'auteur des *Conseils de l'amitié*, est la connoissance des moyens qui conduisent à une fin : c'est l'ame des états & des gouvernemens ; c'est la science de l'esprit : elle exige seule plus de talens que plusieurs autres ensemble. On ne doit pas s'étonner s'il y a peu de bons politiques : il faut, pour les former, des qualités rarement réunies, une pénétration vive, & un jugement solide ; beaucoup de connoissances, & l'art de les faire valoir ; un air ouvert, & des pensées cachées ; de l'imagination & du sens-froid ; pénétrer les hommes, sans qu'ils s'en apperçoivent ; flatter leur amour-propre : avoir de la patience ; ne pas se donner pour ce qu'on est, sans se donner pour ce qu'on n'est pas ; persuader aux hommes leurs véritables intérêts, malgré les passions fougueuses qui les en éloignent ; leur faire naître des idées auxquelles leur esprit s'oppose, & les y accoutumer insensiblement, jusqu'à les leur faire suivre comme s'ils en étoient les auteurs ; se rendre assez maître de ses propres passions, pour ne donner, à ceux qui les examinent, aucun moyen de les découvrir ou d'en profiter. Une foule d'esprits médiocres, appliqués, je ne sçais comment, aux affaires du gouvernement, & incapables de céder à d'autres une occupation qui est au-dessus de leurs forces, ont eu recours à la fourberie, au mensonge, à la mauvaise foi. Ils ont quelquefois réussi : mais en est ce assez pour accréditer une méthode détestable, pour établir que les adroits politiques ne sont que d'habiles frippons? Qui ne voit que de pareils succès ne sont que passagers ? que tôt ou tard on pénètre les voies injustes qui les ont préparées ? qu'on se ruine pour l'avenir, en ôtant toute confiance à ceux qu'on a une fois trompés ? L'adresse & la fausseté, la finesse & la fourberie, se touchent & ne se ressemblent pas.

POLTRONNERIE.

La poltronnerie est la crainte du danger. Elle diffère de la lâcheté, en ce qu'elle s'expose au danger malgré la crainte, tandis que la lâcheté le fuit.

La poltronnerie n'est un vice ni du cœur ni de l'esprit : & n'est causée que par la surprise du danger, & l'amour que tout homme a pour sa conservation. L'habitude seule du péril fait la bravoure.

La poltronnerie n'est qu'une foiblesse, & la lâcheté est un vice.

PRÉCIPITATION.

La précipitation dans nos jugemens est une des sources de nos erreurs : la précipitation dans nos actions est l'effet de la vivacité qui vient du tempérament ; on la nomme *étourderie*.

PRÉCISION.

La précision est une qualité de l'esprit, qui ne dit précisément que ce qu'il faut ; elle consiste dans la netteté, la brièveté & la justesse de l'expression.

PRÉJUGÉS.

Les préjugés sont les opinions que nous recevons des autres sans les approfondir. Nous ne devons recevoir aucun principe, que nous ne l'ayons d'abord soumis à l'examen de la raison.

Un préjugé, dit M. Duclos, n'est autre chose qu'un jugement porté ou admis sans examen, & peut être conséquemment une vérité ou une erreur.

Les préjugés nuisibles à la société ne peuvent être que des erreurs, & ne sçauroient être trop combattus. On ne doit pas non plus entretenir des erreurs indifférentes par elles-mêmes, s'il y en a de telles : mais celles-ci exigent de la prudence ; il en faut quelquefois même en combattant le vice. A l'égard des préjugés qui tendent au bien de la société, & qui sont des germes de vertus, on peut être sûr que ce sont des vérités qu'il faut respecter & suivre. En voulant trop éclairer les hommes, on ne leur inspire qu'une présomption dangereuse. Eh ! pourquoi entreprendre de leur faire pratiquer par raisonnement ce qu'ils suivroient par sentiment, par un préjugé honnête ? Ces guides sont bien aussi surs que le raisonnement.

On déclame beaucoup depuis un temps contre les préjugés ; peut-être en a-t-on trop détruit. Le préjugé est la loi du commun des hommes. La discussion en cette matière exige des principes surs & des lumières rares. La plupart, étant incapables d'un tel examen, doivent consulter le sentiment intérieur. Les plus éclairés pourroient encore, en morale, le préférer souvent à leurs lumières, & prendre leur goût ou leur répugnance pour la règle la plus sure de leur conduite. On se trompe rarement par cette méthode. Quand on est bien intimement content de soi à l'égard des autres, il n'arrive guère qu'ils soient mécontens. On a peu de reproches à faire à ceux qui ne s'en font point ; & il est inutile d'en faire à ceux qui ne s'en font plus. Il y a une méthode assez sure d'en juger : c'est d'observer les choses dont on tire vanité : il est alors vraisemblable que c'est une fausse idée. Plus on est vertueux, plus on est éloigné d'en tirer vanité, & plus on est persuadé qu'on ne fait que son devoir. Les vertus ne donnent point d'orgueil.

Les préjugés les plus tenaces sont toujours ceux dont les fondemens sont les moins solides. On peut se détromper d'une erreur raisonnée : par cela même qu'on raisonne, un raisonnement mieux fait peut désabuser du premier : mais comment combattre ce qui n'a ni principe ni conséquence ? Tels sont les faux préjugés ; ils naissent & croissent insensiblement par des circonstances fortuites, & se trouvent généralement établis chez les hommes, sans qu'ils en aient apperçu les progrès.

Il y a plusieurs sortes de préjugés ; les préjugés

nationaux, les préjugés de religion & les préjugés des passions.

Les préjugés nationaux sont les usages & les coutumes d'un pays : usages qui sont contraires à la raison. Ils se divisent en préjugés généraux de la nation, & en préjugés des particuliers suivant l'âge & le sexe.

Les préjugés nationaux sont les maux d'opinion ; tels que le mépris, la réputation, la noblesse, la gloire, la grandeur, l'honneur, &c. Les préjugés d'état sont le mépris de la roture, l'amour de la gloire, l'amour du faste, &c.

Les préjugés des passions sont les jugemens précipités que nous dictent l'intérêt, l'amour-propre, la haine, la vengeance, la colère, l'ambition, la paresse, &c.

Les préjugés de religion sont les effets de la superstition. Cette matière est si respectable, qu'on doit toujours appréhender d'en parler : ainsi je finis cet article, qui me mèneroit trop loin, si je voulois parler de toutes les espèces de préjugés. Chaque sexe, chaque âge, chaque secte, chaque pays, chaque province, chaque ville, chaque famille a les siens. Je me contente de citer un exemple, qui prouvera invinciblement le pouvoir des préjugés.

Les anciens brachmanes dans les Indes, quand ils sont accablés des infirmités de la vieillesse, s'en délivrent en se faisant brûler vifs : cette action passe parmi eux pour courage & grandeur d'ame.

Dans la connoissance des choses humaines, notre esprit ne doit jamais se rendre esclave, dit M. De la Rochefoucault, en s'assujettissant aux fantaisies d'autrui. Il faut étendre la liberté de son jugement, & ne rien mettre dans sa tête par aucune autorité purement humaine. Quand on nous propose la diversité

sité des opinions, il faut choisir s'il y a lieu; sinon il faut demeurer dans le doute.

Avec aussi peu de raison qu'en ont les hommes, il leur faut autant de préjugés qu'ils ont accoutumé d'en avoir. Les préjugés sont le supplément de la raison. Tout ce qui manque d'un côté, on le trouve de l'autre.

PRÉSENCE D'ESPRIT.

La présence d'esprit, dit M. De Vauvenargue, se pourroit définir une aptitude à profiter des occasions pour parler ou pour agir. C'est un avantage qui a manqué souvent aux hommes les plus éclairés; qui demande un esprit facile, un sens-froid modéré, l'usage des affaires; &, selon les différentes occurrences, divers avantages; de la mémoire & de la sagacité dans la dispute, de la sécurité dans les périls; &, dans le monde, cette liberté de cœur, qui nous rend attentifs à tout ce qui s'y passe, & nous tient en état de profiter de tout, &c.

PRÉSOMPTION.

La présomption est un vice de l'esprit qui compte trop sur ses propres forces. Elle naît de l'amour-propre, & souvent de l'ignorance.

PRESTIGE.

Le prestige est un faux prodige qu'on opère par une cause naturelle, mais inconnue. La plupart des religions sont remplies de faux miracles, qui ne sont que les prestiges d'un ministre avare ou ambitieux.

PRÉVENTION.

La prévention est un jugement que l'opinion des autres nous fait recevoir sans l'avoir examiné.

PRÉVENTION.

Elle est l'effet de la paresse & de l'incapacité de penser, & la source de la plupart de nos erreurs.

> Fille de l'ignorance & de l'entêtement,
> Elle naît dans l'erreur & dans l'aveuglement :
> Elle est présomptueuse, indocile, indiscrette ;
> Et de tous faux rapports sa bouche est l'interprète.
> L'apparence à ses yeux vaut la réalité.
> Son jugement est vain, léger, précipité.
> Le préjugé la sert ; l'imposture la guide.
> De toutes nouveautés son esprit est avide.
> Et, dès qu'elle a sur l'ame épandu son poison,
> La plus épaisse nuit couvre notre raison.
> Tel est ce monstre affreux, que flatte le caprice ;
> Qu'accompagne l'orgueil, & que suit l'injustice ;
> Et dont le seul instinct, captivant les esprits,
> Règle chez les mortels l'estime & le mépris.
> Pour mieux nous asservir, par un charme invincible,
> Elle entre dans nos cœurs sans se rendre sensible.
> Tel en est pénétré, qui, dans ses jugemens,
> Croit de la vérité suivre les mouvemens ;
> Et tel, qui la déteste, est injuste lui-même.
> C'est par-là qu'un sçavant erre dans son systême ;
> Que Thémys, croyant voir la chicane aux abois,
> Dans ses propres sentiers s'égare quelquefois ;
> Et qu'un art imposteur, trompant sa vigilance,
> Aux dépens du bon droit fait pencher la balance.
>
> *Tanevot.*

PRÉVOYANCE.

La prévoyance est une connoissance anticipée de l'avenir, fondée sur la science des effets que doivent produire les causes physiques ou morales.

La prévoyance des maux est le grand art de les affoiblir lorsqu'ils arrivent : cependant il faut les prévoir comme pouvant, & non pas comme devant nécessairement arriver ; de façon que la crainte de l'avenir ne trouble pas la jouissance du présent.

Avant que les maux arrivent, il faut les prévoir,

du moins en général ; quand ils font arrivés, il faut prévoir qu'on s'en confolera. L'un rompt la première violence du coup, l'autre abrège la durée du fentiment. On s'eft attendu à ce que l'on fouffre ; & du moins on s'épargne par-là une impatience, une révolte fecrette qui ne fert qu'à aigrir la douleur. On s'attend à ne fouffrir pas long-temps ; & dès-lors on anticipe en quelque forte fur ce temps qui fera plus heureux ; on l'avance.

PRINCIPE.

En morale, les principes font les vérités inconteftables fondées fur l'évidence, & qui fervent de fondement au raifonnement, & de règle pour la conduite de la vie. Par exemple, il n'y a perfonne qui ne fente l'évidence de ces maximes : La vertu vaut mieux que le vice ; le bien eft préférable au mal, la fcience à l'ignorance, la vérité à l'erreur.

Ces vérités une fois reconnues, on peut raifonner ainfi : Si le bien eft préférable au mal, il faut donc rechercher le bien & fuir le mal.

Si quelqu'un doutoit de cette vérité, ou étoit d'affez mauvaife foi pour la nier, il feroit aifé de l'en convaincre, en lui définiffant le bien, ce qui contribue à notre bonheur ; & le mal, ce qui lui eft nuifible, &c.

En phyfique, le principe des chofes eft la caufe qui les produit ; par exemple, le feu eft le principe de la chaleur, &c. Héraclite & Hippias ont cru que c'étoit le feu qui étoit le premier principe de toutes chofes ; Anaximène & Diogène difoient que c'étoit l'air ; Thalès prétendoit que c'étoit l'eau, parce qu'elle lie les corps ; Héfiode avançoit que c'étoit la terre ; & Empédocle foutenoit, plus vraifemblablement, que c'étoient les quatre élemens, auxquels il ajouta deux facultés qu'il nommoit accord & discord : l'accord servoit à l'union, & le discord à la ruine.

Mochus Phénicien, Leucipe, Démocrite, Epicure & Lucrèce, &, parmi les modernes, Gassendi, ont cru que c'étoient les atômes ; Descartes, la matière subtile, qui a grand rapport avec les atômes qui paroissoient mieux inventés, à cause du vuide que Gassendi y admet, & que Descartes nie : d'ailleurs, Gassendi assure les atômes indivisibles; & Descartes veut que la matière se divise à l'infini. Enfin, après tous ces philosophes, est venu Newton, qui rapporte tout à l'attraction, comme au premier principe de toutes choses.

Les principes, dit M. l'abbé De Condillac, ne sont que des résultats ; qui peuvent servir à marquer les principaux endroits par où l'on a passé : ainsi que le fil du labyrinthe, inutiles quand nous voulons aller en avant, ils ne font que faciliter les moyens de revenir sur nos pas. S'ils sont propres à soulager la mémoire & à abréger les disputes, en indiquant brièvement les vérités dont on convient de part & d'autre, ils deviennent ordinairement si vagues, que, si l'on n'en use avec précaution, ils multiplient les disputes, & les font dégénérer en pures questions de mots. Par conséquent, le seul moyen d'acquérir des connoissances, c'est de remonter à l'origine de nos idées, d'en suivre la génération, & de les comparer sous tous les rapports possibles.

PROBABILITÉ.

La probabilité est l'apparence de la convenance des idées, sur des preuves qui ne sont pas infaillibles. Ces preuves sont fondées sur la conformité d'une chose avec notre expérience, ou sur le témoignage de l'expérience des autres.

PROBITÉ.

La probité est l'habitude des actions utiles à la société : c'est l'observation constante des loix que nous impose la justice.

Le premier principe de la probité, dit M. Duclos, est l'observation des loix. Mais, indépendamment de celles qui répriment les entreprises contre la société politique, il y a des sentimens & des procédés d'usage qui font la sûreté ou la douceur de la société civile, du commerce particulier des hommes, & dont l'observation est d'autant plus indispensable, qu'elle est libre & volontaire ; au lieu que les loix ont pourvu à leur propre exécution. Qui n'auroit que la probité qu'elles exigent, seroit encore un assez malhonnête homme.

Les loix se sont prêtées à la foiblesse & aux passions, en ne réprimant que ce qui attaque ouvertement la société. Si elles étoient entrées dans le détail de tout ce qui peut la blesser indirectement, elles n'auroient pas été universellement comprises, ni par conséquent suivies : il y auroit eu trop de criminels, qu'il eût quelquefois été dur & souvent difficile de punir, attendu la proportion qui doit toujours être entre les fautes & les peines.

Les hommes venant à se polir & s'éclairer, ceux dont l'ame étoit la plus honnête ont suppléé aux loix générales, en établissant, par une convention tacite, des procédés auxquels l'usage a donné force de loi parmi les honnêtes gens. Il n'y a point, à la vérité, de punition prononcée contre les infracteurs ; mais elle n'en est pas moins réelle. Le mépris & la honte en font le châtiment ; & c'est le plus sensible pour ceux qui sont dignes de le ressentir. L'opinion publique, qui exerce la juſtice à cet égard, y met des proportions exactes, & fait des diſtinctions très-fines.

On juge les hommes ſur leur état, leur éducation, leur ſituation, leurs lumières. Il ſemble qu'on ſoit convenu de différentes eſpèces de probités, qu'on ne ſoit obligé qu'à celle de ſon état, & qu'on ne puiſſe avoir que celle de ſon eſprit. On eſt plus ſévère à l'égard de ceux qui, étant expoſés à la vue, peuvent ſervir d'exemple, que ſur ceux qui ſont dans l'obſcurité. Moins on exige d'un homme dont on devroit beaucoup prétendre, plus on lui fait injure. En fait de procédés, on eſt bien près du mépris, quand on a droit à l'indulgence.

L'opinion publique, étant elle-même la peine des actions dont elle eſt juge, ne ſçauroit manquer d'être ſévère ſur les choſes qu'elle condamne. Il y a telle action dont le ſoupçon fait la preuve, & la publicité le châtiment.

Pour éclaircir enfin ce qui concerne la probité, il s'agit de ſçavoir ſi l'obéiſſance aux loix, & la pratique des procédés d'uſage, ſuffiſent pour conſtituer l'honnête homme. On verra, ſi l'on y réfléchit, que cela n'eſt pas encore ſuffiſant pour la parfaite probité. En effet, on peut, avec un cœur dur, un eſprit malin, un caractère féroce & des ſentimens bas, avoir, par éducation, par orgueil, ou par crainte, par intérêt, avoir, dis-je, cette probité qui met à couvert de tout reproche de la part des hommes.

Mais il y a un juge plus éclairé, plus ſévère, & plus juſte que les loix & les mœurs ; c'eſt le ſentiment intérieur, qu'on appelle la conſcience.

Les loix n'ayant pas prononcé ſur des fautes autant ou plus graves en elles-mêmes que pluſieurs de celles qu'elles ont condamnées, & les mœurs n'ayant pas embrassé tout ce que les loix avoient omis ; il est honteux pour les hommes que chacun d'eux ait dans son cœur un juge qui défend les autres, ou qui le condamne lui même.

Combien y a-t-il de choses tolérées dans les mœurs, & qui sont plus dangereuses que ce qu'elles ont proscrit ? Doit-on regarder comme innocent un trait de satyre, ou même de plaisanterie, de la part d'un supérieur, qui porte quelquefois un coup irréparable à celui qui en est l'objet ? un secours gratuit refusé par négligence à celui dont le sort en dépend ? tant d'autres fautes que tout le monde sent, & qu'on s'interdit si peu ?

Voilà cependant ce qu'une probité exacte doit s'interdire, & dont la conscience est le juge infaillible. Il y a même bien des choses condamnées par les loix, qui sont tolérées dans les mœurs.

Je ne prétends point ici parler en homme religieux ; la religion est la perfection, & non la base de la morale : ce n'est point en métaphysicien subtil, c'est en philosophe moral, qui ne s'appuie que sur la raison, & ne procède que par le raisonnement. Je n'ai donc pas besoin d'examiner si cette conscience est ou n'est pas un sentiment inné : il me suffit qu'elle soit une lumière acquise, & que les esprits les plus bornés aient encore plus de connoissance que les loix & les mœurs ne leur donnent.

Cette connoissance fait la mesure de nos obligations. Nous sommes tenus à l'égard d'autrui de tout ce qu'à sa place nous serions en droit de prétendre. Les hommes ont encore droit d'attendre de nous, non seulement ce qu'ils regardent avec raison & comme injuste, mais ce que nous regardons nous mêmes comme tel, quoique les autres ne l'aient ni exigé, ni prévu. Notre propre conscience fait l'étendue de leurs droits sur nous.

Plus on a de lumières, plus on a de devoirs à remplir. Si l'esprit n'en inspire pas le sentiment, il suggère les procédés, & démontre l'obligation d'y satisfaire.

Il y a un autre principe d'intelligence sur ce sujet, supérieur à l'esprit même ; c'est la sensibilité d'ame, qui donne une sorte de sagacité sur les choses honnêtes, & va plus loin que la pénétration de l'esprit seul.

On pourroit dire que le cœur a des idées qui lui sont propres.

On remarque, entre deux hommes dont l'esprit est également étendu, profond & pénétrant sur des matières purement intellectuelles, quelle supériorité gagne celui dont l'ame est sensible, sur les sujets qui sont de cette classe-là. Qu'il y a d'idées innaccessibles à ceux qui ont le sentiment froid ! Les ames sensibles peuvent, par vivacité & chaleur, tomber dans des fautes que les hommes à procédés ne commettroient pas ; mais elles l'emportent de beaucoup, par la quantité de biens qu'elles produisent.

Les ames sensibles ont plus d'existence que les autres : les biens & les maux se multiplient à leur égard. Elles ont encore un avantage pour la société ; c'est d'être persuadées des vérités dont l'esprit n'est que convaincu. La conviction n'est souvent que passive ; la persuasion est active, & il n'y a de ressort que ce qui fait agir. L'esprit seul peut & doit faire l'homme de probité ; la sensibilité fait l'homme vertueux. Je vais m'expliquer.

Tout ce que les loix exigent, & que les mœurs recommandent, ce que la conscience inspire, se trouve renfermé dans cet axiome si connu, & si peu développé : *Ne faites point à autrui ce que vous ne voudriez pas qui vous fut fait.* L'observation exacte & précise de cette maxime fait la probité. *Faites à autrui ce que vous voudriez qui vous fît fait :* voilà la vertu.

Il semble au premier coup d'œil que les législateurs fussent des hommes bornés ou intéressés, qui, n'ayant pas besoin des autres, vouloient empêcher qu'on ne leur fît du mal, & se dispenser de faire du bien. Cette idée paroît d'autant plus vraisemblable, que les premiers législateurs ont été des princes, des chefs de peuples, ceux en un mot qui avoient le plus à perdre & le moins à gagner : aussi les loix se bornent-elles à défendre. En y faisant réflexion, nous avons vû que c'est par sagesse qu'elles en ont usé ainsi. Les mœurs ont été plus loin que les loix; mais c'est en partant du même principe. La conscience même se borne à inspirer la répugnance pour le mal. La vertu, supérieure à la probité, exige qu'on fasse le bien, & en inspire le desir.

La probité défend, & la vertu commande. On estime la probité, on respecte la vertu. La probité consiste presque dans l'inaction : la vertu agit. On doit de la reconnoissance à la vertu : on pourroit s'en dispenser à l'égard de la probité; parce qu'un homme éclairé, n'eût-il que son intérêt pour objet, n'a pas, pour y parvenir, de moyen plus sûr que la probité.

Je n'ignore pas les objections qu'on peut tirer des crimes heureux. Mais je sçais aussi qu'il y a différentes espèces de bonheurs; qu'on doit évaluer les probabilités du danger & du succès, les comparer avec le bonheur qu'on se propose, & qu'il n'y en a aucune dont l'espérance la mieux fondée puisse contre-balancer la perte de l'honneur, ni même le simple danger de le perdre. Ainsi, en ne faisant d'une telle question qu'une affaire de calcul, le parti de la probité est toujours le meilleur qu'il y ait à prendre. Il ne seroit pas difficile de faire une démonstration morale de cette vérité ; mais il y a des principes qu'on ne doit pas mettre en question. Il est toujours à craindre que les vérités les plus évidentes ne contractent, par la discussion, un air de problême qu'elles ne doivent jamais avoir.

La vertu est dans le cœur. C'est un sentiment, une inclination au bien, un amour pour l'humanité. Elle est aux actions honnêtes ce que le vice est au crime ; c'est le rapport de la cause à l'effet.

En distinguant la vertu & la probité, en observant la différence de leur nature, il est encore nécessaire, pour connoître le prix de l'une & de l'autre, de faire attention aux personnes, aux temps, & aux circonstances.

Il y a tel homme dont la probité mérite plus d'éloges que la vertu d'un autre. Ne doit-on attendre que les mêmes actions de ceux qui ont des moyens si différens ? Un homme, au sein de l'opulence, n'aura-t-il que les devoirs, les obligations de celui qui est assiégé par tous les besoins ? Cela ne seroit pas juste. La probité est la vertu des pauvres ; la vertu doit être la probité des riches.

On rapporte quelquefois à la vertu des actions où elle a peu de part. Un service offert par vanité, ou promis par foiblesse, fait peu d'honneur à la vertu : la simple probité exige alors qu'il soit rendu.

On retire un homme de son nom d'un état malheureux, dont on pourroit partager la honte. Est-ce générosité ? C'est tout au plus décence, ou peut-être orgueil.

D'un autre côté, on loue, & on doit louer les actes de probité où l'on sent un principe de vertu. Un homme remet un dépôt dont il avoit seul le secret: il n'a fait que son devoir, puisque le contraire seroit un crime; cependant son action lui fait honneur, & doit lui en faire. On juge que celui qui ne fait pas le mal dans de certaines circonstances, est capable de faire le bien. Dans un acte de simple probité, c'est la vertu qu'on loue.

Un malheureux, pressé de besoins, humilié par la honte de la misère, résiste aux occasions les plus critiques. Un homme, dans la prospérité, n'oublie pas qu'il y a des malheureux, les cherche & prévient leurs demandes. Je les estime, je les loue tous deux; mais c'est le premier que j'admire.

Les éloges qu'on donne à de certaines probités, à de certaines vertus, ne font que le blâme du commun des hommes. Cependant on ne doit pas les refuser. Il ne faut pas rétrograder avec trop de sévérité sur le principe des actions, quand elles tendent au bien de la société. Il est toujours sage & avantageux d'encourager les hommes aux actes honnêtes: ils sont capables de prendre le pli de la vertu comme du vice.

On acquiert la vertu par la gloire de la pratiquer. Si l'on commence par amour-propre, on continue par honneur, on persévère par habitude. Que l'homme le moins porté à la bienfaisance vienne, par hasard, ou par un effort qu'il fera sur lui-même, à faire quelque action de générosité, il éprouvera ensuite une sorte de satisfaction qui lui rendra une seconde action moins pénible; bientôt il se portera de lui-même à une troisième; & dans peu la bonté fera son caractère. On contracte le sentiment des actions qui se répètent.

D'ailleurs, quand on chercheroit à rapporter des actions vertueuses à un systême d'esprit & de conduite plutôt qu'au sentiment, l'avantage des autres seroit égal, & la gloire qu'on voudroit rabbaisser n'en seroit peut-être pas moindre. Heureuse alternative, que de réduire les censeurs à l'admiration, au défaut de l'estime !

PRODIGALITÉ.

La prodigalité est une libéralité excessive. Elle vient moins de la générosité, que de l'impuissance de refuser, & du desir ardent de satisfaire ses passions : desir qui nous ferme les yeux sur le prix qu'elles nous coûtent à satisfaire. Rarement la générosité passe les bornes du pouvoir. *M. De Marivaux* *l'a dit* : La vertu n'est que libérale, le vice seul est prodigue.

PROFESSION.

La profession est l'état de vie, que les gens à talens ou les gens d'arts & de métiers ont embrassé. Les hommes ont attaché des distinctions & des honneurs à de certaines professions, & en ont dégradé d'autres. Il en est, sans doute, qui par leur importance & leur utilité, méritent la préférence sur les autres : mais on n'a pas toujours sur ce sujet des idées bien justes. Toute profession est estimable, lorsqu'on la fait bien. Je n'en connois de méprisables que celles qui blessent l'humanité. Mais, dit-on, tout crime demande une réparation : Oui sans doute ; mais malheureux sont ceux qui en sont l'instrument.

Le parti qu'on choisit est toujours le meilleur;
Celui dont on hérite a souvent le malheur
De ne point s'accorder avec notre mérite.
Changer d'état pour lors, c'est un mal qu'on évite;

Et, mettant à profit son indocilité,
On est mieux pour le bien de la société.

Moissy.

PROFONDEUR.

La profondeur est le terme de la réflexion, au-delà duquel on ne peut aller. La grande vivacité de l'imagination nuit à la profondeur, parce qu'elle nous emporte hors de nous : mais la profondeur n'exclut point une espèce de vivacité ; au contraire, il en faut pour approfondir une pensée.

La profondeur, dit M. De Vauvenargue, est le terme de la réflexion. Quiconque a l'esprit véritablement profond doit avoir la force de fixer sa pensée fugitive, de la retenir sous ses yeux pour en considérer le fond, & de ramener à un point une longue chaîne d'idées. C'est à ceux principalement qui ont cet esprit en partage, que la netteté & la justesse sont plus nécessaires. Quand ces avantages leur manquent, leurs vues sont mêlées d'illusions, & couvertes d'obscurités. Et néanmoins, comme de tels esprits voient toujours plus loin que les autres dans les choses de leur ressort, ils se croient aussi bien plus proches de la vérité que le reste des hommes. Mais ceux-ci, ne pouvant les suivre dans leurs sentiers ténébreux, ou remonter des conséquences jusqu'à la hauteur des principes, ils sont froids & dédaigneux pour cette sorte d'esprit, qu'ils ne sçauroient mesurer.

Et même, entre les gens profonds, comme les uns le sont sur les choses du monde, & les autres dans les sciences, ou dans un art particulier, chacun préférant son objet, dont il connoît mieux les usages, c'est aussi de tous les côtés matière de dissention.

Enfin, on remarque une jalousie encore plus particulière entre les esprits vifs & les esprits profonds; qui n'ont l'un qu'au défaut de l'autre : car les uns marchant plus vîte, & les autres allant plus loin, ils ont la folie de vouloir entrer en concurrence ; &, ne trouvant point de mesure pour des choses si différentes, rien n'est capable de les rapprocher.

PROMESSE.

Nous promettons selon nos espérances, & nous tenons selon nos craintes, dit M. De la Rochefoucault.

PROPOSITION.

La proposition est l'exposition, soit verbale, soit littérale, d'une pensée ou d'un jugement.

La proposition, à l'égard du jugement, se divise en certaine & incertaine ; à l'égard de la chose, en vraie ou fausse ; à l'égard de son étendue, en générale ou particulière ; &, à l'égard de son attribut, en simple ou composée.

PROPRETÉ.

La propreté, l'air décent, les manières aimables, semblent avoir quelque chose de moral : nous les considérons du moins comme les indices d'une ame sage & bien règlée, qui sent ce qu'elle doit à la société : au lieu que la malpropreté, la grossièreté & l'air indécent, décèlent une ame basse, stupide, & qui oublie ce qu'elle se doit à elle-même & aux autres.

L'air décent & les manières aimables s'acquièrent par une éducation honnête, par le sentiment de la dignité de notre être, en fréquentant les bonnes compagnies, & surtout en cultivant ces vertueuses & nobles dispositions de l'ame qui embellissent notre extérieur, & nous donnent un air de grandeur.

Voici le portrait que Théophraste fait de l'homme malpropre, du vilain homme.

Ce caractère suppose toujours dans un homme une extrême malpropreté & une négligence pour sa personne qui passe dans l'excès, & qui blessent ceux qui s'en apperçoivent. Vous le verrez quelquefois, tout couvert de lèpre, avec des ongles longs & malpropres, ne pas laisser de se mêler parmi le monde, & croire en être quitte pour dire que c'est une maladie de famille, & que son père & son aïeul y étoient sujets. Il a aux jambes des ulcères; on lui voit aux mains des poireaux, & d'autres saletés qu'il néglige de faire guérir: ou, s'il pense à y remédier, c'est lorsque le mal, aigri par le temps, est devenu incurable. Il est hérissé de poil sous les aisselles & partout le corps, comme une bête fauve. Il a les dents noires, rongées, & telles que son abord ne se peut souffrir. Ce n'est pas tout: il crache ou il se mouche en mangeant, il parle la bouche pleine, fait en buvant des choses contre la bienséance. Il ne se sert jamais au bain que d'une huile qui sent mauvais, & ne paroît guère dans une assemblée publique qu'avec une vieille robe & toute tachée. S'il est obligé d'accompagner sa mère chez les devins, il n'ouvre la bouche que pour dire des choses de mauvais augure. Une autrefois dans le temple, & en faisant des libations, il lui échappera des mains une coupe ou quelque autre vase; & il rira ensuite de cette aventure, comme s'il avoit fait quelque chose de merveilleux. Un homme si extraordinaire ne sçait point écouter un concert, ou d'excellens joueurs de flûtes: il bat des mains avec violence, comme pour leur applaudir, ou bien il fuit d'une voix défagréable le même air qu'ils jouent : il s'ennuie de la fymphonie, & demande fi elle ne doit pas bientôt finir. Enfin, Si étant affis à table, il veut cracher, c'eft juftement fur celui qui eft derrière lui pour lui donner à boire.

PROVIDENCE.

La providence eft cette intelligence fuprême qui règle toute chofe. Elle éclate dans l'égale diftribution des biens & des maux : elle départ, aux pauvres d'efprit, des richeffes qu'ils ne pourroient acquérir eux-mêmes ; & à ceux que la fortune a maltraités, des talens pour les gagner, ou du moins la fermeté néceffaire pour fupporter les peines, & la fanté pour jouir des plaifirs qui font communs à tous les hommes, la tranquillité de l'efprit & la paix du cœur.

La providence divine éclate également dans la diftribution des chofes néceffaires à la vie. Elle a donné aux peuples du Nord des fourrures pour fe défendre des rigueurs du froid ; & aux peuples qui habitent le Midi, des rafraîchiffemens pour appaifer la foif brûlante qui les dévore.

Epicure foutenoit que dieu, jouiffant dans un éternel repos d'un bonheur inaltérable, il ne fe mêloit point du gouvernement de l'univers.

PRUDENCE.

La prudence eft une délibération des moyens qui peuvent nous conduire au but que nous nous propofons : elle renferme l'examen, la réfolution, l'exécution, & la circonfpection. La circonfpection règle notre coyance, nos fentimens, nos paroles, & nos actions. La circonfpection dans nos
fentimens

sentimens règle l'amour-propre, qu'on doit étouffer en se comparant avec des gens au-dessus de nous pour les avantages que nous croyons posséder. Elle règle les desirs du cœur, qui deviennent passions, si on ne leur tient la bride; les appétits corporels, qui nous procurent les plaisirs quand on les satisfait avec ménagement; les passions, qui nous portent à acquérir des richesses ou des honneurs, & qui sont si utiles à la société, & ne deviennent nuisibles que par leur excès.

La circonspection dans les paroles & dans les actions est ordinairement le fruit de la circonspection dans les pensées & dans les sentimens; & celle même des sentimens vient de notre façon de penser : ainsi il est très-important d'apprendre à bien penser. Elle bannit la médisance, la raillerie, l'indiscrétion, & la liberté cynique des propos.

La circonspection dans nos actions ne nous laisse rien faire qui ne porte un caractère de doiture & de vertu; & elle nous prescrit la manière de les faire, qui est celle des autres : elle nous prescrit l'étude des usages, les bons exemples, les bienséances & la pudeur.

PRUDERIE.

La pruderie, dit M. De la Bruyère, est l'imitation de la sagesse. Une femme prude paye de maintien & de paroles; une femme sage paye de conduite : celle-là suit son humeur & sa complexion, celle-ci sa raison & son cœur : l'une est sérieuse & austère; l'autre est, dans les diverses rencontres, précisément ce qu'il faut qu'elle soit : la première cache des foibles sous de plausibles dehors; la seconde couvre un riche fonds sous un air libre & naturel. La pruderie contraint l'esprit, ne cache ni l'âge ni la laideur; souvent elle les suppose. La sagesse au contraire pallie les défauts du corps, ennoblit l'esprit, ne rend la jeunesse que plus piquante, & la beauté que plus dangereuse.

PUDEUR.

La pudeur est le sentiment de l'honnête.

PYRRHONISME.

Le pyrrhonisme est le doute, l'incertitude de l'existence des choses, réduit en système par Pyrrhon. Il est d'autant plus dangereux pour la morale & la politique, qu'il est spécieux.

Q.

QUALITÉ.

Les qualités sont les attributs des choses; c'est ce qui leur est propre, ce qui leur appartient.

On voit, par cette définition, que chaque chose a ses qualités bonnes ou mauvaises : mais mon dessein n'est de parler ici que des qualités du cœur & de l'esprit.

Les qualités du cœur, qu'on nomme aussi qualités essentielles, viennent du tempérament, ou, pour mieux dire, sont les qualités du tempérament même.

Les qualités de l'esprit sont celles qui doivent leur naissance à la réflexion ; mais qui, comme les autres, viennent originairement de la constitution.

RAILLERIE.

La raillerie, qui naît d'un mépris content, est une louange ironique. Elle demande dans l'esprit beaucoup de finesse & de délicatesse ; de la finesse pour saisir les ridicules ; & de la délicatesse pour les peindre sans choquer l'amour-propre.

La raillerie, dit M. De la Rochefoucauld, est une injure déguisée, pleine de malignité, que l'on souffre avec d'autant plus d'impatience, qu'il est dans l'ordre de se fâcher des injures ; & que c'est une espèce de ridicule de se fâcher de la raillerie.

RAISON.

La raison est le jugement formé par l'habitude de réfléchir sur les choses qui ont du rapport avec nous. C'est la manière dont nous devons régler les opérations de notre âme. Son office est de régler notre conduite. Le motif qui la détermine, est le desir de se rendre heureux ; & le bonheur est le but qu'elle se propose, & auquel elle peut seule nous conduire.

La juste & droite raison, dit M. De la Rochefoucauld, est une lumière de l'ame, qui lui fait voir les choses comme elles sont. On lui fait plus d'honneur qu'elle ne mérite : souvent elle usurpe ce qui est dû au tempérament.

On a beau nous dire que l'instinct est plus sûr que la raison pour nous rendre heureux, & apporter en preuve l'exemple des enfans : ils ne sont heureux que comme un homme qui rêve, & qui ne jouit du bonheur qu'en songe. C'est le sentiment du bonheur, c'est la connoissance que nous en avons, qui fait les charmes de la félicité.

Voici le portrait de la raison, que M. De Boissi a envisagée par ses avantages & ses abus, dans la charmante comédie de l'*Homme du Jour*:

LE MARQUIS.

Pour moi, je reconnois une saine raison.
Loin d'être un préjugé, madame, elle s'occupe
A détruire l'erreur, dont le monde est la dupe;
Nous aide à démêler le vrai d'avec le faux;
Epure les vertus, corrige les défauts;
Est de tous les états, comme de tous les âges,
Et nous rend à la fois sociables & sages.

LA COMTESSE.

Moi, je soutiens qu'elle est elle-même un abus;
Qu'elle accroît les défauts, & gâte les vertus,
Etouffe l'enjoûment, forme les sots scrupules,
Et donne la naissance aux plus grands ridicules;
De l'ame, qui s'élève, arrête les progrès;
Fait les hommes communs, & les pédans parfaits :
Raison qui ne l'est pas, que l'esprit vrai méprise,
Que l'on nomme bon-sens, & qui n'est que bêtise.

LE MARQUIS.

Le bon-sens n'est pas tel.

LE BARON.

Mais il en est plusieurs.
Chacun a sa raison qu'il peint de ses couleurs.
La comtesse a beau dire ; elle-même a la sienne.

LA COMTESSE.

J'aurois une raison !

RAISON.

LE BARON.

                Oui, la chose est certaine :
Sous un nom opposé vous respectez ses loix.

LA COMTESSE.

Quelle est cette raison, qu'à peine je conçois ?

LE BARON.

Celle du premier ordre, à qui la bourgeoisie
Donne vulgairement le titre de folie ;
Qui met sa grande étude à badiner de tout,
Est mère de la joie, & source du bon goût ;
Au milieu du grand monde établit sa puissance ;
Et de plaire à ses yeux enseigne la science ;
Prend un essor hardi, sans blesser les égards,
Et sauve les dehors jusques dans ses écarts ;
Brave les préjugés & les erreurs grossières,
Enrichit les esprits de nouvelles lumières,
Echauffe le génie, excite les talents ;
Sçait unir la justesse aux traits les plus brillants ;
Et, se moquant des sots dont l'univers abonde,
Fait le vrai philosophe & le sage du monde.

Je ne puis mieux finir cet article, que par cette belle strophe de M. Rousseau, sur l'abus de la raison :

    Loin que la raison nous éclaire
    Et conduise nos actions,
    Nous avons trouvé l'art d'en faire
    L'orateur de nos passions.
    C'est un sophiste, qui nous joue ;
    Un vil complaisant, qui se loue
    A tous les fous de l'univers,
    Qui, s'habillant du nom de sages,
    La tiennent sans cesse à leurs gages,
    Pour autoriser leurs travers.

RAISONNEMENT.

Le raisonnement est l'art de comparer des idées, & de déduire des conséquences, des rapports que les choses ont entr'elles.

Le raisonnement nous sert à connoître si une proposition est vraie ou fausse, en la comparant avec une autre qui y a rapport.

Faux raisonnement. *Voyez* SOPHISME.

RECONNOISSANCE.

La reconnoissance est le sentiment d'un bienfait, joint au desir de témoigner l'obligation qu'on en a.

C'est une vertu d'autant plus estimable, qu'elle est le fruit pénible de la réflexion : car les hommes sont naturellement ingrats. Leur amour-propre se trouve humilié de recevoir ; & l'on voit souvent, à la honte de l'humanité, que, bien loin de chercher à témoigner la reconnoissance d'un bienfait, on fuit le bienfaiteur. Cependant l'habitude de la reconnoissance nous en rend la pratique si facile, qu'elle nous semble à nous-mêmes une disposition naturelle.

RÉFLEXION.

La réflexion, selon M. De Vauvenargue, est la puissance de nous replier sur nos idées, de les modifier, & de les combiner de diverses manières : elle est le grand principe du jugement & du raisonnement.

La nature, dit M. De Fontenelle, a mis les hommes au monde pour y vivre ; & vivre, c'est ne sçavoir ce qu'on fait la plupart du temps. Quand nous découvrons le peu d'importance de ce qui nous occupe & de ce qui nous touche, nous arrachons à la nature son secret: on devient trop sage, & l'on n'est pas assez homme; on pense, & l'on ne veut plus agir. Voilà ce que la nature ne trouve pas bon, & elle nous en punit par la tristesse que ces pensées nous causent; mais la raison, qui nous met au-dessus de tout par les pensées, nous ramène à tout par les actions.

REGRETS.

Les regrets sont le souvenir de la perte d'un bien qu'on est fâché d'avoir perdu. Ce souvenir produit un sentiment douloureux, qui ne sert qu'à nous chagriner.

RELIGION.

La religion est le culte qu'on rend à la divinité. Toute religion, qui favorisera la passion dominante d'un peuple, est sûre d'en être bien reçue. La loi de Mahomet, qui flatte la passion pour les femmes, en est une preuve.

Les déistes n'admettent point de culte; & les tolérans prétendent que tout culte honore la divinité, & que la différence des religions lui importe peu.

La religion est bien plus puissante, sur l'esprit des hommes qui en sont persuadés, que la philosophie; elle nous fait mieux supporter les revers de la fortune, les peines & les infirmités attachées à l'humanité.

  Heureux celui qui, plein de crainte
  Pour la divine majesté,
  Marche sans détour & sans feinte
  Dans le sentier de l'équité !
  Rien ne trouble sa paix profonde;

Il voit dans sa maison féconde
Croître les fils de ses enfans ;
Et leur jeunesse florissante,
Dans la vertu toujours constante,
Sera l'appui de ses vieux ans.

Recueil de l'académie, année 1715.

RÉMINISCENCE.

La reminiscence est le souvenir des perceptions qu'on a eues.

Lorsque les objets attirent notre attention, les perceptions qu'ils occasionnent en nous se lient avec le sentiment de notre être, & avec tout ce qui peut y avoir quelque rapport. De-là, il arrive que non seulement la *conscience* nous donne connoissance de nos perceptions ; mais encore, si elles se répètent, elle nous avertit souvent que nous les avons déjà eues ; & nous les fait connoître comme étant à nous, ou comme affectant, malgré leur variété & leur succession, un être qui est constamment le même que nous. La *conscience*, considérée par rapport à ces nouveaux effets, est une nouvelle opération, qui nous sert à chaque instant, & qui est le fondement de l'expérience. Sans elle, chaque moment de la vie nous paroîtroit le premier de notre existence, & notre connoissance ne s'étendroit jamais au-delà d'une première perception. La réminiscence est donc produite par la liaison que conserve la suite de nos perceptions.

REMORDS.

Le remords est le sentiment du crime dont on craint le châtiment : c'est le témoignage de la conscience qui condamne nos actions : c'est la première peine du crime, qui, par cette raison, n'est jamais

sans châtiment, malgré la prospérité dont il paro
souvent jouir.

   Sous des lambris dorés, l'injuste ravisseur,
   Entretient le vautour, dont il est la victime.
   Combien peu de mortels connoissent la douceur
      D'un bonheur pur & légitime !
                Le grand Rousseau.

RENOMMÉE. *Voyez* RÉPUTATION.

REPENTIR.

Le repentir est le sentiment des fautes qu'on voudroit n'avoir pas faites, joint au desir de les réparer.

Dans cette situation, dit M. l'abbé De Condillac, l'homme se rappelle les circonstances où il a été plus heureux. Il se souvient qu'au moment où il s'est livré à l'objet qui fait son tourment, il y en avoit d'autres dont la jouissance lui étoit offerte, & qu'il sçait par expérience être propres à son bonheur : il juge aussitôt qu'il a été en son pouvoir de les préférer, comme en effet il les a préférées en d'autres occasions : dès-lors il les regrette, & il souffre non seulement par les maux qui accompagnent le choix qu'il a fait, il souffre encore par la privation des avantages qui eussent été la suite d'un choix différent. Or la peine qu'il éprouve, lorsqu'il fait cette comparaison, & qu'il juge qu'il n'a tenu qu'à lui de mieux choisir ; la peine, en un mot, qui accompagne ses regrets, est ce que nous nommons repentir.

REPOS. *Voyez* TRANQUILLITÉ.

RÉPUTATION.

La réputation d'un homme est ce que l'on publie de ses bonnes ou de ses mauvaises qualités ; ainsi elle peut être bonne ou mauvaise.

Ce n'est pas le motif des actions des hommes qui établit leur réputation; c'est le succès qui en décide. Nous le voyons dans l'exemple des conquérans, qui ne méritent la gloire que par la justice de leurs entreprises, & qui l'obtiennent par le succès.

La plupart des hommes, dit M. De la Rochefoucauld, ne jugent des gens que par la vogue qu'ils ont, ou par leur fortune.

L'amour de la gloire & de la réputation est souvent le plus grand obstacle qui s'oppose au bonheur. Nous nous conduisons par les préjugés de la naissance & de la condition. Tel homme, qui, dans un état obscur, vivroit en citoyen, en sage, va s'enterrer dans une campagne, pour y cacher une fortune dont sa vanité auroit trop à souffrir. Cela s'appelle, selon le monde, *soutenir son rang, avoir de l'honneur, sentir ce que l'on est*.

Le sage se met au-dessus des jugemens des hommes, lorsqu'ils s'écartent de la vertu; & il jouit du bonheur, tandis que les hommes préfèrent la fausse gloire de paroître heureux, aux solides avantages qui pourroient leur procurer le bonheur.

Il y a peu d'hommes, dit M. Duclos, assez sûrs & assez satisfaits de l'opinion qu'ils ont d'eux-mêmes, pour être indifférens sur celle des autres; & il y en a qui en sont plus tourmentés que des besoins de la vie.

Le desir d'occuper une place dans l'opinion des hommes, a donné naissance à la réputation & à la renommée; deux ressorts puissans de la société, qui partent du même principe, mais dont les moyens & les effets ne sont pas totalement les mêmes.

Plusieurs moyens servent également à la réputation & à la renommée, & ne différent que par les degrés; d'autres sont exclusivement propres à l'une ou à l'autre.

Une réputation honnête est à la portée du commun des hommes : on l'obtient par les vertus sociales, & la pratique constante de ses devoirs. Cette espèce de réputation n'est, à la vérité, ni étendue ni brillante ; mais elle est souvent la plus utile.

L'esprit, les talens, le génie, procurent la célébrité ; c'est le premier pas vers la renommée : mais les avantages en sont peut-être moins réels que ceux de la réputation d'honneur. Ce qui nous est vraiment utile nous coûte peu ; les choses rares & brillantes sont celles qui exigent le plus de travaux, & dont la jouissance n'est qu'idéale.

Deux sortes d'hommes sont faits pour la renommée. Les premiers, qui se rendent utiles par eux-mêmes, y ont droit ; les autres, qui sont les princes, y sont assujettis ; ils ne peuvent échapper à la renommée. On remarque également dans la multitude celui qui est plus grand que les autres, & celui qui est placé sur un lieu plus élevé : on distingue en même temps si la supériorité de l'un & de l'autre vient de la personne ou du lieu où elle est placée. Tels sont le rapport & la différence qui se trouvent entre les grands hommes & les princes qui ne sont que princes.

Mais, laissant à part la foule des princes, sans les préférer ni les exclure à ce titre seul, ne considérons la renommée que par rapport aux hommes à qui elle est personnelle.

Les qualités, qui sont uniquement propres à la renommée, s'annoncent avec éclat : telles sont les qualités des hommes d'état, destinés à faire la gloire, le bonheur ou le malheur des peuples.

Quelques-uns des talens qui font la renommée seroient inutiles, & quelquefois dangereux, dans la vie privée. Il y a eu de grands hommes, qui, s'ils ne l'eussent pas été, faute de quelques circonstances, n'auroient jamais pu être autre chose, & auroient paru incapables de tout.

La réputation & la renommée peuvent être fort indifférentes, & subsister ensemble.

Un homme d'état ne doit rien négliger pour avoir une réputation honnête; mais il ne doit compter que sur la renommée, qui peut seule le justifier contre ceux qui attaquent sa réputation. Il est comptable au monde, & non pas à des particuliers intéressés, aveugles ou téméraires.

Ce n'est pas qu'on ne puisse mériter à la fois une grande renommée & une mauvaise réputation : mais la renommée, portant principalement sur des faits, est ordinairement mieux fondée que la réputation, dont les principes peuvent être équivoques. La renommée est assez constante & uniforme; la réputation ne l'est presque jamais.

Ce qui peut consoler les grands hommes sur les injustices qu'on fait à leur réputation, ne doit pas la leur faire sacrifier trop légèrement à la renommée, parce qu'elles se prêtent réciproquement beaucoup d'éclat. Quand on fait le sacrifice de la réputation par une circonstance forcée de son état, c'est un malheur qui doit se faire sentir, & qui exige tout le courage que peut inspirer l'amour du bien public. Ce seroit aimer bien généreusement l'humanité, que de la servir, au mépris de la réputation; ou ce seroit trop mépriser les hommes, que de ne tenir aucun compte de leurs jugemens. Et, dans ce cas-là, les serviroit-on? Quand le sacrifice de la réputation à la renommée n'est pas forcé par le devoir, c'est une folie, parce qu'on jouit réellement plus de sa réputation que de sa renommée.

On ne jouit en effet de l'estime, de l'amitié, du respect & de la considération, que de la part de ceux dont on est entouré. Il est donc plus avantageux que la réputation soit honnête, que si elle n'étoit qu'étendue.

Qu'un homme illustre se trouve au milieu de ceux qui, sans le connoître personnellement, célèbrent son nom en sa présence, il jouira avec plaisir de sa célébrité; &, s'il n'est pas tenté de se découvrir, c'est parce qu'il en a le pouvoir, & par un jeu libre de l'amour-propre: mais, s'il lui étoit absolument impossible de se faire connoître, son plaisir n'étant plus libre, peut-être sa situation seroit-elle pénible; ce seroit presque entendre parler d'un autre que de soi. On peut faire la même réflexion sur la situation d'un homme dont le nom seroit dans le mépris, & qui en seroit témoin ignoré : il ne se feroit pas connoître, & jouiroit, au milieu de son tourment, d'une sorte de consolation, qui seroit, dans le rapport, opposé à la peine du premier, que nous avons supposé contraint au silence.

Si l'on réduisoit la célébrité à sa valeur réelle, on lui feroit perdre bien des sectateurs. La réputation la plus étendue est toujours bornée; la renommée même n'est jamais universelle. A prendre les hommes numériquement, combien y en a-t-il à qui le nom d'Alexandre n'est jamais parvenu? Ce nombre surpasse ceux qui sçavent qu'il a été le conquérant de l'Asie. Combien y a-t-il d'hommes qui ignoroient l'existence de Kouli-kan, dans le temps qu'il changeoit une partie de la face de la terre?

La terre a des bornes assez étroites; & la renommée peut toujours s'étendre, sans jamais la remplir. Quel caractère de foiblesse, que de pouvoir croître continuellement, sans atteindre à un terme limité!

On se flatte du moins que l'admiration des hommes instruits doit dédommager de l'ignorance des autres. Mais le propre de la renommée est de compter, de multiplier les voix, & non pas de les apprécier ; &, dans ce cas-là, il semble que le fruit de la renommée se borne à un hommage rendu aux syllabes d'un nom : cependant plusieurs ne plaignent ni peines ni travaux pour y parvenir ; ne pouvant être illustres, ils tâchent du moins d'être fameux ; ils veulent qu'on parle d'eux, qu'on en soit occupé ; ils aiment mieux être malheureux, qu'ignorés. Celui, dont les malheurs attirent l'attention, est à-demi consolé.

Quand le desir de la célébrité n'est qu'un sentiment, il peut être, suivant son objet, honnête pour celui qui l'éprouve, & utile à la société ; mais, si c'est une manie, elle est bientôt injuste, artificieuse & avilissante, par les manœuvres qu'elle emploie : l'orgueil fait faire autant de bassesses que l'intérêt. Voilà ce qui produit tant de réputations usurpées & peu solides.

Rien ne rendroit plus indifférent sur la réputation, que de voir comme elle s'établit souvent, se détruit, se varie, & quels sont les auteurs de ces révolutions.

A peine un homme paroît-il dans quelque carrière que ce soit, pour peu qu'il montre quelques dispositions heureuses, quelquefois même sans cela, chacun s'empresse de le servir, de l'annoncer, de l'exalter : c'est toujours en commençant qu'on est un prodige. D'où vient cet empressement ? Est-ce générosité, bonté ou justice ? Non, c'est envie, souvent ignorée de ceux qu'elle excite. Dans chaque carrière, il se trouve toujours quelques hommes supérieurs : les subalternes, ne pouvant aspirer aux premières places, cherchent à en écarter ceux qui les occupent, en leur suscitant des rivaux.

On dira peut-être qu'il doit être indifférent par qui les premiers rangs soient occupés, à ceux qui n'y peuvent atteindre. Mais c'est bien peu connoître les passions, que de les faire raisonner ; elles ont des motifs, & jamais de principes. L'envie sent & agit, ne réfléchit ni ne prévoit ; si elle réussit dans son entreprise, elle cherche aussitôt à détruire son propre ouvrage. On tâche de précipiter du faîte celui à qui on a prêté la main pour faire les premiers pas : on ne lui pardonne point de n'avoir plus besoin de secours.

C'est ainsi que les réputations se forment & se détruisent : quelquefois elles se soutiennent, soit par la solidité du mérite qui les affermit, soit par l'artifice de celui qui, ayant été élevé par la cabale, sçait mieux qu'un autre les ressorts qui la font mouvoir, ou qui embarrassent son action.

Il arrive souvent que le public est étonné de certaines réputations qu'il a faites : il en cherche la cause : &, ne pouvant la découvrir, parce qu'elle n'existe pas, il n'en conçoit que plus d'admiration & de respect pour le fantôme qu'il a créé. Ces réputations ressemblent aux fortunes, qui, sans fonds réels, portent sur le crédit, & n'en sont que plus brillantes.

Comme le public fait des réputations par caprice, des particuliers en usurpent par manège ou par une sorte d'imprudence, qu'on ne doit pas même honorer du nom d'amour-propre. Ils annoncent qu'ils ont beaucoup de mérite ; on plaisante d'abord de leurs prétentions : ils répètent les mêmes propos si souvent, & avec tant de confiance, qu'ils viennent à bout d'en imposer. On ne se souvient plus par qui on les a entendu tenir, & l'on finit par les croire ; cela se répète, comme un bruit de ville qu'on n'approfondit point.

On fait même des associations pour ces sortes de manœuvres ; c'est ce qu'on appelle une cabale.

On entreprend de dessein formé d'établir une réputation, & l'on en vient à bout.

Quelque brillante que soit une telle réputation, il n'y a quelquefois que celui qui en est le sujet qui en est la duppe. Ceux qui l'ont créé sçavent à quoi s'en tenir ; quoiqu'il y en ait aussi qui finissent par respecter leur propre ouvrage.

D'autres, frappés du contraste de la personne & de sa réputation, ne trouvant rien qui justifie l'opinion publique, n'osent manifester leur sentiment propre. Ils acquiescent au préjugé, par timidité, complaisance ou intérêt ; de sorte qu'il n'est pas rare d'entendre quantité de gens répéter le même propos, qu'ils désavouent tous intérieurement. La plupart des hommes n'osent ni blâmer, ni louer seuls, & ne sont pas moins timides pour protéger que pour attaquer. Il y en a peu qui aient le courage de se passer de partisans ou de complices ; je ne dis pas pour manifester leur sentiment, mais pour y persister : ils tâchent de s'y affermir eux mêmes, en le suggérant à d'autres ; sinon ils l'abandonnent.

Quoi qu'il en soit, les réputations usurpées, qui produisent le plus d'illusion, ont toujours un côté ridicule, qui devroit empêcher d'en être fort flatté. Cependant on voit quelquefois employer les mêmes manœuvres, par ceux qui auroient assez de mérite pour s'en passer.

Quand le mérite sert de base à la réputation, c'est une grande mal-adresse que d'y joindre l'artifice, parce qu'il nuit plus à la réputation méritée, qu'i ne sert à celle qu'on ambitionne. Si le public vient à le reconnoître, & il le reconnoît enfin, il se révolte, & dégrade la gloire la mieux acquise. C'est une injustice; mais il ne faut pas le mettre en droit d'être injuste. L'envie, à qui les prétextes suffisent, s'applaudit d'avoir des motifs, les saisit avec ardeur, & les emploie avec adresse. Elle ne pardonne au mérite, que lorsqu'elle est trompée par sa propre malignité, & qu'elle croit remarquer des défauts, qui lui servent de pâture. Elle se console, en croyant rabbaisser d'un côté ce qu'elle est forcée d'admirer de l'autre. Elle cherche moins à détruire ce qu'elle se flatte d'outrager.

Une sorte d'indifférence sur son propre mérite est le plus sûr appui de la réputation ; on ne doit pas affecter d'ouvrir les yeux de ceux que la lumière éblouit. La modestie est le seul éclat qu'il soit permis d'ajouter à la gloire.

Si l'artifice est un moyen honteux pour la réputation, il y a un art, & même un art honnête, qui naît de la prudence, & qui n'est pas à dédaigner. Les gens d'esprit ont plus davantage que les autres, non seulement pour la gloire; mais encore pour acquérir & mériter la réputation de vertu. Une intelligence fine, aussi contraire à la fausseté qu'à l'imprudence, un discernement prompt & sûr, fait qu'on place les bienfaits avec choix, qu'on parle, qu'on se tait & qu'on agit à propos. Il n'y a personne qui n'ait quelquefois occasion de faire une action honnête, courageuse, & toutefois sans danger. Le sot la laisse passer, faute de l'appercevoir : l'homme d'esprit la sent & la saisit. L'expérience prouve que d'esprit seul n'y suffit pas, & qu'il faut encore un cœur noble, pour employer cet art honnête.

J'ai vu de ces succès brillans, & je suis persuadé

que celui même qui étoit comblé d'éloges sentoit combien il lui en avoit peu coûté pour les obtenir; mais il n'en étoit pas moins louable.

J'en ai remarqué d'autres, qui, avec de la bienfaisance dans le cœur, avec les actes de vertu les plus fréquens, faute d'intelligence & d'à propos, n'étoient pas à beaucoup près aussi estimés qu'estimables. Leur mérite ne faisoit point de sensation; à peine le soupçonnoit-on. Il est vrai que, si, par un heureux hasard, le mérite simple & uni vient à être remarqué, il acquiert l'éclat le plus subit. On le loue avec complaisance, on voudroit encore l'augmenter: l'envie même applaudit, sans sortir de son caractère; elle en tire parti, pour en humilier d'autres.

Si les réputations se forment & se détruisent avec facilité, il n'est pas étonnant qu'elles varient, & soient contradictoires dans la même personne. Tel a une réputation dans un lieu, qui, dans un autre, en a une toute différente: il a celle qu'il mérite le moins, & on lui refuse celle où il a le plus de droit. On auroit des exemples dans tous les ordres. Je ne puis me dispenser d'entrer ici dans quelques détails, qui rendront les principes plus sensibles, par l'application que j'en vais faire.

Un homme est taxé d'avarice, parce qu'il méprise le faste, & se refuse le superflu, pour fournir le nécessaire à des malheureux ignorés. On loue la générosité d'un autre, qui répand avec ostentation ce qu'il ravit avec artifice ou violence; il fait des présens, & refuse le payement de ses dettes: on admire sa magnificence, quand il est à la fois victime du faste & de l'avarice.

On accuse d'indolence un homme qui ne fléchit pas avec bassesse sous une autorité usurpée: on reproche l'emportement à un autre, parce qu'il n'a pas porté la patience jusqu'à l'avilissement. Comme elle a ses bornes, les gens naturellement doux finissent souvent par avoir tort mal-à propos, quand la mesure est comble. On ne sçauroit croire combien il importe, pour le bien de la paix, de ne se pas laisser trop vexer, à moins que l'on ne se consente à être avili.

On vante, au contraire, la douceur d'un homme entier, opiniâtre par caractère, & poli par orgueil.

Une femme est déshonorée, parce qu'elle a constaté sa faute par l'éclat de sa douleur & de sa honte ; tandis qu'une autre se met à couvert de tout reproche par l'excès de son impudence : celle-ci n'est pas même l'objet d'un mépris secret. Les hommes haïssent ce qu'ils n'oseroient punir ; mais ils ne méprisent que ce qu'ils osent blâmer hautement. Leurs actions déterminent plus leurs jugemens, que leurs jugemens ne règlent leurs actions.

Si l'on passe des simples particuliers à ceux qui, paroissant sur un théâtre plus éclairé, sont à portée d'être mieux connus, on verra qu'on n'en juge pas avec plus de justice.

Un ministre est taxé de dureté, parce qu'il est juste, qu'il rejette des sollicitations payées, & refuse de se prêter à ce que les courtisans appellent des affaires : Commerce injurieux au mérite, scandaleux pour le public, avilissant pour l'autorité, & dangereux pour l'état.

Un prince passe pour sévère, parce qu'il aime mieux prévenir les fautes, que d'être obligé de les punir : il est taxé de cruauté, parce qu'il réprime les tyrannies subalternes, de toutes les plus odieuses. Les loix cruelles contre les oppresseurs sont les plus douces pour la société ; mais l'intérêt particulier se fait toujours le législateur de l'ordre public.

Louis XII, un des meilleurs, & par conséquent des plus grands rois que la France ait eu, fut accusé d'avarice, parce qu'il ne fouloit pas les peuples pour enrichir des favoris sans mérite. Le peuple doit être le favori d'un roi; & les princes n'ont droit au superflu, que lorsque les peuples ont le nécessaire. Les reproches qu'on osoit lui faire ne prouvoient que sa bonté. On porta l'insolence jusqu'à le jouer sur le théâtre. » J'aime mieux, dit ce prince honnête-» homme, que mon avarice les fasse rire, que si elle » les faisoit pleurer. » Les reproches des courtisans valent souvent des éloges, & leurs éloges sont des pièges.

A l'égard des réputations de probité, il est étonnant qu'il y en ait si peu d'établies, attendu la facilité avec laquelle on l'usurpe quelquefois. On ne voyoit jadis que des hypocriques de vertu; on trouve aujourd'hui des hypocriques de vice. Des gens ayant remarqué qu'une vertu austère n'est pas toujours exempte d'un peu de dureté, parce qu'on est moins circonspect quand on est irréprochable, & qu'on s'observe moins quand on ne craint pas de se trahir : ces gens tirent parti de leur férocité naturelle, & souvent la portent à l'excès, pour établir la sévérité de leur vertu : leurs déclamations contre l'impudence sont des preuves continuelles de la leur. Qu'il y a de ces gens dont la dureté fait toute la vertu! L'étourderie fait encore une preuve très-équivoque de la franchise; on ne devroit se fier qu'à l'étourderie de ceux à qui elle est souvent préjudiciable.

La dureté & l'étourderie sont des défauts de caractère qui n'excluent pas absolument, & supposent encore moins la vertu, mais qui la gâtent quand ils s'y trouvent unis. Cependant, combien de fois a-t-on été trompé par cet extérieur ?

Si l'on souscrit légèrement à certaines réputations de probité, on est flétri souvent avec une témérité encore plus blamable, par passion, par intérêt. On abuse du malheur d'un homme, pour attaquer sa probité. On s'élève contre la réputation des autres, uniquement pour donner opinion de sa vertu.

Si un homme a le courage de défendre une réputation qu'il croit injustement attaquée, on ne lui fait pas toujours l'honneur de le regarder comme une dupe; ce soupçon seroit trop ridicule; on suppose qu'il a intérêt de soutenir une thèse extraordinaire. Qu'on se soit visiblement trompé en jugeant défavorablement, on n'est suspect que d'un excès de sagacité; mais, si c'est en jugeant trop favorablement, c'est le comble de l'imbellicité: cependant l'erreur est la même, & le caractère est très-différent.

Ces faux jugemens ne partent pas toujours de la malignité. Les hommes font beaucoup d'injustices sans méchanceté, par légèreté, précipitation, sotise, témérité, imprudence.

Les décisions hasardées avec le plus de confiance font le plus d'impression. Eh! qui sont ceux qui jouissent du droit de prononcer ? Des gens qui, à force de braver le mépris, viennent à bout de se faire respecter, & de donner le ton; qui n'ont que des opinions & jamais de sentimens, qui en changent, les quittent & les reprennent sans le sçavoir ni s'en douter, ou qui sont opiniâtres sans être constans.

Voilà cependant les juges des réputations; voilà ceux dont on méprise le sentiment, & dont on recherche le suffrage; ceux qui procurent la considération, sans en avoir eux-mêmes aucune.

RÉSIGNATION.

La résignation est cette douce & héroïque disposition de l'ame, qui naît de la persuasion que le monde est gouverné par une providence éclairée, & qui nous fait acquiescer sans effort à tous les événemens qui nous arrivent.

RESPECT.

Le respect, dit M. Duclos, n'est autre chose que l'aveu de la supériorité de quelqu'un. Si la supériorité du rang suivoit toujours celle du mérite, ou qu'on n'eût pas prescrit des marques extérieures de respect, son objet seroit personnel, comme celui de l'estime; & il a dû l'être originairement, de quelque nature qu'ait été le mérite de mode. Mais, comme quelques hommes n'eurent pour mérite que le crédit de se maintenir dans les places que leurs aïeux avoient honorées, il ne fut plus dès-lors possible de confondre la personne dans le respect que les places exigeoient. Cette distinction se trouve aujourd'hui si vulgairement établie, qu'on voit des hommes réclamer quelquefois, pour leur rang, ce qu'ils n'oseroient prétendre pour eux-mêmes. Vous devez, dit-on humblement, du respect à ma place, à mon rang. On se rend assez de justice pour n'oser dire, à ma personne. Si la modestie fait tenir le même langage, elle ne l'a pas inventé, & elle n'auroit jamais dû adopter celui de l'avilissement.

La même réflexion fit comprendre que le respect, qui pouvoit se refuser à la personne, malgré l'élévation du rang, devoit s'accorder, malgré l'abbaissement de l'état, à la supériorité du mérite ; car le respect, en changeant d'objet dans l'application, n'a point changé de nature, & n'est dû qu'à la supériorité. Ainsi il y a depuis longtemps deux sortes de respects, celui qu'on doit au mérite, & celui qu'on rend aux places, à la naissance. Cette dernière espèce de respect n'est plus qu'une formule de paroles ou de gestes, à laquelle les gens raisonnables se soumettent, & dont on ne cherche à s'affranchir que par sotise, & par un orgueil puéril.

Le vrai respect, n'ayant pour objet que la vertu, il s'ensuit que ce n'est pas le tribut qu'on doit à l'esprit ou aux talens : on les loue, on les estime, c'est-à-dire qu'on les prise, on va jusqu'à l'admiration ; mais on ne leur doit point de respect, puisqu'ils pourroient ne pas sauver du mépris. On ne mépriseroit pas précisément ce qu'on admire ; mais on pourroit mépriser à certains égards ceux qu'on admire à d'autres. Cependant, ce discernement est rare ; tout ce qui saisit l'imagination des hommes ne leur permet pas une justice si exacte.

Le respect est le sentiment & l'aveu de la supériorité que les autres ont sur nous ; c'est un hommage que l'on rend aux talens, aux rangs, à la naissance, & souvent à la fortune.

Ce que nous appellons respect humain, est la déférence que tout homme sage doit aux jugemens du public. Cette déférence ne doit s'étendre qu'aux manières & à la façon de s'habiller, &c. : mais elle ne doit plus avoir lieu, lorsqu'il est question de la façon de penser. La vertu est immuable & indépendante du caprice, des modes & des coutumes.

REVERS.

Le revers est le changement de la bonne fortune en la mauvaise. Voyez ADVERSITÉ.

RICHESSES.

On appelle richesses généralement tous les biens de la fortune.

On a attaché une gloire à celui qui les méprise : cette gloire me paroit bien chimérique. Les richesses sont un bien, dès qu'on peut les acquérir par des moyens honnêtes : elles nous donnent de la considération, & nous procurent les moyens d'être utiles à la société. Il est vrai qu'elles sont ordinairement la source de l'incontinence, de l'envie, &c.; mais c'est leur abus qui produit tous ces maux.

Un homme qui se connoît en mérite n'en estime pas un autre parce qu'il a des richesses, mais parce qu'il a eu le talent d'en acquérir par des voies légitimes : il fait plus de cas d'un pauvre vertueux, que d'un riche frippon.

> Si l'or prolongeoit la vie,
> Je n'aurois point d'autre envie
> Que d'amasser bien de l'or :
> La mort me rendant visite,
> Je la renverrois bien vîte
> En lui donnant mon trésor.
> Mais, si la Parque sévère
> Ne le permet pas ainsi,
> L'or ne m'est plus nécessaire :
> L'amour & la bonne chère
> Partageront mon souci.
>
> *Fontenelle.*

Le plus noble & le plus doux plaisir que procurent les grands biens à ceux qui les possèdent, est de pouvoir répandre un superflu qui fournisse le nécessaire à ceux qui sont dans l'indigence. S'ils pensent & usent autrement de leur fortune, ils en sont indignes.

RIDICULE.

Le ridicule est tout ce qui n'est pas naturel, & qui dès-lors paroît affecté.

Il y a des ridicules de convention : ce sont ceux qui sont contre la bienséance & les usages reçus. Ils sont attachés à l'âge ou à la profession. Par exemple, on est convenu qu'un magistrat devoit avoir un air grave : s'il prend l'air d'aisance & le ton badin du militaire, il passera pour ridicule ; de même qu'un vieillard qui affecteroit l'enjouement & la vivacité d'un jeune homme.

Cette sorte de ridicule est un préjugé que méprise l'homme sensé, mais dont il s'écarte cependant le moins qu'il peut dans sa conduite, parce que nous devons respecter les préjugés qui ne sont pas absolument contraires à la vertu.

Le ridicule, dit M. Duclos, ressemble souvent à ces fantômes, qui n'existent que pour ceux qui y croient. Plus un mot abstrait est en usage, moins l'idée en est fixe, parce que chaqu'un l'étend, la restraint, ou la change ; & l'on ne s'apperçoit de la différence des principes que par celle des conséquences, ou par les différentes applications qu'on en fait. Si l'on vouloit définir les mots que l'on comprend le moins, il faudroit définir ceux dont on se sert le plus.

Le ridicule consiste à choquer la mode ou l'opinion, & communément on les confond assez avec la raison : cependant ce qui est contre la raison est sotise ou folie ; si c'est contre l'équité, c'est crime. Le ridicule ne devroit donc avoir lieu que dans les choses indifférentes par elles-mêmes & consacrées par la mode. Les habits, le langage, les manières, le maintien, voilà son ressort. Voici son usurpation :

Comme la mode est parmi nous la raison par excellence, nous jugeons des actions, des idées & des sentimens sur leur rapport avec la mode. Tout ce qui n'y est pas conforme est trouvé ridicule. Cela se fait ou ne se fait pas; voilà la règle de nos jugemens.

Cela doit-il se faire? ou ne se pas faire? Il est rare que nous allions jusques-là. En conséquence de ce principe, le ridicule s'étend jusques sur la vertu, & c'est le moyen que l'envie emploie le plus sûrement pour en ternir l'éclat. Le ridicule est supérieur à la calomnie, qui peut se détruire en retombant sur son auteur. La malignité adroite ne s'en fie pas même à la difformité du vice; elle lui fait l'honneur de le traiter comme la vertu, en lui associant le ridicule pour le décrier; il devient par-là moins odieux & plus méprisé.

Le ridicule est devenu le poison de la vertu & des talens, & quelquefois le châtiment du vice.

Le ridicule est le fléau des gens du monde; & il est assez juste qu'ils aient pour tyran un être fantastique.

On sacrifie sa vie à son honneur, souvent son honneur à sa fortune, & quelquefois sa fortune à la crainte du ridicule.

Je ne suis pas étonné qu'on ait quelque attention à ne pas s'y exposer, puisqu'il est d'une si grande importance dans l'esprit de plusieurs de ceux avec qui l'on est obligé de vivre. Mais on ne doit pas excuser l'extrême sensibilité que des hommes raisonnables ont sur cet article. Cette crainte excessive a fait naître des essaims de petits donneurs de ridicules, qui décident de ceux qui sont en vogue, comme les marchandes de modes fixent celles qui doivent avoir cours. S'ils ne s'étoient point emparé de l'emploi de distribuer les ridicules, ils ne seroient accablés; ils ressemblent à ces criminels qui se font exécuteurs pour sauver leur vie.

La plus grande sotise de ces êtres frivoles, & celle dont ils se doutent le moins, est de s'imaginer que leur empire est universel: s'ils sçavoient combien il est borné, la honte les y feroit renoncer. Le peuple n'en connoît pas le nom, & c'est tout ce que la bourgeoisie en sçait: parmi les gens du monde: ceux qui sont occupés ne sont frappés que par distraction de ce petit peuple incommode : ceux mêmes qui en ont été, & que la raison ou l'âge en ont séparés, s'en souviennent à peine; & les hommes illustres seroient trop élevés pour l'appercevoir, s'ils ne daignoient pas quelquefois s'en amuser.

Quoique l'empire du ridicule ne soit pas aussi étendu que ceux qui l'exercent le supposent, il ne l'est encore que trop parmi les gens du monde; & il est étonnant qu'un caractère aussi léger que le nôtre se soit soumis à une servitude dont le premier effet soit de rendre le commerce uniforme, languissant & ennuyeux.

La crainte puérile du ridicule étouffe les idées, retrécit les esprits, & les forme sur un seul modèle, suggère les mêmes propos peu intéressans de leur nature, & fastidieux par la répétition. Il semble qu'un seul ressort imprime à différentes machines un mouvement égal & dans la même direction. Je ne vois que les sots qui puissent gagner à un travers qui les met de niveau avec les hommes supérieurs, puisqu'ils sont tous également assujettis à une mesure commune où les plus bornés peuvent atteindre.

L'esprit est presque égal, quand on est asservi au même ton; & ce ton est nécessaire à ceux qui, sans cela, n'en auroient point à eux. Il ressemble à ces li-

vrées qu'on donne aux valets, sans quoi ils ne seroient pas vêtus.

Avec ce ton de mode, on peut être impunément
un sot ; & on regardera comme tel un homme de
beaucoup d'esprit qui ne l'aura pas : il n'y a rien
qu'on distingue moins de la sotise que l'ignorance des
petits usages. Combien de fois a-t-on rougi à la cour
pour un homme qu'on y produisoit avec confiance,
qu'on avoit admiré ailleurs, & qu'on avoit annoncé
avec une bonne-foi imprudente ? On ne s'étoit cependant pas trompé ; mais on ne l'avoit jugé que d'a-
près la raison, & on le confronte avec la mode.

Ce n'est pas assez que de ne pas s'exposer au ridicule pour s'en affranchir ; on en donne à ceux qui en
méritent le moins, souvent aux personnes les plus respectables, si elles sont assez timides pour le recevoir.
Des gens méprisables, mais hardis, & qui sont au
fait des mœurs régnantes, les repoussent & les anéantissent mieux que les autres.

Comme le ridicule, n'ayant souvent rien de décidé, n'a d'existence alors que dans l'opinion, il dépend en partie de la disposition de celui à qui on veut
le donner ; &, dans ce cas-là, il a besoin d'être accep-
té. On le fait échouer, non en le repoussant avec force, mais en le recevant avec mépris ou indifférence,
quelquefois en le recevant de bonne grace. Ce sont
les flèches des Mexiquains, qui auroient pénétré le
fer, & qui s'amortissoient contre des armures de
laine.

Quand le ridicule est le mieux mérité, il y a encore un art de le rendre sans effet ; c'est d'outrer ce qui
y a donné lieu. On humilie son adversaire, en dédaignant les coups qu'il veut porter.

D'ailleurs cette hardiesse d'affronter le ridicule,
impose aux hommes : &, comme la plupart ne sont

pas capables de n'eſtimer les choſes que ce qu'elles valent, où leur mépris s'arrête, leur admiration commence, & le ſingulier en eſt communément l'objet.

ROIDEUR.

La roideur dans l'eſprit & dans le caractère eſt une forte oppoſition aux ſentimens & aux actions des autres : c'eſt un défaut de tempérament.

La roideur dans la conduite des ſupérieurs vient quelquefois de l'amour de l'ordre : mais c'eſt toujours un défaut, parce qu'elle marque de l'humeur, & que l'humeur eſt plus propre à aigrir & à aliéner les eſprits, qu'à les ramener au devoir.

RUDESSE.

La rudeſſe eſt un défaut de l'eſprit qui ſe manifeſte dans le diſcours & dans les manières : c'eſt le fruit d'une éducation négligée.

RUSE. *Voyez* ADRESSE.

RUSTICITÉ.

La ruſticité eſt une manière d'agir contre la politeſſe. La différence qui ſe trouve entre elle & l'impoliteſſe, vient de la cauſe qui les produit. La ruſticité vient de l'ignorance des uſages ; & l'impoliteſſe marque une détermination de la volonté.

Il me ſemble, dit Théophraſte, que la ruſticité n'eſt autre choſe qu'une ignorance groſſière des bienſéances. L'on voit en effet des gens ruſtiques &, ſans réflexion, ſortir un jour de médecine, & ſe trouver en cet état dans un lieu public parmi le monde ; ne pas faire la différence de l'odeur forte du thin ou de la marjolaine, d'avec les parfums les plus délicieux ;

être chauffés large & grossièrement ; parler haut & ne pouvoir se réduire à un ton de voix modéré ; ne se pas fier à leurs amis sur les moindres affaires, pendant qu'ils s'en entretiennent avec leurs domestiques, jusques à rendre compte à leurs moindre valets de ce qui aura été dit dans une assemblée publique. On les voit assis leur robe relevée jusqu'aux genoux & d'une manière indécente. Il ne leur arrive pas en toute leur vie de rien admirer ni de paroître surpris des choses les plus extraordinaires que l'on rencontre sur les chemins : mais, si c'est un bœuf, un âne, ou un vieux bouc, alors ils s'arrêtent & ne se lassent point de les contempler. Si quelquefois ils entrent dans leur cuisine, ils mangent avidement tout ce qu'ils y trouvent, boivent tout d'une haleine une grande tasse de vin pur ; ils se cachent pour cela de leur servante, avec qui d'ailleurs ils vont au moulin, & entrent dans les plus petits détails du domestique. Ils interrompent leur souper, & se lèvent pour donner une poignée d'herbes aux bêtes de charrue qu'ils ont dans leurs étables. Heurte-t-on à leur porte pendant qu'ils dinent ? ils sont attentifs & curieux. Vous remarquez toujours proche de leur table un gros chien de cour, qu'ils appellent à eux, qu'ils empoignent par la queue, en disant, Voilà celui qui garde la place, qui prend soin de la maison & de ceux qui sont dedans. Ces gens, épineux dans les payemens qu'on leur fait, rebutent un grand nombre de pièces qu'ils croient légères, ou qui ne brillent pas assez à leurs yeux, & qu'on est obligé de leur changer. Ils sont occupés pendant la nuit d'une charrue, d'un lac, d'une faulx, d'une corbeille, & ils rêvent à qui ils ont prêté ces ustencilles. Et lorsqu'ils marchent par la ville, Combien vaut, demandent-ils aux premiers qu'ils rencontrent, le poisson salé ?

Les fourrures se vendent-elles bien ? N'est-ce pas aujourd'hui que les jeux nous ramènent une nouvelle lune ? D'autres fois, ne sçachant que dire, ils vous apprennent qu'ils vont se faire raser, & qu'ils ne sortent que pour cela. Ce sont ces mêmes personnes que l'on entend chanter dans le bain; qui mettent des clous à leurs souliers; qui, se trouvant tout portés devant la boutique d'Archias, achètent eux-mêmes des viandes salées, & les rapportent à la main en pleine rue.

S.

SAGACITÉ.

La sagacité est une qualité de l'esprit, qui rend par des images sensibles les idées abstraites. Elle vient de l'imagination, jointe à une pénétration vive & prompte, qui découvre dans les choses les rapports les plus éloignés. Elle a beaucoup de ressemblance avec la finesse; dont elle diffère cependant, en ce que l'une ne cherche que le rapport des choses, tandis que l'autre cherche aussi à les approfondir, à découvrir leurs principes, & à rendre les idées par ce qu'elles ont de sensible & de frappant.

La sagacité renferme une idée de facilité qui vient de la netteté de l'imagination.

La sagacité, dit M. l'abbé De Condillac, n'est que l'adresse avec laquelle on sçait se retourner, pour saisir son objet plus facilement, ou pour le faire mieux comprendre aux autres; ce qui ne se fait que par l'imagination jointe à la réflexion & à l'analyse.

SAGESSE.

La sagesse est l'art de se rendre heureux, l'art de se conduire par rapport à soi & à la société.

> La sagesse est douce & facile :
> Son cœur libre & sans fard lui donne un air riant :
> Incapable d'aigreur, toujours stable & tranquille,
> Son accueil est humain, son esprit est liant :
> Exacte en ses devoirs sans paroître sauvage,
> Elle cache le mal, elle applaudit le bien :
> Franche sans être dure, humble sans étalage ;
> Elle remarque tout, & ne critique rien,
> Raille sans déchirer, amuse sans médire :
> Aimable sans étude, elle plaît sans dessein ;
> Court après les ingrats qui veulent la détruire,
> Les cherche, les découvre & leur ouvre son sein.
>
> *L. D. V.*

Les moralistes distinguent trois sortes de sagesse, la mondaine, l'humaine & la divine.

La sagesse mondaine n'en mérite pas le nom. Ses maximes sont fondées sur l'empire des préjugés, & contraires à la raison. Elle prescrit, pour toute règle de conduite, de suivre tous les usages, quelques vicieux qu'ils soient.

La sagesse humaine cherche, dans la connoissance de l'homme & de ses devoirs, les moyens qui peuvent le conduire au but qu'il se propose, de se rendre heureux dans cette vie : la sagesse divine porte ses vues & ses espérances plus loin, & rapporte à Dieu, principe de tout bonheur, toutes ses pensées & toutes ses actions. Je ne parlerai que de la sagesse humaine.

La sagesse humaine est la connoissance & l'affection du vrai bien. Elle nous apprend l'art de modérer nos passions, de jouir des plaisirs, de dissiper

les

les chagrins, & de supporter les peines : la volupté en est le fruit.

On n'acquiert la sagesse qu'en suivant les maximes de la raison, en nous approchant de la nature, & en secouant les préjugés.

La sagesse, dit Montaigne, aime la vie ; elle aime la beauté, la gloire, la santé : mais son office propre & particulier, c'est de sçavoir user de ces biens-là règlément, & de les sçavoir perdre constamment.

Elle a pour but la vertu, qui n'est pas, comme dit l'école, plantée à la tête d'un mont coupé, raboteux & inaccessible. Ceux qui l'ont approchée la tiennent, au rebours, logée dans une belle plaine fertile & fleurissante, d'où elle voit bien sous soi toutes choses : mais si peut-on y arriver, qui en sçait l'adresse, par des routes ombrageuses, gasonnées & doux-fleurantes, & d'une pente facile & polie, comme est celle des voûtes célestes.

On a grand tort de la peindre inaccessible aux enfans, & d'un visage renfrogné, sourcilleux & terrible. Qui me l'a masquée de ce faux visage, pâle & hideux ? Il n'est rien plus gai, plus gaillard, plus enjoué, & à peu que je die folâtre. Elle ne prêche que fête & bon temps : une mine triste & transie, montre que ce n'est pas là son gîte. *Voyez* Philosophie.

PORTRAIT DU SAGE.

Si dans le monde il est un sage
Qui sçache modérer ses vœux,
Seul il mérite l'avantage
De porter le titre d'heureux.

Il vit content de la fortune,
Quelque part que le ciel l'ait mis.
Jamais sa plainte n'importune,
Ni les princes, ni ses amis.

Il ignore le vil commerce
Que les hommes font de leur cœur ;
Et ne sçait point comment s'exerce
L'infâme métier de flatteur.

Tous ses desseins sont légitimes,
Et conformes à la raison :
Il est toujours juste, & des crimes
Il ignore même le nom.

Dégagé de toute contrainte,
Le repos fait tout son plaisir ;
Et, content, il voit tout sans crainte,
Parce qu'il voit tout sans desir.

Il jouit d'une paix profonde,
Que nul remords ne peut troubler ;
Et la chûte même du monde
Ne sçauroit le faire trembler.

Riuperoux.

Heureux le mortel aimé des cieux, que la nature a orné de tous ses dons ; qui joint, à un extérieur prévenant, un esprit cultivé & docile aux conseils de la raison ; & un cœur sensible & compatissant, qu'échauffe sans cesse l'amour de l'ordre & du devoir ; également éloigné du fanatisme, de la superstition & de l'audace impie de l'irréligion ! Il soumet ses doutes aux lumières de la foi ; & cherche, dans la simplicité de son cœur, à dégager la vérité des pièges de l'erreur qui l'environne. Ferme dans l'adversité, sans crainte, sans remords, exempt de trouble & d'inquiétude, il attend, sans impatience, les biens que lui promet une espérance flatteuse ; toujours prêt à se consoler, s'il n'obtient pas ce qu'elle sembloit lui promettre. Fils reconnoissant & respectueux, bon père, tendre époux, ami constant, citoyen laborieux, il fuit cette indifférence condamnable qu'on honore souvent du nom de philosophie, & cherche à employer ses talens pour le bien de la société. Content de sa fortune, il ne fait usage de ses richesses que pour le bonheur de l'humanité. Peu curieux de vaines connoissances, il n'estime les sciences que par le rapport qu'elles ont avec l'utilité publique ; &, satisfait de la mériter, il abandonne le soin de sa gloire. Sans regret pour le passé, il ne cherche à se rappeller ses fautes, que pour les réparer. Modéré dans ses desirs, il jouit du présent sans indifférence ni emportement ; & trouve, dans la possession, cette paix délicieuse, qui n'est jamais troublée par ces honteux dégoûts, inséparables des excès. Plein de confiance pour l'avenir, il s'approche sans frayeur du terme redouté de son pélerinage, & il attend cet instant fortuné, où l'ame, dégagée des liens du corps, s'élève dans les cieux, & va jouir, dans le sein de la divinité, de ce bonheur inaltérable qui lui est destiné. *Voyez* VERTU.

Il y a trois dégrés dans la sagesse : sçavoir ce que c'est que la vertu, l'aimer & la pratiquer. La connoissance & l'amour de nos devoirs deviennent inutiles à l'homme, s'il néglige de les pratiquer.

SAILLIES.

Le mot de saillies, dit M. De Vauvenargue, vient de sauter. Avoir des saillies, c'est passer, sans gradation, d'une idée à une autre qui peut s'y allier, & saisir les rapports des choses les plus éloignées ; ce qui demande sans doute de la vivacité & un esprit agile. Ces transitions soudaines & inattendues causent toujours une grande surprise. Si elles se portent à quelque chose de plaisant, elles excitent à rire ; si à quelque chose de profond, elles étonnent ; si à quelque chose de grand, elles élèvent : mais ceux qui ne sont pas capables de s'élever, ou de pénétrer d'un coup d'œil des rapports trop approfondis, n'admirent que ces rapports bizarres & sensibles, que les gens du monde saisissent si bien. Et le philosophe, qui rapproche par de lumineuses sentences les vérités en apparence les plus séparées, réclame inutilement contre cette injustice. Les hommes frivoles, qui ont besoin de temps pour suivre ces grandes démarches de la réflexion, sont dans une espèce d'impuissance de les admirer, attendu que l'admiration ne se donne qu'à la surprise, & vient rarement par dégrés.

Les saillies tiennent en quelque sorte, dans l'esprit, le même rang que l'humeur peut avoir dans les passions. Elles ne supposent pas nécessairement de grandes lumières ; elles peignent le caractère de l'esprit. Ainsi ceux qui approfondissent vivement les choses, ont des saillies de réflexion ; les gens d'une imagination heureuse, des saillies d'imagination ; d'autres, des saillies de mémoire ; les méchans, de méchanceté ; les gens gais, de choses plaisantes, &c.

Les gens du monde, qui font leur étude de ce qui peut plaire, ont porté plus loin que les autres ce genre d'esprit : mais, parce qu'il est difficile aux hommes de ne pas outrer ce qui est bien, ils ont fait, du plus naturel de tous les dons, un jargon plein d'affectation. L'envie de briller leur a fait abandonner, par réflexion, le vrai & le solide, pour courir sans cesse après les illusions, & les jeux d'imagination les plus frivoles : il semble qu'ils soient convenus de ne plus rien dire de suivi, & de ne saisir dans les choses que ce qu'elles ont de plaisant & leur surface. Cet esprit, qu'ils croient si aimable, est sans doute bien éloigné de la nature, qui se plaît à se reposer sur les sujets qu'elle embellit, & trouve la variété dans la fécondité de ses lumières, bien plus que dans la diversité de ses objets. Un agrément faux & si superficiel est un art ennemi du cœur & de l'esprit, qu'il resserre dans des bornes si étroites ; un art qui ôte la vie de tous les discours, en bannissant le sentiment, qui en est l'ame, & qui rend les conversations du monde aussi ennuyeuses, qu'insensées & ridicules.

SAISONS.

Le changement des saisons, aussi-bien que des climats, entraîne avec elles différentes façons de sentir, & souvent de penser. Le froid resserre les pores & tend les fibres ; de-là naît l'activité & le goût des exercices : la chaleur dilate les uns, & relâche les autres ; de-là l'amour du repos.

SANG.

Le sang est cette liqueur rouge qui coule dans nos veines. Ce sont les alimens qui forment le chyle, & le chyle se convertit en sang.

La circulation plus ou moins lente du sang entretient la chaleur, principe de la vie, & forme cette diversité étonnante de tempérament, au moins autant que la disposition des organes.

SANG-FROID.

Nous prenons quelquefois pour le sang-froid, dit M. De Vauvenargue, une passion sérieuse & concentrée, qui fixe toutes les pensées d'un esprit ardent, & le rend infenfible aux autres chofes.

Le véritable fang-froid vient d'un fang doux, tempéré, & peu fertile en efprits. S'il coule avec trop de lenteur, il peut rendre l'efprit pefant; mais, lorfqu'il eft reçu par des organes faciles & bien conformés, la juftefse, la réflexion, & une fingularité aimable, fouvent l'accompagnent. Nul efprit n'eft plus defirable.

On parle encore d'un autre fang-froid que donne la force d'efprit, foutenue par l'expérience & de longues réflexions; fans doute c'eft là le plus rare.

SANTÉ.

La fanté eft cet état de vigueur que le corps éprouve dans fes fonctions, lorfqu'il ne fouffre aucune douleur.

C'eft une fource continuelle d'agrémens. Elle affaifonne les plaifirs de la vie, & nous met en état de remplir la plupart de nos devoirs : au lieu que le manque de fanté femble être ennemi des affections fociales, en ce qu'il rend incommode, chagrin & mécontent. Les infirmités empêchent l'exercice libre de la raifon, en arrêtent les progrès, & font qu'on devient à charge à fes amis, & inutile à la fociété. Il faut fe bien porter, pour foutenir avec courage les maux attachés à notre condition : ainfi il eft de la dernière importance de conferver & d'augmenter un état, fans lequel tous les autres avantages extérieurs ne nous touchent guère. Le moyen le plus fûr de nous procurer un bien fi précieux, eft d'obferver les loix de la tempérance, de prendre de l'exercice modérément, & d'avoir foin que l'ame ne foit point troublée par de violentes paffions, ni accablée par des travaux infupportables, qui détruifent infenfiblement la plus forte conftitution.

SATISFACTION. *Voyez* **CONTENTEMENT.**

SAUVAGE. *Voyez* **FAROUCHE.**

SÇAVANT.

Voici le portrait que M. Van Effen fait du vrai sçavant, comparé au pédant. Celui qui mérite véritablement le nom de sçavant, est un homme qui sçait un grand nombre de choses utiles, lesquelles, digérées par la méditation, peuvent fortifier son raisonnement, le rendre plus éclairé sur ses devoirs, en un mot lui faire passer sa vie avec agrément & avec sagesse. Celui qui n'est en possession que du titre de sçavant, c'est-à-dire, le pédant, s'est embarrassé l'esprit, sans discernement & sans choix, des plus inutiles vétilles de l'antiquité ; il sçait donner une généalogie à chaque mot ; chez lui tout terme est arabe, chaldaïque, phénicien ; enfin, il s'efforce d'apprendre ce qu'un homme raisonnable est en droit d'ignorer, pour se faire un mérite d'être instruit de ce que peu de personnes sçavent, & que tout homme de bon-sens voudroit oublier, s'il l'avoit appris.

SCIENCE.

On appelle science, les principes certains que nous avons d'un art libéral : par exemple, la géométrie est la connoissance certaine que nous avons des nombres.

Suivant cette définition, il n'y a que les mathématiques qui méritent le nom de science : cependant nous appellons aussi du même nom, celles qui, sans avoir des principes aussi certains, en ont néanmoins d'assez évidens pour obtenir notre consentement ; telles sont la physique, la morale, la médecine, &c.

Il semble d'abord que, si l'on vouloit renfermer les mathématiques dans ce qu'elles ont d'utile, il faudroit, dit M. De Fontenelle, ne les cultiver qu'autant qu'elles ont un rapport immédiat & sensible aux arts, & laisser tout le reste comme une vaine théorie : mais cette idée est bien fausse. L'art de la navigation, par exemple, tient nécessairement à l'astronomie ; & l'astronomie, a un besoin indispensable de l'optique, à cause des lunettes de longue-vue : & l'une & l'autre, ainsi que toutes les parties des mathématiques, sont fondées sur la géométrie, &, pour aller jusqu'au bout de la terre, sur l'algèbre même.

La physique est la connoissance des choses par leurs causes & leurs effets ; la morale est la connoissance de nos devoirs, & l'art de se rendre heureux ; la médecine est la connoissance de la structure machinale de l'homme, des maladies qui l'affligent, & des remèdes propres à les guérir.

Toute science a l'utilité pour objet : celle des mœurs est préférable à toute autre.

La *science*, comparée à l'*esprit*, qui forme de nouvelles combinaisons d'idées, est le souvenir des faits & des idées d'autrui.

C'est, dit Montaigne, une bonne drogue que la science ; mais nulle drogue n'est assez forte pour se préserver, sans altération & corruption, selon le vice du vase qui l'étaie. Tel a la vue claire, qui ne l'a pas droite ; & par conséquent voit le bien & ne le suit pas, & voit la science & ne s'en sert pas.

La principale ordonnance de Platon en sa république, c'est de donner à ses citoyens, selon leur nature, leur charge : *nature peut tout & fait tout*. Les boiteux sont mal-propres aux exercices du corps ; & *aux exercices de l'esprit, les ames boiteuses :* les batardes & vulgaires sont indignes de la philosophie.

Malgré la déclamation qu'on a fait de nos jours sur la science, cependant elle est la source de la sagesse. Mais la science, sans les œuvres, est vaine ; & les œuvres, sans la science, ne sont que des vertus de tempérament, ou les effets du hasard. La science par elle-même n'est pas un bien ; mais elle nous conduit au plus grand de tous les biens, au bonheur.

La science, qui est opposée à l'ignorance, est cette étendue de connoissances que nous acquérons par l'étude ou par l'expérience.

SCRUPULE.

Le scrupule est un doute que fait naître en nous telle action, dont la bonté morale ne nous est pas encore connue.

S'il annonce de la probité, on doit aussi convenir qu'il est souvent la marque de peu d'esprit, ou de beaucoup d'ignorance.

SÉCHERESSE.

La sécheresse du cœur est un défaut de sentiment ; la sécheresse d'esprit est une disette d'idées.

L'une & l'autre ont la même cause ; le vice des organes des sens, qui ne sont que foiblement affectés des objets.

Ces défauts répandent un froid mortel dans le commerce de la société, & sur-tout dans les ouvrages d'agrément.

La sécheresse n'est pas toujours une disposition naturelle ; elle est quelquefois l'effet de la maladie ou du chagrin.

SÉDITION.

Les séditions sont souvent le fruit de trop de sévérité, ou de trop d'indulgence. Ces deux excès sont également à éviter dans la conduite du gouvernement.

SENS.

Les sens sont les organes qui transmettent à l'ame l'impression des objets sensibles. Il y en a cinq ; la vue, l'ouie, l'odorat, l'attouchement & le goût. Les sens sont plus ou moins parfaits, suivant la constitution & la disposition des humeurs. Toutes nos idées viennent des sens, & sur-tout de l'ouie & du toucher.

Nous ne pouvons, dit M. De Buffon, avoir par le sens de la vue aucune idée des distances. Sans le toucher, tous les objets nous paroîtroient être dans nos yeux, parce que les images de ces objets y sont en effet ; & un enfant, qui n'a encore rien touché, doit être affecté comme si tous les objets étoient en lui-même ; il les voit seulement plus gros ou plus petits, selon qu'ils s'approchent ou qu'ils s'éloignent de ses yeux. Une mouche, qui s'approche de son œil, doit lui paroître un animal d'une grandeur énorme ; un cheval ou un bœuf, qui en est éloigné, lui paroît plus petit que la mouche : ainsi il ne peut avoir, par ce sens, aucune connoissance de la grandeur relative des objets, parce qu'il n'a aucune idée de la distance à laquelle il les voit. Ce n'est qu'après avoir mesuré la distance, en étendant la main, ou en transportant son corps d'un lieu à un autre, qu'il peut acquérir cette idée de la distance & de la grandeur des objets.

C'est par le toucher seul que nous pouvons acquérir des connoissances complettes & réelles ; c'est ce sens qui rectifie les autres sens, dont les effets ne seroient que des illusions, & ne produiroient que des erreurs dans notre esprit, si le toucher ne nous apprenoit à juger.

Les animaux, qui ont des mains, paroissent être les plus spirituels: les singes font des choses si semblables aux actions méchaniques de l'homme, qu'il semble qu'elles aient pour eux la même suite de sensations corporelles. Tous les animaux, qui sont privés de cet organe, ne peuvent avoir aucune connoissance assez distincte de la forme des choses. Comme ils ne peuvent rien saisir, & qu'ils n'ont aucune partie assez divisée & assez flexible pour pouvoir s'ajuster sur la superficie des corps, ils n'ont certainement aucune notion précise de la forme non plus que de la grandeur de ces corps; & c'est pour cela que nous les voyons souvent incertains ou effrayés à l'aspect des choses qu'ils devroient le mieux connoitre, & qui leur sont les plus familières.

L'ouie est bien plus nécessaire à l'homme, qu'aux autres animaux. Ce sens n'est dans ceux-ci qu'une propriété passive, capable seulement de leur transmettre les impressions étrangères. Dans l'homme, c'est non seulement une propriété passive, mais une faculté qui devient active par l'organe de la parole. C'est en effet par ce sens, que nous vivons en société, que nous recevons la pensée des autres, & que nous pouvons leur communiquer la nôtre. Les organes de la voix feroient des instrumens inutiles, s'ils n'étoient mis en mouvement par ce sens. Un sourd de naissance est nécessairement muet; il ne doit avoir aucune connoissance des choses abstraites & générales.

SENSATION.

La sensation est la manière dont nous sommes affectés des objets qui frappent les sens : c'est l'effet des sens.

Un philosophe doit avoir attention, lorsqu'il s'agit des sensations, d'éviter deux erreurs où les hommes ont coutume de tomber par des jugemens précipités : l'une, c'est de croire que les sensations sont dans les objets ; l'autre, que les mêmes objets produisent dans chacun de nous les mêmes sensations.

L'homme n'est pas le maître de faire naître à son gré les sensations, ni d'en empêcher absolument l'effet ; mais il peut les affoiblir ou les augmenter par la réflexion. Par exemple, je ne puis m'empêcher d'être affecté de plaisir ; cette opération des sens se fait sans ma participation : mais la réflexion, qui me fait appercevoir qu'il peut m'être nuisible, détruit cette première impression, & arrête l'effet de la sensation.

La sensation est aussi une espèce de perception, par laquelle l'esprit, frappé par les sens, conçoit différentes choses.

La sensation est aussi un terme de l'école, qu'on emploie pour celui d'imagination.

SENSIBILITÉ, TENDRESSE.

La sensibilité, dit M. l'abbé Roubaud, tient plus à la sensation, la tendresse au sentiment : Celle-ci a un rapport plus direct aux transports d'une ame qui s'élance vers les objets ; elle est active : celle-là a une relation plus marquée aux impressions que les objets font sur l'ame ; elle est passive. On s'attache un cœur sensible, le cœur tendre s'attache lui-même.

La chaleur du sang nous porte à la tendresse, la

délicatesse des organes entre dans la sensibilité : les jeunes-gens seront donc plus tendres que les vieillards, les viellards plus sensibles que les jeunes-gens, les hommes peut-être plus tendres que les femmes, les femmes plus sensibles que les hommes.

La tendresse est un foible, la sensibilité une foiblesse. La première est un état de l'ame, la seconde n'est qu'une disposition. Le cœur tendre éprouve toujours une sorte d'inquiétude analogue à celle de l'amour, est calme & tranquille tant qu'il ne ressent pas les atteintes de cette passion.

La sensibilité nous oblige à veiller autour de nous pour notre intérêt personnel. La tendresse nous engage à agir pour l'intérêt des autres.

L'habitude d'aimer n'éteint point la tendresse ; l'habitude de sentir émousse la sensibilité.

Il y a, dit M. Duclos, une espèce de sensibilité vague, qui n'est que l'effet d'une foiblesse d'organe, plus digne de compassion que de reconnoissance. La vraie sensibilité seroit celle qui naîtroit de nos jugemens & qui ne les formeroit pas.

L'homme sensible est souvent d'un commerce fort difficile ; il faut toujours ménager sa délicatesse. L'homme tendre est d'une humeur assez égale, ou du moins dans une disposition toujours favorable ; il veut toujours vous intéresser & vous plaire.

Le cœur sensible ne sera pas méchant ; car il ne pourroit blesser autrui sans se blesser lui-même. Le cœur tendre est bon, puisque la tendresse est une sensibilité agissante. Je veux bien que le cœur sensible ne soit pas l'ennemi de l'humanité ; mais je sens que le cœur tendre en est l'ame.

Le sensible est affecté de tout, il s'agite : le tendre n'est affecté que de son objet, il y tend. Le cœur sensible est compatissant ; le cœur tendre est de plus bienfaisant. Il est peu d'ames assez dures, pour n'être pas touchées des malheurs d'autrui : la plupart ne sont pas assez humaines pour en être attendries. On plaint les malheureux, on ne les soulage guère : la sensibilité s'allie donc avec une espèce d'inhumanité : &, si cela n'étoit pas, détourneroit-on sitôt les yeux de dessus l'infortuné souffrant ? Iroit-on si vîte en perdre l'idée dans des distractions frivoles ou même agréables ? Vous l'avez vu avec émotion, vous en avez été affecté jusques aux larmes : & qu'importe ? vous pouviez le secourir, & vous ne l'avez pas fait. C'est à cet homme, qui, peut-être d'un œil sec, mais avec une ardeur inquiète, vole lui chercher des remèdes à quelque prix que ce soit, revient avec une ardeur impatiente les lui appliquer, & ne cesse de lui donner ses soins que quand ils lui sont inutiles ; c'est à cet homme que la nature a donné un cœur tendre ; c'est lui que j'embrasse au nom de l'humanité.

Il est assez ordinaire de voir des gens se plaindre & se blâmer d'être trop sensibles ; c'est un tour qu'ils prennent pour vous dire, *J'ai le cœur excellent*. Je ne décide point si la sensibilité est un vice, comme le prétendoient les Stoïciens ; il est certain au moins, que c'est en général une qualité fort équivoque, & par conséquent qu'elle n'est pas toujours la marque d'un cœur bien-fait. Elle répondra, par exemple, aux services qu'on vous rendra ; mais elle grossira les offenses que vous recevrez : elle prendra part aux maux d'autrui ; mais elle aggravera le poids des vôtres. Parcourez ainsi les différentes veines, vous y trouverez, avec de l'or, un alliage bien impur. Cependant on lui fait grace, on lui applaudit quelquefois : pourquoi ? parce quelle est voisine de plusieurs belles qualités, avec lesquelles elle est souvent unie,

& avec lesquelles on la confond presque toujours; parce qu'elle n'offense pas directement la société, & quelle est directement opposée à un des vices, dont la société s'offense le plus.

Le beau défaut que celui d'être trop tendre! Avec ce défaut, nous fermerons volontiers les yeux sur les défauts d'autrui; nous serons attentifs sur nous-mêmes, pour nous corriger des nôtres : nous serons officieux & reconnoissans : nous pardonnerons avec plaisir; nous ne nous offenserons même pas, dès que nous aimerons les hommes. Ah! que la nature seroit ingrate, si le cœur qui l'honore le plus n'étoit pas fait pour être heureux !

Suivant le principe d'attraction par lequel la nature nous fait graviter les uns vers les autres, les cœurs s'attirent réciproquement en raison de leur tendresse, les ames tendres par excellence sont auprès du centre de la société; les ames, qui ne sont que sensibles, en sont aussi éloignées que les ames insociables sont éloignées d'elles.

Les ames sensibles, ou plutôt tendres, ont plus d'existence que les autres; les biens & les maux se multiplient à leur égard. Elles ont encore un avantage pour la société; c'est d'être persuadées des vérités, dont l'esprit n'est que convaincu. La conviction n'est souvent que passive; la persuasion est toujours active; & il n'y a de ressorts que ce qui fait agir.

SENSUALITÉ.

La sensualité est une disposition de l'ame à être facilement affectée des objets sensibles, à la différence de la sensibilité qui n'est affectée que des choses morales.

La grande sensibilité & la grande sensualité sont

le principe des fortes passions, & la source du génie.

On prend assez communément le mot de sensualité en mauvaise part, lorsqu'on l'emploie pour exprimer le plaisir que ressent un gourmand, & un homme qui a du tempérament. Mais, encore une fois, la sensualité n'est point un mal : elle ressemble aux plus grands biens ; il n'y a que leur abus de condamnable.

Cependant, si la sensualité contribue au bonheur & au génie, il faut convenir qu'elle nuit aux connoissances. L'homme sensuel sent plus qu'il ne pense. Fortement occupé de la sensation présente, il exerce moins ses autres facultés, la mémoire & la réflexion. Trop concentré en lui-même, heureux par son existence actuelle, il s'y complait, jusqu'à ce que le besoin, l'inquiétude & le desir, qui en sont les suites, le portent vers d'autres objets. Voyez Besoin, Inquie'tude, & Desir. Voyez au mot Volupte', que l'on confond souvent avec sensualité.

SENTIMENT.

Le sentiment est la maniere dont l'ame est affectée des objets intellectuels, & des choses dépendantes de la morale.

Le sentiment est réveillé dans l'homme par tout ce qui sert à lui rappeller l'idée de son excellence ; comme l'amitié, la tendresse, le libre exercice de nos facultés, l'idée de la perfection dans soi-même ou dans les autres.

Que ceux qui n'ont jamais aimé se tiennent pour dit que, quelque supériorité d'esprit qu'ils aient, dit M. Duclos, il y a une infinité d'idées, je dis d'idées justes, auxquelles ils ne peuvent atteindre, & qui ne sont réservées qu'au sentiment.

C'est

C'est le sentiment qui excite la mémoire, & qui détermine souvent nos jugemens, & conséquemment nos actions.

SÉRIEUX.

Un des caractères les plus généraux, dit M. De Vauvenargue, c'est le sérieux: mais combien de causes différentes n'a-t-il pas? & combien de caractères sont compris dans celui-ci? On est sérieux par tempérament, par trop ou trop peu de passions, trop ou trop peu d'idées, par timidité, par habitude, & par mille autres raisons.

L'extérieur distingue tous ces divers caractères aux yeux d'un homme attentif.

Le sérieux d'un esprit tranquille porte un air doux & serein.

Le sérieux des passions ardentes est sauvage, sombre, allumé.

Le sérieux d'une ame abbattue donne un extérieur languissant.

Le sérieux d'un homme stérile paroît froid, lâche & oisif.

Le sérieux de la gravité prend un air concerté comme elle.

Le sérieux de la distraction, porte des dehors singuliers.

Le sérieux d'un homme timide n'a presque jamais de maintien.

Personne ne rejette en gros ces vérités: mais, faute de principes bien liés & bien conçus, la plupart des hommes, sont dans le détail & dans leurs applications particulières, opposés les uns aux autres & à eux-mêmes. Ils font voir la nécessité indispensable de bien manier les principes les plus familiers, & de les mettre tous ensemble sous un point de vue

SÉVÉRITÉ.

La sévérité est un défaut opposé à l'indulgence, & qui ne peut être jamais pris dans un sens favorable. On a tort de dire que les loix exigent de la sévérité dans l'exécution : l'esprit des loix est de maintenir la justice ; & l'extrême justice devient une injustice.

SIGNE.

Les signes sont tout ce qui nous présente une chose. Ils nous servent à connoître la vérité, & à la manifester aux autres.

Les signes sont ou démonstratifs, ou rémoratifs & pronostiques ; certains, ou incertains ; ou enfin naturels & arbitraires.

Le signe démonstratif nous indique une chose présente, le rémoratif nous rappelle le passé, le pronostique nous présente le futur. Ainsi, quand nous voyons l'aurore, nous jugeons que le soleil se lèvera bientôt. Le signe certain a une liaison intime avec la chose qu'il nous fait connoître : par exemple, la respiration est un signe certain de vie. Le signe incertain ou probable, nous conduit probablement à quelque connoissance : par exemple, un pouls vif fait un signe incertain de la fièvre, puisqu'il peut provenir de la moindre émotion. Les signes naturels sont les cris de la nature, ou nous conduisent en suivant l'ordre de la nature : ainsi la fumée est un signe naturel qui fait juger qu'il y a du feu. Les signes arbitraires, qu'on nomme aussi signes d'institution, sont des emblêmes, & dépendent du libre consentement des hommes : par exemple, quand on voit un bouchon à un cabaret, on est convenu que cela signifieroit qu'on y vend du vin.

SIGNE.

Les signes dont nous nous servons pour communiquer nos pensées, sont le geste, la parole & l'écriture.

Les besoins & les signes accidentels & naturels, excitent l'imagination : les seuls signes arbitraires, ou qui sont à notre commandement, réveillent la mémoire des objets métaphysiques, & l'imagination des choses physiques. Les bêtes n'ont point de mémoire, parce qu'elles n'ont point de signes à leur commandement : c'est la représentation des objets, ou la liaison & le rapport de ces objets, qui excitent leur imagination. Par exemple, elles se représentent une chose absente, en voyant l'objet présent qu'elles ont vu avec l'absent : ces deux objets sont tellement liés ensemble dans leur cerveau, que l'un est inséparable de l'autre.

Il y a des signes certains pour connoître le tempérament d'une personne : on peut s'en rapporter aux gestes ou à l'expression. Par exemple, l'homme froid, profond, méditatif, parle peu, lentement, & ne gesticule presque jamais ; l'homme vif, au contraire, gesticule beaucoup, a l'expression rapide, la repartie vive, l'esprit pénétrant, &c.

SILENCE.

Le silence est un bien ou un mal, suivant les circonstances. Souvent, c'est un effet de notre orgueil, & du mépris que nous faisons des autres. Lorsqu'il vient de la disette des pensées & des sentimens, c'est stupidité. Quelquefois c'est une vertu, que la discrétion nous recommande.

SIMPLICITÉ.

La simplicité dans l'esprit est une facilité à croire les choses les plus absurdes : la simplicité dans le cœur est une disposition de l'ame à recevoir les vérités de la religion, & les maximes de la morale; disposition qui fait naître l'amour de la vertu, mais qui tient toujours quelque chose du tempérament: la simplicité dans les manières est une façon d'agir éloignée de toute affectation; c'est la marque d'un beau naturel, d'un caractère doux, & d'un esprit juste.

La simplicité, dit M. De Fenelon, est une droiture de l'ame, qui retranche tout retour inutile sur elle-même & sur ses actions: elle est différente de la sincérité. La sincérité est une vertu au dessous de la simplicité: on voit beaucoup de gens qui sont sincères, sans être simples.

La simplicité consiste dans un juste milieu, où l'on n'est ni dissipé, ni trop composé. L'ame n'est point occupée des objets extérieurs par l'extérieur, de façon qu'elle ne puisse faire les réflexions nécessaires: mais elle retranche les retours sur soi, qu'un amour-propre, inquiet & jaloux de sa propre excellence, multiplie à l'infini.

La simplicité consiste à n'avoir point de mauvaises hontes, ni de fausses modesties, non plus que d'ostentations, de complaisances vaines, & d'attentions inquiètes sur soi-même.

SINCÉRITÉ.

La sincérité est l'aveu de nos sentimens & de nos pensées: elle est opposée à la fausseté, qui est un déguisement de ces mêmes sentimens & de ces mêmes pensées.

SINGULARITÉ.

La singularité, dit M. Duclos, est une manière d'agir, de parler, de s'habiller, &c., opposée aux usages.

Elle est le fruit d'une vanité cachée, qui cherche à se faire admirer par des sentimens & des acclamations extraordinaires, & qui, par cette conduite, s'attire le mépris des autres, dont elle semble faire la critique.

La singularité n'est pas précisément un caractère : c'est une simple manière d'être qui s'unit à tout autre caractère, & qui consiste à être soi, sans s'appercevoir qu'on soit différent des autres; car, si l'on vient à le reconnoître, la singularité s'évanouit; c'est une énigme qui cesse de l'être aussitôt que le mot en est connu. Quand on s'est apperçu qu'on est différent des autres, & que cette différence n'est pas un mérite, on ne peut guère persister que dans l'affectation; & c'est alors petitesse ou orgueil, ce qui revient au même, & produit le dégoût : au lieu que la singularité naturelle met un certain piquant dans la société, qui en ranime la langueur.

Les sots, qui connoissent souvent ce qu'ils n'ont pas, & qui s'imaginent que ce n'est que faute de s'en être avisés, voyant le succès de la singularité, se font singuliers; & l'on sent ce que ce projet bisarre doit produire.

Au lieu de se borner à n'être rien, ce qui leur convenoit si bien, ils veulent à toute force être quelque chose; & ils sont insupportables. Ayant remarqué ou plutôt entendu dire que des génies reconnus ne sont pas toujours exempts d'un grain de folie, ils tâchent d'imaginer des folies, & ne font que des sottises.

La fausse singularité n'est qu'une privation de caractère, qui consiste non seulement à éviter d'être ce que sont les autres, mais à tâcher d'être uniquement ce qu'ils ne sont pas.

On voit de ces sociétés, où les caractères se sont partagés comme on distribue des rôles. L'un se fait philosophe, un autre plaisant, un troisième homme d'humeur. Tel se fait cauftique qui penchoit d'abord à être complaifant ; mais il a trouvé le rôle occupé. Quand on n'eft rien, on a le choix de tout.

Il n'eft pas étonnant que ces travers entrent dans la tête d'un fot ; mais on eft étonné de les rencontrer avec de l'efprit. Cela fe remarque dans ceux qui, nés avec plus de vanité que d'orgueil, croient rendre leurs défauts brillants par la fingularité, en les outrant, plutôt que de s'appliquer à s'en corriger. Ils jouent leur propre caractère : ils étudient alors la nature, pour s'en écarter de plus en plus, & s'en former une particulière. Ils ne veulent rien faire ni dire qui ne s'éloigne du fimple : & malheureufement, quand on cherche l'extraordinaire, on ne trouve que des platitudes. Les gens d'efprit même n'en ont jamais moins que lors qu'ils tâchent d'en avoir.

On devroit fentir que le naturel qu'on cherche ne fe trouve jamais, que l'effort produit l'excès, & que l'excès décèle la fauffeté du caractère. On veut jouer le brufque, & l'on devient feroce ; le vif, & l'on n'eft que pétulant & étourdi. La bonté jouée dégénère en politeffe contrainte, & fe trahit enfin par l'aigreur : la fauffe fincérité n'eft qu'offenfante. Et, quand elle pourroit s'imiter quelque temps, parce qu'elle ne confifte que dans des actes paffagers, on n'atteindroit jamais à la franchife qui en eft le principe, & qui eft une continuité de caractère. Elle eft comme la probité ; plufieurs actes qui y font conforme n'en font pas la démonftration, & un feul de contraire la détruit.

Enfin, toute affectation finit par fe déceler, & l'on retombe alors au-deffous de fa valeur réelle. Tel eft regardé comme un fot, après & peut-être pour avoir été pris pour un génie. On ne fe vange point à demi d'avoir été fa dupe.

Soyons donc ce que nous sommes ; n'ajoutons rien à notre caractère ; tâchons seulement d'en retrancher ce qui peut être incommode pour les autres, & dangereux pour nous-mêmes. Ayons le courage de nous souftraire à la servitude de la mode, sans passer les bornes de la raison.

SITUATION, ÉTAT.

La situation a du rapport à la manière avec laquelle nous sommes affectés des choses ; l'état en a avec les choses mêmes. La misère est un état violent, dans lequel on éprouve souvent de cruelles situations. La situation est passagère, l'état est permanent.

SOBRIÉTÉ.

La sobriété est la retenue dans le boire & le manger : elle est opposée à la gourmandise. *Voyez* FRUGALITÉ.

SOCIÉTÉ.

La société est l'assemblée des hommes réunis en communauté, vivant sous une même loi, & attachés les uns aux autres par des devoirs réciproques. Dieu, qui nous a inspiré l'amour de la société, afin de la maintenir, a attaché aux services que nous lui rendons, le bonheur de cette vie : il punit ceux qui lui sont inutiles par le mépris des hommes & l'ennui de la solitude.

Si rien n'occupoit l'homme, dit l'auteur de *l'Essai de politique & de morale calculée*, il seroit contraint de penser à lui-même ; ce qui lui paroît la plus triste de toutes les occupations, parce qu'il est sûr que son amour-propre sera choqué de l'assemblage des foiblesses dont il est pétri, & dont elle travaille sans cesse à écarter la vue.

L'un des premiers besoins des hommes, & l'un

des moyens les plus propres à les écarter d'eux-mêmes, c'est la société. La nature, ou plutôt l'amour-propre, nous approche les uns des autres, & forme les sociétés civiles.

L'esprit de société consiste dans les attentions, les égards, les services. On doit y cacher ses prétentions, & souffrir celles des autres ; chercher à concilier les esprits opposés, en n'adoptant aucun parti ; éviter la médisance & la raillerie ; rendre au rang, à la naissance, aux dignités, au mérite, ce qui leur est dû, sans bassesse ; ne pas se livrer à l'esprit d'analyse & de dissertation ; y prendre un air ouvert, y annoncer une politesse prévenante, & s'y accoutumer à des propos obligeants & enjoués.

> Ce qu'on nomme société,
> Est un amas d'esprits que le hasard rassemble,
> Qui vivent réunis & se choquent ensemble.
> La politique anime ce grand corps :
> Un voile d'amitié couvre un vrai fonds de haine :
> Ses mains avec adresse entrelassent la chaîne,
> Mais l'intérêt en brise les ressorts.
>
> *L. D. V.*

SOLIDITÉ.

La solidité renferme les idées d'utilité & de durée : ainsi le solide est ce qui est utile & ce qui dure longtemps.

La solidité est l'objet des recherches du bon sens.

La solidité de l'esprit est une consistance & une égalité dans la façon de penser.

SOLITUDE.

L'homme qui s'aime trop & les gens du grand monde ne craignent rien tant que de se trouver seuls : leur conscience & les préjugés les tyrannisent tour à tour ; il faut que le fracas & le tumulte du monde les étourdissent sur leurs propres sentimens. Mais la solitude est pour le sage, la source des plaisirs les plus vifs : c'est là que, délivré du trouble & de l'agitation qu'on trouve dans le tumulte & la dissipation, il jouit de lui-même, il sent la félicité suprême, la satisfaction de sentir & de penser.

Les hommes, dit l'empereur Marc Antonin, souhaitent des lieux de retraite, à la campagne, sur le rivage de la mer, sur les montagnes ; cela n'est pardonnable qu'aux ignorans. A toute heure n'est-il pas en ton pouvoir de te retirer au dedans de toi ? L'homme n'a nulle part de retraite plus tranquille, ni où il soit avec plus de liberté, que dans sa propre ame ; sur-tout s'il y a au dedans de lui de ces choses précieuses qu'on n'a qu'à regarder pour être dans une parfaite tranquillité. J'appelle tranquillité le bon ordre & la bonne disposition de l'ame. Retire-toi donc souvent dans une si délicieuse retraite ; reprends-y de nouvelles forces, & tâche de t'y rendre un homme nouveau. Ayes-y toujours sous ta main certaines maximes courtes & principales, qui, se présentant à toi, suffiront à dissiper tous tes chagrins, & à te renvoyer en état de ne te fâcher d'aucune des choses que tu vas trouver dans le monde. Car, de quoi te fâcherois-tu ? De la malice des hommes ? Souviens-toi que c'est toujours malgré eux qu'ils pêchent, & que c'est une partie de la justice que de les supporter. Parmi les vérités & les maximes que tu dois avoir devant les yeux, il ne faut pas oublier ces deux-ci : la première, que les choses ne touchant point d'elles-mêmes notre ame ; elles demeurent dehors fort tranquilles ; & le trouble, qui nous saisit, ne vient que du jugement que nous en faisons : l'autre, que tout ce que tu vois va changer dans un moment, & que le monde n'est que changement, & la vie qu'opinion.

> Des mortels j'ai vu les chimères ;
> Sur leurs fortunes mensongères
> J'ai vu régner la folle erreur ;
> J'ai vu mille peines cruelles
> Sous un vain masque de bonheur ;
> Mille petitesses réelles
> Sous une écorce de grandeur,
> Mille lâchetés infidelles
> Sous un coloris de candeur.
> Et j'ai dit au fond de mon cœur :
> Heureux qui, dans la paix secrète
> D'une libre & sûre retraite,
> Vit ignoré, content de peu ;
> Et qui ne se voit pas sans cesse
> Jouet de l'aveugle déesse,
> Ou dupe de l'aveugle dieu !
>
> Gresset.

SOPHISME.

Le sophisme est un faux raisonnement, qui prouve toute autre chose que ce dont il s'agit dans la dispute : il conduit à l'erreur, en égarant, & en rapprochant des raisons qui ne conviennent point au sujet.

SOTTISE.

La sottise est l'expression de l'ignorance jointe à la suffisance. *Voyez ces deux mots.*

SORTILEGE. *Voyez* MALÉFICE.

SOUPLESSE.

La souplesse est la facilité de se prêter aux sentimens des autres, & de paroître adopter leurs idées. Elle est bonne ou mauvaise, suivant son objet. *Voyez* ADRESSE.

La souplesse est quelquefois une disposition naturelle, qui marque peu de vigueur & d'élasticité dans l'esprit : c'est une de ses facultés passives. Elle reçoit facilement les impressions, parce qu'elle est souvent incapable d'en donner aux autres.

SOUVENIR.

Le souvenir est ce que la mémoire nous rappelle : c'est l'effet de cette faculté de l'esprit. *Voyez* MÉMOIRE.

STUPIDITÉ.

La stupidité est une lenteur dans les opérations de l'esprit ; c'est un vice des organes ; c'est l'effet de l'insensibilité de l'ame, qui n'est que très-foiblement affectée des objets.

La stupidité est aussi quelquefois l'effet de la maladie & d'une mélancolie accidentelle.

La stupidité, dit Théophraste, est en nous une pesanteur d'esprit qui accompagne nos actions & nos discours. Un stupide, ayant lui même calculé avec des jetons une certaine somme, demande à ceux qui le regardent faire à quoi elle se monte. S'il est obligé de paroître dans un jour prescrit devant ses juges, pour se défendre devant eux dans un procès qu'on lui fait, il l'oublie entièrement & part pour la campagne. Il s'endort à un spectacle, & il ne se réveille que longtemps après qu'il est fini, & que le peuple s'est retiré.

Il paroît, par le commencement & la suite de ce portrait, que Théophraste n'a voulu peindre que cette espèce de stupidité qui est l'effet de la distraction ou d'un esprit abstrait.

SUBTILITÉ.

La subtilité est la facilité de saisir les choses qui paroissent les plus difficiles à comprendre : c'est une qualité de l'entendement.

L'intelligence nous fait concevoir ce qu'on nous dit, la subtilité en découvre les causes les plus cachées, & la finesse nous en fait voir le rapport avec d'autres choses.

SUFFISANCE.

La suffisance est la bonne opinion que l'on a des choses qu'on dit : c'est un défaut de l'esprit, qui naît de la présomption, & souvent de l'ignorance. Elle est insupportable dans la société, dont elle blesse les égards par son ton décidé.

On me fait haïr les choses vraisemblables, quand on me les plante pour infaillibles, dit Montaigne. J'aime ces mots qui amollissent & modèrent la témérité de nos propositions, *A l'aventure, aucunement, quelque, on dit, je pense*, & semblables : &, si j'eusse eu à dresser des enfans, je leur eusse tant mis à la bouche cette façon de répondre, *Qu'est-ce à dire, je ne l'entends pas, il pourroit être, est-il vrai ?* de sorte qu'ils eussent plutôt gardé la forme d'apprentifs à soixante ans, que de représenter les docteurs à dix ans, comme ils font. Qui veut guérir de l'ignorance, il faut la confesser.

SUPERSTITION.

La superstition est une peur excessive des peines

de l'autre vie : c'est le vice des esprits foibles, qui croient remplir le devoir par de petites pratiques de religion. Elle conduit au fanatisme, qui est un zèle de religion mal-entendu. Jacques-Clément étoit un fanatique superstitieux.

La superstition, dit Théophraste, semble n'être autre chose qu'une crainte mal règlée de la divinité. Un superstitieux, après avoir lavé ses mains, s'être purifié avec de l'eau lustrale, sort du temple, & se promène une partie du jour avec une feuille de laurier dans sa bouche. S'il voit une belette, il s'arrête tout court, & il ne continue pas de marcher, que quelqu'un n'ait passé avant lui par le même endroit que cet animal a traversé, ou qu'il n'ait jetté lui-même trois petites pierres dans le chemin, comme pour éloigner de lui ce mauvais présage. S'il remarque dans les carrefours de ces pierres que la dévotion du peuple a consacrées, il s'en approche, plie les genoux devant elles, & les adore. Son foible encore est de purifier sans fin la maison qu'il habite, d'éviter de s'asseoir sur un tombeau, comme d'assister à des funérailles. Et lorsqu'il lui arrive pendant son sommeil d'avoir quelque vision, il va consulter le devin, pour sçavoir de lui à quel dieu il doit sacrifier.

SURPRISE.

La surprise est un ébranlement soudain, qui est produit dans l'ame par quelque chose d'inattendu. C'est le grand art d'émouvoir les passions, & par conséquent la source de l'éloquence & des beautés qu'on trouve dans les ouvrages d'esprit.

SYMPATHIE.

La sympathie est le rapport intime d'une chose avec une autre : c'est la ressemblance parfaite qui se trouve entre leurs attributs: c'eſt le principe de l'amitié & de l'amour.

La ſympathie peut ſe concevoir phyſiquement, par la comparaiſon ſuivante: De même qu'une corde de violon, qui ſe trouve à l'uniſſon d'une autre corde de la même eſpèce, rend les mêmes ſons que cette dernière, lorſqu'elle eſt touchée ; ainſi la ſympathie eſt l'harmonie réſultante de l'accord des mêmes organes. Les mêmes idées doivent néceſſairement produire les mêmes ſentimens dans deux perſonnes unies par la ſympathie.

T.

TALENT.

LE talent eſt une diſpoſition naturelle, une aptitude à un art méchanique ou libéral : ce qui conſtitue deux ſortes de talens ; ceux de l'eſprit, & ceux du corps. Les talens de l'eſprit ſont ceux des belles-lettres, la muſique, &c.; les talens du corps ſont la danſe, l'art de monter à cheval, &c.

Il n'y a que deux ſortes de talens : l'un, qui ne s'acquiert que par la violence qu'on fait aux organes; l'autre, qui eſt une ſuite d'une heureuſe diſpoſition, & d'une grande facilité qu'ils ont à ſe développer. Celui-ci appartient plus à la nature, eſt plus vif, plus actif, & produit des effets bien ſupérieurs : celui-là au contraire ſent l'effort, le travail, & ne s'élève jamais au-deſſus du médiocre.

Tous les talens, de quelque eſpèce qu'ils ſoient, ne dépendent pas de nous, & ne doivent par conſéquent nous inſpirer, ni orgueil pour nous, ni mépris pour les autres : ils ne deviennent eſtimables que par le bon ufage que nous en faifons; & ne fe rendent recommandables que par la modeftie, qui en relève le mérite & l'éclat.

Voici ce que M. De Maffillon dit de l'abus des talens.

Que font les grands talens? que de grands vices, fi nous ne les employons que pour nous-mêmes. Que deviennent-ils entre nos mains? fouvent les inftrumens des malheurs publics, toujours la fource de notre condamnation & de notre perte.

Repaffons fur tous les grands talens qui rendent les hommes illuftres. S'ils font donnés aux impies, c'eft toujours pour le malheur de leur nation & de leur fiècle. Les vaftes connoiffances, empoifonnées par l'orgueil, ont enfanté ces chefs & ces docteurs célèbres de menfonge, qui, dans tous les âges, ont levé l'étendard du chifme & de l'erreur, & formé, dans le fein même du chriftianifme, les fectes qui le déchirent. Ces beaux efprits fi vantés, & qui, par des talens heureux, ont rapproché leur fiècle du goût & de la politeffe des anciens, dès que leur cœur s'eft corrompu, ils n'ont laiffé au monde que des ouvrages lafcifs & pernicieux, où le poifon, préparé par des mains habiles, infecte tous les jours les mœurs publiques, & où les fiècles, qui nous fuivront, viendront encore puifer la licence & la corruption du nôtre.

Comment ont paru fur la terre ces génies fupérieurs, mais ambitieux & inquiets, nés pour faire mouvoir les refforts des états & des empires, & ébranler l'univers entier? Les peuples & les rois font devenus le jouet de leur ambition & de leurs intrigues. Les diffenfions civiles & les malheurs domeftiques ont été les théâtres lugubres où ont brillés leurs grands talens. Un feul homme obfcur, avec les avantages éminens de la nature, mais fans conscience & fans probité, a pu s'élever dans le dernier siècle sur les débris de fa patrie; changer la face entière d'une nation voifine & belliqueufe, fi jaloufe de fes droits & de fa liberté; fe faire rendre les hommages que fes citoyens difputent même à leurs rois; renverfer le trône; & donner à l'univers le fpectacle d'un fouverain, dont la couronne ne put mettre la tête facrée à couvert de l'arrêt inouï qui le condamna à la perdre.

Efprits vaftes, mais inquiets & turbulens, capables de tout foutenir, hors le repos; qui tournent fans ceffe autour du pivot même qui les fixe & qui les attache; & qui aiment encore mieux ébranler l'édifice, & être écrafés fous fes ruines, que de ne pas s'agiter & faire ufage de leurs talens & de leurs forces. Malheur au fiècle qui produit de ces hommes rares & merveilleux!

Cette difpofition, que la nature nous donne, portée au dégré de perfection dont elle eft fufceptible, forme ce qu'on appelle le génie. *Voyez* GÉNIE.

Il eft aifé de voir, par cette définition, que, comme un même homme peut avoir des difpofitions à bien faire plufieurs chofes, il peut avoir plufieurs talens; & en même temps du génie pour une chofe particulière. Le cardinal De Richelieu en eft un exemple. Avec le génie des grandes affaires, il avoit du talent pour la poëfie & l'éloquence: ce qui eft cependant fort rare; car l'effet du génie eft d'occuper tout entier celui qui les poffède.

Les vues courtes, dit La Bruyère, je veux dire les efprits bornés & refpectables dans leur petite fphère, ne peuvent comprendre cette univerfalité de talens que l'on remarque quelquefois dans le même fujet. Où ils voient l'agréable, ils en excluent

le

le solide : où ils croient découvrir les graces du corps, l'agilité, la souplesse, la dextérité, ils ne veulent plus y admettre les dons de l'ame, la profondeur, la réflexion, la sagesse. Ils ôtent de l'histoire de Socrate, qu'il ait dansé.

Voici comme M. De Fontenelle définit le talent, qu'il compare à l'esprit, & qu'il lui oppose en quelque façon.

On entend, par le mot de talent, un certain mouvement impétueux & heureux, qui nous porte vers certains objets, & les fait saisir justes, sans avoir aucun besoin du secours de la réflexion : je dis aucun ; car, pour peu qu'on en ait besoin, c'est autant de rabbattu sur l'essence & sur le mérite du talent. L'esprit, par opposition au talent, est la raison éclairée, qui examine les objets, les compare, fait choix à son gré, & y met autant de temps qu'elle le juge nécessaire. Le talent est comme indépendant de nous ; & ses opérations semblent avoir été produites en nous par quelque être supérieur, qui nous a fait l'honneur de nous choisir pour ses instrumens : d'ailleurs, elles sont promptes, ce qui a encore trèsbonne grace. Pour ce qu'on appelle esprit, ce n'est que nous. Nous sentons trop que c'est nous qui agissons ; la difficulté & la lenteur des exécutions ne nous permettent pas de l'ignorer. Voilà la cause de cette préférence que l'on donne volontairement au talent sur l'esprit : car la raison humaine, souvent trop orgueilleuse, peut aussi quelquefois être trop humble.

Ce qu'on appelle instinct, dans les animaux, est le talent, purement talent, & porté à son plus haut point. Nous admirons les loges des castors, les ruches des abeilles, & mille autres effets d'une industrie nullement ou du moins peu éclairée par une intelligence. Une infinité d'hommes n'en feroient pas autant, fans y mettre toute l'intelligence qu'ils auroient en partage. Une ruche eft d'une ftructure, fans comparaifon, plus ingénieufe que la cabane d'un Huron. Dans l'enfance du monde, les ruches ont été auffi parfaites qu'elles le font aujourd'hui. Voilà bien des fujets d'exalter l'inftinct ou le talent: mais les endroits par où on l'exalteroit font ceux qui découvrent fon extrême imperfection. Il fait bien ce qu'il fait, mais il ne le fait jamais que de la même manière : il eft renfermé dans de certaines bornes bien marquées, d'où abfolument il ne peut fortir : il ne fe perfectionne jamais. La première ruche valoit mieux que la première cabane; mais elle vaut infiniment moins que les maifons qui ont fuccédé aux cabanes, que les palais, que les temples. L'efprit eft donc préférable au talent ; c'eft de leur accord que naît la perfection.

TÉMÉRITÉ. *Voyez* AUDACE.

TEMPÉRAMENT.

Le tempérament eft la marque qui diftingue chaque conftitution : il fe forme de la qualité des humeurs, qui font produites à leur tour par la difpofition des folides, & par la nature des alimens.

On diftingue quatre fortes de tempéramens; le tempérament fanguin, le tempérament bilieux, le tempérament mélancolique, & le tempérament pituiteux : ces quatre efpèces d'humeurs dominantes, mélées les unes avec les autres, forment cette diverfité étonnante de tempéramens.

Les tempéramens s'altèrent & changent par l'habitude, & font corrigés par l'habitude contraire. Chaque efpèce de tempérament doit s'affujettir à un régime ; ce qui eſt propre à l'un eſt ſouvent contraire à l'autre : par exemple, celui qui a un foie chaud, & qui par-là abſorbe l'humidité des alimens, a plus beſoin d'une nourriture humectante & rafraîchiſſante, que celui qui abonde en pituite. Ainſi il eſt très-important de connoître de bonne-heure ſon tempérament, afin d'éviter les remèdes qui ruinent le corps & la ſanté. Cette ſcience eſt une des plus néceſſaires à l'homme, parce qu'il ne peut être parfaitement heureux ſans la ſanté.

Il eſt des tempéramens, dit le père Brumoi, où le ſang domine. L'on diroit que leurs veines ſont remplies de la liqueur bachique. Ils ſont ſenſibles aux attraits du vice. Ils ne reſpirent que la joie : prompts à chercher les délices & à éviter les chagrins ; doux dans leur parler ; mous dans leurs manières ; connus par leur enjouement & leur légèreté ; enclins à former des amitiés ſubites, & à les rompre à l'inſtant. Fêtes & ſpectacles, feſtins d'appareil & repas libres ; jeux, pompe, bal, éclat, tout en un mot ce qui a un air de joie & de proſpérité, eſt de leur goût.

Il en eſt dont les entrailles ſont imbibées de bile ardente ; ne louant que ce qui vient d'eux, mépriſant tout le reſte ; portés ſur les aîles de l'orgueil & de l'ambition ; prêts à tout oſer pour ſe ſatisfaire, à allumer la flamme de la rivalité, à ſupplanter les concurrens, à former des projets hardis, à viſer aux premiers rangs ; incapables de ſouffrir ni égaux ni ſupérieurs ; portant ſur leur viſage un air de domination. Dans les revers, l'envie les ronge. La fortune revient-elle ? leur cœur s'enfle ; ils reprennent leur premier faſte & leur fierté naturelle.

Il en eſt qui ſont dévorés d'humeurs acides, comme d'un poiſon lent qui les amaigrit. Ils connoiſſent peu les ris, ou ils les veulent immodérés. Ils ſe renferment dans eux-mêmes. C'est avec eux seuls qu'ils roulent des idées gaies ou tristes, beaucoup plus celles-ci. Jamais leurs secrets ni leurs affaires ne leur échapent, pas même dans le sein d'un ami; fidèles du reste à garder tout ce qu'on leur confie. Ils ignorent les agrémens de la vie, les expressions aimables, la politesse des airs, & tout le manège attrayant de la cour; difficiles, plaintifs, austères, peu susceptibles de nouveautés, constants & fermes dans leurs entreprises, & conséquemment très-propres à cultiver les muses.

Le dernier ordre des tempéramens est comme noyé dans une paresseuse pituite. Il en résulte une espèce à part, & fort différente des autres: espèce glacée, sans ame, sans goût, sans agrément & sans utilité, ni pour elle, ni pour autrui; soit parce que, dénuée de cette chaleur qui anime tout, elle est lente dans l'exécution, craignant tout où rien n'est à craindre, & se défiant de ses forces; soit parce que son extrême crédulité l'emporte à tous vents, & que sa foiblesse est rebutée par les moindres obstacles. A peine les prendroit-on pour des hommes: ce sont des statues qui paroissent vivre sans principe de vie.

Tels sont les quatre principaux tempéramens. Mais le mélange varié des humeurs les varie à l'infini, & jette dans les caractères d'extrêmes différences, par de légers changemens. Ce mélange en effet n'est jamais si égal, que ce soit toujours une seule humeur qui domine. Souvent on en voit régner deux qui se combattent à forces égales, & souvent la tardive pituite arrête la fougueuse bile. Alors la lutte des humeurs est dans un parfait équilibre: mais nul autre accord ne peut unir ces irréconciliables ennemis.

Etudiez dans votre tempérament les qualités &

les vices de votre naturel. L'un & l'autre point demandent de l'attention. Le visage, les yeux, la conformation du corps vous instruiront mieux que les plus habiles Esculapes. Chacun doit être le sien, à certains égards, pour le corps & pour l'ame. Interrogez votre cœur. Consultez les égaremens mêmes de votre esprit, quand, se donnant l'essor, il se perd dans ses idées, & vous joue par de vaines images. Examinez les délires des veilles, & les songes de la nuit : ce sont les vrais oracles des cœurs.

C'est une folie de prétendre corriger dans les hommes les défauts qui prennent leur source dans le tempérament. Un homme, qui a le sang vif, n'est pas le maître de rester tranquille, il est poussé à l'action, &, pour ainsi dire, forcé. Tout ce que la raison peut faire en pareil cas, c'est de modérer l'excès.

Les choses, dit M. l'abbé De Condillac, n'attirent notre attention, que par le rapport qu'elles ont à notre tempérament, à nos passions, à notre état, ou, pour tout dire en un mot, à nos besoins. C'est une conséquence que la même attention embrasse tout à la fois les idées des besoins & celles des choses qui s'y rapportent, & qu'elle les lie.

TEMPÉRANCE.

La tempérance est la modération dans les plaisirs, & sur-tout dans ceux de la table ; elle renferme la sobriété & la frugalité. *Voyez ces deux mots.*

La tempérance sert aussi de frein à nos appétits naturels : elle réprime l'incontinence, & renferme conséquemment aussi la chasteté. *Voyez ces deux mots.*

On entend aussi, par tempérance, cette modération de desirs, cette égalité d'ame, que le sage conserve dans la bonne, comme dans la mauvaise fortune.

La tempérance renferme la modération dans les desirs, si nécessaire au bonheur de l'homme.

TENDRESSE.

La tendresse est une disposition du cœur à la sensibilité, à cet amour qu'un sexe a pour un autre. Cette disposition vient de la qualité des humeurs qu'on remarque dans les tempéramens humides & chauds.

La tendresse n'a pas la violence de l'amour ; mais elle est plus durable & plus pénétrante. L'amour ne nous agite le cœur que par intervalle, la tendresse le remplit & l'occupe sans cesse ; l'un a pour objet la possession de ce qu'il aime, & l'autre l'union des cœurs : enfin, l'amour est une passion, & la tendresse n'est qu'un sentiment. *Voyez* AMOUR.

La tendresse s'étend à l'amitié & aux autres liaisons du cœur, ou, si l'on veut, aux liaisons du sang, comme la tendresse paternelle & filiale.

Voici le portait que fait le père Brumoi de la tendresse.

Un génie, bien différent de Cupidon, erre dans des déserts peu connus. La piété qui veille à l'union des parens, de la patrie, des amis, la tendre amitié, Astrée elle-même revenue pour lui sur la terre, se font honneur de l'escorter. A sa suite, on voit ces ames sublimes & ces cœurs héroïques, qu'une vertu sans tache & sans fard a d'abord insérés aux cieux : exemples fameux, que la bonne-foi a consacrés à l'immortalité, & à l'émulation de leurs neveux. On ne voit, dans ce nombre, ni fils dénaturés qui comptent & abrègent les jours des pères, ni frères exécrables dont la main se teint du sang de leurs frères.

On y voit des époufes complaifantes, des fils dociles & dignes de la tendreffe paternelle, des citoyens affez zèlés pour s'immoler à la patrie. Décius, percé de flèches, victime de Rome rachetée, y montre les monumens de fon courage. Codrus, devenu berger pour fauver Athènes par fa mort, prouve qu'il mérite d'être le dernier de fes rois. On y remarque cet inexorable Régulus, tel qu'il fut quand il s'offrit volontairement aux fupplices qui l'attendoient. Vainement fa femme & fes enfans éplorés le retiennent par leurs embraffemens ; il perfifte dans fon deffein, & vole chez l'ennemi à une mort cruelle & certaine. On y reconnoît Alcyone qui fe précipite après Céyx fous les eaux ; & cette généreufe Romaine devenue mère d'un père qu'elle nourrit de fon lait. La tendre piété s'eft plue à fe peindre elle-même dans le tableau plein d'ame & de vie qu'on a fait de cette héroïne. On voit enfin les couples inféparables d'amis fidèles, Euriale & Nifus, Pylade & Orefte, Pirithoüs & Théfée, Patrocle & Achille, Caftor & Pollux, fans compter les tendres époux, Eurydice, Orphée & leurs pareils.

Cet amour épuré a peu d'adorateurs : mais le peu qu'il en a trouvé eft purifié, par fa flamme facrée, des moindres taches de l'intérêt & de l'humanité. Pour les en préferver dans la fuite, il les environne d'un air célefte qu'ils refpirent. Ainfi le creufet & la fournaife purgent l'or, l'airain & tous les métaux, du mélange impur qu'ils ont contracté dans les entrailles de la terre : le métal coule en feu liquide, & répand en fumée le vice étranger, dont il fe délivre. Le dieu, dont je parle, ne vifite guère les lambris dorés & les riches palais. Il aime la folitude. Il fuit les flots inconftants du vulgaire infenfé, & le trouble des affaires civiles. Il fe trouve peu aux affemblées du barreau, & sous ces voûtes qui retentissent de tant d'organes, tandis que l'impie Erynnis y fomente de cruelles inimitiés & de lugubres combats. Les nations paisibles & les campagnes éloignées du bruit le reçoivent comme une divinité exilée. C'est là qu'il touche, d'un trait aimable, des cœurs champêtres & des esprits dignes du ciel. Il se les associe, pour les enflammer du desir & de l'amour de la vertu. Le vulgaire n'en connoît que le simulacre d'or qu'il fait profession de révérer.

TENTATION.

La tentation est l'effet du tempérament : c'est ce secret penchant qui nous attire vers un objet plutôt que vers un autre.

TIMIDITÉ.

La timidité est la crainte du blâme. Elle vient souvent du peu de connoissance que nous avons des usages du monde. Quoiqu'elle ait l'amour-propre pour principe, elle est cependant toujours la marque de la modestie, & suppose la connoissance de nos défauts.

C'est l'ignorance, dit M. De la Rochefoucault, qui donne de la foiblesse ou de la crainte ; les connoissances donnent de la hardiesse & de la confiance. Rien n'étonne une ame qui connoît toutes choses avec distinction.

La timidité fait souvent un sot d'un homme de mérite, en lui ôtant la présence d'esprit & la confiance nécessaires dans le commerce du monde.

Voici comme Théophraste peint la timidité, ou plutôt la crainte. C'est un mouvement de l'ame qui s'ébranle & qui cède à la vue du péril, vrai ou imaginaire. S'il arrive à un homme timide d'être sur la mer, s'il apperçoit de loin des dunes ou des promontoires, la peur lui fait croire que c'est le débris de quelques vaisseaux qui ont fait naufrage sur cette côte: aussi tremble-t-il au moindre flot qui s'élève; &, ses frayeurs venant à s'accroître, il se déshabille, ôte jusqu'à sa chemise pour pouvoir mieux se sauver à la nage: &, après cette précaution, il ne laisse pas de prier les nautonniers de le mettre à terre. Que si cet homme foible, dans une expédition militaire où il s'est engagé, entend dire que les ennemis sont proches, il appelle ses compagnons de guerre, observe leur contenance sur ce bruit qui court, leur dit qu'il est sans fondement, & que les coureurs n'ont pu discerner ce qu'ils ont découvert: mais, si l'on n'en peut plus douter par les clameurs que l'on entend, & s'il a vu lui-même de loin le commencement du combat, & que quelques hommes aient paru tomber à ses pieds; alors, feignant que la précipitation & le tumulte lui ont fait oublier ses armes, il court les querir dans sa tente, où il cache son épée sous le chevet de son lit, & emploie beaucoup de temps à la chercher. Dès qu'il voit apporter au camp quelqu'un tout sanglant d'une blessure qu'il a reçue, il accourt vers lui, le console & l'encourage, étanche le sang qui coule de sa plaie, chasse les mouches qui l'importunent, ne lui refuse aucun secours, & se mêle de tout, excepté de combattre.

TON.

Rien n'est si arbitraire que ce qu'on appelle le bon ton. Chaque pays, chaque nation, chaque province, chaque société a son bon ton, établi sur ces usages: cependant il y a un bon ton absolu, indépendant de la coutume. C'est un accord du geste, du maintien, des pensées & des sentimens avec les expressions qui les rendent : accord qui consiste principalement dans les graces, ennemi de toute affectation, & propre à chaque chose. *Voyez* GRACES & AFFECTATION.

Le bon ton est aussi relatif à l'état de vie qu'on a embrassé, au sexe & à la condition des personnes avec lesquelles on se trouve : la politesse en fait le fondement.

Le bon ton, dit M. Duclos, ou plutôt ce qu'on appelle ainsi dans ceux qui ont le plus d'esprit, consiste à dire agréablement des riens ; à ne se pas permettre le moindre propos sensé, si on ne le fait excuser par les graces du discours ; à voiler enfin la raison, quand on est obligé de la produire, avec autant de soin que la pudeur en exigeoit autrefois quand il s'agissoit d'exprimer quelque idée libre. L'agrément est devenu si nécessaire, que la médisance même cesseroit de plaire, si elle en étoit dépourvue.

TRAHISON.

La trahison est l'abus de la confiance, ou de la bonne-foi publique. Un homme, qui révèle les secrets qu'on lui a confiés, est coupable de trahison : un citoyen qui passe dans un pays étranger, qui connoît la force & la foiblesse de l'état qu'il vient de quitter, & qui se sert des connoissances qu'il a acquises pour nuire à sa patrie, est un traître, qui mérite l'indignation des hommes & la sévérité des loix.

L'espion est aussi un traître, moins coupable à la vérité, puisqu'il sert sa patrie.

La trahison est aussi une action mêlée de surprise & de vengeance. Un lâche, qui attire son ennemi dans un piège, ou qui le tue par derrière, commet une trahison.

TRANQUILLITÉ.

La tranquillité est ce calme que l'ame éprouve lorsqu'elle n'est agitée d'aucune passion, & qu'elle jouit d'elle-même : c'est l'état du bonheur.

La tranquillité est souvent le fruit d'une bonne conscience, & plus souvent encore l'effet du tempérament. Un sang bouillant est contraire à la tranquillité : c'est pourquoi les jeunes-gens en jouissent si peu.

Quand on ne trouve pas son repos en soi-même, dit M. De la Rochefoucault, il est inutile de le chercher ailleurs.

TRAVAIL.

L'homme regarde le travail comme une peine, & conséquemment comme l'ennemi de son repos : c'est au contraire la source de tous ses plaisirs, & le remède le plus sûr contre l'ennui. Nous renfermons en nous-mêmes un principe actif qui nous porte à l'action. Dès que cette activité n'a point d'objet réel, l'esprit se replie sur lui-même, il se trouble, il s'agite ; & de-là naissent l'ennui, les inquiétudes, les appétits bisarres & désordonnés, l'oubli du devoir & l'habitude du vice.

Le travail du corps, dit M. De la Rochefoucault, délivre des peines de l'esprit ; & c'est ce qui rend les pauvres heureux.

Voici une des plus jolies fables du célèbre La Fontaine, qui fait sentir l'avantage du travail :

LE LABOUREUR ET SES ENFANS.

Fable.

Travaillez, prenez de la peine :
C'est le fonds qui manque le moins.
Un riche laboureur, sentant sa mort prochaine,
Fit venir ses enfans, leur parla sans témoins.
Gardez-vous, leur dit-il, de vendre l'héritage
Que nous ont laissé nos parens.
Un trésor est caché dedans :
Je ne sçais pas l'endroit : mais un peu de courage
Vous le fera trouver ; vous en viendrez à bout.
Remuez votre champ dès qu'on aura fait l'oût ;
Creusez, béchez, fouillez ; ne laissez nulle place
Où la main ne passe & repasse.
Le père mort, les fils vous retournent le champ,
Deçà, delà, par-tout ; si bien qu'au bout de l'an
Il en rapporta davantage.
D'argent, point de caché. Mais le père fut sage
De leur montrer, avant sa mort,
Que le travail est un trésor.

TRISTESSE.

La tristesse est un abbattement que l'ame éprouve, lorsqu'elle a perdu, ou qu'elle craint de perdre un bien qu'elle possède.

Il est peut de biens dont la privation doive nous causer cette langueur mortelle qui dégrade l'homme, & marque la foiblesse de son esprit.

Saisissons, dit le père Brumoi, un modèle qui n'est, hélas ! que trop commun. Le plus tendre des pères perd le fils le plus chéri. Voici, ce semble, la marche & les progrès de la douleur : L'horrible nouvelle a-t-elle frappé son oreille ? il croit sentir un poignard qui lui perce le sein. Il demeure stupide : il devient presque statue, comme Niobé par le serrement de cœur, ou comme Phinée à l'aspect de Méduse. Un nuage couvre à l'instant ses yeux. Une subite horreur serpente par tout son corps, & pénètre ses os. Ses bras tombent. Ses genoux se dérobent. Tous ses membres frémissent, comme une moisson battue des vents, ou comme un ormeau enveloppé par un tourbillon. Il s'évanouit. L'ame ne tient plus qu'à un léger fil. Il respire encore; c'est tout ce qui paroît de vie: le reste est une apparence de mort. Le cœur est serré. Les veines oublient leur ministère : une humeur glutineuse arrête leur jeu. La bile ronge les entrailles. Le sang s'aigrit tout à coup.

A-t-on contraint les esprits de se ranimer? il revient à lui, il gémit, il lance d'ardents regards vers le ciel. La voix lui manque. Les paroles expirent sur sa langue. La plaie est trop profonde, les larmes, cette dernière ressource des affligés, n'accourent point à son aide. La force du mal est renfermée au dedans, & y fait sentir sa cruelle activité. Un poids énorme de bile âcre entoure & presse la poitrine. Si le corps se délivre enfin du fardeau dont il est accablé, & du venin dont il est dévoré, c'est alors que cet infortuné père se frappe violemment le sein, se tord les bras, se déchire le visage, s'en prend au ciel qu'il insulte, puis s'en repent & retombe sur lui-même. » Ah! c'est moi, s'écrie-t-il, c'est moi seul » que je dois accuser. Si je t'avois aimé en père, tu » vivrois & je ne mourrois pas de douleur. Je t'ai » causé le trépas. « Un morne silence succède à ses cris. Il aime à rassasier son esprit du poison qui le tue. Son œil immobile est l'image de la stupeur. Il rappelle les vertus, les graces & les talents du fils qu'il pleure. Ce triste portrait est gravé profondément dans son cœur pour le déchirer; car la blessure s'irrite d'autant plus, qu'on fait plus d'efforts pour la

guérir. » Quoi ! la mort barbare m'aura ravi un tré-
» sor si précieux, & je ne pleurerois pas ? Ah ! foi-
» bles consolateurs, portez ailleurs vos frivoles avis ;
» qu'ils adoucissent la douleur des pertes légères.
» J'ai tout perdu, hélas ! & vous ignorez ce que c'est
» qu'être père. » Sa fureur se ralentit : des torrents
de larmes inondent son sein.

La nuit survient. C'est pour lui qu'elle couvre le
ciel & ses malheurs. Son désespoir revit & se nourrit dans les ténèbres. Il appelle à son secours les enfers & la mort qui se rend sourde à ses cris. Il se
sent entraîner vers elle. Il y voleroit, si un reste de
raison ne suspendoit encore l'effet de sa rage. Mais il
savoure l'idée du trépas. Le fer ou les précipices lui
semblent doux. Il compte pour rien une perte après
laquelle il soupire. Il foule aux pieds la crainte de
l'Averne ; & la mort s'offre à sa vue, comme le dernier des maux. Un moment après, son esprit frémit
d'un si funeste projet. Il desiroit le trépas ; il l'abhorre : il tremble, comme s'il voyoit l'Achéron répandre ses ténèbres, & envelopper sa maison d'un crêpe
affreux. Il croit entendre des cris aigus, des bruits
nocturnes, & des vents sortis du sein des montagnes.
Il gémit, comme si le ciel étoit prêt à l'écraser par
sa chûte, tant est forte l'impression des spectres que
la terreur fait voler autour de lui ! Cependant le ciel,
loin de s'armer de foudres, est tranquille. Le silence
règne sur la terre. Un doux sommeil verse ses pavots
bienfaisants sur les corps fatigués. Quadrupèdes,
oiseaux, humains, tout dort, hormis cette malheureuse victime de la douleur. Son cœur se repaît de
craintes funestes, & ne se prête pas plus au repos,
que ses yeux au sommeil. Il décharge sa rage sur ce
qu'il rencontre, sur sa couche même : tout lui paroît
l'objet de son courroux. Il leur impute une perte dont

ils font innocens : mais fa douleur en est foulagée.

Que si le fommeil fe gliffe furtivement dans fes fens accablés, c'eft un fommeil d'airain. Son imagination eft bourrelée par les pâles ombres. Les Euménides, armées de leurs torches, l'infeftent d'idées funéraires : mânes & fimulacres verfent l'horreur dans fon efprit. Abandonné de tout l'univers, tantôt il vogue fur une mer orageufe au milieu d'inacceffibles écueils, où il entend des voix terribles qui l'appellent en hûrlant, tantôt il fe trouve tranfporté dans d'affreux déferts. Son fils lui-même l'effraie plus que tout autre objet. Il lui apparoît, non tel qu'il fut autrefois, mais tout couvert de pouffière & de cendre. « Eft-ce toi (s'écrie le père)? eft-ce toi, » cher enfant, que mes empreffemens cherchent » dans tous les climats? Approche cette main : vole » dans mes embraffemens. Tu te tais! tu ne m'em- » braffes point! Ah! du moins un mot, & je fuis con- » folé. » Il dit : l'ombre & le fommeil s'envolent à l'inftant, pour le rendre tout entier à fa douleur.

Les jours ne font pas moins affreux que les fombres nuits. Il veut revoir la lumière; il la revoit, il gémit. Il fouhaite la préfence des amis : font-ils préfens? il les fuit. Ses vœux s'entre-détruifent, comme ceux de la fille de Pafiphaé. Elle ofe concevoir un amour qui devoit faire horreur aux fiècles futurs : furieufe de fa paffion, elle fe fait parer, & détefte fa parure.

La démence fuit la douleur. Ce père, abyfmé dans fon affliction, fait deffein de paffer fes jours dans un antre; du moins il cherche les bois & les lieux folitaires, pour remplir de fes gémiffemens les montagnes infenfibles. Il ne fonge qu'à entretenir fa plaie; de forte que fa douleur devient auffi longue qu'elle est inépuisable. C'est ainsi que deux déesses pleurent leurs fils, l'une Memnon, l'autre Achille. Elles étoient immortelles & mères. Qu'on dise encore qu'il n'est point d'éternelles douleurs. Véritablement, il faut l'avouer, le temps est le remède. Sur les aîles du temps, la tristesse s'envole : c'est l'ordinaire. Mais, quand une tristesse opiniâtre a piqué le cœur au vif, & s'est cachée dans sa profondeur, le temps ne sert qu'à l'accroître. Nul souhait d'un meilleur destin ne la peut déraciner ; l'espérance même est contrainte de fuir avec effroi. Il fut des jours sereins pour le malheureux père : ils ne sont plus ; ils ne reviendront plus. Retiré dans sa solitude, il abandonne tout : il s'abandonne lui-même, semblable à un nautonnier qui a long-temps lutté avec l'implacable mer. Il voit ses vœux trompés & ses efforts superflus. Il jette un long regard sur le rivage trop éloigné. Il s'assied sur la poupe, & se livre à la fureur des flots.

TYRANNIE.

La tyrannie est l'abus de l'autorité. Elle s'étend sur les actions & sur les volontés, sur les choses divines & humaines.

La tyrannie, qu'on exerce sur la conscience, est une action qui révolte l'humanité, & qui est souvent aussi inutile que cruelle. Les puissances de la terre n'ont de pouvoir que sur nos corps ; nos ames sont indépendantes, & n'éprouvent de trouble & de contrainte, que de leur consentement.

V.

V.

VAILLANCE.

La vaillance est la vertu des héros : c'est le mépris de la mort & le desir de la gloire qui l'inspirent. Elle sacrifie, au bien public, ce que les hommes regardent comme le plus grand des biens, la vie. Elle ne consiste pas dans cette folle présomption, qui fait affronter les hasards, & qu'on peut nommer ambition & témérité : elle ne vient pas de cette ardeur bouillante qui ne respire que le sang & le carnage ; c'est férocité : ce n'est pas non plus cette aveugle indifférence pour la vie, cette fougueuse valeur qui ne voit pas le péril ; c'est stupidité. La véritable vaillance connoît le danger, se sert de toutes les règles de l'art & de la prudence pour le détourner, & s'y livre sans crainte lorsqu'il est inévitable.

VALEUR.

La valeur est la force réunie au courage. *Voyez* Courage, Bravoure, Intrépidité.

VANITÉ, ORGUEIL.

La vanité est l'étalage de nos avantages. C'est, dit Théophraste, une passion inquiette de se faire valoir par les plus petites choses ; ou de chercher, dans les sujets les plus frivoles, du nom & de la distinction. L'homme vain se parfume, se fait suivre par un Maure ; &, s'il se trouve à un repas, il affecte de s'asseoir près de celui qui l'a convié.

La vanité a quelque chose de bas, parce qu'elle a ordinairement de petits objets, & qu'elle se fait gloire bien souvent des choses qui avilissent plutôt l'ame, qu'elles ne l'élèvent. Elle emprunte son éclat des choses qui nous sont étrangères, plutôt que des qualités de l'ame : & c'est en quoi elle diffère de l'orgueil, qui a des objets plus nobles, mais dont le principe est aussi vicieux.

Si les hommes, dit M. De Fontenelle, vouloient faire réflexion que tous les avantages dont ils jouissent, comme sont l'esprit, la fortune, la naissance, &c., sont des biens qu'ils ont reçus de la nature, & qu'ils n'ont pu se procurer, il n'y auroit guère de vanité dans le monde.

Bien des gens, dit M. Duclos, confondent la vanité & l'orgueil. L'orgueil est une haute opinion de son propre mérite & de sa supériorité sur les autres : la vanité n'est que l'envie d'occuper les hommes de soi & de ses talens ...... L'orgueilleux insulte aux autres hommes, puisqu'il se met au-dessus d'eux : le vain, au contraire, les flatte en quelque sorte, puisqu'il les regarde comme ses juges, & qu'il n'ambitionne que leurs suffrages.

VASTE.

Esprit vaste. *Voyez* ESPRIT.

VÉNÉRATION.

La vénération est un sentiment d'admiration, mêlé d'amour & de respect.

On a de la vénération pour les grands hommes. On en a aussi pour pour les choses sacrées ; &, pour lors, la vénération est un sentiment de respect mêlé de crainte.

VÉRITÉ.

La vérité est ce qui est, ce que l'on peut assurer qui existe.

Quel est l'homme qui peut s'assurer de la connoître ? La plupart de nos opinions ne sont fondées que sur des probabilités. Il n'y a de vrai que ce que l'être suprême nous a révélé : tout le reste est mêlé d'erreurs, & ne vaut pas les disputes, les querelles, les inimitiés, que la diversité des opinions a fait naître parmi les hommes.

La vérité, dit M. Massillon, est cette règle éternelle, cette lumière intérieure, sans cesse présente au dedans de nous, qui nous montre sur chaque action ce qu'il faut faire, ou ce qu'il faut éviter ; qui éclaire nos doutes ; qui juge nos jugemens ; qui nous approuve, ou qui nous condamne en secret, selon que nos mœurs sont conformes ou contraires à sa lumière ; &, qui plus vive ou plus lumineuse en certains moments, nous découvre plus évidemment la voie que nous devons suivre.

On peut assez bien soutenir une opinion chimérique, dit M. De Fontenelle, pour embarrasser une personne d'esprit ; mais non pas assez bien pour la persuader. Il n'y a que la vérité qui persuade, même sans avoir besoin de paroître avec toutes ses preuves ; elle entre si naturellement dans l'esprit, que quand on l'entend pour la première fois, il semble qu'on ne fasse que s'en souvenir.

On trouve quelquefois la vérité sur des articles considérables ; mais le malheur est qu'on ne sçait pas qu'on l'ait trouvée. La philosophie, si j'ose le dire, ressemble à un certain jeu à quoi jouent les enfans ; où l'un d'entre eux, qui a les yeux bandés, court après les autres : s'il en attrape quelqu'un, il est obligé de le nommer ; s'il ne le nomme pas, il faut qu'il lâche prise & qu'il recommence à courir. Il en est de même de la vérité. Il n'est pas que nous autres philosophes, quoique nous ayions les yeux bandés, nous ne l'attrapions quelquefois. Mais quoi ? nous ne lui pouvons pas soutenir que c'est elle que nous avons attrapée ; &, dès ce moment là-même, elle nous échappe.

Nous nous étonnons de la bisarrerie de certaines modes & de la barbarie des duels ; nous triomphons encore sur le ridicule de quelques coutumes, & nous en faisons voir la force ; nous nous épuisons sur ces choses, comme sur des abus uniques : & nous sommes environnés de préjugés sur lesquels nous nous reposons avec une entière assurance. Ceux qui portent plus loin leurs vues remarquent cet aveuglement ; &, entrant là-dessus en défiance des plus grands principes, concluent que tout est opinion : mais ils montrent à leur tour par-là les limites de leur esprit. L'être & la vérité n'étant, de leur aveu, qu'une même chose sous deux expressions, il faut tout réduire au néant, ou admettre des vérités indépendantes de nos conjectures & de nos frivoles discours. Or, s'il y a des vérités telles, comme il me paroît hors de doute, il s'ensuit qu'il y a des principes qui ne peuvent être arbitraires : la difficulté, je l'avoue, est à les connoître. Mais pourquoi la même raison, qui nous fait discerner le faux, ne pourroit-elle nous conduire jusqu'au vrai ? L'ombre est-elle plus sensible que le corps ? l'apparence que la réalité ? Que connoissons-nous d'obscur par sa nature, sinon l'erreur ? que connoissons-nous d'évident, sinon la vérité ? N'est-ce pas l'évidence de la vérité qui nous fait discerner le faux, comme le jour marque les ombres ? Et qu'est-ce, en un mot, que la connoissance d'une erreur, sinon la découverte d'une vérité ? Toute privation suppose nécessairement une réalité ;

ainsi la certitude est démontrée par le doute, la science par l'ignorance, & la vérité par l'erreur.

Qui doute a une idée de la certitude, & par conséquent reconnoît quelque marque de vérité. Mais, parce que les premiers principes ne peuvent se démontrer, on s'en défie; on ne fait pas attention que la démonstration n'est qu'un raisonnement fondé sur l'évidence. Or, les premiers principes ont l'évidence par eux-mêmes & sans raisonnement; de sorte qu'ils portent la marque de la certitude la plus invincible. Les Pyrrhoniens obstinés affectent de douter que l'évidence soit signe de vérité: mais on leur demande, Quel autre signe en desirez-vous donc? quel autre croyez-vous qu'on puisse avoir? vous en formez-vous quelque idée?

On leur dit aussi, Qui doute pense; & qui pense est; & tout ce qui est vrai de sa pensée, l'est aussi de la chose qu'elle représente, si cette chose a l'être ou le reçoit jamais. Voilà donc déjà des principes irréfutables. Or, s'il y a quelque principe de cette nature, rien n'empêche qu'il y en ait plusieurs. Tous ceux qui porteront le même caractère auront infailliblement la même vérité. Il n'en seroit pas autrement quand notre vie ne seroit qu'un songe. Tous les phantômes que notre imagination pourroit nous figurer dans le sommeil, ou n'auroient pas l'être, ou l'auroient tel qu'il nous paroît. S'il existe hors de notre imagination une société d'hommes foibles, telle que nos idées nous la représentent; tout ce qui est vrai de cette société imaginaire le sera de la société réelle; & il y aura dans cette société des qualités nuisibles, d'autres estimables ou utiles, &c. & par conséquent des vices & des vertus. Oui, nous disent les Pyrrhoniens; mais peut-être que cette société n'est pas. Je réponds, Pourquoi ne seroit-elle pas, puisque nous sommes ? Je suppose qu'il y eût là-dessus quelque incertitude bien fondée ; toujours serions-nous obligés d'agir comme s'il n'y en avoit pas. Que sera-ce si cette incertitude est sensiblement supposée ? Nous ne nous donnons pas à nous-mêmes nos sensations ; donc il y a quelque chose hors de nous qui nous les donne : si elles sont fidelles ou trompeuses ; si les objets qu'elles nous peignent sont des illusions ou des vérités, des réalités ou des apparances, je n'entreprendrai pas de le démontrer. L'esprit de l'homme, qui ne connoît qu'imparfaitement, ne sçauroit prouver parfaitement : mais l'imperfection de ses connoissances n'est pas plus manifeste que leur réalité ; &, s'il leur manque quelque chose pour la conviction du côté du raisonnement, l'instinct le supplée avec usure. Ce que la réflexion trop foible n'ose décider, le sentiment nous force de le croire. S'il est quelque Pyrrhonien réel & parfait parmi les hommes, c'est, dans l'ordre des intelligences, un monstre qu'il faut plaindre. Le pyrrhonisme parfait est le délire de la raison, & la production la plus ridicule de l'esprit humain.

Voici les moyens que Locke enseigne pour parvenir à la vérité.

1°. Il faut se défier du rapport des sens, & du desir qu'on a de trouver une proposition vraie.

2°. N'en admettre aucune sur l'autorité de qui que ce soit, & auparavant de l'avoir examinée.

3°. Il faut définir, analyser les expressions dont on se sert ; acquérir un grand nombre d'idées sur le sujet qu'on veut approfondir ; rejetter tout principe qui n'est pas fondé sur l'évidence ou sur une suite d'observations faites sur la nature.

4°. Ne pas perdre de vue l'état de la question.

5°. Se munir de vérités fondamentales qu'on appelle *principes.*

VERTU.

Tout ce qui est conforme à l'ordre, aux loix éternelles que le créateur a prescrites à tous les êtres de l'univers relativement à la société : c'est le desir du bonheur des hommes ; c'est la pratique constante & affectueuse de nos devoirs ; c'est la préférence du bien public à l'intérêt personnel. Il y a une vertu indépendante de la coutume, & fondée sur cette lumière que nous avons reçue de l'être suprême ; c'est la véritable : celle qui n'est établie que sur l'opinion des hommes ne mérite pas ce nom.

C'est l'amour de Dieu qui est la source des vertus chrétiennes ; c'est l'amour des hommes qui est le principe des vertus morales. On appelle aussi de ce nom les bonnes qualités de l'esprit.

La vertu renferme nos devoirs. *Voyez* DEVOIRS.

C'est la connoissance de ce que nous devons faire & éviter, qui nous la donne; ainsi, c'est l'ignorance qui produit les vices : d'où il s'ensuit que nous ne faisons le mal, que faute de le connoître pour tel.

La science nous vient de Dieu : les hommes ne peuvent nous la donner, qu'autant que Dieu fera taire les passions, & rendra la conscience attentive aux préceptes des sages.

La vertu est dans le cœur, dit M. Duclos ; c'est un sentiment, une inclination au bien, un amour pour l'humanité. La probité défend, & la vertu commande. *Ne faites pas à autrui ce que vous ne voudriez pas qui vous fût fait* : l'observation exacte & précise de cette maxime fait la probité: *Faites à autrui, ce que vous voudriez qui vous fût fait :* voilà la vertu.

On appelle aussi vertu toute bonne action qui nous coûte des efforts. Sa récompense est dans notre cœur, & dans l'estime des honnêtes-gens. Ça été une belle invention, dit Montaigne, & reçue en la plupart des polices du monde, d'établir certaines marques vaines & sans prix, pour en honorer & récompenser la vertu ; comme sont les couronnes de laurier, de chêne ; la forme de certains vêtemens, la prérogative d'aucuns surnoms & titres ; certaines marques aux armoiries, & choses semblables, de quoi l'usage a été diversement reçu, selon l'opinion des nations. C'est à la vérité une bien bonne & profitable coutume de trouver moyen de reconnoître la valeur des hommes rares & excellents, & de les contenter & satisfaire par des jugemens & payemens qui ne chargent aucunement le public, & qui ne coûtent rien au prince. Au reste, je l'ai déjà dit, sans toutes ces distinctions, qui ne servent qu'à nous inspirer un faux motif, la vertu se suffit à elle-même, & trouve sa récompense dans le témoignage d'une bonne conscience.

Chaque vertu est voisine d'un défaut, & opposée à un vice.

Elle est entre deux extrémités ; ainsi il y a deux vices pour une vertu. La piété est entre le relâchement & le fanatisme.

L'état de la vertu, dit Saint-Evremont, n'est pas un état sans peine : celui de la sagesse est doux & tranquille. La sagesse règne en paix sur nos mouvemens, & n'a qu'à bien gouverner des sujets ; au lieu que la vertu avoit à combattre des ennemis : D'où il paroît que la vertu consiste dans l'effort, & est plus méritoire que la sagesse, qui est ordinairement un don de la nature.

Les ames règlées d'elles-mêmes & bien nées, dit Montaigne, suivent même train & représentent en leurs actions même visage que les vertueuses ; mais la vertu sonne je ne sçais quoi de plus grand & de plus actif que de se laisser vaincre par une heureuse complexion, doucement & paisiblement conduire à la suite de la raison. Celui qui, d'une douceur & facilité naturelle, mépriseroit les offenses reçues, feroit choses très-belles & très-dignes de louange : Mais celui qui, piqué & outré jusques au vif d'une offense, s'armeroit des armes de la raison contre ce furieux appétit de vengeance, & après un grand conflit s'en rendroit enfin maître, feroit sans doute beaucoup plus. Celui-là feroit bien, & celui-ci vertueusement : l'une de ces actions se pourroit dire bonté, l'autre vertu ; car il semble, que le nom de la vertu présuppose de la difficulté & du contraste, & qu'elle ne peut s'exercer sans partie. C'est, à l'aventure, pourquoi nous nommons dieu fort, bon, libéral & juste : mais nous ne le nommons pas vertueux.

VICE.

Le vice est ce qui est opposé à la vertu. Il prend sa source dans l'amour-propre mal entendu. C'est la préférence de l'intérêt personnel au bien public : c'est ce qu'on appelle mal moral.

On entend aussi par vice les mauvaises qualités du cœur & de l'esprit, & on les distingue des défauts & des ridicules. Les vices prennent leur source dans l'ame, les défauts dans le tempérament, & les ridicules dans l'esprit. On peut se corriger des vices & des ridicules ; on ne détruit pas aisément les défauts du corps.

Le vice ne nuit point à l'harmonie de l'univers ; il n'offense que son auteur : excepté le vice de séduction, qui nuit également à soi-même & aux autres, & qui, par cette raison, mérite d'être doublement puni.

Les vices, dit M. De la Rochefoucault, entrent dans la composition des vertus, comme les poisons entrent dans la composition des remèdes. La prudence les assemble & les tempère, & elle s'en sert utilement contre les maux de la vie.

L'esprit du monde ne juge des hommes que par le rapport que leurs qualités ont avec leur avantage personnel ; & souvent il préfère un vice amusant ou un ridicule brillant, à une vertu sérieuse & chagrine.

VIEILLESSE. *Voyez* AGE.

VIGILANCE.

La vigilance, qui est opposée à la paresse, est cette attention à nos devoirs que nous donne l'activité de l'ame & le desir de nous rendre heureux.

VIVACITÉ.

La vivacité est une promptitude dans les opérations de l'esprit, qui vient de l'heureuse disposition des organes & de la libre circulation du sang.

Ces deux espèces de vivacités se trouvent ordinairement ensemble ; mais elles ne sont point inséparables.

La vivacité de l'esprit suppose des passions vives. Lorsque cette vivacité est trop grande, elle nous éblouit & nous égare comme une lumière trop ardente ; elle nous empêche d'approfondir la vérité, & ne sert souvent qu'à nous conduire d'erreurs en erreurs.

Peut-être, dit M. Duclos, y a-t-il plus d'esprit

chez les gens vifs que chez les autres: mais aussi en ont-ils plus besoin. Il faut voir clair & avoir le pied sûr quand on marche vîte, sans quoi les chûtes sont fréquentes & dangereuses; c'est par cette raison que, de tous les sots, les plus vifs sont les plus insupportables.

La vivacité, dit M. De Vauvenargue, consiste dans la promptitude des opérations de l'esprit. Elle n'est pas toujours unie à la fécondité. Il y a des esprits lents, fertiles; il y en a de vifs, stériles. La lenteurs des premiers vient quelquefois de la foiblesse de leur mémoire, ou de la confusion de leurs idées, ou enfin de quelque défaut dans leurs organes, qui empêche leurs esprits de se répandre avec vitesse. La stérilité des esprits vifs, dont les organes sont bien disposés, vient de ce qu'ils manquent de force pour suivre une idée ; ou de ce qu'ils sont sans passions ; car les passions fertilisent l'esprit sur les choses qui leur sont propres. Et cela pourroit expliquer de certaines bisarreries: un esprit vif dans la conversation, qui s'éteint dans le cabinet ; un génie perçant dans l'intrigue, qui s'appesantit dans les sciences, &c.

C'est aussi par cette raison que les personnes enjouées, que tous les objets frivoles intéressent, paroissent les plus vives dans le monde. Les bagatelles, qui soutiennent la conversation, étant leur passion dominante, elles excitent toute leur vivacité, & lui fournissent une occasion continuelle de paroître. Ceux qui ont des passions plus sérieuses, étant froids sur ces puérilités, toute la vivacité de leur esprit demeure concentrée.

UNIVERS.

L'univers est cet espace immense qui renferme la

terre, la mer & les cieux, & qui est peuplé de différens êtres.

Les Stoïciens pensoient que Dieu avoit seulement arrangé le monde avec les quatre éléments, qui, alors confondus, formoient le chaos & la matière première. Ils disoient qu'il l'avoit arrangé aussi bien qu'il pouvoit l'être, & qu'il l'avoit rendu aussi bon que la matière pouvoit le permettre.

Les Epicuriens convenoient aussi que la matière étoit de toute éternité; & qu'à force de nager dans le vuide, elle avoit composé l'univers par la rencontre fortuite des atômes : physique qu'ils ne pouvoient appuyer d'aucuns raisonnement plausibles & d'aucune expérience.

Pythagore ajoutoit à ce système, une ame qui étoit répandue dans tous les corps. Spinosa a ajouté depuis encore, que cette ame du monde étoit dieu, & que tout étoit en lui.

La révélation nous apprend que c'est Dieu qui a créé le monde ; la raison nous prouve continuellement que c'est lui qui le conserve ; & la foi nous oblige à croire qu'il finira.

VOLAGE. *Voyez* LEGER.

VOLONTÉ.

La volonté est l'effet du consentement que nous donnons au jugement de l'esprit. C'est un mouvement de l'ame, qui nous porte à l'action en conséquence de la détermination de l'esprit, soit que nous soyons déterminés par la conviction, ou entraînés par la persuasion. *Voyez* CONVICTION & PERSUASION.

Notre volonté détermine toujours nos actions :

mais souvent notre volonté est incertaine, parce que notre raisonnement n'est pas clair. Le raisonnement est obscur, lorsque les idées ne sont pas nettes. Ce défaut de netteté vient de notre ignorance. Par exemple, je veux devenir heureux ; &, pour parvenir à la félicité, je me livre au plaisir des sens ou de la table, parce que je crois que ces plaisirs me la procureront, & que j'ignore le chemin qui y conduit.

Si quelquefois nous paroissons agir contre notre volonté, c'est que plusieurs raisons combattent à qui la déterminera. Quelquefois la plus foible l'emporte, & détermine la volonté, qui, dans l'instant même, détermine l'action ; laquelle action n'est pas plutôt faite, que l'autre raison, qui nous a tenus quelque-temps en suspens, paroît alors la meilleure, & nous fait dire que nous avons agi contre notre volonté ; ce qui est, comme on voit, très-faux.

Quel que soit le penchant des passions, la volonté peut résister à leur suggestion ; ainsi, nous sommes toujours libres d'agir : mais il n'est pas moins vrai que, lorsque la volonté cède aux impulsions du sentiment, elle est pour lors déterminée par la séduction ; & il faut convenir que la séduction est une espèce de violence qu'il est très-difficile de surmonter : cependant, quoique plus à plaindre, nous n'en sommes pas moins coupables, parce que les passions ne peuvent s'emparer de notre ame, qu'avec notre consentement.

Nous avons, dit M. De la Rochefoucault, plus de force que de volonté ; & c'est souvent pour nous excuser à nous-mêmes, que nous nous imaginons que les choses sont impossibles. Rien n'est impossible ; il y a des voies qui conduisent à toutes choses ; &, si nous avions assez de volonté, nous aurions assez de moyens. On ne veut pas assez.

VOLUPTÉ.

Il y a peu de termes, dans notre langue, dont la signification soit plus vague & moins déterminée. On le prend assez communément en mauvaise part, parce qu'on n'en a pas l'idée qu'on doit en avoir. Essayons donc de le définir. C'est, comme je l'ai dit, le seul moyen de parvenir à la connoissance de la vérité.

La volupté est le sentiment réfléchi du plaisir. Il naît de la modération de l'ame, qui jouit sans trouble, sans inquiétude, sans emportement : car sans modération le plaisir n'est qu'une ivresse, qu'un trouble machinal qui n'affecte que les sens, & qui les fatigue plus qu'il ne les satisfait. Or, qui est-ce qui peut procurer cette modération si rare & si précieuse ? La nature y contribue sans doute beaucoup par la bonne constitution des organes ; mais c'est l'estimation des choses seule qui nous la donne. Ainsi, la volupté suppose donc nécessairement des principes bons ou mauvais, c'est-à-dire, une façon de penser stable & décidée : car l'incertitude est toujours accompagnée de trouble & d'inquiétude. Ainsi, la volupté devient un bien ou un mal, suivant la justesse ou la fausseté de ses principes.

La véritable volupté est celle qui n'est suivie d'aucun regret ni repentir, & dont la jouissance se renouvelle encore par le souvenir, & par le secours de l'imagination, qui la multiplie, pour ainsi dire, & en augmente la force & la durée, en ajoutant à l'impression que l'objet a déjà faite sur les organes du sentiment, une nouvelle impression plus vive & plus pénétrante.

L'idée de la perfection dans un objet & le véritable amour nous procurent la volupté. Elle diffère des plaisirs, en ce que les plaisirs ne viennent que des sens, & que la volupté appartient à l'ame.

Voici le portrait de la volupté, peint par M. l'abbé d'Alainval, dans la petite pièce de l'Hiver, comédie, jouée au théâtre Italien :

> Je suis la volupté,
> Et fille de la liberté,
> Mais non pas du libertinage.
> Mon enjoûment & ma gaieté,
> Et mon aimable badinage,
> Viennent de ma tranquillité.

L'HIVER.

Vous êtes philosophe ?

LA VOLUPTÉ.

> Oh non. Mais le vrai sage,
> Quand il touche au midi de l'âge,
> Trouve en moi sa félicité.
> Je suis la fougueuse jeunesse,
> Ses soins impétueux & ses distractions :
> Je hais, & la folie & l'austère sagesse :
> J'ai des plaisirs & non des passions.
> Libre de soins, libre d'inquiètude,
> De crainte, de desirs,
> De remords & de repentirs,
> Dans une douce étude
> Je trouve d'innocents plaisirs,
> Sans en être plus précieuse.
> Voilà la volupté, seigneur, telle qu'elle est
> Si son caractère vous plaît.....

L'HIVER.

> Non, vous êtes trop sérieuse :
> Pardonnez, je suis franc & peut-être brutal.

LA VOLUPTÉ.

Je ne vous en veux point de mal :
Tous ne sçavent pas me connoître.
Adieu, je vois quelqu'un paroître.
Vous visez au terrestre, & je cours à l'esprit.

USAGE.

L'usage du monde est la manière d'agir. Il nous donne la science de nous y conduire, selon les bienséances établies pour le rang, la naissance, le sexe, l'âge, le temps & les lieux.

Chaque nation, chaque province, chaque ville a ses usages. C'est la cour & la ville qui décident le bon usage en France.

L'usage du monde est préférable au sçavoir & à l'esprit, qui ne le suppléent pas. Souvent un sot, qui en a, passe pour avoir de l'esprit; tandis qu'un homme d'esprit, sans usage du monde, passe souvent pour un sot.

Ce qu'on appelle l'usage du monde, dit M. De Moncrif, consiste, si je ne me trompe, dans la précision avec laquelle on emploie le sçavoir-vivre, la politesse, l'empressement ou la retenue, la familiarité ou le respect, l'enjouement ou le sérieux, le refus ou la complaisance : enfin, tous les témoignages de devoirs ou d'égards qui forment le commerce de la société.

Y.

YVRESSE.

L'YVRESSE est un état de trouble & d'agitation causé par les liqueurs fortes ou les passions violentes. C'est une espèce de fureur qui transporte l'ame & la ravit hors d'elle-même, en empêchant ses fonctions.

FIN.

DE L'IMPRIMERIE DE MOREAU.

www.ingramcontent.com/pod-product-compliance
Lightning Source LLC
Chambersburg PA
CBHW070405230426
43665CB00012B/1249